著者略歴

乙部 哲郎（おとべ　てつろう）

1940年　島根県三隅町に生まれる
1965年　関西大学法学部卒業
1972年　大阪市立大学大学院法学研究科博士課程終了
神戸学院大学法学部講師。同助教授を経て
現　在　神戸学院大学法学部教授
法学博士（大阪市立大学）
専　攻　行政法
主　著　地方公務員法入門〔共著〕（有斐閣）
行政上の確約の法理（日本評論社）

行政法と信義則

2000年7月30日　初版第1刷発行

著　者
乙部哲郎
発行者
袖 山 貴＝村岡侖衛
発行所
信山社出版株式会社
〒113-0033 東京都文京区本郷6-2-9-102
TEL　03-3818-1019　FAX　03-3818-0344

印刷・松澤印刷　製本・渋谷文泉閣　発売・大学図書

ISBN4-7972-5231-6 C 3032

事項索引

あ行

か行

さ行

ま行

や行

ら行

判例索引

＊　上級審判例が下級審判例と同一頁である場合は、「○○に同じ」と記したところもある。

＊＊　この索引では、読者の便宜を考慮して「行政法と信義則」に関連する判例を、本文中に言及していないものを含めて、網羅的に掲げた。したがって、ページ数の指示のないものは本文中で論じられていない判例であることを示す。

第１章　戦後初期の行政法における信義則

遡及・附帯買収請求、職権遡及買収

〔1〕広島高判昭24・5・9行月22号77頁 …… 4,25,363
〔2〕福島地判昭24・5・30行月22号89頁 …… 4,5,25
〔3〕仙台地判昭25・8・28行集1巻11号1493頁 …… 4,5
〔4〕神戸地判昭26・2・5行集2巻1号22頁 …… 4,5,25,26
〔5〕盛岡地判昭29・1・18行集5巻1号5頁 …… 4,25,26
〔6〕盛岡地判昭29・3・8行集5巻6号1185頁 …… 4,25
〔7〕宮崎地判昭29・4・6行集5巻4号709頁 …… 4,5,25
〔8〕福岡高宮崎支判昭29・5・10行集5巻5号969頁 …… 4,5,25,26
〔9〕仙台高判昭29・8・12行集5巻8号1776頁 …… 4,5
〔10〕千葉地判昭33・1・18行集9巻1号9頁 …… 5,6,25
〔11〕大阪地判昭39・6・19行集15巻6号931頁 …… 5,6,25

賃貸借解約等の許可

〔12〕広島高松江支判昭26・8・1（民集6巻10号974頁収録） …… 7,9,25,364
〔13〕最判昭27・11・6民集6巻10号963頁（〔12〕の上告審判決）… 7,9,25,26,364
〔14〕甲府地判昭30・1・14行集6巻1号7頁 …… 7,8
〔15〕福島地判昭30・2・7行集6巻2号195頁 …… 8,9
〔16〕甲府地判昭30・2・17行集6巻2号216頁 …… 8,10
〔17〕高知地判昭30・10・11訟月1巻9号77頁 …… 8,10
〔18〕松山地判昭30・11・17訟月2巻2号76頁 …… 8,10,25,26
〔19〕青森地判昭33・5・8行集9巻5号855頁 …… 8,10,25〜27
〔20〕仙台高判昭34・9・8行集10巻9号1661頁（〔19〕の控訴審判決） ……〔19〕に同じ
〔21〕徳島地判昭35・6・8行集11巻6号1675頁 …… 8,10
〔22〕仙台高判昭36・1・14行集12巻1号1頁 …… 8,10
〔23〕山口地判昭36・4・17行集12巻4号660頁 …… 8,10,25,26
〔24〕宇都宮地判昭36・5・10下民12巻5号1073頁 …… 8,10,11,25,26
〔25〕大阪地判昭39・6・1判時385号61頁 …… 8,11,25
〔26〕高松高判昭39・10・13行集15巻10号1900頁 …… 8,10
〔27〕大阪地判昭46・2・24判タ263号328頁 …… 8,10

〔28〕松山地判昭48・1・29訟月19巻7号87頁 …… 9,10,25,26
〔29〕大阪地判昭50・4・28訟月21巻8号1688頁 …… 9,11,25,26
〔30〕和歌山地判昭58・4・27行集34巻4号692頁 …… 9,11,22,25
〔31〕大阪高判昭59・1・25行集35巻1号32頁（〔30〕の控訴審判決）…〔30〕に同じ
〔32〕高知地判平2・10・8行集41巻10号1628頁 …… 9,11,25,26
〔33〕前橋地判平3・2・14訟月37巻4号743頁 …… 9,11,25〜27
そのほかの農地関係判例
〔34〕福岡地判昭25・3・28行集1巻5号638頁 …… 12,24〜26
〔35〕宇都宮地判昭26・2・1行集2巻2号148頁 …… 13,14,24,25
〔36〕仙台高秋田支判昭27・7・22行集3巻6号1321頁 …… 13,14,24,25
〔37〕佐賀地判昭32・7・23行集8巻7号1212頁 …… 17,19,24,25,27
〔38〕大阪地判昭35・8・31行集11巻8号2145頁 …… 19,24,25
〔39〕大阪高判昭35・9・30判タ118号79頁 …… 13,14,24
〔40〕東京地判昭37・10・3行集13巻10号1649頁 …… 17,18,25〜27
〔41〕東京地判昭39・10・28行集15巻10号1923頁 …… 20,25
〔42〕東京地判昭40・4・22判タ178号148頁 …… 20,25
〔43〕東京地判昭40・8・12判タ181号158頁 …… 20,25
〔44〕大分地判昭43・5・24行集19巻5号916頁 …… 18,19,24,25,27
〔45〕鳥取地判昭46・4・8行集22巻4号456頁 …… 21,25,26,28
〔46〕東京地八王子支判昭48・2・23訟月19巻7号69頁 …… 20
〔47〕札幌地判昭53・10・27訟月25巻3号553頁 …… 22,25
〔48〕甲府地判昭60・1・23判自12号91頁 …… 23,25
〔49〕東京高判平3・7・11判時1401号62頁 …… 15,24〜26

第2章　公共住宅の明渡請求等と信義則

公共住宅の明渡請求と信頼関係の法理

〔1〕大阪地判昭36・4・8下民12巻4号725頁 …… 35,36,40〜42,61,366
〔2〕松江地判昭45・2・9下民21巻1＝2号275頁 …… 36,40,61
〔3〕大阪地判昭51・3・12判時838号71頁 …… 36,37,40
〔4〕東京地判昭53・1・24判時902号77頁 …… 36,37,40
〔5〕東京地判昭53・10・19判時938号61頁 …… 36,37,40
〔6〕東京地判昭54・5・30判時929号19頁 …… 37,40,41,61,62
〔7〕東京高判昭57・6・28判時1046号7頁（〔6〕の控訴審判決）…… 37,38,40,56,61,62
〔8〕最判昭59・12・13判時1141号58頁（〔6〕・〔7〕の上訴審判決）… 37,38,40,41,56,369
〔9〕東京地判昭61・3・31判タ596号35頁 …… 38
〔10〕大阪地判平1・4・13判時1322号120頁 …… 39,40

公営住宅の明渡請求と信義則

〔11〕東京地判昭40・6・15判時410号6頁 …… 43〜46,54,58,61,63
〔12〕東京地判昭41・10・28下民17巻9＝10号1016頁 …… 45,46,54,56,57

〔13〕福岡地小倉支判昭51・6・21判時848号102頁 ………………… 47,54,56,58,62
〔14〕東京地判昭54・9・25判時955号92頁 ………………… 44,45,47,50,54,56〜58
〔15〕横浜地判昭59・10・18判時1148号135頁 ………………………… 48,54〜56,61
〔16〕東京地判昭59・12・24判時1177号77頁 ………… 45,46,48,49,54〜56,58,59
〔17〕東京地判昭59・12・26判時1177号69頁 ………………… 44〜46,48,54,56〜58
〔18〕東京地判昭61・6・24判タ623号187頁 ……………………… 44,49,54〜56,59
〔19〕東京高判昭62・8・31判タ657号217頁（〔17〕の控訴審判決）…… 41,44,49,
54〜56,59
〔20〕東京地判平5・7・30判タ851号165頁 ………………………………… 50,54,56

公営住宅の建設中止等と信義則

〔21〕熊本地玉名支判昭44・4・30判時574号60頁 ………………… 51,54〜58,367
〔22〕東京地判昭52・6・27判時856号14頁 ……………………… 40,52,56,58,59
〔23〕東京地判昭55・10・16判時980号20頁 ………………………… 52,54,56,59
〔24〕東京地判昭62・3・31判タ657号121頁 ………………………………… 53〜55
〔25〕東京高判平3・7・11判時1401号62頁 ……………………………………… 54,55

第3章　租税法と信義則

昭和20年代

〔1〕福岡地判昭25・4・18行集1巻4号581頁 ……… 71,107,109,135,143,157,
169,364
〔2〕福岡高判昭27・1・19行集3巻追録（4巻1号）2655頁…… 71,75,109,136,
143,157,169

昭和30年代

〔3〕最判昭31・4・24民集10巻4号417頁 ……………… 72,88,108,113,114,365
〔4〕大阪地判昭31・6・14行集7巻6号1493頁
〔5〕大阪地判昭31・9・24行集7巻9号2206頁 …… 73,76,107,113,159,160,200
〔6〕東京地判昭31・12・22行集7巻12号3098頁 …………… 108,113,136,143,201
〔7〕名古屋高判昭32・6・28税資25号546頁（〔**3**〕の差戻後の判決） ……… 107
〔8〕最判昭33・5・24民集12巻8号1115頁 ………… 72,87,88,108,119,130,365
〔9〕広島地判昭33・5・29行集9巻5号986頁 ………………… 72,73,87,114,123
〔9-2〕東京地判昭33・9・11行集9巻9号1899頁 ………………………… 73,115
〔10〕最判昭35・3・31民集14巻4号663頁（〔7〕の上告審判決）…… 72,87,123,
126,170,171,212,365
〔10-2〕大阪高判昭36・1・31行集12巻1号113頁
〔11〕大阪高判昭37・3・27行集13巻3号256頁（〔4〕の控訴審判決）………… 143

昭和40年代

〔12〕富山地判昭40・3・26行集16巻3号405頁 ………………………………… 207
〔13〕東京地判昭40・5・26行集16巻6号1033頁 … 69,74,77,87,88,90,92,93,96,
109,112,120,121,130〜132,137,144,145,160,164,183,186,187,
192,195,199,200,203,210,212,215〜217,367,376,378
〔14〕東京地判昭40・10・30行集16巻10号1683頁 ………………………… 107,114

〔15〕東京高判昭41・6・6行集17巻6号607頁（〔13〕の控訴審判決）… 69,75,89,
90,93,96,108,110,112,119,131,136,143,168,169,183,186,199,200,217
〔16〕東京地判昭42・2・22行集18巻1＝2号124頁 …………………………… 107
〔17〕広島地判昭42・3・28訟月13巻7号886頁 ……………………………… 74,75
〔18〕大阪地判昭42・5・12税資48号1頁 ……………………………………… 107,207
〔19〕大阪地判昭42・5・30行集18巻5＝6号690頁 ……………… 76,108,170,183
〔20〕大阪地判昭43・6・24税資53号134頁 ……………………………… 76,121,194
〔21〕東京地判昭43・6・27行集19巻6号1103頁 ………………………………… 208
〔22〕東京高判昭43・8・28判タ229号300頁 ………………………………………… 107
〔23〕長崎地判昭44・2・5訟月15巻3号366頁 …… 74,75,87,115,120,121,124,
139,186
〔24〕札幌高判昭44・4・17判時554号15頁 …… 76,157,158,160,180,203,212,367
〔25〕札幌高判昭44・4・17行集20巻4号459頁 ……………… 76,157,158,160,203
〔26〕名古屋地判昭44・6・16税資57号1頁
〔27〕大阪地判昭44・6・26行集20巻5＝6号769頁 ……………………… 107,208
〔28〕岐阜地判昭44・9・25税資57号324頁 ………………………… 74,75,125,207
〔28-2〕東京地判昭44・10・30税資57号495頁
〔29〕横浜地判昭44・11・6行集20巻11号1313頁 ……… 170,180,183,195,210,212
〔30〕東京地判昭45・1・26税資59号43頁 ………………………………………… 121
〔31〕福岡地飯塚支判昭45・4・22判タ251号319頁 ……………………………… 107
〔32〕大阪地判昭45・5・7行集21巻5号780頁……… 91,93,109,112,130,132,137,
140,145,168,170,200
〔33〕大阪地判昭45・5・12行集21巻5号799頁 …………… 108,114,121,160,218
〔34〕大阪高判昭45・5・28税資59号900頁 ……………………………………… 108
〔34-2〕東京高判昭45・7・16税資60号76頁（〔28-2〕の控訴審判決）
〔35〕名古屋高判昭45・7・16行集21巻7＝8号1033頁 …………………………… 78
〔36〕横浜地判昭45・8・27訟月16巻12号1521頁 ………………………… 78,170
〔37〕名古屋地判昭45・10・16税資60号560頁
〔38〕大阪地判昭45・10・27行集26巻9号1185頁 ………………………………… 208
〔38-2〕東京地判昭45・12・21税資60号858頁
〔39〕大阪高判昭46・3・11税資62号326頁（〔32〕の控訴審判決）……〔32〕に同じ
〔40〕東京地判昭46・3・30行集22巻3号399頁 ……………………………… 170
〔41〕大阪地判昭46・5・24行集22巻8＝9号1217頁 …………………………… 79
〔42〕山形地判昭46・6・14訟月18巻1号22頁…………………… 77,80,87,135,141,
173,189,192,217,218
〔43〕東京地判昭46・7・15行集22巻7号963頁 ………………………… 154,160
〔44〕名古屋地判昭46・8・28判タ272号274頁 ………………………… 197,200
〔45〕東京高判昭46・9・7税資63号460頁（〔29〕の控訴審判決）……〔29〕に同じ
〔46〕大阪地判昭47・3・22行集23巻3号110頁 ………………………… 173,201
〔46-2〕東京高判昭47・4・27税資65号886頁
〔47〕東京地判昭47・7・18判タ285号308頁 …………………………………… 108

〔48〕大阪高判昭47・7・26税資66号94頁（〔20〕の控訴審判決）………… 121,194
〔49〕東京地判昭47・8・2税資68号1003頁 ………………… 77,87,108,115,123
〔50〕大阪地判昭47・9・14税資68号1204頁 …………………… 77,87,115,123,149
〔51〕最判昭47・10・5税資66号704頁 ……………………………………………… 88,108
〔52〕京都地判昭47・10・27判タ288号257頁 ……………… 77,80,87,123,187,201
〔53〕大阪地判昭47・10・31行集23巻10＝11号783頁 ……… 77,78,87,108,181,201
〔54〕東京地判昭47・11・28税資66号1042頁
〔55〕名古屋高判昭47・12・21訟月19巻1号78頁
〔55-2〕大阪地判昭48・2・26訟月19巻5号51頁 ……………………………… 116
〔56〕大阪地判昭48・3・14行集24巻3号156頁 ………………… 77,78,87,108,201
〔56-2〕最判昭48・4・26民集27巻3号629頁 ……………… 88,108,115,367,377
〔57〕福岡高那覇支判昭48・5・25訟月20巻2号98頁 ……………………… 109,159
〔58〕名古屋高判昭48・8・29訟月20巻3号69頁 …………………………… 148,170
〔58-2〕東京地判昭48・11・14税資71号802頁
〔59〕名古屋地判昭48・12・7判時739号71頁 …………… 91～93,108,114,120,121,
131,136,145,154,186,187,192,199,200
〔60〕名古屋地判昭48・12・26税資71号1452頁 …………………… 162,181,187,197
〔61〕京都地判昭49・2・1訟月21巻2号441頁 ………………………………… 160
〔62〕神戸地判昭49・2・6税資74号364頁 ………… 92,93,110,112,131,137,168,
173,194
〔63〕岡山地判昭49・2・28税資74号557頁 …………………………………… 172
〔63-2〕最判昭49・3・1税資74号611頁（〔20〕・〔48〕の上訴審判決）
〔64〕大津地判昭49・4・10行集25巻4号249頁 ……………………………… 189
〔65〕東京高判昭49・5・29税資75号569頁（〔40〕の控訴審判決）……………… 170
〔66〕富山地判昭49・5・31行集25巻5号655頁 …………………… 92,93,122,130,
132,137,139,145,154,162,172,199
〔67〕最判昭49・6・14税資75号795頁（〔58〕の上告審判決）………… 108,148,170
〔68〕東京地判昭49・9・30行集25巻8＝9号1141頁 …………… 160,180,195,200
〔69〕東京地判昭49・9・30訟月20巻12号140頁 ………………… 160,180,195,200
〔69-2〕東京高判昭49・10・17行集25巻10号1254頁（〔43〕の控訴審判決）…… 108
〔70〕大阪地判昭49・10・23税資77号181頁 ……………………………… 107,180
〔70-2〕東京高判昭49・10・23行集25巻10号1262頁（〔56-2〕の差戻後の判決）
……………………………………………………………………………… 115
〔71〕東京地判昭49・11・6訟月20巻13号160頁 ……………………………… 201

昭和50年代

〔72〕仙台高判昭50・1・22行集26巻1号3頁（〔42〕の控訴審判決）…… 69,80,93,
96,97,109,114,131,133,136,140,160,168,174,189,211,217,219,220
〔73〕山口地判昭50・2・17税資80号217頁 ……………………………… 108,183
〔73-2〕東京高判昭50・2・27税資80号347頁（〔58-2〕の控訴審判決）
〔74〕札幌地判昭50・3・26税資80号543頁
〔75〕横浜地判昭50・5・6税資81号530頁 ………………………………… 199

〔76〕広島地判昭50・5・6税資81号656頁 …… 194
〔77〕大阪高判昭50・5・27行集26巻5号779頁（〔46〕の控訴審判決）…… 201
〔78〕札幌地判昭50・6・24税資82号238頁 …… 94, 96, 97, 107, 122, 124, 131, 137, 154, 164, 168, 169, 183, 193, 199, 200, 213
〔79〕東京高判昭50・6・27行集26巻6号858頁 …… 170, 213
〔80〕大阪高判昭50・9・30行集26巻9号1158頁（〔38〕の控訴審判決）…… 208
〔81〕名古屋高判昭50・11・17税資83号502頁（〔37〕の控訴審判決）
〔82〕名古屋地判昭50・12・15税資83号698頁 …… 109, 114, 169, 173, 183, 193, 200
〔83〕名古屋高判昭50・12・22税資83号770頁（〔60〕の控訴審判決）…〔60〕に同じ
〔83-2〕最判昭51・2・12税資87号299頁
〔84〕東京高判昭51・2・25税資87号585頁（〔75〕の控訴審判決）…… 199
〔85〕札幌高判昭51・3・25税資87号935頁（〔74〕の控訴審判決）
〔86〕大阪地判昭51・3・26税資88号29頁 …… 188
〔87〕横浜地判昭51・5・27税資88号959頁
〔87-2〕大阪高判昭51・7・16訟月22巻9号2289頁 …… 108
〔88〕広島高岡山支判昭51・9・20税資89号667頁（〔63〕の控訴審判決）…… 172
〔89〕福井地判昭51・10・8訟月22巻11号2657頁 …… 108, 122
〔90〕横浜地判昭51・10・13行集29巻6号1179頁 …… 80, 115, 187, 196, 201, 217
〔91〕札幌高判昭51・10・19税資90号227頁（〔78〕の控訴審判決）…… 94, 96, 97, 108, 120, 121, 125, 131, 136, 145, 154, 160, 186, 199, 210
〔92〕静岡地判昭51・11・2税資90号445頁 …… 95～97, 131, 137, 164, 168, 181, 193, 195, 199, 200
〔93〕広島高判昭51・11・8税資90号515頁（〔76〕の控訴審判決）…… 194
〔94〕静岡地判昭51・11・25税資90号606頁 …… 181
〔95〕大阪地判昭51・11・26税資90号661頁 …… 160, 162, 196
〔96〕東京地判昭52・3・24税資91号472頁 …… 180
〔97〕大阪地判昭52・4・28税資94号432頁 …… 114, 219
〔98〕横浜地判昭52・6・22税資94号771頁
〔99〕東京地判昭52・7・13税資95号26頁
〔100〕横浜地判昭52・8・3税資95号280頁
〔101〕札幌地判昭52・11・4判時896号24頁 … 95～97, 109, 122, 130, 132, 133, 137, 140, 145, 154～156, 158, 164, 182, 187, 193, 194, 199～201
〔102〕東京高判昭52・11・29税資96号387頁（〔98〕の控訴審判決）
〔103〕広島高判昭52・12・1税資96号399頁（〔73〕の控訴審判決）…… 108, 183
〔104〕福岡地判昭53・3・17税資97号634頁 …… 114, 120, 130, 145, 148, 154, 203
〔105〕福岡地判昭53・3・17税資97号648頁 …… 114, 120, 130, 145, 148, 154, 203
〔105-2〕東京地判昭53・4・11税資101号81頁
〔105-3〕大阪高判昭53・4・12行集29巻4号514頁
〔106〕大分地判昭53・6・15税資101号538頁 …… 184, 187
〔107〕東京高判昭53・6・21行集29巻6号1173頁（〔90〕の控訴審判決）…… 80, 87, 115, 123, 187, 193, 196, 201, 217

〔108〕東京高判昭53・7・10税資102号66頁（〔99〕の控訴審判決）
〔108-2〕最判昭53・7・11税資102号73頁（〔73〕・〔103〕の上訴審判決）
〔109〕最判昭53・7・18訟月24巻12号2696頁（〔42〕・〔72〕の上訴審判決）
……………………………………………………………………… 80, 108, 219
〔110〕神戸地判昭53・8・30判タ371号128頁 ………………… 80, 87, 123, 126, 146
〔111〕東京高判昭53・10・31税資103号257頁（〔96〕の控訴審判決）…………… 180
〔112〕東京地判昭53・11・8税資103号278頁 ……………………………… 107, 170
〔113〕広島地判昭53・11・29税資103号576頁 ……………………………… 108, 174
〔114〕大阪地判昭54・1・18判タ386号117頁
〔114-2〕名古屋地判昭54・1・29税資104号56頁
〔115〕和歌山地判昭54・2・26訟月25巻6号1689頁 …………………… 80, 149, 208
〔116〕東京地判昭54・2・27税資104号392頁
〔117〕福岡高判昭54・2・28税資104号543頁（〔104〕の控訴審判決）…〔104〕に同じ
〔118〕福岡高判昭54・2・28税資104号547頁（〔105〕の控訴審判決）…〔105〕に同じ
〔119〕東京地判昭54・3・15税資104号655頁 ……………… 149, 173, 197, 205, 214
〔119-2〕大阪地判昭54・3・22税資104号682頁 …………………………………… 108
〔120〕東京地判昭54・3・29訟月25巻7号1809頁 ……………… 96, 97, 99, 108, 109, 130, 132, 137, 145, 146, 160, 164, 169, 171, 176, 181, 190, 193〜195, 202
〔121〕大阪地判昭54・3・29訟月25巻7号2002頁 ……………… 143, 149, 154, 180
〔122〕仙台地判昭54・4・11税資105号55頁 ……………………………………… 180
〔123〕京都地判昭54・4・27訟月25巻8号2296頁 ……………………………… 170
〔124〕横浜地判昭54・5・9税資105号299頁
〔125〕最判昭54・6・18税資105号725頁（〔96〕・〔111〕の上訴審判決）
〔126〕東京高判昭54・6・27税資105号887頁（〔100〕の控訴審判決）
〔127〕広島地判昭54・12・20税資109号742頁 ……………………………… 107, 170
〔128〕大阪高判昭54・12・24税資109号788頁
〔129〕釧路地判昭55・1・25判時963号93頁 ……………………………………… 114
〔130〕千葉地判昭55・1・30訟月26巻4号700頁 …………… 108, 125, 139, 194, 199
〔130-2〕東京高判昭55・1・31税資110号140頁（〔92〕の控訴審判決）……… 115
〔131〕京都地判昭55・3・21訟月26巻5号875頁 …………………… 179, 184, 196
〔131-2〕大阪高判昭55・3・21税資110号662頁
〔132〕名古屋地判昭55・3・24税資110号666頁 ……………………………… 123
〔132-2〕大分地判昭55・3・26税資110号752頁 ………………… 109, 145, 148, 164
〔133〕大阪地判昭55・4・22税資113号166頁
〔134〕東京高判昭55・4・30税資113号229頁（〔119〕の控訴審判決）
……………………………………………………………………… 〔119〕に同じ
〔135〕東京高判昭55・7・31税資114号322頁（〔124〕の控訴審判決）
〔136〕東京高判昭55・9・24税資114号788頁（〔112〕の控訴審判決）…… 107, 170
〔137〕名古屋地判昭55・10・13税資115号31頁 ……………………………… 114, 180
〔138〕大阪高判昭55・10・29訟月27巻2号412頁（〔121〕の控訴審判決）…… 81, 83, 130, 131, 137, 143, 149, 154, 155, 180, 207, 216

〔139〕東京高判昭55・10・30税資115号445頁（〔116〕の控訴審判決）
〔139-2〕東京地判昭55・11・6税資115号474頁 …………………………… 150
〔139-3〕最判昭55・11・20税資115号589頁
〔140〕横浜地判昭55・12・17訟月27巻5号963頁 ……… 108, 171, 180, 187, 190, 197
〔141〕名古屋地判昭55・12・19税資115号743頁 …………………………… 107
〔142〕横浜地判昭56・1・26行集32巻1号69頁 …………………………… 196
〔143〕名古屋地判昭56・1・30税資116号145頁
〔143-2〕名古屋高判昭56・2・27税資116号469頁（〔114-2〕の控訴審判決）
〔144〕京都地判昭56・3・6行集32巻3号342頁
〔145〕大阪高判昭56・3・26税資116号866頁（〔133〕の控訴審判決）
〔146〕浦和地判昭56・5・27税資117号448頁 …………………………… 194
〔147〕福岡地判昭56・7・20訟月27巻12号2351頁 …………… 81～83, 87, 139, 217
〔148〕大阪高判昭56・8・4税資120号295頁
〔149〕横浜地判昭56・9・17税資120号483頁 …………………………… 182
〔150〕大阪地判昭56・10・9行集32巻10号1771頁 ………………………… 82, 207
〔151〕名古屋高判昭56・10・28税資121号104頁（〔132〕の控訴審判決）
〔151-2〕東京地判昭56・12・18税資148号275頁
〔152〕宇都宮地判昭57・3・4税資122号478頁 ………………… 149, 173, 205, 214
〔153〕東京地判昭57・5・25税資123号461頁 ………………… 168, 173, 174, 193
〔153-2〕広島高判昭57・6・10税資123号592頁（〔127〕の控訴審判決）… 107, 170
〔154〕名古屋地判昭57・6・28行集33巻6号1410頁 ……… 174, 195, 200, 202, 219
〔155〕東京地判昭57・7・13税資127号92頁 …………………………… 181, 182
〔156〕大阪高判昭57・7・29税資127号586頁 ……………… 108, 114, 148, 171, 193
〔157〕名古屋地判昭57・8・27行集33巻8号1725頁 ………………… 114, 160, 219
〔158〕東京地判昭57・8・31税資127号707頁 ………………………… 168, 174, 210
〔158-2〕最判昭57・10・21税資128号83頁
〔159〕大阪地判昭57・11・17行集33巻11号2285頁
〔160〕大阪高判昭57・11・18行集33巻11号2316頁（〔144〕の控訴審判決）
〔160-2〕福岡高判昭57・12・13税資128号582頁（〔132-2〕の控訴審判決）
…………………………………………………………… 〔132-2〕に同じ
〔160-3〕名古屋高判昭57・12・16税資128号606頁
〔161〕名古屋高判昭57・12・21行集33巻12号2546頁 …………………………… 107
〔162〕大阪高判昭57・12・23行集33巻12号2671頁（〔150〕の控訴審判決）…… 207
〔163〕東京地判昭57・12・27税資128号782頁
〔164〕浦和地判昭58・1・21行集34巻1号32頁 ………………………… 81, 149, 208
〔165〕東京地判昭58・1・26行集34巻1号136頁 ………………………… 200, 210
〔166〕最判昭58・3・3税資129号429頁（〔104〕・〔117〕の上訴審判決）……… 108
〔167〕最判昭58・3・3税資129号433頁（〔105〕・〔118〕の上訴審判決）……… 108
〔168〕大分地判昭58・3・14税資129号517頁 ………………………… 172, 186
〔169〕大分地判昭58・3・30税資129号840頁
〔170〕岡山地判昭58・4・13判自1号27頁 …………………………… 196

〔171〕東京高判昭58・4・19税資130号57頁（〔152〕の控訴審判決）…〔152〕に同じ
〔172〕千葉地判昭58・4・25税資130号188頁
〔173〕横浜地判昭58・4・27行集34巻9号1573頁 … 83, 169, 173, 183, 186, 213, 217
〔174〕東京地判昭58・5・16行集34巻5号746頁 …… 97, 99, 109, 120, 130, 132, 137, 145, 148, 164, 168, 171, 173, 176, 183, 186, 187, 190, 193, 194, 197, 202
〔175〕東京高判昭58・5・31税資130号652頁（〔155〕の控訴審判決）…… 181, 182
〔176〕仙台高判昭58・5・31税資130号660頁（〔122〕の控訴審判決）………… 180
〔177〕名古屋地判昭58・6・27訟月30巻1号137頁 …………………………… 182
〔178〕東京高判昭58・8・3税資133号432頁（〔153〕の控訴審判決）…〔153〕に同じ
〔179〕名古屋高判昭58・8・10行集34巻8号1400頁（〔154〕の控訴審判決）……………………………………………〔154〕に同じ
〔180〕東京高判昭58・8・16税資133号479頁（〔146〕の控訴審判決）………… 194
〔181〕福岡高判昭58・9・13税資133号647頁（〔168〕の控訴審判決）…… 172, 186
〔182〕熊本地判昭59・2・27訟月30巻7号1270頁
〔183〕名古屋高判昭59・2・28税資135号230頁（〔141〕の控訴審判決）……… 107
〔184〕東京高判昭59・2・29行集35巻2号210頁（〔174〕の控訴審判決）……………………………………………〔174〕に同じ
〔184-2〕東京高判昭59・3・14行集35巻3号231頁
〔184-3〕東京高判昭59・3・14行集35巻8号1472頁
〔184-4〕広島地判昭59・3・23税資135号359頁 ……………………… 107, 170
〔184-5〕函館地判昭59・3・29判時1128号41頁 ………………………… 115
〔185〕大阪高判昭59・3・26税資135号505頁 ……………………… 81, 149, 207
〔186〕京都地判昭59・3・30行集35巻3号353頁 ……………… 98, 99, 109, 114, 126, 131, 137, 157, 158, 160, 169, 180, 187, 193, 199, 203, 205, 214
〔187〕岡山地判昭59・3・30税資135号527頁 ………………………… 107
〔187-2〕大阪地判昭59・4・25行集35巻4号532頁 ……………………… 115
〔187-3〕最判昭59・5・29税資136号577頁
〔187-4〕最判昭59・7・5税資139号1頁
〔187-5〕最判昭59・7・6税資139号30頁
〔188〕東京地判昭59・9・28判時1140号67頁 ……………… 114, 160, 219, 220
〔189〕最判昭59・10・9税資140号27頁（〔148〕の上告審判決）…………… 108
〔190〕長崎地判昭59・11・30行集35巻11号1978頁 ………………… 170, 188
〔191〕最判昭59・12・4税資140号565頁（〔185〕の上告審判決）………… 81, 149

昭和60年代

〔192〕横浜地判昭60・2・4判タ602号63頁 ………………………………… 197
〔193〕最判昭60・2・26税資144号301頁（〔161〕の上告審判決）…………… 108
〔194〕大阪高判昭60・3・26税資144号795頁
〔195〕福岡高判昭60・3・29訟月31巻11号2906頁（〔147〕の控訴審判決）………………………………………… 83, 87, 139, 203, 217
〔196〕最判昭60・4・5税資145号5頁（〔121〕・〔138〕の上訴審判決）…… 83, 108
〔197〕東京地判昭60・7・22行集36巻7＝8号1153頁

〔198〕福岡高判昭60・8・29行集36巻7＝8号1252頁(〔190〕の控訴審判決)… 170, 188
〔198-2〕最判昭60・9・12税資146号551頁
〔199〕鳥取地判昭60・10・31税資147号277頁
〔200〕最判昭61・3・20税資151号228頁（〔116〕・〔139〕の上訴審判決）
〔201〕名古屋地判昭61・3・24税資151号243頁 …………… 164, 171, 172, 176, 190
〔202〕大阪地判昭61・3・25税資151号343頁 ………………………… 144, 186, 193
〔203〕東京高判昭61・5・28判タ639号148頁（〔173〕の控訴審判決）……… 83, 87, 114, 123, 139, 173, 195〜197, 213, 217
〔204〕静岡地判昭61・6・19税資152号365頁 ……………………………………… 170
〔205〕東京高判昭61・6・26税資152号535頁
〔206〕最判昭61・6・27税資152号549頁（〔141〕・〔183〕の上訴審判決）
〔207〕名古屋地判昭61・6・30税資152号568頁 … 164, 171, 176, 179, 184, 190, 196
〔207-2〕東京高判昭61・7・17税資153号132頁（〔197〕の控訴審判決）
〔208〕名古屋地判昭61・10・31税資154号386頁 ……………………… 115, 164, 170
〔209〕東京地判昭61・11・27税資154号691頁 …………… 99, 102, 103, 109, 131, 136, 193, 200, 201
〔209-2〕最判昭61・12・5税資154号787頁（〔132〕・〔151〕の上訴審判決）
〔210〕横浜地判昭62・3・18税資157号894頁 …………………… 100, 102, 103, 130, 137, 148, 154, 164, 168, 174, 190, 193, 203
〔211〕福岡高判昭62・3・30税資157号1290頁（〔169〕の控訴審判決）………… 200
〔212〕東京地判昭62・4・27税資158号237頁
〔213〕大阪高判昭62・6・24税資158号701頁
〔214〕長野地判昭62・7・16税資159号172頁 ……………………………………… 162
〔215〕名古屋高判昭62・7・28税資159号304頁（〔208〕の控訴審判決）……… 115, 164, 170
〔216〕大阪高判昭62・9・30行集38巻8＝9号1067頁
〔217〕大阪高判昭62・9・30税資162号1739頁 ………………… 115, 144, 180, 205
〔218〕高松地判昭62・10・29税資160号498頁 ……………………………………… 172
〔219〕最判昭62・10・30判時1262号91頁（〔147〕・〔195〕の上訴審判決）… 69, 83, 87, 100, 102, 103, 105, 108, 130, 131, 137, 145, 154, 155, 164, 166〜168, 174〜176, 178, 190, 192, 193, 195, 198, 202, 203, 209, 210, 213, 215〜217, 369
〔220〕東京高判昭62・11・26税資160号705頁（〔210〕の控訴審判決）…〔210〕に同じ
〔221〕神戸地判昭62・11・30判タ664号71頁 ……………………………………… 180
〔222〕東京地判昭62・12・16税資160号1290頁 …………………… 146, 154, 194, 203
〔223〕最判昭62・12・17税資160号1355頁（〔169〕・〔211〕の上訴審判決）
〔224〕横浜地判昭62・12・23税資160号1481頁 ………………… 101〜103, 131, 136, 145, 154, 193, 197, 200, 203
〔225〕横浜地判昭62・12・23税資160号1509頁 ………… 108, 119, 122, 130, 146, 154, 162, 171, 173, 181, 182, 190, 197, 200, 217
〔226〕京都地判昭63・3・14税資191号1145頁 ………………………… 115, 144, 205

〔227〕千葉地判昭63・3・23税資163号836頁 …… 83, 87, 123, 146
〔228〕前橋地判昭63・3・24税資163号890頁 …… 108
〔229〕大阪高判昭63・3・24税資167号524頁 …… 115, 144, 205
〔229-2〕広島高判昭63・3・30税資163号1047頁（〔184-4〕の控訴審判決）… 107, 170
〔230〕高松地判昭63・4・14税資164号13頁 …… 83, 84, 87, 108, 113, 124
〔231〕東京高判昭63・4・26税資164号305頁（〔209〕の控訴審判決）…… 99, 100, 102, 103, 109, 119, 131, 136, 193, 200, 201
〔232〕東京高判昭63・4・28税資164号327頁（〔214〕の控訴審判決）…… 162
〔233〕東京地判昭63・5・30税資164号586頁
〔234〕福岡高判昭63・5・31税資164号927頁（〔219〕の差戻後の判決）… 102, 103, 130, 154, 155, 174, 195, 200, 203, 217
〔235〕大阪地判昭63・6・24判タ679号240頁 …… 110, 121, 125, 146, 160, 207
〔236〕仙台地判昭63・6・29訟月35巻3号539頁 …… 154, 171
〔237〕東京地判昭63・7・5税資165号31頁 …… 180
〔237-2〕那覇地判昭63・8・10行集39巻7＝8号790頁 …… 108
〔238〕大阪高決昭63・9・1税資165号679頁 …… 201
〔239〕東京高判昭63・10・17税資166号163頁（〔227〕の控訴審判決）
…… 〔227〕に同じ
〔240〕横浜地判昭63・10・31税資166号375頁 …… 130, 146, 188
〔241〕東京高判昭63・11・30税資166号627頁（〔225〕の控訴審判決）…… 108, 109, 122, 130, 146, 150, 154, 171, 173, 181, 182, 184, 190, 197, 200, 217
〔242〕最判昭63・12・15税資166号794頁（〔209〕・〔231〕の上訴審判決）
〔243〕東京地判昭63・12・21税資166号977頁 …… 102, 130, 165, 170, 177, 215
平成初期
〔244〕高松高判平1・1・30税資169号214頁（〔218〕の控訴審判決）…… 172
〔245〕東京地判平1・3・29税資169号1291頁 …… 171, 180
〔246〕東京地判平1・7・26税資173号351頁 …… 123, 172, 182
〔247〕最判平1・9・21税資173号774頁（〔227〕・〔239〕の上訴審判決）
…… 84, 87, 123
〔248〕東京地判平1・9・22税資173号784頁
〔249〕名古屋地判平1・10・27税資174号337頁 …… 103, 104, 108, 174, 179, 197
〔250〕東京高判平1・12・21税資174号1049頁（〔246〕の控訴審判決）
…… 123, 172, 182
〔251〕東京地判平2・1・23税資175号17頁
〔252〕東京高判平2・1・30税資175号209頁（〔212〕の控訴審判決）
〔253〕東京高判平2・1・30税資175号263頁（〔245〕の控訴審判決）…… 171, 180
〔254〕東京地判平2・2・21税資175号450頁 …… 171, 172
〔255〕東京高判平2・2・28税資175号956頁（〔240〕の控訴審判決）…… 130, 146
〔255-2〕東京地判平2・3・16税資175号1204頁
〔256〕東京地判平2・3・26税資175号149頁

〔256- 2〕東京地判平 2・4・13税資176号534頁 …………………………………… 109
〔256- 3〕最判平 2・4・17税資176号595頁（〔184- 4〕・〔229- 2〕の上訴審判決）
〔257〕名古屋地判平 2・5・18判タ739号95頁 …… 103, 104, 176, 181, 183, 187, 190
〔258〕福岡高判平 2・7・18訟月37巻 6 号1092頁（〔182〕の控訴審判決）… 69, 103, 104, 125, 131, 132, 154, 207
〔259〕神戸地判平 2・7・25税資180号363頁 ……………………………… 107, 196
〔260〕千葉地判平 2・10・31税資181号206頁 ……………… 103, 104, 172, 180, 186
〔261〕大阪地判平 2・12・19税資181号970頁 ……………………………… 108, 182
〔261- 2〕大阪地判平 2・12・20税資181号1020頁
〔262〕東京高判平 3・1・24税資182号55頁 ………………………………………… 180
〔263〕最判平 3・1・31税資182号214頁（〔245〕・〔253〕の上訴審判決）
〔263- 2〕札幌地判平 3・2・5 税資182号253頁
〔264〕東京地判平 3・2・27税資182号432頁 ……………………………… 115, 169
〔265〕東京地判平 3・3・26税資182号702頁 ……………………………… 136, 174
〔266〕大阪高判平 3・3・28税資182号840頁（〔259〕の控訴審判決）…… 107, 196
〔267〕東京地判平 3・5・28判時1404号71頁 …………………………………… 150
〔268〕東京高判平 3・6・6 税資183号864頁（〔260〕の控訴審判決）…… 104, 122, 172, 180, 186, 190
〔269〕静岡地判平 3・6・28判時1402号41頁 ……………………… 109, 114, 179, 202
〔270〕東京高判平 3・7・25税資186号386頁（〔264〕の控訴審判決）…… 115, 169
〔270- 2〕最判平 3・9・27税資186号693頁（〔262〕の上告審判決）
〔270- 3〕名古屋高金沢支判平 3・10・23税資186号1067頁 ……………………… 180
〔271〕東京地判平 3・12・19行集42巻11＝12号1968頁 ……………………… 107
〔271- 2〕京都地判平 3・12・25税資187号638頁 …………………………………… 84
〔272〕東京高判平 4・1・30税資188号191頁（〔265〕の控訴審判決）…… 136, 174
〔273〕岐阜地判平 4・2・26税資188号412頁 ……………………… 104, 162, 181, 182
〔274〕東京地判平 4・3・19判タ791号139頁 ……………………… 85, 115, 149, 201
〔274- 2〕名古屋地判平 4・4・6 行集43巻 4 号589頁
〔275〕東京高判平 4・4・27税資189号360頁（〔256〕の控訴審判決）
〔276〕東京地判平 4・7・29行集43巻 6 ＝ 7 号999頁 …………… 115, 202, 218, 220
〔277〕横浜地判平 4・8・5 税資192号283頁 ………………………………………… 108
〔277- 2〕最判平 4・9・24税資192号579頁
〔278〕東京高判平 4・10・7 判タ803号220頁（〔274〕の控訴審判決）……… 85, 108, 146, 149, 169, 183, 211
〔278- 2〕松江地判平 4・10・14税資193号36頁 ………………………………… 180
〔278- 3〕大阪高判平 4・10・29税資193号260頁（〔271- 2〕の控訴審判決）…… 84
〔279〕名古屋高判平 4・12・2 税資193号728頁（〔273〕の控訴審判決）
……………………………………………………………………………… 122, 182, 188
〔280〕東京地判平 4・12・17判自114号50頁 ……………………… 69, 85, 104, 109, 146, 149, 169, 183, 196, 201, 217
〔281〕東京地判平 4・12・21税資193号982頁 ……………………………… 172, 196

〔282〕東京高判平４・12・21税資193号1019頁（〔277〕の控訴審判決）
〔283〕神戸地判平４・12・25行集43巻11＝12号1567頁 …………………… 104, 173, 179, 183, 184, 202
〔284〕東京地判平５・１・26税資194号20頁 ……………………………… 107, 200
〔284-２〕大阪地判平５・１・28税資194号94頁
〔284-３〕東京地判平５・２・16税資194号375頁
〔285〕宇都宮地判平５・２・24税資194号493頁 ………………………… 114, 202
〔286〕東京高判平５・３・15行集44巻３号213頁（〔276〕の控訴審判決）
…………………………………………………………………………〔276〕に同じ
〔287〕東京地判平５・４・27税資195号78頁 ……………………………… 183
〔288〕東京地判平５・４・27税資195号108頁
〔288-２〕仙台地判平５・５・25税資195号458頁
〔289〕東京高判平５・５・31判タ851号188頁（〔280〕の控訴審判決）… 69, 85, 105, 106, 109, 146, 149, 154, 169, 175, 180, 183, 196, 201, 217
〔290〕最判平５・７・15税資198号172頁（〔273〕・〔279〕の上訴審判決）
〔291〕東京地判平５・８・２税資198号423頁
〔292〕福岡地判平５・８・31税資198号575頁 ……………………………… 197
〔293〕名古屋地判平５・９・３税資198号716頁 ………………………… 172, 190
〔293-２〕最判平５・９・28税資198号1201頁（〔262〕の上告審判決）
〔293-３〕最判平５・11・12税資199号805頁
〔293-４〕大阪高判平５・11・19行集44巻11＝12号1000頁
〔294〕東京高判平５・11・25税資199号940頁（〔285〕の控訴審判決）…… 114, 202
〔295〕千葉地判平５・12・20税資199号1208頁 ………………………… 108, 174
〔296〕札幌高判平６・１・27税資200号332頁 ……………………………… 108
〔297〕東京地判平６・１・28税資200号358頁 ……………………… 105, 106, 174
〔297-２〕京都地判平６・１・31税資200号476頁 ……………………… 85, 108
〔298〕神戸地判平６・３・９行集46巻１号108頁
〔299〕東京高判平６・３・29税資200号1228頁 …………………………… 108
〔300〕東京高判平６・６・９税資201号479頁（〔288〕の控訴審判決）
〔301〕大阪高判平６・７・15税資205号65頁 ……………………………… 108
〔302〕東京高判平６・７・19税資205号157頁（〔291〕の控訴審判決）
〔303〕東京地判平６・７・19判自132号45頁 ……………………… 85, 149, 196
〔304〕甲府地判平６・９・20税資205号572頁 ……………………………… 202
〔305〕東京高判平６・９・26税資205号645頁（〔295〕の控訴審判決）…… 108, 174
〔306〕東京高判平６・９・28税資205号708頁 ……………… 107, 162, 184, 194, 197
〔307〕大阪地判平６・10・26税資206号66頁 ……………………………… 149, 201
〔308〕松山地判平６・11・18税資206号273頁
〔308-２〕最判平６・12・６税資206号582頁
〔308-３〕新潟地判平６・12・８税資206号617頁
〔309〕東京地判平７・１・27行集46巻１号９頁 ………………… 105, 106, 174, 190
〔310〕東京高判平７・１・30税資208号136頁（〔287〕の控訴審判決）………… 184

〔311〕大阪高判平７・１・31行集46巻１号93頁（〔298〕の控訴審判決）
〔311-２〕千葉地判平７・２・15税資208号301頁
〔312〕大阪地判平７・２・29税資214号544頁 …… 105, 106, 171, 172, 174, 177, 188
〔313〕長野地判平７・３・８税資210号1124頁 ………………………… 115, 144, 205
〔314〕東京高判平７・３・16行集46巻２＝３号280頁（〔271〕の控訴審判決）… 107
〔315〕東京地判平７・４・27税資209号285頁 ………………………………… 221
〔316〕名古屋高判平７・４・27税資209号307頁（〔293〕の控訴審判決）… 172, 190
〔317〕東京地判平７・５・24税資209号893頁
〔317-２〕東京高判平７・５・30税資209号940頁 ………………………………… 182
〔318〕那覇地判平７・７・19税資213号163頁
〔319〕東京地判平７・７・20行集46巻６＝７号701頁 …………… 115, 154, 218, 221
〔320〕名古屋地判平７・７・24税資213号225頁
〔320-２〕最判平７・10・３税資214号19頁（〔293〕・〔316〕の上訴審判決）
〔321〕東京高判平７・10・19行集46巻10＝11号967頁（〔309〕の控訴審判決）
……………………………………………………………………………〔309〕に同じ
〔322〕東京地判平７・11・13税資214号397頁 ……………………………… 171, 172
〔323〕東京高判平７・12・13行集46巻12号1143頁（〔319〕の控訴審判決）
……………………………………………………………………………〔319〕に同じ
〔324〕神戸地判平８・２・21訟月43巻４号1257頁 … 85, 87, 108, 123, 144, 146, 155
〔325〕水戸地判平８・２・28訟月43巻５号1376頁 ……………………… 173, 182, 197
〔326〕横浜地判平８・２・28判自152号50頁 ………………… 105, 106, 172, 188, 190
〔327〕名古屋地判平８・３・22税資215号960頁 ……………………………… 162
〔327-２〕横浜地判平８・３・25税資215号1036頁
〔327-３〕横浜地判平８・３・25税資215号1072頁
〔328〕那覇地判平８・４・２税資216号１頁 ……… 105, 106, 109, 122, 124, 172, 186
〔328-２〕東京地判平８・８・29税資220号464頁
〔328-３〕高松高判平８・８・29税資220号522頁
〔329〕大阪高判平８・８・29行集47巻７＝８号738頁（〔283〕の控訴審判決）… 200, 202
〔329-２〕東京高判平８・10・17税資221号75頁（〔322〕の控訴審判決）… 171, 172
〔330〕千葉地判平８・10・28判時1619号51頁 …………………… 105, 106, 170, 175
〔331〕福岡高那覇支判平８・10・31行集47巻10号1067頁 ………………… 125, 215
〔331-２〕東京高判平８・11・27税資221号536頁（〔317〕の控訴審判決）
〔331-３〕札幌地判平８・11・28税資221号579頁
〔331-４〕東京地判平９・２・18税資222号469頁 ……………………………… 220
〔331-５〕横浜地判平９・２・26判自174号73頁 …………………… 105, 106, 109, 201
〔331-６〕徳島地判平９・２・28税資222号701頁 ……………………… 172, 174, 188
〔332〕東京地判平９・３・21行集48巻３号159頁
〔333〕東京地判平９・４・25判時1625号23頁 …………… 69, 86, 105, 106, 121, 125, 160, 175, 206
〔334〕京都地判平９・５・14税資223号632頁 …………………… 105, 106, 197, 199

乙部哲郎

行政法と信義則

判例を中心に

信山社

はしがき

修士論文では行政法における禁反言則を扱った。おもに英米の文献を参考にしたが、禁反言則は相手方の信頼保護の役割を果たすようである。博士課程に進学後は、もっぱら旧西ドイツ行政法における信頼保護原則を対象とすることになり、いちおう行政の行為形式ごとに同原則について言及することにした。とりわけ、違法な授益的行政行為の職権取消の制限理論として、従来、判例・学説の支配的見解は信頼保護原則に求め、一九七六年に制定の連邦行政手続法四八条、一九八〇年に制定の社会法典一〇編四五条などはこの判例・学説の支配的見解を成文法化することになる。旧西ドイツでは、相手方の信頼保護の法的根拠は信義則や法的安定性の原理に求められることが多く、基本権などに求められることもあるが、独自の法原則とみるものもある。一九八九年のドイツ統一後も右の事情に大きな変化はないようである。

わが国では、相手方の信頼保護は信義則・禁反言則の問題として扱われることが多い。そこで、研究の順序としては後先になるが、いちおう英米の禁反言則やドイツの信頼保護原則とは離れて、わが国の判例をおもな素材として、行政法における信義則・禁反言則・信頼保護原則（本書では一般に「信義則」と総称）を勉強することにした。具体的には、行政法の各分野または事案の類型ごとに、まず判例の展開を概観したのちに、信義則の意義、根拠・性格、適用の限界、適用要件、適用範囲・効果などの論点について分析と検討を試みることを意図している。筆者としては、信義則の観念が信頼保護を中核とすること、信義則の現代的意義は個別の行政活動中に示された行政法令の解釈の適法・存続に対する相手方の信頼保護に求められること、法律による行政の原理や租税法律主義も信義

則の適用を必ずしも妨げるものではないこと、信義則の適用要件を探ることなどにねらいがあった。

本書は、右の視点からわが国の行政法における信義則判例の総合的研究として、この一〇年間の折々に発表した拙稿を集めたものであるが、ここで、拙稿の一覧を掲げておくことにする。

「公務員の退職願の撤回と信義則」神戸学院法学二〇巻二号（平成二年・一九九〇年）

「行政訴訟と信義則」神戸学院法学二三巻四号（平成五年・一九九三年）

「戦後初期の行政法における信義則―農地関係の判例を中心に―」神戸学院法学二四巻二号（平成六年・一九九四年）

「公共住宅の明渡請求等と信義則」神戸学院法学二四巻三＝四号（平成六年・一九九四年）

「行政法における失効の法理」神戸学院法学二五巻二号（平成七年・一九九五年）

「公務員法と信義則」神戸学院法学二五巻四号（平成七年・一九九五年）

「租税法と信義則(1)〜(3)完」神戸学院法学二七巻四号、二八巻二号、三号（平成一〇年・一九九八年）

「行政法における信義則の展開」南博方先生古稀記念『行政法と法の支配』（有斐閣、平成一一年・一九九九年）

原論文の本書への収録については、神戸学院大学法学会および有斐閣からご了承をいただき、お礼申し上げる。収録にあたっては、いずれも形式的にも内容的にも修正を施し、全体的にはかなりの大幅な修正となった。また、なるべく体系的になるように配列を行い、まず、いわば横断的に行政法の各領域または事案の類型ごとに信義則に関する判例等の展開を分析・検討することを主眼とし（第一章〜七章）、最後に、まとめとして、右の判例等の展開をいわば縦断的・総合的に、しかし簡潔に概観することを意図している（第八章）。租税法分野の判例が突出して多いことから、租税判例との関連でおもな学説をも参考にして、信義則の意義、根拠・性格などの論点の分析・検討につ

いても詳しく言及することにしている。もっとも、著名な裁判例集では信義則が争点の一つとなりこれについて判示している場合でも、編集者が付す判示事項・判決要旨の中に信義則の用語が現れることはまれになってきている。このこともあって、行政法における信義則に関する判例の総合研究は必ずしも容易ではない。巻末の判例索引では可能なかぎり判例を網羅するように努めたつもりであるが、漏れている判例（しかも相当数？）もあるであろう。長期にわたりこの問題を扱いながらなお満足すべき成果をあげえないことは、筆者の能力不足というほかはない。

このように拙い本書ではあるが、改めて南博方先生には、大阪市大大学院入学以来、分け隔てなく温かくご指導いただいたことに対して深謝申し上げる。種々、ご厚配をいただいた今は亡き俵静夫先生にもお礼申し上げる。本書は、もともと南先生の古稀（昨年一〇月一一日）をお祝いするために準備してきたものであるが、母や二人の兄にも捧げたいと思う。母・幸枝は厳しい条件下で働きづめできて晩年は次兄・勝彦夫婦の介護を受けたが、昨秋に亡くなりその冥福を祈りたい。長兄・邦輔は自身の妻子のほか、幼い弟二人・従妹や祖母を抱えながら、いわば家長としての役目を果たしてきた（地元の銀行に就職後は、次兄がその役目を引き継ぐことになる）。県立高校長を定年退職後も請われて情報処理学院長として草創期のその運営に手腕を発揮してきた。この春には喜寿を迎えることになりその長寿を祈りたい。

最後に、本書の出版についてご高配をいただいたことに対して、信山社の村岡侖衛氏にもお礼を申し上げる。

平成一二年（二〇〇〇年）三月

乙部哲郎

凡例

1　平成九年（一九九七年）までに言い渡され、判旨中に信義則を明示する判例を対象とする。ただし、とりわけ租税事案に関する最高裁判例では、原判決や上告理由では信義則を明示するものの、信義則を明示しないで簡単に原判決は正当であり是認でき上告論旨は理由がないなどと判示するものが多いが、これらの最高裁判例にも番号を付して掲記することにする。

2　最高裁判例の番号はゴシック表示とし、同一事件についての下級審判例と上級審判例とを併記する場合には、〔13〕・〔15〕のごとく表示する。

3　判例等に引用の法令名やその条数などは当時のものをほぼそのまま掲げた。

4　判例や文献などの略記法は、法律編集者懇話会（八学会名簿収録）のそれにほとんどならっている。

乙部哲郎　行政法と信義則

目　次

目　次

行政法と信義則

判例を中心に

乙部哲郎

第一章　戦後初期の行政法における信義則

――農地関係の判例を中心に――

一　はじめに

一　戦前には、行政法における信義則を扱う判例は、行政裁判所・司法裁判所をつうじて見当たらないといわれる。[1] 第二次大戦後、昭和二〇（一九四五）年代・同三〇年代の行政関係判例における信義則は、おもに農地関係事件との関連で、しかも、その多くは農地調整法九条一項や自作農創設特別措置法六条の二第二項二号、農地法二〇条二項一号が定める「信義」の判断をめぐって展開された（後記「判例の展開(1)」参照）。[2] この判断において適用されるべき信義則の機能は法実証主義の修正・補充などとかではなく、また、農地買収処分や農地賃貸借解除等の許可の適否が争点となることが多いが、この場合でも許可等の適否を決める信義則の性格はおもに民事上の信義則である。[3] 昭和四〇（一九六五）年代以降は、行政関係法令が明規する信義則ではなく、かつ、租税関係判例を中心に展開され、信義則の性格もいわゆる公法関係における信義則に関わることと比べても、戦後初期の行政関係判例における信義則の特色をみることができよう。

二　農地関係判例のなかには、いわゆる私法関係または公法関係における信義則を扱うものも少数ではあるが存

在する。本稿は、これらの農地関係判例を紹介して若干の論評を試みることにより、戦後初期の行政法における信義則の特色に近づくことを意図している。

(1) 菊井康郎「判批」自研三八巻七号(昭三七・一九六二)一一七頁。

(2) 農地調整法・自創法・農地法の制定事情などについては、加藤一郎『農業法』(有斐閣、昭六〇・一九八五)一〇五頁以下、関谷俊作『農林水産法』(ぎょうせい、昭六〇・一九八五)二一、四五頁以下参照。農地調整法・自創法などの旧法令・旧規定については、法務省民事局内法務研究会編『農地関係等旧法令・通達集』(テイハン、平三・一九九一)参照。

(3) 行政裁判月報(行月)や行政事件裁判例集(行集)に収められている信義則に関する農地関係判例も多い。私人間での信義則違反の有無が許可等の基準になっている場合には、許可等の中に信義則に関する行政庁の判断が示されているとはいえ、すくなくとも私人間で適用される場合の信義則は民事上の性格が強く、行政法における信義則の名に値しうるか疑問もある。したがって、ためらいもあるが、これらに関するかなりの判例も対象に本文中に番号を付して掲げることにする。

二　判例の展開(1)

一　遡及・附帯買収請求、職権遡及買収

一　自創法は、昭和二一(一九四六)年、制定施行されたが、翌年の改正により六条の二を新設、その第二項は、市町村農地委員会は小作農またはその相続人の遡及買収「請求が信義に反すると認めた場合」(同二号)には、買収計画において小作地を買収すべき旨を定めることができないとする。また、このときの改正により、右の第二項の規定は、市町村農委がその職権により遡及買収計画をたてるさいにも準用された(同六条の五第二項)。なお、い

わゆる附帯買収の申請（同一五条）については六条の二第二項の規定を準用する旨の明規はないが、後掲の判例中、〔6〕だけは附帯買収申請の信義違反を扱い、かつ、実質的にこの準用を認めるもののようである。
ここでは、まず、遡及・附帯買収請求の信義違反についてみることにする。

広島高判昭二四・五・九行月二二号七七頁〔1〕
福島地判昭二四・五・三〇行月二二号八九頁〔2〕
仙台地判昭二五・八・二八行集一巻一一号一四九三頁〔3〕
神戸地判昭二六・二・五行集二巻一号二二頁〔4〕
盛岡地判昭二九・一・一八行集五巻一号五頁〔5〕
盛岡地判昭二九・三・八行集五巻六号一一八五頁〔6〕
宮崎地判昭二九・四・六行集五巻四号七〇九頁〔7〕
福岡高宮崎支判昭二九・五・一〇行集五巻五号九六九頁〔8〕
仙台高判昭二九・八・一二行集五巻八号一七七六頁〔9〕

以上の判例中、①小作人の遡及買収請求の信義違反を否認したものが四件あり、なお、〔6〕は営農上不可欠である宅地の附帯買収申請の信義違反を否認している。そのおもな理由は、〔1〕は、賃貸借が合意解除された事実はないということにあり、〔5〕では、異議申立書に原告賃貸人とともに連署して原告の自作地であると述べ、買収計画の取消後に前言をひるがえして小作地であるとして遡及買収請求をしたのも、原告が小作契約の解除のさいに約束した代替地の賃貸を履行しなかったことにある。〔6〕では、小作人が建物を収去して宅地を明け渡す約束を果たさなかったとしても、建築資材等の入手が著しく困難など当時の情勢ではやむをえず、しかも期限の猶予を

得て賃借りを継続して賃料の支払いも滞っていないこと、〔8〕では、村農委の和解勧告に応じて遡及買収請求の取下げを約束したが、結局、この和解が成立しなかったこと、(4) 〔9〕では、賃借地の一部の返地により賃貸人・小作人間の経済状態に均衡がみられることにある。

②これに対して、遡及買収請求の信義違反の肯定例は四件ある。そのおもな理由は、〔2〕では、賃貸人所有の別農地を小作人に売り渡す代わりに、小作人は本件農地については昭和二一（一九四六）年度だけ小作をし、翌年にはこれを原告に返地し、かつ、賃借当時の旧所有者に対してその譲渡を請求しないという調停が成立していたのに、この調停に違反したこと、〔3〕では、小作人の資産状況が賃貸人のそれより著しく優越すること、〔4〕では、代替地の売渡しを受ける代わりに遡及買収請求をしないという賃貸人・村農委との協議に違反すること、〔7〕では、賃貸人に小作地を返還すべき旨の裁判上の調停に違反したことにある。

以上のように、小作人の遡及・附帯買収請求の信義違反の認否を分ける基準としては、おもに賃貸人等との合意違反またはこの違反がやむをえないかどうかにあるほか、賃貸人・小作人間の資産や経済状態の比較にあるようである。遡及・附帯買収請求のほか職権遡及買収でもその信義違反の有無は、賃貸人・小作人の具体的事情を考量して小作人に当該農地等の所有権を取得させることが適切かどうかを中心に判断すべきである。また、判例はいずれも明示しないが、賃貸人・小作人の信頼関係、賃貸人の信頼保護の視点からの理論構成が可能なケースもあろう。右の判例の結論はほぼ適切であったように思う。

二　農地の職権遡及買収の信義違反については、つぎの二つの判決がある。

千葉地判昭三三・一・一八行集九巻一号九頁〔10〕

大阪地判昭三九・六・一九行集一五巻六号九三一頁〔11〕

〔10〕は信義違反を肯定、〔11〕は逆にこれを否定する。そのおもな理由は、〔10〕では、所有者は、戦争の激化により自作が困難になったため、必要なときは直ちに返還する約束で使用貸借契約により農地の管理をAに依頼、Aはこの間の事情を説明のうえ、所有者には無断で食料難の状況にあったBに使用させたことにある。〔11〕では、小作人は高額の離作料を受領したとはいえ、所有者は、虚偽の申述により農地の宅地への使用目的変更許可を得て、地目も宅地に変更して、小作人との離作交渉に臨んでおり、交渉時には有効であった右の許可も買収計画の樹立前には職権により取り消されていることが、信義違反を否認したおもな理由である。

わずか二例にすぎないとはいえ、信義違反の肯否の割合については遡及・附帯買収請求の場合と同様の傾向が現れている。〔10〕では、本件農地が小作地に該当しうるとしても、これを遡及買収のうえBに売り渡すことはAしたがってまたBに対する所有者の信頼を損なうから、判旨は適切であろう。〔11〕では、このような場合、農地を遡及買収のうえ小作人に売り渡しても小作人に対する所有者の信頼を必ずしも損なうことにはならず、判旨は妥当であろう。

（4）　なお、〔8〕に付加された資料によれば、原審である鹿児島地裁も、判決言渡し年月日は不明であるが、信義違反を否認している。

二　賃貸借の解約等の許可

一　農地調整法は、昭和一三（一九三八）年、制定・施行されたが、その九条一項は、「農地ノ賃貸人ハ貸借人ガ宥恕スベキ事情ナキニ拘ラズ小作料ヲ滞納スル等信義ニ反シタル行為ナキ限リ賃貸借ノ解約ヲ為シ又ハ更新ヲ拒ムコトヲ得ズ」と定めていた。昭和二〇（一九四五）年の改正により、右の規定はそのままに、解約・更新拒否を

するときは市町村農地委員会の承認を受けなければならないとした（同三項）。翌年の改正では、解約・更新拒否だけでなく解除についても承認制をしく（同一項）とともに、承認を得なければ解約等はその効力を生じない旨、明規することになったが（同四項）、附則において、市町村農委の承認は「地方長官ノ許可」に読み替えるものとし、直後の改正により、合意解約についても右の承認制がとられた。昭和二二（一九四七）年の改正では、市町村農委の承認は「都道府県知事ノ許可」に読み替え、知事が許可をするときは農地については都道府県農委の意見を聴くべきものとされた（附則六条）。

昭和二七（一九五二）年に制定施行の農地法は、従来の農地調整法・自創法を基本的に承継することになり、農地調整法・自創法は廃止された。農地法二〇条は、農地または採草放牧地の賃貸借の解除等は知事の許可を受けなければその効力を生じないといい（同一項本文・五項）、知事の許可は「賃借人が信義に反した行為をした場合」（同二項一号）などのときに限定し、かつ、許可をしようとするときは都道府県農業委員会の意見を聞かなければならないとした（同三項）。その後の改正により、一定の合意解約等については知事の許可はいらず、また、都道府県農業委員会に代えて都道府県農業会議の意見を聞くべきこととなり、現在にいたっている。(5)

知事への許可申請は賃貸人が行い、不許可処分に対してはその取消請求を行うが、逆に、許可処分に対しては賃借人がその取消請求を行うのが、通例である。つぎの判決は、農地調整法九条一項にいう「信義」に関するおそらく初めての判決とその上告判決である。

広島高松江支判昭二六・八・一（民集六巻一〇号九七四頁収録）〔12〕

最判昭二七・一一・六民集六巻一〇号九六三頁〔13〕

昭和三〇（一九五五）年代になると、〔14〕を除いて、直接に右の「信義」違反の内容を扱う判例が続出するこ

とになる。〔14〕は、小作人の賃借料の延滞が農地調整法九条一項の信義違反にあたるかどうかは、三筆の土地について一括して判断すべきであるのに、一筆のみについて信義違反にはあたらないとする不許可処分は違法というものである。

甲府地判昭三〇・一・一四行集六巻一号七頁〔14〕
福島地判昭三〇・二・七行集六巻二号一九五頁〔15〕
甲府地判昭三〇・二・一七行集六巻二号二一六頁〔16〕
高知地判昭三〇・一〇・一一訟月一巻九号七七頁〔17〕
松山地判昭三〇・一一・一七訟月二巻二号七六頁〔18〕
青森地判昭三三・五・八行集九巻五号八五五頁〔19〕
仙台高判昭三四・九・八行集一〇巻九号一六六一頁〔20〕（〔19〕の控訴審判決）
徳島地判昭三五・六・八行集一一巻六号一六七五頁〔21〕
仙台高判昭三六・一・一四行集一二巻一号一頁〔22〕
山口地判昭三六・四・一七行集一二巻四号六六〇頁〔23〕
宇都宮地判昭三六・五・一〇下民一二巻五号一〇七三頁〔24〕
大阪地判昭三九・六・一判時三八五号六一頁〔25〕
高松高判昭三九・一〇・一三行集一五巻一〇号一九〇〇頁〔26〕

昭和四〇（一九六五）年代以降には、以下の判例が現れている。

大阪地判昭四六・二・二四判タ二六三号三二八頁〔27〕

松山地判昭四八・一・二九訟月一九巻七号八七頁〔28〕
大阪地判昭五〇・四・二八訟月二一巻八号一六八八頁〔29〕
和歌山地判昭五八・四・二七行集三四巻四号六九二頁〔30〕
大阪高判昭五九・一・二五行集三五巻一号三二頁〔31〕（〔30〕の控訴審判決）
高知地判平二・一〇・八行集四一巻一〇号一六二八頁〔32〕
前橋地判平三・二・一四訟月三七巻四号七四三頁〔33〕

二　以上の判例中、興味深いのは、賃借人の信義違反の有無を賃貸人との信頼関係・信頼保護の視点から判断しようとするものが〔13〕を初めとして半数程度あることである（後記二六頁参照）。賃借人の行為が信義に反するかどうかは、賃貸人・賃借人の具体的事情を考量して賃貸借契約を存続させることが賃貸人にとって酷であるかどうかを中心に判断すべきであり、[6]〔28〕や〔33〕もこのことを明示するように解される。この視点から、右の判例について簡単に付言することにする。

①賃借人の信義違反を否認した判例は七件ある。そのおもな理由は、〔12〕・〔13〕は、昭和二一（一九四六）年頃から二三年頃にかけて、無断で農地の半分近くを食料難にある知人三名に転貸して裏作期間に耕作（使用貸借）させ、かつ、各年末に支払うべき小作料を三年間、滞納していずれもその翌年に支払ったが、賃借人が応召のため稲作の出来が悪かったり、賃貸人は物納を強く望み、農地委員からは物納をしないように警告を受けていたため、自然に納期が厳守されなかったことなどにある。無断転貸については、[7]当時の社会情勢や転貸料を受領していないことなどから信義違反とはいえず、小作料の滞納についても、[8]遅延期間の長短が重要であるが、たとえ一年近い遅れがあったとしても本件事情のもとではやはり信義違反とはいえず、判旨は妥当であると思う。〔15〕は洪水によ

る用水樋の流失のためやむをえず農地を畑に無断転用したこと、〔25〕は賃借農地のわずか五%・一〇坪ほどに一時的に四男の住居を無断建築したことがおもな理由であるが、いずれも原状回復が容易であることなどから、判旨もいうように信義違反とはいえないであろう。〔16〕では、農地調整法九条の一〇に定める賃貸借契約の文書化のために賃貸人に協力を求めなかったとしても自己の利益を放棄したにとどまること、〔18〕では、昭和二六（一九五一）年から二八年分の小作料の支払いが遅れたとしても、もともと納期の取決めに多少の不明確があったこと、〔27〕では、約三か月間、甥に賃借地の一部を無断転貸したにすぎず、転貸料も受領していないことなどから、いずれも信義違反とはいえず判旨は適切であると考える。

②これに対して、信義違反を肯定した判例は一四件にのぼり、否認例の二倍に相当する。そのおもな理由は、〔17〕では無断で家屋の建設工事を行い、〔26〕では無断で農地の一部を埋め立て本業の製陶業のための製品置場として使用、いずれも原状回復が難しいことにあり、判旨のごとく信義違反は認めうるであろう。〔19〕・〔20〕は、農地の日照確保等のため賃貸人所有の隣地である原野の雑木を無断で伐採したのは信義違反にあたるとしているが、近隣では地主の承認を経たうえで伐採するのが通例ということであり、判旨は適切といえよう。〔21〕では、小作料の滞納が昭和二二（一九四七）年以降、約九年にわたり継続しているようであり、〔22〕では、昭和二八年・二九年分の小作料が未払いであり、この小作料は賃貸人の生活に必須の扶養料の性格をもっていたこと、〔23〕では、別件訴訟等により所有権が賃貸人にあることが確定したのちも、賃貸人・所有者としての地位の回復を認めず、すくなくとも二年度分の小作料の支払いや小作料相当額の利得の返還もしなかったこと、〔24〕では、一〇数年にわたり地代を支払わず、督促期限経過後も地代総額を一方的に算出、しかもこれを旧所有者宛に供託したことから、いずれも小作料・地代の滞納期間が長期であり、判旨のごとく信義違反は認めうるであろう。〔28〕では、賃借人

は賃貸人との協定に違反して水利権がないのに一日、四時間の引水を行い、夏の旱魃により賃貸人の自作田も水不足となったため、両者間で水争いが繰り返されたこと、〔29〕では、農地の一部について賃借権の無断譲渡、残余の部分について六、七年間、耕作をしなかったこと、〔30〕・〔31〕では、賃借人と所有者間の別件訴訟の確定判決により、本件農地の所有者は賃借人ではなく本件許可の申請者であることが認められた後も、賃借人は無断で用途変更をした八朔畑を水田に復旧しなかったこと、〔32〕では、昭和五六（一九八一）年から六〇年分の小作料の増額請求について誠実に協議に応じなかったほか、自己が適正と認める小作料の支払いや供託さえしなかったこと、〔33〕では、約一五年間、不耕作状態を続けて農地としての現況をとどめないようにしたことなどから、信義違反を肯定した判旨はいずれも適切であろう。(9)

以上のように、信義違反に関する判例の結論は大体、是認できるように思う。なお、〔24〕は、農地法二〇条の「知事の許可がないとして解除を無効とすることが賃借人の著しい不信行為に比しかえって公平を失すると認められるとき」は、裁判上の解除権の行使が可能といい、本件ではこの要件を充足するという。これに対して、〔25〕は、裁判上、解除権を行使する場合はおよそ知事の許可は不要とする前提にたっており、許可法制に違反する疑いもあるが、(10)本件では信義違反は認められず裁判上の解除は無効としている。

（5）以上については、法務省民事局内法務研究会編・注（2）一頁以下、二二、二八、四六頁等参照。
（6）星野英一『借地・借家法』（有斐閣、昭四四・一九六九）一一四、六〇五～六〇六頁、農林水産省監修『農地関係法〔全訂新版〕』（学陽書房、昭五六・一九八一）二二八頁。
（7）この点については、広中俊雄『不動産賃貸借法の研究』（創文社、平四・一九九二）八四頁以下、星野・注（6）三一八頁以下参照。
（8）広中・注（7）一三〇頁以下、星野・注（6）一二〇頁以下参照。

（9）　以上のほか、農地調整法九条一項の信義に関する判例として、東京高判昭二五・一一・二八高刑三巻四号六〇一頁、最判昭二八・七・三民集七巻七号七九九頁。

（10）　最判昭四一・七・二六判時四五九号五〇頁は、裁判上の解除についても、農地法二〇条に所定の知事の許可を受けないかぎりその効力を生じないとしている。

三　判例の展開(2)

一　私人側への適否

一　まず、私人による行政処分の違法の主張は信義則違反とみる判決が現れる。

福岡地判昭二五・三・二八行集一巻五号六三八頁〔34〕

農地の売渡しを受けるべき二名の間に各自の耕作範囲について協定が成立し、この協定に基づき被告村農地委員会が売渡計画を定めたのち、原告のみが協定を破棄して、他方の農地についても自分が売渡しを受けるべきであると村農委に異議申立て、県農委に訴願をした。村農委は、すでに原告に売渡通知書を交付、原告も代金を予納済であったが、昭和二四（一九四九）年五月、県農委の指示に基づいて両名についての売渡計画を取り消したので、原告は自己に対する取消処分の取消訴訟を提起した。本判決は、他方の「売渡計画の部分についてのみ異議訴願の申立を為して自作農創設特別措置法の厳正な適用を求めながら同じ基盤に立つ原告自身に対する売渡計画の部分についてはは既得権を盾にその取消の違法を主張するは著しく信義の原則に反する」などといい、原告の請求を棄却した。

取消処分の違法の主張自体は許容して職権取消の限界の問題として考える方がむしろ適切であろうが、右の事情のもとでは、原告の信頼を損なうことにはならず職権取消はその限界を越えることにもならないであろう。行政訴訟上の主張等の適否が争われたものとして、つぎの三判決がある。〔35〕、〔39〕は信義則違反を否認、逆に〔36〕は信義則違反を肯定する。

宇都宮地判昭二六・二・一行集二巻二号一四八頁〔35〕

被告村農地委員会・知事は、原告・宅地所有者が本訴において訴願と同一内容の事実を主張して買収計画の無効確認を求めることは禁反言則に反すると主張した。「禁反言の原則というのは英米法上認められているもので、人が過去において或る陳述を為し又はその行為に依て他人に或る事実の存在を信ぜさせた以上は後日其の事実の真実であることを否定し、又はその事実の存在を否認することを禁ずるという原則であって、元来証拠法上の原理であったが漸次廣く実体法上の原則にまで認められるに至ったものである」、村農委による買収計画異議棄却決定について県農委にした訴願の取下げは、「異議棄却の決定に服し買収計画の正当性を承認し、且つ訴願と同一内容の主張一切を拋棄したものと見るのは無理であって……本件の場合に禁反言の原則を当てはめることは適切ではなく、従て被告等のこの主張は理由がない」。本判決は、このように判示して、自創法にいう農業用施設物として本件宅地を買収するという右計画の策定は、なんらの権原ももたない不法占拠者の申請に基づくものであるから無効であるといい、無効確認請求を認容した。

一般に、訴願の取下げは「訴願と同一内容の主張一切を拋棄したものと見るのは無理であって」、行政庁の「信頼」ということも認めえない。訴訟上の禁反言則の適用要件は充足しえず禁反言則の適用を否認する判旨の結論は適切であったように思う。

仙台高秋田支判昭二七・七・二二行集三巻六号一三二一頁〔36〕

食糧確保臨時措置法に基づき（被告）村長が策定した「供出割当農業計画に先行する各調査に際し……協力の労を惜しみ乃至はこれを妨害するが如き態度に出でながら樹立された農業計画の事前調査に手続上の欠陥のあったことを指摘し、これを非難するが如きは食確法の法意からも信義則の原則からも許すべからざる事」と判示し、（原告）生産者による同計画の無効確認請求を棄却した。

行政庁側にはなんらの帰責事由もなく、相手方が行政処分の違法・無効の原因を招来している。この点で〔35〕やつぎの〔39〕とは異なる。信義則の適用により、違法な行政処分は存続することになるが、相手方の協力がないかぎり違法の是正は不可能であり、当時の食糧確保の緊急性などの社会情勢を考慮すれば、やむをえないというほかない。本件では、行政庁側の「信頼」などの事情を考慮するまでもなく、もっぱら原告の事情のみにてらして、右の主張を許されないとみる余地もあろう。なお、「食確法の法意からも」この主張が許されないのであれば、請求棄却のためにあえて信義則をもちだす必要もなかったようにもみえるが、同法の解釈に信義則を有効に利用したともいいうる。

大阪高判昭三五・九・三〇判タ一一八号七九頁〔39〕

被控訴人（原告）は、「買収手続に違法はないものと大阪府農業委員会会長より告げられ、右土地所有権を失ったもので救済手段はないものと誤信して」、国からは農地買収の対価を受領、被売渡人より公営住宅用地用に買い受けた控訴人（被告）大阪市からは宅地転用の同意料を受領した。本判決は、大阪府知事による買収処分が自創法に所定の買収令書の交付に代わる公告の要件を欠くため無効である以上、被控訴人は「本訴において」買収処分の無効およびこれを前提とする土地所有権等の「確認を求めることは信義則に反しない」とし

て、請求を認容した[11]。

農地買収の対価受領は行政庁側の言動に帰因することなどから、行政庁側の「信頼」は認めえず、信義則違反を否認する判旨の結論は適切であろう[12]。

二　農地調整法四条・農地法三条は農地の所有権の移転等、農地法五条は農地転用を目的とする所有権の移転等について、それぞれ知事等の許可を得なければその効力を生じないと定めている。また、許可を求める申請書には、原則として当事者が連名により一定の事項を記載することになっている（農地法施行規則二条・六条）。農地の買主がもつ許可申請協力請求権は、売買契約に基づく債権的請求権であり、民法一六七条一項に所定の権利として、売買契約の成立の日から一〇年の期間が経過することにより時効消滅するが[13]、売主による時効消滅の援用が信義則違反となり権利濫用になる場合がありうると解されている。ここでは、一つだけ判例をあげておこう。

東京高判平三・七・一一判時一四〇一号六二頁〔49〕

昭和四六（一九七一）年六月、控訴人である日本住宅公団は、本件農地の買主たる地位を取得したが、同地が市街化調整区域内にあるために農地法五条の許可を得るのは困難であるとみて、開発促進のために県や市に働きかけた結果、平成三（一九九一）年三月、ようやく市街化区域に編入された。本判決は、公団は、この間、許可手続を漫然と怠っていたというわけではなく、本件土地の所有者とその長男であり代理人である被控訴人は売買代金の全額を受領しており、本件土地の耕作をまったく行わず、公団が土地の管理を行っていたとして、公団の許可申請協力請求権について被控訴人が時効を援用するのは「信義則に反し権利の濫用として許されない」と判示した[14]。

実質的に買主等が権利を行使、売主等も相当期間これを容認してきた場合に、知事等の許可がないことを理由に

買主等の権利を実質的に否認するのは売主等の先行行為に矛盾することになる。許可申請の協力請求を行わなかったことについて買主等に責められるべき事由もないときは、その正当な信頼が存在する。(15) 被控訴人は、公団が買主たる地位を取得するときも、所有権移転に必要な一切の行為に協力する旨の承諾書を公団に提出していたということでもあり、同判決の結論はほぼ適切であったように思う。(16)

(11)　この事件の第一審・大阪地判昭三四・一・一三判タ一一八号八八頁は、買収処分の無効等を主張しても「権利の濫用といえない」と判示している。

(12)　なお、東京地判昭三七・一〇・三一行集一三巻一〇号一七一二頁は、農地買収・売渡処分は無効であるとして、原告被買収者による所有権確認・所有権取得登記抹消請求を認容したが、そのさい、原告の権利は「自壊」しており本訴請求は許されないという被告国・被売渡人の主張をも斥けている。信義則や失効を明示するものではないが、権利の自壊という表現には失効の法理を連想させるものがある。

(13)　最判昭五〇・四・一一民集二九巻四号四一七頁。

(14)　本判決を掲載する判例時報のコメントによれば、原審（千葉地判平二・一〇・二九）は逆に信義則違反・権利濫用を否認するようである。

(15)　許可の不存在を理由とする農地返還請求と信義則に関して、高松高判昭三九・五・二五判タ二七二号三四三頁、幾代通「判批」民商七六巻二号（昭五二・一九七七）一四三頁参照。

(16)　最判昭五一・五・二五民集三〇巻四号五五四頁は、私人間における時効援用の適否を扱うが、時効援用は信義則に反し権利濫用になるとしている。この最高裁判決を論評する学説も、別の理論構成の余地があることを指摘しながらも、判旨の結論に同調するものが多い。たとえば、石田喜久夫「判批」判タ三三四号（昭五二・一九七七）一一三頁以下、川井健「判批」法協九五巻三号（昭五三・一九七八）五八八頁以下。

二　行政側への適否

一　農地転用許可処分などの無効宣言の意味での取消等と信義則に関わる判例として、以下のものがある。

佐賀地判昭三二・七・二三行集八巻七号一二一二頁〔37〕

借家の明渡しを迫られた者が、その所有農地に住居を新築するために、農地法四条の農地転用の許可申請をした。被告知事側は、申請者の住居新築により所有農地の日照悪化等を心配する原告ら隣地居住者の同意を得ることを指示、申請者が事実上、宅地化の工事に着手したときも工事中止を指示したものの、結局、住居が完成まじかとなり申請者もそこに移転してきたので、事後承認的に農地転用の許可処分をした。本判決は、農地の宅地化後に発せられた農地転用の許可は無効であり、「許可処分を無効とすることは申請者……の信頼を裏切り法律生活の安定を害する如き事態を惹起しない」として、隣地居住者による同処分の取消請求を認容した。

東京地判昭三七・一〇・三行集一三巻一〇号一六四九頁〔40〕

自創法三条一項一号に所定の買収要件である不在地主・小作地という二つの根本要件を充足しないから買収処分は当然無効であり、買収・売渡処分を取り消したのは正当であるとして、原告ら被売渡人による知事を被告とする取消処分の無効確認請求および地主を被告とする所有権確認請求等を棄却したが、そのさい、つぎのように判示している。「無効な行政処分でも処分後長年月を経て、その無効を宣言することにより相手方の信頼をいちじるしく裏切り、法律生活の安定を害し、社会公共の福祉に重大な影響を及ぼすことがあるような場合はその無効を宣言し得ない」、本件取消処分は買収・売渡処分から九年余または一三年余後に行われているとはいえ、地主の陳情に基づいて買収・売渡処分から約二年後の昭和二六（一九五一）年七月、農地委員会は買収・売渡処分の前提となる買収・売渡計画の取消決議をして同月中にその旨の通知を原告らにしており、原告らは買収・売渡処分の取消を充分に予想できたことなどを考えると、「取消権の行使を制限すべきほど本件

処分の取消によって原告らの信頼が裏切られるものともいいがた」い。

大分地判昭四三・五・二四行集一九巻五号九一六頁〔44〕

農地法八〇条一項により農林大臣が自作農の創設等の目的に供しないと認定した地域（不要認定地域）内に本件土地の一部が含まれるが、この程度なら必ずしも違法ではないとの管轄農業委員会の意見に基づいて、被告知事は同法六一条の売渡処分をした。原告被売渡人は開墾に着手したが、付近住民からの開墾中止の嘆願があったため、被告は代替原野の売渡しを条件に開墾中止の申出を行い、原告は開墾を中止した。その後、被告は、代替原野の売渡しが困難な状況になったので右の申出を撤回、本件土地についても不要認定地域にその一部があることを理由に、売渡処分から約一年後に同処分を取り消した。本判決は、この取消処分は「全く恣意的な公権力の行使であり、かかる行使により処分の相手方たる原告の行政庁としての被告への信頼を裏切り、原告の被告に対する不信感を増大せしめ、その法的生活関係の安定ないし法秩序を著しく侵害した」といい、取消処分は違法であるとしてその取消請求を認容した。

農地買収・売渡処分をも含めて、一般に、通説・判例は、受益者の既得権その他の利益の尊重または法的安定性の観点から、職権取消にはこれらを犠牲に供してまで行うに足るだけの公益上の必要がなくてはならないとしており、職権取消の制限の法的根拠を信義則や信頼保護に求めるものは少ない。(17) このなかにあって、〔40〕、〔44〕は職権取消の制限の法的根拠を信頼保護にも求め、さらには信頼保護と法的安定性の原理の近接性(18)をも示したものとして、注目される。なお、〔40〕では、いわゆる取消権の失効（失権）の成否が争点となっている。買収・売渡計画の取消通知から取消処分までに相当の期間があり、原告らにもはや取消権の行使はないとの信頼を生じさせる可能性もある。原告らは本件土地の売渡しを受けてからも熱心に耕作を継続しており、地主側には農業を営もうとする

者が現在も将来もいないという。取消権の行使が遅れた理由は明らかではないが、この理由の如何によっては、原告らの信頼は保護に値すると解しうる余地もある。これに対して、〔44〕では、職権取消は原告の信頼を損ない許されず、判旨は適切であろう。〔37〕は、直接には裁判所による処分の無効宣言のさいに処分の相手方の信頼を考慮する必要があるとしたものではあるが、処分の無効宣言の意味での職権取消についても同様であることを示唆するものとも考えられる。本件では、知事側にも責められるべき事由があるものの、申請者は違法に既成事実を重ねて許可をいわばもぎとったともいえ、正当な信頼は認められないように思われる。

二　未墾地買収処分の信義則違反を認めたものに、つぎの判決がある。

大阪地判昭三五・八・三一行集一一巻八号二一四五頁〔38〕

原告は本件所有地をほとんど既墾地化していたが、府農委は、昭和二二（一九四七）年、自創法三〇条に所定のいわゆる未墾地と誤認、かつ、所有者も誤認して未墾地買収処分を行い、原告の占有が奪われた結果、再び荒地となった。昭和二六（一九五一）年、府農委は先の買収処分を取り消したが、村農委は現況をみて改めて未墾地買収処分を行い、翌年、府農委も訴願を棄却したので、原告は買収処分・棄却裁決の取消訴訟に及んだ。本判決は「行政処分においても信義誠実の原則は個々の法文を越えた根本的な法原理であることに変りはない。先になされた違法な行政処分によってもたらされた事実を盾に後の行政処分が行なわれるというようなことが許されないことは信義誠実の原則に照らしても明らかなところといってよい」として、原告の請求を認容した。[19]

判旨は適切であるように思う。ただ、本件では、原告の信頼保護の観点からの理論構成よりもむしろ、村農委・府農委自身の行為だけから第二次未墾地買収処分の信義則違反・権利濫用を導きうるのではなかろうか。

三　農地法八〇条は、買収後にまだ売渡しをしていない農地について、農林大臣が自作農の創設等の目的に供しないことを相当と認めたときは、被買収者に売り払わなければならないと定めている。つぎの四判決はいずれも、農林大臣の売払いに関して信義則違反を否認している。

東京地判昭三九・一〇・二八行集一五巻一〇号一九二三頁〔41〕

農地法八〇条等は、買収農地をすでに小作人等に売り渡した場合に、これを買い戻して被買収者に売り払うべきことまで命じるわけではない。本判決は、このようにいい、「信義誠実の原則が私法の分野ばかりでなく、公法殊に行政法の分野においてもその適用があることは原告主張のとおりであ」り、信義則に基づき農地法八〇条等を類推適用すべきであるとしても、同法条等の趣旨が右のとおりである以上、信義則からも原告ら被買収者の優先買受権やその期待権は導かれないとして、被告被売渡人は原告らの右の権利を排して日本住宅公団に本件土地を売却して不法に利益を得たとする、原告らの不当利得返還請求を棄却した。

東京地判昭四〇・四・二二判タ一七八号一四八頁〔42〕

東京地判昭四〇・八・一二判タ一八一号一五八頁〔43〕

右の二判決は、〔41〕と同様の事案で、ほとんど同一の判示をしている。〔42〕、〔43〕は三名の裁判官も同一人であり、〔41〕とは一人の裁判官だけが別人である。三つの事案とも、国側がとくに土地の売払いの確約をしたとか、原告ら被買収者が国側の言明を信頼したなどという事情もないようであり、信義則の適用は否認すべきであろう。

東京地八王子支判昭四八・二・二三訟月一九巻七号六九頁〔46〕

被買収者である原告は、昭和四六（一九七一）年三月三一日、農地法八〇条二項に基づいて農林大臣に売払いの申請をしたが、応答のないまま、同年五月二五日の国有農地等の売払いに関する特別措置法の施行により、

施行前は売払いの対価は買収相当額であったものが適正価格すなわち時価の一〇分の七相当額に改められた。本判決は、売払いの承諾が五十余日間されなかったことをもって「直ちに信義誠実の原則に反するから農林大臣の売払いの承諾がなされたものと解し、あるいは承諾がなされたと同様の効果を認めるとすることはできない」として、被告国に対する所有権移転登記請求を棄却した。

農林大臣が売払いを承諾しなかった理由は明確ではない。もし、売払いの遅延が意図的であるときは信義則違反・権利濫用の疑いもあるが、この間において右の特別措置法の成立のまもないことが周知の事実であれば、すくなくとも原告の信頼保護の観点からの信義則の適用は難しいであろう。

四　このほか、行政側の主張の適否が争われたものに以下の判決がある。

鳥取地判昭四六・四・八行集二二巻四号四五六頁〔45〕

自創法に基づく知事の買収・売渡処分は当該土地が買収可能物件にあたらず、かつ、借地権等の権限のない単なる隣地居住者に売り渡された点において、重大明白な瑕疵があり無効であるとして、国が被売渡人の遺族を被告として所有権取得登記の抹消登記を訴求した。被告らは、売渡処分後十数年をへて本訴請求をするのは禁反言則に違反すると主張した。本判決は、禁反言の原則とは「いわゆる表示による禁反言に関するものであると解されるが、その趣旨は、自己の表示により他人をしてある事実を誤信せしめた者は、その誤信に基づき、その事実を前提として行動した他人に対し、右の表示と矛盾した事実を主張して他人の信頼ないし期待を裏切ることを禁ずるにあるものと考えられる。従って法律上当然無効の行為（意思表示等）を法律に従い無効と主張することは法的判断自体にほかならず、法律上保護されるべき相手方の正当な信頼ないし期待を裏切るものということはでき」ず、本件「買収・売渡処分が当然無効であると訴訟上主張したからといって、禁反言

の原則に違背するものということはできない」として、国の請求を認容した。

禁反言則はむしろ行政庁側の法的見解にこそ適用されるべきであり、租税判例等も一般に同旨の傾向にある。本件でも、信頼の対象適格は認められ、問題は「信頼」要件の有無にある。行政処分の違法は誰の目にも明白であったというのであれば、この要件は充足しない。被告らは、当時、被売渡人は農地委員の勧めにより買い受けたのであり、法律知識に乏しい者が農地委員会・知事による手続をへて売り渡された土地の所有権を有効に取得したと信じたのは当然であると主張している。この事実の存否は重要であるが、本判決はこれには言及していない。かりに、処分当時、被売渡人に正当な信頼が存在しなかったとしても、売渡処分後十数年をへて本訴請求をするのはその遺族等の信頼を損ない、失効の法理に反するのではないかが問題となるが、本判決はこれにも触れていない。なお、本判決は行政訴訟上の主張と信義則に関わるものでもあるが、前掲の〔30〕・〔31〕は、取消訴訟における処分理由の差替えと信義則に関する判例としての意味も有し（本書第六章二九六頁参照）、ここにあげることもできる。

札幌地判昭五三・一〇・二七訟月二五巻三号五五三頁〔47〕

北海道知事は、自創法に基づきすでにAに売渡済の本件農地を誤って二重に原告に売り渡した。Aが提起した売渡処分の無効確認訴訟における最高裁判決の結果、本件農地を失った原告は、代替地の売渡交渉も不調に終わったため、国と北海道を被告として国家賠償訴訟を提起した。被告らは、本訴は、最高裁判決時から三年、不法行為である売渡処分時から二〇年を経過しており、民法七二四条により損害賠償請求権は時効により消滅したと主張し、原告は北海道訟務係との折衝の経過等からみて時効の援用は信義則・禁反言則に違反すると反論した。本判決は、「訟務係は、本件補償について一貫して訴訟による解決が筋であると説明してきており、代替農地の売渡の話も、被告側において損害賠償の訴の提起を遅延させ、意図的に消滅時効の完成をねらって

持出されたものとは認められず……被告らに信義則ないし禁反言の法理に反すると非難される点があるものとはいい難い」として、原告の請求を棄却した。

本件事情のもとでは、「本件訴の提起が遅れたことは、原告側の対応に大部分の原因があり」、原告の信頼は認められず、判旨の結論は適切であろう。

甲府地判昭六〇・一・二三判自一二号九一頁〔48〕

被告国が本件各土地について売買契約が成立して国の所有地となったと主張することは「権利濫用」や「信義則」違反には当たらないといい、売買契約の成立を認めて原告ら土地所有者による売買契約無効確認等請求を棄却した。(20)

原告らは、本件売買契約の締結やその代金請求に関する一切の権限を県知事に委任し代理権を授与する旨の委任状を県知事に交付、県知事は被告と本件売買契約の締結・代金受領、原告らへのその振込を行い、本件各土地について所有権移転登記も終了したというのであるから、被告による右の主張が権利濫用や信義則違反にはあたらないとする判旨は適切であろう。

(17)　乙部哲郎「行政行為の取消しと社会保障法」神院一二巻四号（昭五七・一九八二）五〜六頁参照。なお、死者名義で行われた農地買収計画・買収処分はその相続人に対して有効であるとか、農地買収処分等の職権取消には制限がある旨を判示するものなどがあり、これらは信義則を明示しないものの、信義則の適用例とみる論者もある。原龍之助「行政法における信義誠実の原則」法雑六巻三号（昭三五・一九六〇）一八頁注（5）参照。

(18)　旧西ドイツでは、信頼保護の法的根拠を法的安定性の原理、信義則または基本権に求めることについては、乙部哲郎「行政法における信頼保護」公法三九号（昭五二・一九七七）一七一頁以下参照。

(19)　最判昭四〇・八・一七判時四二五号二六頁は、〔38〕と類似の事案において未墾地買収処分は無効と判示してい

る。最高裁判決は信義則を明示しないものの、同判決は実質的には信義則を適用したとみる論者もある。成田頼明「行政指導」『岩波講座・現代法4』（岩波書店、昭四一・一九六六）一五九頁、大塚隆志「行政法における信義誠実の原則」名城論集一集（昭四九・一九七四）三五頁参照。なお、最判昭四三・六・一三民集二二巻六号一一九八頁は信義則を明示しないが、同判決は農地法施行法二条一項一号の拡張解釈の限界を実質的には信義則の観点から示したとみる論者もある。阿部泰隆「判批」別冊ジュリ行政判例百選Ⅰ（昭五四・一九七九）二三七頁参照。

(20) そのほか、農協と信義則に関する判例として、岡山地判昭五九・一二・二六労民三五巻六号六九七頁、神戸地判昭六二・一二・二四判タ六七四号一三八頁がある。

四　補　論

一　信義則の意義・性格など

一　自創法六条の二第二項二号や農地調整法九条一項・農地法二〇条二項一号に定める「信義」に関する判例、農地法三条等に所定の農地所有権移転等についての許可申請協力請求権と時効援用に関する判例では、もっぱら私人（農民）側への信義則の適否が問題となっている。前掲の判例中、行政・私人間において私人への信義則の適否が争われたものでは、信義則違反を認めた判例は三件あり（〔34〕、〔36〕、〔49〕）、否認例も二件ある（〔35〕、〔39〕）。なお、一件プラスの可能性がある。前注（14）参照）。これに対して、行政側への適否が争われたものは、〔37〕を含めると一一件ある。このうち信義則違反を認めたものは一件かせいぜい二件だけであり（〔38〕。なお〔44〕）、判例数は少ないとはいえ私人側への適否の場合とは異なる割合になっているのが注目される。以下、信義則の意義・根拠・性格などの論点について明示する数少ない判例の分析をとおして、信義則の論点に言及することにする。

まず、信義則の用語法としては、農地関係法律に定める信義に関する判例では、当然のごとく信義違反の有無がいわれ、禁反言則にふれるものはない。ここで、信義違反とは信義則違反を意味するとみてよいであろう（〔19〕・〔20〕参照）。「信義則」というものもある（〔4〕）。このほかの農地関係判例は、もっぱら信義則というが（なお、〔36〕参照）、「信義」（〔12〕）、「信義の原則」（〔34〕）、「禁反言の原則」（〔35〕、〔45〕）、「信義則ないし禁反言の法理」（〔30〕・〔31〕、〔47〕）、「権利（の）濫用」と「信義則」の双方（〔48〕、〔49〕）を明示するものもあり、[21] 信義則・禁反言則を明示せずに端的に「信頼」保護というものもある（〔37〕、〔40〕、〔44〕）。

信義則の観念・機能として、信頼保護を含むとみるものも、**〔13〕**を初めとして、いくつかある（〔18〕～〔20〕、〔23〕、〔24〕、〔28〕、〔29〕、〔32〕、〔33〕）。これらは、いずれも農地調整法九条一項・農地法二〇条二項一号に定める信義に関わるものである。訴訟上の主張に関する判例のなかでは、「英米法上の」禁反言則の定義づけを行い、禁反言則には信頼保護の機能があることを明示するもの（〔35〕）や、我が国で適用されるべき禁反言則の定義づけを行い、禁反言則は「信頼ないし期待」の保護を観念・機能とすることを明示するものもある（〔45〕）。「期待権」に言及するものもある（〔41〕）。信頼保護を明示しない農地関係判例においても、この観点からの理論構成になじむものも多いが（例、〔1〕、〔2〕、〔4〕～〔8〕、〔10〕、〔11〕。なお、前記一六頁以下参照）、これになじまず（〔41〕～〔43〕）、一方の当事者自身の行為だけから当該行為の信義則違反・権利濫用を導きうるものもみられるようである（〔38〕）。

信義則は法の一般原理または根本原理であると明示するものもある（〔38〕、〔41〕～〔43〕）。

信義則の適用の限界に関しては、農地関係法令が定める「信義」の判断では、信義則を正当に適用しても法律による行政等の違反の問題はでてこない（ただし、〔24〕、〔25〕参照）。

二　前掲の判例の多くは、①まず、農地関係法令が明規する「信義」違反の有無を扱うものである。そして、貸

貸借契約の解約等の許可に関するケースにおいて、貸借人の行為が信義に反するかどうかは、もっぱら賃貸人との事情を考慮して知事等が判断すべきものであり、この場合に適用されるべき信義則はおもに民事上の信義則である。いわば農地関係法令自身が、そこに明規する信義則は民事上の信義則によるべきことを定めたわけである。遡及・附帯買収請求のケースでもほぼ同様であるが、なかには、行政庁側との関係において貸借人の行為の信義違反を判断すべき場合もないではない（〔5〕、〔8〕。なお、一部、〔4〕も）。職権遡及買収は市町村農委が行うが、その信義違反はやはり賃貸人・小作人間の事情を考量して判断するのが通例であろう。農地法三条等の許可についての申請協力請求権と時効援用[22]のほか、私人側への信義則の適否が争点となる判例では、農民間の事情を考量して信義則違反の認否の判断をしているが、〔34〕では村農委と農民間の事情、〔49〕では日本住宅公団と農民間の事情を考量して、いずれも信義則違反を認めている。行政側の事情を考慮して農民側への信義則の適否や行政側への信義則の適否を判断すべきときは、いわゆる私法関係における信義則が問題となっている例が多いと解される。なお、信義則に基礎をおく失効の法理の適否が問題となっているものもあった（〔40〕、〔45〕）。

②つぎに、農地調整法九条一項・農地法二〇条二項一号にいう信義に関する判例の中には、「小作関係が人的信頼の関係を基調」（〔13〕）のほか、「賃貸借関係の信頼を欠き……信義背反」、「不信行為」（〔18〕）、「信頼関係が破壊され、およそ信義則を基調とする継続的債権関係の存続が期待できなくなる」（〔19〕・〔20〕。〔28〕もほとんど同じ表現）、「賃貸借当事者間にあるべき信頼関係を破壊する」から信義違反（〔23〕）、「著しい不信行為」（〔24〕）、「信頼を著しく損なう」から「信義違反」（〔29〕）、「信頼関係は破綻」しており信義違反（〔32〕）、「背信行為」・「背信性」（〔33〕）があったとするものが約半数ある。〔13〕が現れた時期は、ちょうど最高裁が民法上の賃貸借契約の解除を制限するものとして信頼関係の法理を承認しつつある時期であり、最高裁は農地調整法九条一項にいう信義違反の

判断においてもこの法理を適用しうると考えたと解する余地もある。信義則のみに言及して信頼（関係）・信頼保護を明示しない判例の多くについても、信頼保護の視点からの理論構成が可能なケースもある。

民事上の信頼関係の法理は、(23) 賃借人の債務不履行を当然の前提とするほか、(24) それ以上の「背信行為」があったことを賃貸借の解除事由とすると解されている。〔33〕も、農地法二〇条二項一号の信義違反とは「賃借人に単に債務不履行があっただけでは足りず、それ以上に……賃貸人にとって当該賃貸借契約関係を継続させることが不相当であるような背信行為が賃借人に存した場合をいう」として、このことを明言する。これに対して、〔19〕・〔20〕は、賃借人の行為が債務不履行にあたらず不法行為に相当する場合でもその性質・態様によっては信頼関係を破壊し右の法条にいう信義違反にあたりうるといい、信頼関係法理・信義則違反の要件をより広く理解するようにもみえる。また、民事上の信頼関係法理については、最高裁をはじめとして判例は、信頼関係の破壊とともに信義則違反をも明示して、信頼関係の法理の基礎には信義則があり、いわば前者は後者の具体化とみるものが多いようである。右の農地関係規定にいう信義に関する判例においても同様の傾向がみられる。このような言い方も必ずしも間違いではないが、信頼関係の法理のみをあげればそれでよく、とくに信義則まで言及する必要はないともいえる。(25)

三　行政法においても、「一般條項への逃避」という批判を避けるためにも、(26) また、「開かれた原理」（offenes Prinzip）(27) としての信義則の性格から、信義則の観念内容の重要な構成部分である信頼保護を抽出して、より直截に信頼保護原則としてみていくことが望ましい（なお、〔37〕、〔40〕、〔44〕参照）。(28) もっとも、同じ信頼保護原則・信頼関係の法理であっても、何についての信頼であるかを探る必要があり、(29) そうすると行政法における信頼保護原則と民事上の信頼関係法理とでは重要な差異もあるように思う。たとえば、行政法における相手方の信頼保護では、行政法令の量的増大・質的複雑化のもとで行政側の示す法解釈の適法性への信頼の保護という点が中心となるべき

であるが（たとえば、〔45〕の寸評参照）、民事上の信頼関係法理ではこの点はほとんど問題にならないようである。また、前者の場合には、行政側の先行の言動は違法・不当であり、これと矛盾する後行の言動こそ本来は適法・正当であるにもかかわらず、相手方の信頼保護のためにあえて後行の言動を禁止するということが多い。したがって、相手方の信頼保護のために先行の違法な言動の存続を認める結果になるのは、法律による行政等の見地から許されないのではないかという問題もでてくる。

民事上の信頼関係法理の場合には、このような問題は生じない。また、賃貸人・賃借人の先行の行為（賃貸借契約など）こそ適法・正当であり、これと矛盾する後行の行為（無断転貸など）が違法・不当であり、賃貸人の信頼保護のために後行の言動を禁止しようとする機能もあるように解される。賃貸人の信頼は法的保護に値せず、したがって賃借人の後行の違法・不当な行為の存続を認めて、なお、賃貸人による賃貸借契約の解除を許さないとする場合もあるが、この論拠を賃貸人の信頼保護に求めることはできず、賃借人の信頼保護に求めるにしても問題の余地もあるように思う。

ただ、行政法における信頼保護の場合でも、行政側・相手方の事情の比較考量の結果、行政側の後行の言動の適法・存続を認めることもある。民事上の信頼関係法理も、賃貸人・賃借人の事情の比較考量の結果、賃借人の無断転貸などは賃貸人の信頼を損なうけれども、無断転貸期間が短期間であるなどの場合は明渡により生じうる賃借人の不利益と賃貸人の信頼保護の必要とを比較考量して明渡請求を認めないとするものと考えれば、このかぎりでは行政法における信頼保護との共通性もみられうる。

(21)　信義則と権利濫用の区別については、菅野耕毅「信義則および権利濫用の機能」ジュリ増刊民法の争点I（昭六〇・一九八五）六頁以下、谷口＝石田編『新版注釈民法(1)総則(1)』（有斐閣、昭六三・一九八八）七四頁以下（安永

正昭〕など参照。
(22) 農地関係事件では〔47〕、〔49〕があるが、このほか時効の援用と信義則に関するものとして、国立療養所による医療費一部負担金の支払請求に対して、被保護者の国に対する時効の援用は信義則に反しないとするもの（岡山地判昭四五・三・一八判時六一三号四二頁）、終戦直後に外地において在留法人の引揚資金を日本国総領事に貸し付けた者がその返済を求めた事案で、国による時効援用は信義則に反するとするもの（名古屋地判昭四九・四・一九判時七五五号九四頁）、警察官や米軍兵士による不発弾処理の作業にかりだされて、不発弾の爆発により障害を受けた者が国を相手に国家賠償訴訟を提起した事案で、国による時効の援用は信義則に反し権利の濫用として許されないとするもの（福岡高宮崎支判昭五九・九・二八判タ五四二号二一四頁、最判平元・一二・二一民集四三巻一二号二二〇九頁、東京高判平四・一二・六判時一四四五号三頁、京都地判平五・一一・一六判時一四七六号三頁）などがある。
(23) 民事上の信頼関係法理の生成・展開については、広中・注（7）八頁以下、三七頁以下、星野・注（6）一〇五頁以下など参照。
(24) 広中・注（7）八一頁。ただし、星野・注（6）一一四、六〇五〜六〇六頁参照。
(25) 同旨、広中・注（7）一四三〜一四四、一五五頁、星野・注（6）一一五頁。なお、広中・注（7）一五八頁によれば、昭和四〇（一九六五）年代になると、信頼関係の法理のみに言及してとくに信義則を明示しないものが現れるようになったという。
(26) 佐藤荘一郎訳「ヘーデマン『一般條項への逃避』」司法資料二四六号（昭一三・一九三八）一頁以下。広中・注（7）二四二頁以下もこの視点から民法一条の信義則ではなく信頼関係法理の適用を主張する。「一般條項への逃避」となるという考え方への反論として、林信雄『法律における信義誠実の原則』（評論社、昭二四・一九四九）三四〜三五頁。
(27) 乙部哲郎「西ドイツ公法における信頼保護の原則の動向」神院六巻一号（昭五〇・一九七五）二三〇頁。
(28) 乙部・注（18）一六九頁以下参照。
(29) 広中・注（7）二四八頁以下は、民事上の信頼関係法理における信頼の意味について有益な分析を行う。これに

よると、「信頼」には、①非市民的な「人的信頼関係」(例、主従的支配関係にある地主と小作人の関係)、②「ザッハリッヒな信頼関係」(例、商品の売買などにみられる非人的信頼関係)、③市民的な「人的信頼関係」(例、近代における夫婦や血縁者間の関係)の三種があるが、不動産賃貸借の解除に関連して問題になりうる信頼は②であって、この意味の信頼は広い意味での賃貸人の経済的利益(貸家の毀損、家賃の不払、用法違反など)に関係するものとみるようである。そこで、法的保護の対象になる信頼は、賃借人が貸家の毀損、家賃の不払、用法違反などにより賃貸人の経済的利益を損なうことはしないであろうということへの賃貸人の信頼ということになろうか。行政法令の量的増大・質的複雑化のもとで行政側の示す法解釈の適法性への信頼の保護は、右の信頼類型の中では②にもっとも近いであろうが、厳密にはこれとも異なるであろう。

二　付　記

一　建設業法は、昭和四六(一九七一)年の改正により、営業許可制を採用することになった。そして、許可基準の一つとして、申請者やその使用人が請負契約に関して「不誠実な行為をするおそれが明らかな者ではないこと」を掲げ(同七条三号・一五条一号)、建設業者が請負契約に関して「不誠実な行為をしたとき」は、建設大臣または知事は必要な指示や営業停止を命ずることができ(同二八条一項二号・二項二号、三項)、建設請負契約の当事者は「信義に従って誠実にこれを履行しなければならない」(同一八条)などと定める。(30) 宅地建物取引業法にもこれらと類似の規定がある(同五条一項五号、三一条、六二条一項二号)。

ここでも、信義則が法定されていること、この場合の判断は基本的には民事上の信義則を基準に行うべきことでは、前記の農地関係法令の場合と同様である。ただ、契約の相手方は必ずしも私人とは限らず行政でもありうるから、相手方が行政である場合にはいわゆる私法関係における信義則の適否が問題になろう。もっとも、建設業法・宅地建物取引業法に定める信義則に関する判例はあまり見当たらないようである。(31)

二　民事上の信頼関係法理は、公営住宅や公団住宅・公社住宅の明渡請求についても適用されるようになった。ここでも、信頼関係の法理は民営住宅や民有地の賃貸借契約の解除の場合と同様の現れ方をするようであるが、同法理のみを明示して信義則には言及しないことが多いなどの差異もあるようである。ただ、このほかの判例も含めて、公営住宅等の明渡請求と信義則に関する判例は相当の数にのぼることもあり、この問題については別稿で扱うことにしたい。

(30)　以上、建設業法研究会編著『建設業法解説〔改訂7版〕』(大成出版社、平二・一九九〇)一〇、八六、一三二、二九二、二九八頁など参照。

(31)　新潟地高田支判昭二八・一一・一四下民四巻一一号一六八七頁は、村が定めた工事執行規則の遵守を村立中学校校舎の建設請負契約の内容とした場合であっても、建設業法一八条の信義誠実違反はみられないとしている。

五　おわりに

一　農地調整法九条一項はすでに昭和一三(一九三八)年に制定施行されているが、これよりまえ、昭和六(一九三一)年に国会に提出され廃案となった小作法案一七条も賃借人の「信義」違反を賃貸借契約の解除事由としていた。(32)農地調整法九条一項が賃借人の信義違反を契約解除の事由としたのは、立法によるまったくの創設ではなく、むしろ、従来の通例の慣行を法文化したものとも解しうる。ついで、昭和二〇(一九四五)年には、自創法六条の二第二項・六条の五第二項が遡及買収請求・職権遡及買収に関して「信義」を、また、民法一条二項が信義則を、それぞれ明規することになる。

二　冒頭でも述べたように、戦後初期の昭和二〇年代頃の行政関係判例における信義則の展開は、おもに農地関

係事件との関係で、しかもその多くは農地関係法令が定める信義に関する判例により行われた。ただ、昭和三〇年代には公務員の退職願の撤回に関してかなりの数の判例が現れているが、このほかは、租税法その他の領域でそれぞれ少数の判例がみられるにすぎない(33)。

(32) 広中・注(7)三七頁以下参照。

(33) 行政と私人との法律関係において民事上の信頼保護原則のごときものの適否が問題となっているという点では、民法一〇九条以下の規定の類推適用の問題も共通するものがある。この問題については、かつて言及したことがある。乙部哲郎「行政の私法上の行為の効力と信頼保護」神院七巻三＝四号(昭五二・一九七七)二〇九頁以下参照。

第二章　公共住宅の明渡請求等と信義則

一　はじめに

一　公営住宅や公団住宅・公社住宅など公共住宅の明渡請求をめぐる法的紛争は、つぎのような現れ方をすることが多い。第一に、公共住宅の明渡請求は、入居者に家賃滞納・無断増改築などの債務不履行があるときに行われることが多いが、入居者は、事業主体との信頼関係を破壊するまでにはいたっていないことを理由に、明渡請求は信頼関係の法理に反し許されないと主張する（後掲〔1〕〜〔10〕）。第二に、公営住宅の明渡請求は、木造平屋建老朽住宅の中高層鉄筋コンクリート住宅等への建替えや入居者の所得高額化などを理由としても行われ、これに対しては、入居者は、入居時に将来、入居住宅を払い下げるとか、明渡請求をしないという確約等を受けたとして、明渡請求は信義則や確約の法理等に反すると主張する（後掲〔11〕〜〔20〕）。第三に、両者のケースの中には、同じような家賃滞納・無断増改築などは他の入居者もしているのに明渡請求は行われていないこと、または、他の入居者には実際に払下げが行われたことなどから、当該明渡請求は平等原則に反するなどを付加するものもあるが、これらは信頼関係の法理や信義則違反の補強理由として主張されることもある。

二　公共住宅をめぐる法律問題にはいろいろあるが[1]、本稿は、行政法における信義則に関する判例の総合的検討

の一環として、右の第一・第二の問題の考察を主眼とするが、第三の平等原則をめぐる問題についても付言しておきたい。[2] なお、公共住宅と信義則に関する判例は、明渡請求についてのものが多いが、[3] それ以外に公営住宅の建設計画の中止等に関するものも少数あり（後掲〔21〕～〔25〕）、後者の判例の考察も本稿の主眼となる。

（1）　小高剛「公共住宅をめぐる法律問題」ジュリ五三九号（昭四八・一九七三）二八頁以下、内田勝一『公営住宅条例（条例研究叢書5）』（学陽書房、昭五四・一九七九）一頁以下参照。

（2）　公共住宅の明渡請求等に関する判例は、確約や平等原則・行政の自己拘束の法理の検討にとっても有益な素材を多く提供するように思う。

（3）　なお、明渡請求の許否を信義則・信頼保護や権利濫用と切り離して、しかし払下げの言明等の法的性格を重視する形で判断しようとする判例もみられる。後注（31）・（32）参照。

二　判例の展開(1)

一　公共住宅の明渡請求等と信頼関係の法理

一　公営住宅法二二条は、不正入居、家賃・割増料の三月以上の滞納、住宅・共同施設の故意毀損、無断の転貸・譲渡・用途変更・増築などのほか、施行条例の規定に違反した場合には、事業主体の長は明渡請求をすることができ（同一項）、この場合、入居者はすみやかに住居を明け渡さなければならないと定める（同二項）。[4] そして、各地の条例も明渡請求事由や使用許可取消事由として、同様の事項を定めるほか、許可なく一五日以上、公営住宅を使用しなかったことなどを付加するようである。[5]

公団住宅や公社住宅については、旧日本住宅公団法、住宅・都市整備公団法や地方住宅供給公社法があるが、こ

れらは、公団や公社の組織権限などを定めるだけで、住宅の使用関係について右の公営住宅法や条例のごとき規定はおいていない。ただし、住宅・都市整備公団法施行規則や地方住宅供給公社法施行規則等の中には、家賃の決定等、賃借人の資格・決定などのほか、特殊の賃貸契約の内容等も定められている。また、住宅・都市整備公団法三二条に基づき制定された業務方法書（同公団規程）一四条は、賃貸住宅の契約解除事由として、公営住宅法二二条の明渡請求事由とほぼ同旨のことを定めている。(6)

二　公営住宅の明渡請求に民事上の信義則の適用を主張する学説は比較的早くからあったが、(7) 信頼関係法理の適否を扱う判例は、まず公団住宅の明渡請求との関係で現れたようである。

大阪地判昭三六・四・八下民一二巻四号七二五頁〔1〕

建物の賃貸借における当事者の信頼関係とは「当事者間の純粋に個人的主観的な信頼関係を指称するものではなく、賃貸建物を中心として相互に賃貸人賃借人として信義に従って誠実に行動すべきことについての信頼関係をいうものと解すべく、従って建物賃貸借における信頼関係の存否は当事者の個人的主観的な信頼感情の有無によって決定すべきものではなく、建物賃貸借の社会的機能を中心に具体的事情に即して社会的見地から客観的に決定すべき」である。(8) 本判決は、このようにいい、日本住宅公団の固定資産税入居者負担の方針に反対して家賃不払いの運動が行われ、全国的にも当該団地においても家賃全額の支払者が全入居戸数の半ばにも達しない場合に、事態解決のときは支払いの意思・能力をもっていた運動指導者に対して、昭和三二（一九五七）年三月分から六月分までの家賃等の不払いを理由に賃貸借契約を解除するのは「信義則に反し権利の濫用としてその効力を発生しない」として、明渡請求を棄却した。

賃借人の家賃等の不払いは、公営住宅法二二条の明渡請求事由を充足しており、信頼関係を破壊するようにもみ

えるが、全国的・当該団地における家賃等の不払いの運動との関係でみればそうでもないという意味で、信頼関係の有無は個人的にではなく社会的見地から判断すべきと判示したと解される。しかし、同種の状況にある第三者の行為は、行政の自己拘束の法理・平等原則の適否の判断で考慮すべきであろう。

ついで、公営住宅の明渡請求に関するつぎの判決が現れる。

松江地判昭四五・二・九下民二一巻一＝二号二七五頁〔2〕

本判決は、「賃貸借は当事者の個人的信頼関係を基礎とする継続的法律関係であるから」、賃借人の無断増改築などを理由とする解除は「当該義務違反が賃貸人、賃借人間の『信頼関係の破壊』にあたる場合にのみ許されるものであって軽微な用法違反は解除原因にならない」という。具体的には、事業主体の予期しない出費の防止の観点から、無断増改築が公営住宅の機能を損なったり原状回復を困難にさせるときはこの解除原因になるといい、本件無断増改築もこの場合にあたるとして松江市の明渡請求を認容した。

信頼関係の法理にいう「信頼」の意味については、〔1〕とくらべて差異もある。判旨によれば、松江市営住宅条例は、住宅・共同施設の故意毀損や模様替え・増築等を明渡請求事由とするが、模様替え・増築の撤去や原状回復が容易であって市長の承認を得たときはこの限りではないと定める。入居者は、松江市の工事中止命令や原状回復命令などを無視して、一・六三m²の内縁を五・九六m²の縁側に、四・五畳の居間を六畳の居間とたんす置場に、三畳の板の間を四畳に、壁を取り壊して新たに一・五m²のコンクリート土間の玄関を増築するなどしており、その撤去や原状回復は容易であるとは思えない。農地調整法・農地法の定める「信義」に関する判例との関係でみても判旨は適切であると考える。

その後、大阪府住宅供給公社〔〔3〕〕、日本住宅公団〔〔4〕〕、〔〔5〕〕の各賃貸住宅の明渡請求に関する判決が現れ

る。

大阪地判昭五一・三・一二判時八三八号七一頁〔3〕

東京地判昭五三・一・二四判時九〇二号七七頁〔4〕

東京地判昭五三・一〇・一九判時九三八号六一頁〔5〕

賃借人の債務不履行は「信頼関係を破壊する」（〔3〕、〔5〕）、「背信行為」にあたる（〔4〕）として、いずれも明渡請求を認容した。〔3〕と〔4〕は当該住宅に入居することなく無断転貸したというであり、その期間も前者は約一年半、後者は約五年であり比較的長期にわたること、〔5〕では賃貸借契約に違反して配偶者と同居しないで単身入居が六年余も継続していることなどから、農地調整法・農地法の定める農地賃貸借の解除等の許可事由としての「信義」に関する判例にてらしても、(9) いずれも判旨の結論は適切であろう。

以下の四判決は、公営住宅の明渡請求に関する判例である。

東京地判昭五四・五・三〇判時九二九号一九頁〔6〕

東京高判昭五七・六・二八判時一〇四六号七頁〔7〕

最判昭五九・一二・一三判時一一四一号五八頁〔8〕

右の三判決は著名な同一事件についてのものである。入居者が都営住宅の敷地内に無断で一九・八〇㎡の鉄骨兼木造の高床式居宅を増築したことが、使用許可の取消・明渡請求の事由であった。〔6〕は、公営住宅の使用関係は私法上の賃貸借契約であることから信頼関係の法理が適用可能としたのち、入居当時は妻と二人きりであったが二人の子供が中高校生となり手狭となったため、子供部屋の増築の必要性は強かったこと、事業主体に財産上の負担の増大をもたらさず、同種のほかの事案では明渡請求をしていないことなどを理由に、「信頼関係を破壊しない

特段の事情がある」として、東京都による使用許可の取消・明渡請求を否認した。〔7〕は、事業主体には入居者を選別する自由はないことを理由に、もともと公営住宅の使用関係には信頼関係法理の適用の可能性はないといい、また、権利濫用にもあたらないとして、明渡請求を認容した。〔8〕は、公営住宅の使用関係の法的性質や信頼関係法理の適用の可能性については第一審と同旨の見解であるが、本件無断増築については原状回復が容易ではなく入居住宅の保存にも適しているとはいえず、事業主体も増築を事後に許容していないことを理由に、入居者側に増築を必要とする事情があるからといって信頼関係の破壊を認め難い特段の事情があるとはいえないといい、使用許可の取消・明渡請求を認容した。

本件各判決を論評する学説は、ほとんど〔7〕には反対である。[10] また、民事上の賃貸借契約の解除についての判例を分析すると、信頼関係の存続基準としては、増改築について原状回復が容易であること、建物本体に悪影響が及ばないこと、賃貸人側の承諾があげられるとして、〔8〕に賛成するものが多い。[11] 農地調整法・農地法の定める「信義」に関する判例との関係でみても、無断増改築にかかる建物が堅固であり原状回復が困難であることなどを考慮すれば、入居者の行為は信頼関係を破壊するものとして、使用許可の取消・明渡請求は許されるように思う。ただ、原状回復が困難かどうかの判断は必ずしも一義的ではないことから、相手方が原状回復命令にも従わなかったことを使用許可の取消・明渡請求の要件として付加すべきであろう。

東京地判昭六一・三・三一判タ五九六号三五頁〔9〕

都営住宅において動物の飼育を禁止するという東京都住宅局管理部名義の文書を回覧させる行為は、「信頼関係の維持・遵守を促すところの、貸主としての催告」の域を出るものではなく、行政処分には当たらないとしてこれに対する取消訴訟を却下した。

公共住宅の明渡請求に関するものではないが、信頼関係法理に係わるものであるので、ここにあげておく。公営住宅の利用関係の法的性質は基本的に私法関係であるとの立場からみても、判旨は適切であろう。

大阪地判平一・四・一三判時一三二二号一二〇頁〔10〕

本判決は、集合住宅である公営住宅の賃貸借契約においては、賃借人は他の居住者の生活妨害行為をしないことが当然の前提として黙示的に約定されており、この約定違反は事業主体である市との「信頼関係を破壊する」として、他の入居者の受忍限度を越える騒音等を日常的に故意に発生させた入居者に対しては賃貸借契約を解除して明渡請求をすることができると判示した。

単純に他の入居者に対する生活妨害行為はすべて直ちに約定違反・信頼関係の破壊になると考えるのは問題があり、生活妨害行為の質量を具体的に検討する必要があるが、本件事実のもとでは判旨の結論は適切であるように思う。

（4） 公営住宅法の制定・改正の経緯については、宮本泰治「公営住宅」『住宅問題講座3』（有斐閣、昭四五・一九七〇）二二二頁以下、内田・注（1）二五頁以下参照。このほか、昭和四四年の改正の趣旨については、久保田誠三「公営住宅の建設の促進と高額所得者の明渡しについて」時法六八五号（昭四四・一九六九）二四頁以下参照。

（5） 各地の公営住宅条例の内容等については、内田・注（1）六九頁以下参照。なお、東京都営住宅条例については同書一五三頁以下、増改築等の許可基準に関する建設省の通達については、小平申二「公営住宅の管理の一側面」自研五一巻九号（昭五〇・一九七五）一三二〜一三三頁参照。

（6） 建設省住宅局監修『住宅六法〔平成6年版〕』（ぎょうせい、平五・一九九三）九六一頁以下参照。

（7） 有泉亨「公営住宅の使用関係」『契約法大系Ⅲ』（有斐閣、昭三七・一九六二）一一三頁。

（8） これに先立つ同旨の民事判例とその検討として、広中俊雄『不動産賃貸借法の研究』（創文社、平四・一九九二）二七二頁以下参照。

（9）　本書第一章六頁以下参照。

（10）　村田博史「判批」判評二八九号（昭五八・一九八三）一八〇頁、内田勝一「判批」判タ四九三号（昭五八・一九八三）一二二頁、山口忍「判批」判タ五〇五号（昭五八・一九八三）一〇〇頁。反対、関哲夫『自治体紛争の予防と解決』（公務職員研修協会、昭五六・一九八一）四八頁。

（11）　たとえば、松久三四彦「判批」ジュリ八三一号（昭六〇・一九八五）九七頁、本田純一「判批」ジュリ増刊昭五九年度重判解（昭六〇・一九八五）九一頁。

二　信頼関係法理の意義・性格など

一　公営住宅の使用関係の法的性質については、かつて公法関係か私法関係かの議論があり、その後は、判例・通説とも私法関係とみて、公営住宅法・条例に特別の規定がないかぎり一般法である民法・借家法が適用されうるとみる。(12) 〔6〕・〔8〕もこの観点から一般に民事上の信頼関係法理も適用されうると解しており、〔2〕もこれに近いものがある。学説にも、同旨のものがあるが、(13) 同法理の適否を判断するための前提作業として、公営住宅の使用関係が公法関係か私法関係かを判断する必要はないとするものも有力である。(14) 〔10〕もこの判断をすることなく同法理を適用して、〔8〕には必ずしも従っていないのが注目される。〔7〕は、右のいずれの立場にたつかは必ずしも明確ではないが、(15) 前記の判例の中では、唯一、公営住宅の明渡請求への同法理の適用の可能性を否認する。他方、住宅・都市整備公団法施行規則は公団住宅の使用関係について特則を定めてはいるが、〔22〕やその上告審である最高裁は、この特則も私法上の賃貸借関係であることを否認するものではないといい、学説もまた同旨である。(16) ただ、〔1〕、〔3〕〜〔5〕はすべて、当該住宅の使用関係が公法関係か私法関係かを前提におくことなく同法理の適用の可能性を認めている。

ところで、公営住宅法一八条は、事業主体の長は条例の定めるところにより入居者を決定するといい、東京都営住宅条例などは公営住宅の使用許可や使用許可の取消または明渡請求といい、入居決定・使用許可は（形式的）行政行為、明渡請求には使用許可の取消が先行すべきものとも理解しうる。使用許可の取消は、取消原因からみれば、不正入居を理由とする場合は学問上の取消、そのほかの事由に基づく場合は学問上の撤回に相当しうるが、いずれも将来に向かって使用関係は消滅という効果の側面では共通する。明渡請求の許否は信頼関係の法理により判断するということは使用許可の取消撤回の許否についても同法理によるべきことを意味するとも解しうる。[17]〔6〕、〔8〕にもこのことを示唆する表現がみられる。このかぎりで法技術的にはいわゆる公法関係における同法理の適否が問題となっているとすれば、公営住宅の使用関係が私法関係であることを理由に同法理の適用可能性をいう判旨との整合性が問題となろう。ただ、信義則を基礎とする同法理の一般原理性をいうことができれば、私法関係・公法関係を問わず同法理は適用されうるわけであり、この意味ではあえて私法関係であることを前提におく理由は乏しい。なお、この点では、農地調整法・農地法に所定の「信義」に関する判例とくらべて、また、一般に行政行為の取消撤回の制限の法的根拠を信頼保護原則に求めるものは少ないのと比べて、差異がみられよう。

二　公共住宅の明渡請求への信頼関係法理の適用の可能性を承認する判例の中では、〔1〕を除いて、他の判例はすべて、同法理違反を認めて明渡請求を認容し、かつ、同法理のみに触れて信義則には言及しない。この点、農地調整法・農地法に所定の「信義」に関する判例とくらべて特色がみられる。信頼関係の法理を信義則から切り離して独立の法理として認めていこうとする現れとみることもでき、この傾向は是認できる。右の判例はいずれも、入居者の債務不履行を信頼関係の破壊・背信行為の事由とした点でも共通する。この点、後掲の〔19〕は、公営住宅の明渡請求の場合に適用されるべき信頼関係法理の内容を民事上の信頼関係法理のそれと同様の意味で捉えてお

り、かつ、信義則の観念・内容は「本来の」信頼関係法理を包括し、さらにこれよりも広いものと理解するようであり（五四頁参照）、信義則と信頼関係法理との関係については〔1〕もこれに近いと解されるが、この考え方も是認できる。

ところで、公営住宅の使用契約では、おそらく公営住宅法二二条や施行条例の定める明渡請求事由が実質的に明記されるのではないかと推測される(18)。行政法における相手方の信頼保護では、行政法令の量的増大・質的複雑化のもとで行政側が行政行為等において明示または黙示的に示す法解釈の適法性への信頼の保護という点が中心となるべきとすれば、公営住宅法等に所定の明渡請求事由にあたることを承知で無断増改築等をした入居者の信頼保護というのもなじみにくいものがある。他方、無断増改築等は使用契約に対する事業主体側の信頼を損なう行為にあたると解することもでき、信頼関係の法理に言及する判例も入居者の行為の「背信性」等を問題にしている。事業主体の信頼が法的保護に値するかどうかは、行政側・相手方側の事情の比較考量に依存するわけであり、無断増改築等の原状回復が容易であり入居者の背信性等がみられないときは事業主体の信頼は法的保護に値せず明渡請求は許されないと考えることもできなくはない。この場合でも、信頼関係の法理は、賃貸人の信頼を少しは侵害しても破壊するまでにいたっていなければ賃借人の無断増改築等も許されるとみるわけであり、積極的に賃貸人の信頼保護を目的とするというよりも、逆に、賃貸人の信頼の最大許容限度の侵害を許すことにより、賃借人の利益保護を図ろうとするようにもみえる。

(12)　東川始比古「公営・公団住宅」『現代借地借家法講座2』（有斐閣、昭六一・一九八六）三四一頁など参照。
(13)　原田純孝「判批」判タ五五一号（昭六〇・一九八五）二五一頁。
(14)　星野英一『借地・借家法』（有斐閣、昭四四・一九六九）四六七頁以下。ほかに、広中・注（8）二二三～二二

四頁、松久・注（11）九六頁、伊藤高義＝中舎寛樹『自治体私法』（学陽書房、平二・一九九〇）一三八頁以下。なお、阿部泰隆「公営住宅管理システムの法的問題点と解決策」（昭六〇・一九八五）『国土開発と環境保全』所収（日本評論社、平一・一九八九）二四〇頁以下参照。

（15）村田・注（10）一八〇頁や原田・注（13）二四九頁は本判決は公法関係説をとるとみるが、野呂充「公営住宅の使用関係」広法一八巻一号（平六・一九九四）二〇七頁注（29）はそうはみない。

（16）東川・注（12）三六三頁など参照。

（17）なお、藤田宙靖「判批」別冊ジュリ行政判例百選Ｉ（第三版）（平五・一九九三）五頁参照。

（18）内田・注（1）六二～六四頁参照。

三　判例の展開 (2)

一　公営住宅の明渡請求と信義則

一　戦後初期は、地方自治法の旧二一三条に基づく条例を制定して公営住宅の管理等を行っていたが、昭和二六（一九五一）年には公営住宅法が制定され、条例は同法に沿って改められることになった（（11）参照）。制定当時の同法二四条は、公営住宅の耐用年数の四分の一を経過したときは、建設大臣の承認を得て、当該住宅を入居者等に譲渡できると定めていた。そこで、事業主体も、入居者の希望を尊重して払下げの方針をとり、入居時に払下げの言明等も行い、実際に払下げも実施していたようである。ところが、その後、以下のようにこの方針に逆行するような運営・法改正が行われた。

1　昭和二八（一九五三）年・二九年には、建設省住宅局長の都道府県知事あて通達により、昭和二四年以降に

建設の木造住宅については、都市計画事業の推進・建替えなどに障害となるなどの理由から、払下げの運用を慎重に行うようにという方針が示された（〔14〕参照）。東京都でも、昭和二八年頃からは市街地にある都営住宅は土地の高度利用と都市不燃化のため原則として払い下げないことにしたという（〔11〕参照。ただし、〔14〕参照）。昭和三四（一九五九）年の公営住宅法の改正では、耐用年数の四分の一が経過しても「特別の事由」がなければ建設大臣の承認を得て公営住宅を譲渡することはできないとして（二四条一項・同法施行令七条）、法律上も払下げを抑制する方向にふみだすことになった。

2　制定当時の公営住宅法は、入居者の収入については入居資格の一つとして定めていたが（一七条二号）、昭和三四（一九五九）年頃から、入居基準の収入額を越える世帯が推定で七四〇〇〇をこえ、他方、入居資格のある入居希望者が多数、入居できないという状況が生じた（〔17〕参照）。そこで、昭和三四年の同法の改正により、引き続いて三年以上、入居している者で一定の収入超過者には明渡努力義務を課すとともに、この者が引き続いて入居しているときは、一定限度内で条例の定めるところにより、割増賃料を徴収できるようにした（二一条の二の新設）。しかし、単なる明渡努力義務であること、割増賃料を徴収しても民間住宅の家賃よりもかなり低額であり、古い公営住宅は市街地の中心部にあって通勤等に便利であることなどから転出が進まないため、[19] 昭和四四（一九六九）年の同法の改正では、引き続いて五年以上、入居している者で政令に定める基準を越える高額所得者には明渡請求をすることができる（二一条の三の新設）とするとともに、明渡（努力）義務を負う者が容易に明渡しできるように事業主体の長には特別の配慮義務を課した（二一条の四の新設）。なお、同法・施行条例は特別法として一般法である民法・借家法に優先して適用されるから、高額所得者に対する明渡請求には借家法一条の二の賃貸借解約の正当事由を具備する必要はないというのが、判例である（〔18〕・〔19〕参照）。[20] 以上により、公営住宅の払下げ抑制の方針

はより強められることになったといえよう。

3　東京都は、昭和三五（一九六〇）年頃より、老朽化した木造都営住宅を中高層の鉄筋アパートに建て替えることによって、都営住宅の需要に応えるとともに、都市の不燃化、環境整備、居住水準の向上、職住近接を図る方針をとってきたといわれる〔16〕、〔17〕。なお、〔14〕参照）。都営住宅の建替えは、旧住宅の用途廃止・新規住宅の建設という手順で行われ、入居者との話合いが不調に終われば、「知事が都営住宅の管理上必要があると認めたときは、右の使用許可を取り消すことができる」と定める東京都営住宅条例二〇条一項六号または借家法一条の二の正当事由を根拠に明渡請求をするほかなかった。〔11〕は前者、〔12〕は後者の例である。なお、同条例二〇条一項六号は借家法一条の二に違反し無効であるとか、条例の同条項に基づく明渡請求にも借家法一条の二の正当事由のあることが必要とする学説も有力である。[21] しかし、判例は、同条例二〇条一項六号は借家法一条の二と「同趣旨の規定を、都営住宅の管理者である知事の立場から規定したものと解するのが相当である。したがって、右規定にいう『管理上必要がある』か否かは、都営住宅管理者と入居者の双方の利害関係、その他社会的・客観的な立場から諸般の事情を考慮し、社会通念に照らし明渡しを認めるのが妥当か否かの見地から考察すべきである」としている（〔17〕。同旨、〔16〕）。[22]

これらの場合、明渡請求の適否は事業主体と各入居者間の個別事情に依存することから、建替事業に非常に時間がかかること、他方、建替後の住居への入居の保障等について条例や借家法には明文の規定がなく入居者の利益保護に欠けることなどから、公営住宅法は、昭和四四（一九六九）年の改正により、公営住宅の建設の促進、居住環境の整備、入居者の配慮措置などを定めた（同二三条の三〜同一〇の新設）。同法に基づく建替事業の実施のための明渡請求には、同法に所定の要件・手続を充足するだけでよく、借家法一条の二の適用はないとするのが一般のよ

うであるが[23]、同法は従来から実際に行われてきた入居者の配慮措置などをかなり取り入れたと考えられる[24]。もっとも、法改正後も従来どおりの方法による建替えも許され、〔16〕、〔17〕はその例でもある。

二　右のように、順次、公営住宅の払下げは抑制されることになった。そこで、以下のように、公営住宅の建替えや高額所得者であることを理由とする明渡請求は払下げの言明等に反し、または、入居者の信頼を損ない、結局、信義則に反し許されないのではないかを問う訴えが続出するが、判例は、まず建替えに関して現れたようである。

東京地判昭四〇・六・一五判時四一〇号六頁〔11〕

東京都は、本件住宅のごとく都心部にある木造の都営住宅で耐用年数を経過しているものは中高層化して敷地の効率的利用を図り、多くの住宅困窮者を収容する方針をたて実施してきたこと、他方、入居者は建替住宅の中から任意の一戸を選んで入居でき、家族数が多いものは二戸を使用でき、生活保護世帯には賃料減額などの配慮をしていることから、東京都営住宅条例二〇条一項六号の場合に該当するとして明渡請求を認容した。なお、入居者は同種の都営住宅は払い下げられたことなどから本件住宅が「払下げられるものと確信して修理したり造作を調えたりしてひたすらその払下げを待った」のに、公営住宅法の施行にともなう東京都の方針変更により払下げを受けられなくなったとしても「やむをえない」と判示する。

東京地判昭四一・一〇・二八下民一七巻九＝一〇号一〇一六頁〔12〕

本判決も、〔11〕と大体、同旨の事情を認定して、「彼此衡量するとき、本件解約の申入は借家法第一条の二の正当の事由を具備するものと考える」とした。なお、かつて、入居者らが都議会議員らを通じて聞知した東京都建築局総務部長の払下げの「言明なるものを信じて払下げの希望を強く抱くようになったのはもっともではあるが」、かりにこのような言明があったとしても、それは東京都が「内部的にせよ決定したもの」ではな

いから、明渡請求は「何ら不信義なことではない」と判示する。
福岡地小倉支判昭五一・六・二一判時八四八号一〇二頁〔13〕
昭和二六（一九五一）年・二七年頃、小倉市の吏員等は、原告らの入居にあたって本件住宅はいずれ払い下げられる予定であるから、自己所有家屋と同様の配慮が望ましいといい、昭和三八（一九六三）年二月一日には市議会も本件建物などの払下げの議決をしたが、同一〇日には合併により北九州市が発足、同市は昭和四四（一九六九）年一月頃、最終的に払下げを行わないことにした。原告らは、小倉市による払下げの確約があったと主張したが、本判決は、小倉市吏員等の右「告知は賃借人としての使用上の心得を告知する性質程度を超えるものではなく、ましてや本訴建物払下の準備行為と目すべきものではなかった」、小倉市議会の払下げの議決も内部的意思決定にすぎず、払下げは長の専権に属するから市長を拘束するものではなく、被告北九州市の態度は「払下を期待し、営々として払下運動を進めてきた原告らにとって誠に不幸な事態という外ないが……契約締結上、信義誠実の原則に違反する所為ないし過失の所為」はないとして、原告らによる契約締結上の過失に基づく損害賠償請求をも棄却した。[25]
東京地判昭五四・九・二五判時九五五号九二頁〔14〕
昭和三六（一九六一）年、被告東京都の住宅局長は、原告ら居住者代表に対して、居住者による「敷地買受けが実現したならば払下げ手続を進める」と表明、さらに、住宅局では、職員を地主のところに派遣して住宅の払下げを容易にするために居住者に敷地を売り渡されたい旨の説明・要請を行った結果、原告らは本件各敷地を取得することになった。本判決は、「原告らの信頼を裏切って払下げを実行しなかった結果、地上建物の賃借人が同時に敷地の賃貸人となる関係……が存続するに至ったものであり、前示の事情により信義の上から、

被告は事実上も法的にも原告らに対し都営住宅としての入居資格を厳格に適用して合致しない者に建物明渡しを請求することは不可能となった」こと、敷地の買取りや借地条件の変更について原告らとの合意は望めないなど建替えはほとんど実現不可能であることなどを理由に、借地法四条に所定の借地契約更新拒否の正当事由があるとして原告らによる都営住宅敷地の明渡請求を認容した。(26)

横浜地判昭五九・一〇・一八判時一一四八号一三五頁〔15〕

本判決は、建替事業の必要性を認めたのち、被告らの入居当時、将来、本件住宅は払下げになる旨の原告・横浜市の事務担当者による「説明は……原告をして本件各建物を被告らに分譲すべき法律上の義務を生じさせるものでないことはもとより、被告らに対し、本件各建物の分譲について、法律上何らかの保護が与えられる程の期待を生じさせたものとは認め難い」、また、ある時期に払下げの方針が実施されていたことをもって「他の居住者に対し、同様に売渡しがなされることの、法律上保護されるべき期待を与えるものではない」といい、本件「明渡請求は何ら信義誠実の原則に反するものではないし、権利の濫用にも当たらない」として、明渡請求を認容した。

東京地判昭五九・一二・二四判時一一七七号七七頁〔16〕

東京地判昭五九・一二・二六判時一一七七号六九頁〔17〕

右の二判決は、事案・判旨とも酷似する。ここでは、〔17〕のみ紹介することにする。本判決は、他の入居者はすべて移転に応じたにもかかわらず被告入居者だけの反対で、木造平屋建老朽住宅の鉄筋コンクリート中層住宅への建替工事に着工できないでいること、被告には建替後の都営住宅が提供されるほか、仮移転住宅の提供や移転料の支払いなどの配慮もされており、移転を拒否する理由は認められないことなどを判示する。さ

らに、昭和二九（一九五四）年九月、東京都の職員が、抽選会の席上で入居者らに「この建物は、五年後にはあなたたちのものになるのであるから、大事に使ってください」と述べたとしても、この言は「建物の払下げを確約したものとみることはできず、むしろ……当時の原告東京都の施策の方針を述べたにすぎない」として、確約に対する信頼は法的保護に値するとの入居者らの主張をしりぞけ、結局、本件は都営住宅条例二〇条一項六号にいう「管理上必要がある」場合に相当するといい、昭和五四（一九七九）年五月に行われた使用許可の取消・明渡請求を認容した。なお、〔16〕では、被告入居者は、本件建物に居住を続けるかぎり明渡請求をしないという確約をうけたこと、明渡請求は確約違反であり信義則または信頼保護原則に違反することなどを主張したが、裁判所はいずれも斥けた。

三　高額所得を理由とする明渡請求と信義則に関するものに、つぎの三判決がある。

東京地判昭六一・六・二四判タ六二三号一八七頁〔18〕

東京高判昭六二・八・三一判タ六五七号二一七頁〔19〕

〔18〕は、東京都では、入居当時、将来、入居住宅を払い下げる旨の説明や、昭和三四（一九五九）年から四四年までの間に収入超過を理由に明渡請求をすることは絶対にない旨の広報をしていたとしても、これらは「担当者が行政運用の見通しを述べ、ないしは当時の制度に基づく説明」をしたにすぎず、「法的拘束力を伴う意思表示や約束をしたものと見ることは到底できない」こと、昭和三四年・四四年の公営住宅法の改正は高額所得者の明渡しを容易にするための措置をとることなどを理由に、「払下げの約束に対する信頼を法的に保護すべきことを前提として本件明渡請求を争う」被告入居者の主張は失当といい、「明渡請求が信義則違反ないし権利濫用にわたるとは到底いえ」ないとして、被告の「行政上の確約の法理」違反の主張を斥けた。〔19〕

は、その控訴審判決であるが、高額所得者に明渡請求をするのは事業主体の義務であり、明渡しを容易にするための措置も講じており、高額所得者は公団住宅等への転出が経済的に可能であることなどを理由に、明渡請求を「信義則違反ないし権利濫用と目することは到底不可能」という。

東京地判平五・七・三〇判タ八五一号一六五頁(20)

公営住宅制度の目的を実現するため高額所得者に対する明渡請求は必要であることなどを判示した後、昭和二八（一九五三）年三月、「将来払下げを受けられるとの説明を受けて本件建物に入居し、それ以来本件建物を自己のものと同様に愛着をもって維持管理してきた」が、「期待していた本件建物の払下げが実現不可能となったことを昭和四〇年前後には知っていたこと」などを理由に、「本件明渡請求が信義則に反し許されないとは認められず」と判示した。

以上の判例の中では、(14)だけが信義則を理由に住居の明渡請求を否認、逆に、入居者らによる賃貸借満了後の住宅敷地の明渡請求を認容している。これらの判例を対象とした信義則の意義・性格などの論点の分析検討は、このほかの判例の紹介後に一括して行うことにする。また、右の判例では、払下げの言明の法的性質とりわけそれが確約にあたるかどうかが住居明渡請求の許否の判断に重要な意味をもっているが、これについても後に一括して扱うことにする。

(19)　宮本・注（4）二二八頁。
(20)　これより先、横浜地判昭六一・五・二一判タ六二〇号一九三頁も同旨である。
(21)　たとえば、広中・注（8）二二五頁以下、内田・注（1）七〇頁参照。
(22)　なお、東川・注（12）三四九頁参照。

(23) 広中・注（8）二二七頁以下、最判昭六二・二・一三判時一二三八号七六頁。
(24) 同旨、広中・注（8）四九六頁参照。
(25) 判旨には、建替事業の実施のために公営住宅の明渡請求が必要という趣旨は明示されていないが、払下げを行わないことにしたのは、市営住宅の建設の趣旨、国の指導方針、同市の住宅事情などを検討した結果であるとしており、この中に右の趣旨を含みえないわけではないとみて、建替えに関する判例の一つとしてとりあげた。なお、本判決の上訴審判決として、福岡高判昭五四・六・一九、最判昭五五・一〇・二六があるという。手島孝「判批」（昭六〇・一九八五）『計画担保責任論』所収（有斐閣、昭六三・一九八八）二四八頁参照。
(26) 被告は、昭和五二（一九七七）年八月、本件訴訟において予備的に賃貸借期間満了を条件として各建物の買取請求を行った結果、原告らはその所有権をも取得した。これにより、実質的には払下げ抑制方針に反して払下げが実現したことになった。

二　公営住宅の建設中止等と信義則

一　そのほか、つぎの判決は、市が公営住宅法九条に定める建設大臣の補助金交付の認可を得て公営住宅の建設計画に着手した場合に、その中途廃止は計画実現の「確言」等を考慮すれば「信義則ないし公序良俗に反し、また禁反言の法理からも許されない」として、公衆浴場業者の賠償請求を認容した。判旨の紹介・論評はすでに試みたことがあるので[27]、これ以上の言及は避けることにする。

熊本地玉名支判昭四四・四・三〇判時五七四号六〇頁〔21〕

二　日本住宅公団法施行規則一五条一項・二項は、「特別の必要がある」ときは公団は建設大臣の承認を得て賃貸住宅部分を譲渡しうると定めている（現行の住宅・都市整備公団法施行規則一一条も同旨の定めをおく）。公団は、当初、市街地は地価が高く入手が容易ではないため買収しないでしかも権利金なしで土地を提供してもらう代わり

に、商店・事務所など施設部分を敷地提供者に譲渡するとともに、同人が希望すれば将来は賃貸住宅部分の譲渡にも応ずるという確約をしたことがあった。ところで、公団の基本方針は、昭和三一（一九五六）年・三二年度は一〇年後譲渡であったが、同三三年度は将来、建物を譲渡する場合には敷地提供者に優先払下げを行うといういわゆる将来譲渡に変更、同三五年度以降は公団自身が将来も継続して賃貸住宅の管理を行うことに変更した（〔23〕参照）。つぎの二判決は右の確約に関わる。

東京地判昭五二・六・二七判時八五六号一四頁〔22〕

被告公団は、昭和三二（一九五七）年に本件建物の建設に着手したさいに一〇年後譲渡の「確約」をしており、本件譲渡は「右約束」の履行であり、右施行規則にいう特別の必要がある場合に該当すると主張した。本判決は、市街地は地価が高く入手が容易ではないなどのため右の「約束をする必要性が存した」こと、公団は、住宅部分の譲渡にあたり譲渡後も三年間はその所有権を公団に留保し、その間、家賃も据え置く旨を契約条項にいれていること、入居者が他の賃貸住宅への入居や分譲住宅の譲受けを希望すれば、その斡旋をおこない、移転料を支払う等の措置を講じていることなどを理由に、施行規則にいう特別の必要が存するから「右譲渡をもって原・被告間の賃貸借契約上の信義則に反するともいえない」などとして、原告入居者らの譲渡禁止請求を棄却した。[28]

東京地判昭五五・一〇・一六判時九八〇号二〇頁〔23〕

一〇年後譲渡の趣旨を説明した公団のパンフレットや公団職員による一〇年後に譲渡する旨の説明は「せいぜい契約申込の誘引にすぎ」ず、昭和三四（一九五九）年度以降に敷地提供者が「賃貸住宅の『一〇年後譲渡』を受けられると信じて」申込みをしたとしても、それだけでは一〇年後譲渡についての合意は成立しない

として、期限付売買契約の成立を否認して（将来譲渡の合意の成立は認める）、敷地提供者による賃貸住宅部分の引渡請求を棄却した。

東京地判昭六二・三・三一判タ六五七号一二一頁（24）

東京都営住宅条例によれば、入居者は、家賃増額の基準となる収入認定通知を知事から受けたときから三〇日以内に不服申立てをすることができるのにこれをしていないこと、契約上の重要な義務である収入報告義務を怠り東京都に収入調査のための時間と労力をかけさせたことなどを理由に、「自らの義務違背を棚に上げて今更これを争うことは、信義則に反し、許されない」といい、一部、増額家賃の請求を認容した。

入居者が増額家賃の請求を争うことができないのは、原則として不服申立期間を徒過したことにあり、そうすると信義則にあえて依拠する必要もなかったのではないかと思われる。つぎの判決は、日本住宅公団による農地転用目的の権利移転の許可申請協力請求権に対して、旧農地所有者が消滅時効を援用するのは「信義則に反し権利濫用として許されない」とするが、判旨の紹介・論評はすでに試みた。[29]

東京高判平三・七・一一判時一四〇一号六二頁（25）

(27)　乙部哲郎「国家計画の変更と信頼保護」神院六巻三号（昭五一・一九七六）一頁以下。

(28)　第二審（東京高判昭五三・九・二〇）も結論的には第一審と同様のようであり、上告審判決である最判昭五五・五・三〇判時九七一号四八頁は、本件譲渡は施行規則にいう特別の必要がある場合にあたり、原判決は正当として是認できるとする。ただし、いずれも信義則・信頼保護には明言しない。

(29)　本書第一章一五頁。

三　信義則の意義・性格など

一　明渡請求の許否が問われている点では共通しても、信頼関係法理の適否が問題となっているケースでは、すべて入居者または入居資格者の債務不履行が信頼関係を破壊するかどうかが争点であるのに対して、本項で扱った判例では（〔11〕～〔20〕）いずれも直接には信頼関係法理ではなく信義則の適否が争点となっている。〔19〕が「本件は被告の賃料不払、無断転貸等の義務違反に基づく明渡請求ではないから、かかる義務違反がいまだ信頼関係を破壊するに至らないものであるかどうかという意味合いにおける信頼関係の法理（これが本来の用語法である）は、その適用の余地がないことはもちろんである」というのは、この両者の区別を明確に意識したものと解される。また、信義則には言及することなく、端的に相手方の信頼保護の視点から、明渡請求の適否を検討するものもある（〔11〕、〔17〕）。〔14〕はやや特異な事案であり同判決を除くと、いずれの判例も信義則等の違反を否認して明渡請求を許容しており、信頼関係法理の適否のケースと同様の結果になっている。なお、公営住宅についてはその明渡請求だけでなく使用許可の取消の許否についても信義則・信頼保護原則によるべきことを意味するとも解しうる（〔16〕、〔17〕参照。なお、前記四一頁参照）。

明渡請求以外のケースでは、〔21〕が行政側、〔24〕、〔25〕は私人側についてそれぞれ信義則等違反を認めている。また、信義則には言及することなく、端的に相手方の信頼保護を否認するものもある（〔23〕）。

行政側への信義則等の適否が問題となっている場合のほとんどは、いわゆる計画保障・計画担保責任に係わるケースとみることも可能であろう。

二　右の判例中、信義則の観念・機能に信頼保護が含まれることを明示するものもある（〔12〕、〔21〕、〔14〕、〔18〕）。「期待」の保護に言及するものもある（〔13〕、〔15〕、〔20〕。なお、後掲注（32）にあげた判例も参照）。信義則

ともに禁反言則にも違反するというもの（〔21〕）、信義則違反・権利濫用の双方を否認（〔15〕、〔18〕、〔19〕）または肯定（〔25〕）、信義則違反・信頼保護原則違反の双方を否認（〔16〕）するものもある。このほかは、信義則の意義・根拠・性格などの論点に明示するものはない。ただ、払下げの言明等の法的性格を考慮して、また、行政側・相手方側双方の事情を比較考量して信義則・信頼保護の適否を判断しようとする態度が多くみられる。

右の諸判決の検討のためには、〔24〕、〔25〕を除いて、払下げの言明などの法的性質、とりわけそれは確約にあたるかどうかの探究が不可欠であろう。(30) つぎに、払下げの言明などが確約にはあたらず単なる事実行為であると解するときは、その拘束力・存続効は入居者等の信頼保護の視点から決められるべきである。確約の取消・撤回の許否についても同様である。入居者等の信頼があったとしても、この信頼が法的保護に値するかどうかは建替えの必要性など行政側の事情との比較考量により判断すべきである。これらの点については、信頼関係法理に関する一部の判例とも共通する部分もあり、項を改めて一括して検討することにしたい。

（30） 確約の法理については、菊井康郎「西ドイツにおける行政法上の確約」（昭五二・一九七七）『行政行為の存在法』所収（有斐閣、昭五七・一九八二）一三一頁以下、乙部哲郎『行政上の確約の法理』（日本評論社、昭六三・一九八八）。確約の法的性質については、高木光「行政上の事実行為と行政の行為形式論」（昭五七・五八、一九八二・一九八三）『事実行為と行政訴訟』所収（有斐閣、昭六三・一九八八）一八七頁以下、二一〇頁以下参照。

四　補　論

一　確約の法理との関係

一　行政上の確約とは、「行政庁が将来行うであろう公法的行為について、自己拘束する意図をもって相手方に

対して行う意思表示」（菊井教授）とか、「行政が将来における自己の行為または不行為を一方的に義務づける自己義務づけとしての言動」（筆者）といわれる。前掲の判例のなかでは、〔21〕にいう市営住宅建設計画の実現は間違いない旨の「確言」は確約に相当する。〔16〕、〔17〕では、明渡請求をしないとか払い下げるなどの言明が「確約」にあたるかどうかを検討するが、確約にあたるとしたものはない。[31] ただ、これらの判例は、確約なる行為形式があってそれは行政に一定の義務づけを課すものとみている点ではほぼ共通するように解される。〔13〕、〔22〕、〔18〕・〔19〕では、当事者が行政側の言動は確約に当たると主張するが、判旨では確約に当たるかどうかを明示しない。これらの事案では、右の確約の存在を認めうるであろう。〔13〕にいう「告知」は払下げの確約を意味すると解しうる余地があり、〔22〕にいう「将来希望があれば住宅部分の所有権をも譲渡するとの約束」は、払下げの確約に相当するであろう。〔18〕・〔19〕がその存在を否認するところの「約束」は、確約に相当するであろう。なお、〔7〕では、入居者側は、入居のさいに将来、本件住宅を分譲する旨の確約を受けたのでこれを信頼して同住宅を良好な状態に管理し続けてきたから、明渡請求は確約の法理に反し許されないと主張し、東京都側はこのような確約をした事実はないとしているが、同判決はこの点の判示をしておらず、〔8〕も「原審としては右確約の法理に関する主張について判断を示す必要はなかった」としている。

このほか、払下・譲渡の「言明」（〔12〕）、「表明」（〔14〕）、「説明」（〔15〕、〔18〕、〔20〕）、「契約申込の誘引」（〔23〕）の存在を認めるものはある。〔15〕は、払下げの説明は分譲義務を横浜市に課すものではないというから、確約には相当しないとする趣旨であろう。この説明は「公営住宅の運用に関する一般的な実情ないしは方針を説明したものに過ぎ」ないというが、そうであれば確約には該当しない。したがって、払下げの言明等の具体的内容が重要である。同判決は、右のようにいう理由として、この説明が「払下げの時期及び代金等につき特に確定的な条件を示

してなされたものではなく、正規の手続により決定されたところに基づいてなされたものとも認められない」ことを指摘する。(32) 払下げの時期を確定した言明は、〔17〕の場合だけは行われているようである。しかし、払下げの確約の存在を認めるための要件としては、この指摘は厳しすぎる。払下げの時期・代金等が確定的であれば、払下げの確約にその旨の条件が付着するだけのことである。また、確約は正規の決定等を対象にこれに先行していわば非正式の手続により発せられるのが通例であるから、払下げの言明が正規の手続により行われていないことは、必ずしも払下げの確約の存在を認める妨げにはならない。〔12〕では払下げの言明をまた聞きしており確約には当たらないが、そのほかの事案では一般にこの確約の存在を認めうる余地がある。

二 適法な確約は法的拘束力があり、違法な確約も原則的には有効である。(33) 前記のように、制定当時の公営住宅法二四条や日本住宅公団施行規則一五条一項・二項等によれば、原則として、一定の事由があれば建設大臣の承認を得て当該住宅を譲渡できたのである。〔14〕は、本件では昭和二九(一九五四)年の通達にいう払下げの事由があり建設省の承認を受けることは十分に可能であって、円滑に払下げ実現の見込みがあったとまで判示している。したがって、払下げ等の確約は、右の制約のもとではあるが適法であり、将来の事業主体の裁量を拘束するであろう。また、明渡請求事由がある場合でも明渡請求をするかどうかは事業主体の長の裁量に属するから、明渡請求をしないという確約についても同様の指摘が可能である。〔21〕の確約も適法有効と解される。

三 適法で有効な確約についてはその撤回の許否が問題となる。確約の撤回が許されるかどうかは相手方の信頼保護の観点から決められるべきであり、信頼が法的保護に値するかどうかは相手方・行政側の事情の比較考量に依存することになる。

1 低所得者層の収容、敷地利用の効率化、都市の不燃化、環境整備、居住水準の向上などのために、中高層鉄

筋コンクリート集合住宅等への建替えの必要性は否定できないこと、[34]入居者については、仮住居の提供、新住居への入居の保障等もあることなどを比較考量すれば、一般に入居者等の信頼は法的保護に値せず、払下げ等の確約の撤回は許されうると考える。とりわけ、〔16〕、〔17〕のように、多数の入居者が明渡請求に応じているのに、一部の入居者の反対で建替事業に着工できないのは公共の福祉に対する重大な損害を意味する。〔13〕では、払下げの拒否理由が抽象的であり、より具体的に行政側の事情を明確にする必要があったように思われる。以上と違って、〔14〕はいわば確約が履行されたケースと考えられる。原告らが本件各敷地の使用を必要とする理由がとくに明示されていない点に問題もあるが、[35]この理由次第では、払下げの確約の撤回は許されないと解しうる余地もある。ところで、〔11〕は、本件使用許可の取消が入居者の責めによるものではなく公益目的によるものであるから憲法二九条三項に基づく損失補償請求が可能というが、建替後の新住居への入居に格別の支障がなければ損失補償は一般に不要であろう。

2　入居資格・希望のある低所得者層が多数いるという状況のもとでは、高額所得者の明渡義務等を法定することもやむをえず、他方、高額所得者等による明渡しを容易にするための配慮措置も法定されている以上、一般に高額所得者等の信頼は法的保護に値せず、払下げ等の確約の撤回は許されうると思う。[36]以上のように、入居者・高額所得者等に対する払下げ等の確約に対する信頼は法的保護に値せず、確約の撤回は許される結果、明渡請求も許されると解すべきであろう。結論的には前記の判例は適切であった。

3　明渡請求以外の事案では、〔21〕は行政側・相手方側の事情を比較考量すれば確約の撤回は許されず、〔22〕はいわば確約の履行義務を認めたものであるが、いずれも判旨の結論は妥当であったように思う。ただ、公団賃貸住宅についても、より高層化や身体障害者用を含む住宅建設など公営住宅の建替えと同様の問題状況が生じる可能

性もあり、事情によっては確約の撤回が許されることもあろう。〔23〕では、申込みの時点では一〇年後譲渡の方針は変更済みであるから一〇年後譲渡の確約に対する敷地提供者の信頼の有無が問われなければならず、この信頼があったとしてもその法的保護の有無は公団側との事情の比較考量によりきめなければならないが、判旨にはこれらの検討が欠けており疑問が残る。

四　確約を基礎づける事実状況または法状況に変更があり、もし行政がこれを知っておれば確約を発しなかったであろうとき、または、法的理由から確約を発してはならなかったであろうときは、確約は撤回をまつまでもなく当然にその効力を失うことになると解される。(37) 前掲の判例との関係でいえば、昭和二八（一九五三）年・二九年頃の建設省住宅局長の通達や昭和三四（一九五九）年・四四年の公営住宅法の改正に基づく払下げの抑制、公団側の同三三年以降の方針転換、および、これらを迫るにいたった社会経済事情の変化などにより、払下げ等の確約は失効したと考える余地もある。〔22〕でも、判旨は、一〇年後譲渡の確約をする必要があった理由として、当時は一〇年もたてば住宅難はほぼ解消するという見通しに基づいていたことを認定しているが、この点を強調する場合には、本件確約の失効の余地もでてくることになろう。〔16〕、〔18〕・〔19〕では、明渡請求をしないという確約は右の法改正後に行われていることから、その失効をいうのは難しいであろう。

(31)　明渡請求の許否の判断において、信頼保護・信義則や権利濫用に明言しない判例も払下げの言明等の法的性格を重視するものが多い。たとえば、前注（20）掲記の横浜地判昭六一・五・二一は、高額所得者に対する明渡請求の事案において、横浜市職員による「住宅が将来払下げられることもあり得る旨の説明」は「払下げについての確約」を意味しないといい、明渡請求を認容した。

(32)　信義則に明言しない判例の中にも、①同旨の観点にたって、「約束」（東京高判昭五〇・八・二八判時七九一号二四頁）、「売買一方の予約」（横浜地判昭六二・三・三〇判タ六五一号一三二頁）の成立を否認するものがある。この

両判決は建替えのための明渡請求のケースであるが、同様のケースでほかにも、市の住宅管理員が払下げの「約束」をした事実はないから払下期待権は生じない（前橋地判昭五〇・二・四判時七七二号二八頁）、東京都側に「払下げを期待させるがごとき態度がみられた」などの事情を考慮すれば、借地法四条に所定の借地契約更新拒否の正当事由があったとして（14）と同一の結論を導くもの（東京地八王子支判昭五四・三・二八判時九五五号八六頁）、東京都の「係官が入居者に対して払下を期待することができる趣旨の説明をした事実があったとしても、これによって払下請求権が生ずるものでない」（東京地判昭六〇・六・二一判時一二〇二号九二頁）とするものがある。②高額所得者に対する明渡請求のケースでは、東京都の職員から当該住宅は「将来払い下げられる可能性が高い旨の説明を受け」、入居者の多くは払下げの期待を抱いて入居したなどの事情があっても、明渡請求は「権利の濫用であるとは到底いえない」とするもの（東京地判昭六〇・六・二八判時一一七〇号一〇五頁）のほか、前注（31）掲記のものがある。③なお、使用権承継の許可要件は充足せず、事実上、使用権の承継を容認する結果になる場合には都営住宅の管理運営に恣意的不公平な結果を招来するから、東京都が「居住者の意思に反し明渡を強制することはしない旨約束」した事実はないが、たとえ「管理人が使用権の承継に異議がない旨を付記した事実があるとしても、本件明渡請求が権利の濫用に当たるとは到底いえない」というものや（東京高判昭六一・九・二九判タ六二七号一五二頁）、簡単にこの原判決は正当とするものがある（最判平二・六・二二判タ七三七号七九頁）。

（33）　菊井・注（30）一五二頁以下、乙部・注（30）二〇七頁参照。

（34）　早川和男編著『市民の住まいと居住政策（シリーズ自治を創る3）』（学陽書房、昭六三・一九八八）六一頁以下〔黒田達雄〕、東川・注（12）三五三〜三五四頁。なお、阿部・注（14）二四三、二四九、二五一、二五六頁参照。

（35）　広中・注（8）五〇六頁以下。

（36）　高額所得者に対する明渡請求制度の運用の実態には問題もある。兵庫県は、家賃長期滞納世帯には法的措置をとってきたが、県営住宅の入居世帯の約三％に相当する高額所得者には法的措置を実施したことがなく今後は法的措置をも辞さないという。神戸新聞〔日刊〕平六・九・八参照。

（37）　乙部・注（30）二一二頁以下、二二六頁以下参照。

二　自己拘束・平等原則との関係

一　前掲の判例中、〔1〕、〔6〕は、同種のほかの事案では明渡請求をしたかどうかも信頼関係破壊の有無の判断に取り入れている。[38]〔2〕では、入居者自身は、同種のほかの事案では明渡請求をしていないのに自分に対してだけ明渡請求をするのは不当な差別的取扱いであると主張しているが、「多数の無承認増改築者の中で、初めて被告に対し賃貸借契約解除がなされ明渡請求訴訟が提起されたことはいさゝか過酷の感があるが……被告を苦しめるためのみの目的に出ていると認めるに足る証拠はなく」と判示して、明渡請求は権利濫用とはいえないとする。〔11〕や〔15〕では、同種のほかの事案では払下げをしたことを明渡請求の信義則等違反の認否の判断に取り入れたと解する余地もある。

二　同種のほかの事案では明渡請求や払下げをしたかどうかという事実は、信頼関係法理・信義則というよりも、行政の自己拘束の法理・平等原則の適否を決めるものとしてみるべきであるように思う。ドイツでは、一般に、行政の自己拘束とは、裁量領域における平等原則の適用の効果として生じ、「行政が固有の（執行）作用領域においてみずから設定した決定基準または比較基準への拘束性」（オッセンビュール）などと定義づけている。筆者も、かつて、行政の自己拘束とは「行政庁が相手方に対しても第三者の同種事案においてなした決定に拘束されることをいう」としたことがあった。[39]

1　同種のほかの事案では明渡請求をしたかどうかは、平等原則の適否を決める事実としてみるものもある。この場合、まず、同種事案の存否いいかえると比較の対象適格が問題となる。〔7〕は、他の無断増築者とくらべて「著しい不均衡があり、その間に不当な差別があるとすれば、右明渡請求が権利の濫用」となるといい、[40]一見すれば、〔2〕と同様に単なる権利濫用の適否の問題としてみるようにもみえるが、明渡請求は平等原則違反のゆえに

権利濫用となるという意味に理解すべきであろう。そして〔7〕は、本件入居者の「増築よりも著しく堅固かつ大規模な増築を知事の許可なく行い」、かつ、「事後承認を受けた事例（単に明渡請求を受けていないというだけで、将来その可能性がある場合は比較の対象として適当でない。）があったことを認めるに足りる的確な証拠はないから、本件明渡請求が著しく均衡を失するものといえないことも明らかである」としているが、伝統的な裁量濫用論をひきづるものであって厳しすぎる。比較の対象適格の要件としては、本件と同程度の無断増築であり、かつ、明渡請求を受けていないものというだけで十分と考える。また、差別的取扱いの要件としては、単に不均衡があれば足り、不均衡が著しいことは必ずしも必要ではないと解する。ただ、比較の対象適格が認められても、同種の状況にある他の無断増築者に対しても明渡請求をしていくのが今後の一般的方針であり、本件の場合がその最初であるということであれば、本件明渡請求は従来の行政実務からの原則的離反を意味するから差別的取扱いとはいえず行政の自己拘束の法理・平等原則には違反しないであろう。[41]

2　〔6〕によれば、これまで都営住宅の払下げの例は相当数あるが、いずれも昭和二二（一九四七）年頃までに建設の木造住宅が対象になっており、本件住宅のごとき同三三年度建設の簡易耐火住宅については払下げの例はないということである。同判決は、この事実を憲法二九条一項等の違反の認否で考慮しているが、同種の事案性は否認され本件住宅を払い下げることなく明渡請求に及んでも行政の自己拘束の法理・平等原則には違反しないと解しうる余地もある。

〔13〕では、市長・助役の公舎については昭和三八（一九六三）年二月七日に小倉市議会は払下げの承認の議決を行い、同九日、小倉市長は売却しているが、これとの比較で市営住宅の払下げの拒否は裁量の違法となるとして、入居者らは賠償請求をしている。本判決は、まず、「裁量的行政行為又は契約が違法性を帯びる程度に他の裁量的

行政行為又は契約と比較して差別的であるか否かを決定する場合においては、少くとも第一にその両者が法律上相当程度具体的に同種同条件のものであり且つ第二に比較さるべき行政行為又は契約が不当違法でない正当なものであることを要する」と判示する。この点は、行政の自己拘束論にてらしても同調することができ、判旨の第二点はいわゆる「不法に平等なし」の原則[42]を認めるものとして評価できる。同判決は、結局、市長・助役の公舎は行政財産であるが公営住宅は普通財産であることを理由に第一要件の充足を否認し、市長・助役の公舎の払下げには相当性・合理性に疑いがあったことを理由に第二要件の充足も否定して、結局、市営住宅の払下げの拒否は裁量の違法とはならないとして賠償請求を棄却した。〔11〕も公営住宅は普通財産であるというが、公営住宅は行政財産とみるべきであり[43]公の施設でもあると考えられる。ただ、公営住宅は公営住宅法・施行条例の規律を受けるなど同じ行政財産であっても市長・助役の公舎とは法的取扱いも異なるから、両者は比較の対象にはならない。払下げの拒否は行政の自己拘束の法理・平等原則には違反しないであろう。

その後、横浜地裁は、他の払下げをうけた者と比較して著しく不公平であるとの入居者の主張をも斥けている。[44]その理由は、横浜市営住宅管理計画によれば、市営住宅は、現状のまま維持するもの、建て替えるもの、払い下げるもの、用途廃止にするものに区分しており、本件市営住宅は建替対象とされていること、本件住宅を払い下げるとすれば、住宅に困窮している多数の低額所得者との関係で不公平となることなどにある。計画のうえで払下対象に区分されているということよりも、これまで実際に払い下げられてきた市営住宅はどの種別であったかが重要である。実際の払下住宅は計画上も払下対象になっているものであったという場合には、同じ公営住宅であっても、建替対象と払下対象とでは比較の対象とはならず、払下げの拒否は行政の自己拘束の法理・平等原則には違反しないように思われる。

(38) 関・注(10)四九頁は、〔7〕の論評において、明渡請求が行われなかった他の無断増築事例のほとんどは木造一戸建のものであり、本件とは事情が異なるとして明渡請求は信頼関係の法理に反しないとみる。

(39) 乙部哲郎「行政の自己拘束の法理」民商七一巻五号(昭五〇・一九七五)八二五頁。なお、旧西ドイツの論議については、平岡久「行政規則の法的拘束性(一)、(二・完)」法雑二六巻三＝四号、二七巻一号(昭五五・一九八〇)、大橋洋一『行政規則の法理と実態』(有斐閣、平一・一九八九)五四頁以下、一二四頁以下、一四四頁以下。

(40) なお、横浜地判昭五二・三・三〇判時八七三号七八頁は、防衛庁の退職者に対する国家公務員宿舎法に基づく国の明渡請求を認容したが、そのさい「たとえ、被告主張のとおり公務員の身分喪失後、公務員宿舎の使用を容認されている者が他にいたとしても、本件請求をもって権利の濫用であると言い得ない」とするが、より具体的にその理由を判示する必要があったように思われる。

(41) 乙部・注(39)八三七頁、平岡・注(39)三八六頁参照。

(42) 乙部哲郎「行政の自己拘束論における『不法に平等なし』の動向」神院二二巻四号(平四・一九九二)一頁以下参照。なお、平岡・注(39)三八八頁以下、同「訓令・通達」『現代行政法大系7』(有斐閣、昭六一・一九八六)二三四頁参照。

(43) 原龍之助『公物営造物法〔新版〕』(有斐閣、昭四九・一九七四)四二八頁注(二)、小高・注(1)三〇頁。

(44) 前注(32)掲記の横浜地判昭六二・三・三〇。

五　結　語

一　公営住宅や公団住宅・公社住宅は、いわゆる公共施設にあたり、給付行政のなかの供給行政に属するものと解される(45)。公共施設と信義則に関する判例としては、このほか、①道路法によれば、道路の区域の決定については、当該市町村議会の議決のほかは、どのような手続によるかは行政庁の裁量に委ねられるとして、世田谷区長が特別

区道の路線認定に当たり地元住民への説明会を七回開催したことなどを考慮して、本件路線認定処分に至る手続に信義則違反はないとしてその取消請求を棄却したもの（東京地判昭五四・九・一三判時九六三号二〇頁）、②私立幼稚園の運営等について諸般の援助・協力を尽くすべき信義則上の義務は町にはなく、町立幼稚園の開設行為は信義則上の義務に違反せず裁量権を濫用したことにはならないとして、私立幼稚園の賠償請求を棄却したもの（岐阜地判昭五八・一二・一二判時一一二〇号一〇〇頁）、③道路指定・建築確認処分の取消訴訟において、被告市長が道路完成を理由に訴えの利益の消滅を主張することは信義則違反ではないとするものがある（仙台地判平六・六・三〇判自一三九号八五頁）。

二　公営住宅法一条をみると、同法は社会保障法の一環をなすかのように解することもでき、このように扱う学説もある。[46] 社会保障法における信義則に関する判例の一部については、かつて言及したことがあったが、[47] ここで、その他の判例も含めて総括的に列挙しておくことにする。

①恩給法に基づく恩給局長による扶助料の支給裁定の職権取消は違法であるといい、その根拠としては「信頼保護の原理」のみをあげ信義則を明示しないもの（松山地宇和島支判昭四三・一二・一〇行集一九巻一二号一八九六頁）、②国立療養所による医療費一部負担金の支払請求に対して、生活保護法による医療扶助の被保護者が時効を援用しても信義則に反しないとするもの（岡山地判昭四五・三・一八判時六一三号四二頁）、③児童福祉法に基づく知事の児童福祉施設の設置認可が個室付浴場の営業を妨げる結果となっても、同認可は信義則に反するとはいえないとするものがある（仙台高秋田支判昭四九・一二・一〇刑集三二巻四号六三九頁収録）。[48] ④また、国民年金の被保険者・受給資格として日本国籍の保有者であることを要求する旧国民年金法のもとで、社会保険庁長官による在日韓国・朝鮮人に対する老齢年金の支給裁定の職権取消権が「信義則ないし法的安定の要請」から失権すべき場合があるとし

ても、本件はこの場合にあたらないとするもの（東京地判昭五七・九・二二行集三三巻九号一八四六頁）、⑤同旨の事案において、「信義衡平の原則」を基礎とする相手方の信頼保護の見地から、在日韓国・朝鮮人について被保険者資格・受給資格の取得のための国籍要件が充足されたと同視することができるとするものがある（東京高判昭五八・一〇・二〇行集三四巻一〇号一七七七頁）[49]。⑥厚生大臣による遺族年金の支給裁定の職権取消の適法性を認めた事件で、取消制限の法的根拠を「信頼保護」に求めて信義則を明示しないものがある（宮崎地判昭五九・一・二〇判タ五三四号二二〇頁）。

⑦〜⑨国が恩給局長による恩給の支給裁定の職権取消を主張して国民金融公庫に払渡金の返還請求をしたことについて、第一審（東京地判昭六一・一・一八訟月三三巻一〇号二三九二頁収録）・第二審（東京高判昭六一・一一・二五訟月三三巻一〇号二三八五頁）は返還請求は信義則違反・権利濫用にはあたらないというが、最高裁は返還請求をすることは「恩給裁定の有効性を信頼して義務的に恩給担保貸付を実行し、かつ、弁済された旨の処理をしている」国民金融公庫に著しい不利益を与えるものであり許されないとした（最判平六・二・八民集四八巻二号一二三頁）[50]。⑩右の⑤と同旨の事件において、同判決を引用しつつ、「特段の事情」がある場合には、国籍要件を排除してでも在日韓国・朝鮮人の「信頼」を保護すべきときがあるといいながら、本件では保険料の完納期間である二一六か月に八か月ほど足りない点で同判決の事案とは異なるとして、その受給資格を認めなかったものもある（東京地判昭六三・二・二五判時一二六九号七一頁）。⑪国民年金法によれば厚生年金通算老齢年金（厚生通老）の支給額を調整して支給すべき障害基礎年金について、これを調整することなく四年間にわたり支給した後に、厚生通老相当額の支給を停止する社会保険庁長官の支給裁定は適法ではあるが、既払分の厚生通老の返還等を求めることは相手方の信頼を損なうから信義則違反となるとするものもある（東京地判平九・二・二七判時一六〇七号三〇頁）。

右の⑩のケースでは、在日韓国・朝鮮人は、⑤判決およびこれを受けた行政上の取扱いにより、同種の状況にある在日外国人は老齢年金の受給権が認められたことと比較して不平等であり、このような差別的取扱いは著しく合理性を欠き信義則に反するとも主張したが、判旨は右の行政上の取扱いはすでに保険料を完納した在日外国人についての例外的措置であり、本件の事案とは異なるとしてこの主張を斥けている。判旨は信義則または平等原則のいずれの適否の問題として考えているのかは必ずしも明確ではないが、後者の問題として扱うべきであろう。保険料の完納期間にわずかに足らなかったというだけで両者は同種の事案ではないとして、被保険者資格・受給権の有無についての差別的取扱いを是認しうるかは疑問の余地もあろう。

(45)　小高・注（1）二八〜二九頁、下山瑛二「住宅政策原理の転換」ジュリ増刊総合特集7（昭五二・一九七七）一二六頁。
(46)　内田・注（1）二一頁以下。
(47)　乙部哲郎「行政行為の取消しと社会保障法」神院一二巻四号（昭五七・一九八二）一頁以下。
(48)　なお、阿部泰隆『国家補償法』（有斐閣、昭六三・一九八八）九九頁、田村悦一「判批」別冊ジュリ行政判例百選Ⅰ（第三版）（平五・一九九三）五九頁参照。
(49)　同判決については、乙部・注（30）二九九頁以下。
(50)　同判決については、本書第七章三三一頁参照。

第三章　租税法と信義則

一　はじめに

一　行政法における信義則に関する判例は、租税法領域のものが最多を占める。筆者は、かつて、信義則に関する租税判例を紹介、検討する機会があった(1)。その後も、この種の判例は増加する傾向にある。事案の様相としては、納税者が租税法令の定めに適合する更正処分や賦課決定等の取消訴訟を提起、課税処分等の違法事由の一つとして、同処分等は先行の課税庁側の指導等を信頼した納税者を裏切ることになるから信義則に違反すると主張して、判旨が示されるという場合が多い。このほか、国を被告とする租税債務不存在確認訴訟、損害賠償訴訟や刑事訴訟などで信義則について判示される場合もある。納税者の信頼が寄せられるべき課税庁側の言動は、納税相談における指導助言・回答であることが多いが、このほか、申告是認通知、教示、確約、契約、合意、了解、言明、示唆、納税申告の受理、租税実務・慣行、更正処分、青色申告承認処分、通達などいろいろである。他方、課税庁側が納税者の言動等は信義則に反し許されないと主張して、判旨が示されるという場合も少なくない（納税者側への信義則の適否）。

二　租税判例における信義則に係る事案や判旨の一端は、別稿（資料）でその概観を試みた(2)。判例の概況につい

て全般的な記述は別稿に譲ることとして、本稿では、まず具体的に当該事案において信義則を適用した判例や当該事案に関しては初めての判例であって以後も続出すると解されるものを中心に掲げることにする（「判例の展開(1)」）。あらかじめいえば、判例の中では、税務行政庁側への信義則の適否を扱うものが圧倒的に多いが、当該事案で実際に信義則違反を判示したものはきわめて少なく、納税者側への信義則の適用例とほぼ同数であることが注目される。

本稿の主眼は、右の別稿等をふまえて、信義則の意義、根拠・性格、適用の限界、適用要件、適用範囲・効果などについて分析・検討を試みることにある（明示的に別稿等を逐一、引用することはしない）。これら信義則の論点に包括的に論及する判例は少ないが、法律による行政、租税法律主義との関係や適用要件との関係で一般的見解を示すものまで含めると相当数ある。これらの判旨はそれぞれ関連するところで言及することとして、信義則の論点についてある程度包括的に一般的見解を示す四六件の判例に限り、右の分析・検討に入る前に概観することにする（「判例の展開(2)」）。「判例の展開(1)」で紹介の判例の中では、〔13〕・〔15〕、〔72〕、〔219〕、〔280〕・〔289〕、〔333〕のみがこの一般的見解を表明する。一般的見解を表明する判例は、〔258〕を除くとすべて税務行政庁側への信義則の適否に関するものであり、理論的には信義則適用の余地を否定するものは皆無に近い。しかし、実際に当該事案で信義則を適用したものは、〔13〕のみであり、総論賛成・各論反対的な傾向が現れているようにも思われる。分析・検討の対象になるのは、「判例の展開(1)(2)」で紹介の判例が中心となるが、このほかの判例も対象に含まれる。[3] 租税法または行政法における信義則に論及する学説もとりあげることにする。

かつての旧稿をベースにしてはいるが、見過ごした判例やその後に現れた判例・学説を収めたことなどにより結果的には旧稿を全面的に書き改めることになったが、文献の引用も含めて旧稿と重複する部分もある。

（1）　乙部哲郎「租税法における禁反言の法理」民商七五巻二号（昭五一・一九七六）、同「租税法と信義則・禁反言

則（一）、（二・完）」民商一〇〇巻三号、四号（平一・一九八九）。

（2）乙部哲郎「租税判例における信義則の展開」神院二七巻三号（平一〇・一九九八）二九頁以下。この別稿について、一、二指摘しておきたいことがある。まず、執筆時点との関係で平成九年末までを言渡日とする判例を網羅的にみることはできなかった。つぎに、以下の判例は、制度・仕組み一般に対する抽象的な信頼が問題となっており、税務行政庁側と納税者側との間でダイナミックに展開される個別の言動についての信頼の問題にとってそれほど重要ではないように解される。したがって、別稿と同様に本稿でもすべて取り上げないことにした。すなわち、推計課税の必要性の理由として、納税者が「信頼」できる帳簿等を備えていないこと（例、最判昭三九・一一・一三税資三八号八三八頁）、税務調査に「誠実」に協力しないこと（例、大阪高判平八・八・三〇税資二二〇号五三二頁）、推計課税の合理性の理由として、同業者の選定作業やその結果として抽出された数値は確定した青色申告書に基づくものであり「信頼」性が高いこと（例、大阪高判平六・六・二八税資二〇一号六四四頁）を理由に、推計課税の適法性を判示する多数の判例である。なかには、納税者が「信頼」に足る帳簿等を有しているにもかかわらず違法に推計課税をしたとか（京都地判昭五一・一一・五税資九〇号四九七頁）、納税者による協力拒否はやむをえないものではなく推計課税は「信義」に反しない（大阪高判平八・七・一一税資二二〇号七二頁）と判示するものもないではない。また、青色申告制度は青色申告者の帳簿等やその記帳の「信頼」性を前提とするから、「信頼」性を欠く記帳等が行われれば青色申告承認の取消事由となるとするもの（例、名古屋高判平三・一〇・二八税資一八六号一一六四頁）、税務職員の守秘義務は納税者の「信頼」に応えるためのもの（例、東京高判平九・六・一八税資二二三号一〇二五頁）とする多くの判例についても取り上げないことにした。

（3）本章では、別稿執筆後に見ることができた判例集に基づいて平成初期の判例、および、TKCの判例検索LEX・DBインターネットに基づき別稿執筆時にすでに見過ごしていた判例も数一〇件ほど、新たに取り上げている。後者の判例はすべて、別稿との参照の便宜を考えて、〔278‐2〕のごとく枝番号を付して表示することにする。このほかの判例番号や表示方法などは別稿のそれと同じである。判例番号のみを掲げることが多いが、裁判所名等については巻末の「判例索引」を参照されたい。

二　判例の展開(1)

一　昭和二〇年代（一九四五～一九五四年）

〔1〕は、租税徴収権と私法上の金銭債権との違いを理由に、税務署長と納税者との間の契約により贈与税の年賦延納をすることは法律上許されず、年賦延納許可は無効であるから税務署長による無効宣言の意味でのその取消は「信義誠実の原則、禁反言の法則」に反しないといい、納税者による年賦延納の権利確認請求、年賦延納許可取消処分の取消請求を棄却した。[4] 租税法における信義則に関する最初の判例といえようか。〔2〕は、網主に雇われている舟子が自己の歩合所得は事業所得であると申告・納税したのち、事業税賦課処分の取消訴訟において真実は給与所得であるから同処分は違法と主張しても「信義則ないし禁反言の原理」に反しないといい、その理由として、租税法の特殊性をあげたのち「私人と徴税官庁との合意をもって法律に違反する税を創設するの結果を招来する」ことは許されないという。納税者側への信義則の適否を扱う最初の判例といえようか。

〔1〕、〔2〕は、法律違反の合意の効力を認める結果となる場合には、信義則等の適用は認められないとする趣旨とも解しうる。

（4）　同判決を論評する学説も含めて詳しくは、乙部哲郎「行政契約の効力と信頼保護序説」神院四巻二＝三号（昭四八・一九七三）七六頁以下。

二　昭和三〇年代（一九五五～一九六四年）

昭和二〇年代・三〇年代の租税判例の数は、非常に少ない。昭和三〇年代になると、〔8〕、〔10〕という二つの最高裁判決のほか、〔9〕が信義則の適用に肯定的である。

まず、〔3〕は、国税滞納処分に基づく差押手続における民法一七七条の適用可能性を前提に、国が同条にいう第三者に該当しない場合の中に「登記の欠缺を主張することが信義に反すると認められる事由がある場合」が含まれるといい、「国が登記の欠缺を主張することが背信的である」というためには、登記名義人である訴外会社の滞納手続を担当した上告人富山税務署長が本件土地の実質上の所有関係の調査をしなかったというだけでは足らず、本件土地が「被上告人の所有として取り扱われるべきことを強く期待することがもっともと思われるような特段の事情がなければならない」が、原審はこの特段の事情の存否の判断をしていないとして破棄差戻判決をした。〔7〕は、この最高裁判決の判旨に従うことを明示したが特段の事情の存在を否認、真実の所有者からの上告に基づいて、〔10〕は、上告人が提出した財産税申告書に実質上は同人の所有であるとの趣意を記しており、魚津税務署長も同人が本件土地の所有権を取得したと一応、承諾していたこと、訴外会社に対する差押登記がされたことを知って、上告人が富山・魚津税務署に陳情や正規の手続により公売処分の取消方を求めたところ、富山税務署長はその決定を延ばしていたことなどの事実を考慮して、本件では右の特段の事情があるとして、公売処分は滞納者の所有に属しない目的物件を対象とする点で無効であり、競落人の本件土地の所有権取得登記も抹消を免れないと判示した。民法一七七条の第三者該当性の判断に信義則を利用したものであり、(5) この場合の信義則は民事上の性格をもつと解される。本件では、むしろ直截に財産税の徴収行為等の中に相手方を土地所有者と認める旨の国の意思が表明され、これに矛盾する後行処分は信義則違反と構成する余地もある。

〔8〕は、一般国民にとって国税局長と税務署長の間の権限の分配は必ずしも明白とはいえず、国税局長は「適

法な再調査請求があったものとして取扱い、正当な決定機関である前記税務署長に廻送し、調査せしむべきで……不適法な申立てとして処理することは条理上からもゆるされない」、右のような措置は「国民に対する誠実信義の上からも行政機関の義務と解するのが相当である」という。判旨は適切ではあるが、まもなく制定の行政不服審査法一八条・一九条の適用により解決できることになろう。(6)〔9〕は、審査請求の決定に理由付記をすべきことは信義則に照らして当然であり、理由付記を命ずる所得税法四九条六項は単なる訓示規定ではないといい、理由付記を欠くとして同決定の取消請求を認容した。裁決の理由付記を要求する法律規定が訓示規定でないことは信義則に依拠するまでもないことであり、信義則の本来の機能が発揮されているとはいえないであろう。

右のほか、当該事案ではおそらく初めての判例と解されるものも現れている。まず、法令変更と信義則に関わるものとしては、昭和二七（一九五二）年一月、原告は医療法人設立のための寄附行為により土地建物を提供したが、医療法人設立認可後の同年四月、相続税法の改正により六六条四項が新設されて一月一日に遡及適用されたことにより、医療法人に対しても相続税が賦課されることになったケースがある。〔5〕は、原告は「相続税が賦課されないものと信じて本件寄附行為をした」ことがうかがわれるが、およそ二年後に国税庁長官が発した通達により医療法人解散等の方法により課税を免れることができ、「予期に反して課税されることになった者に対する救済方法は与えられており、本件寄附行為の効果をその侭存続させることが著しく信義に反するものということはできない」などといい、結局、滞納処分の取消請求を棄却した。本判決は、右のような救済方法がとられていなければ相続税法の遡及適用は信義則違反の余地もありうることを示唆するものとも解される。(7)〔9-2〕は、行政処分の無効原因として瑕疵の重大性のほか明白性を要件とするのは国民の行政処分への「信頼」確保にあるといい、所得税法四三条等により匿名組合契約等に基づく利益分配の支払者から源泉徴収所得税を徴収することになるが、支払者と

出資者との間の契約が匿名組合契約等か消費寄託契約かの判断は外観上容易ではないから、税務署長が誤って匿名組合契約等に基づく利益分配をしていない破産者にした本件源泉徴収所得税の徴収決定には「明白な違法」はないとして同処分の無効確認請求を棄却した。

（5） 中川一郎「裁判例に現れた税法上の信義誠実の原則」税法一〇〇号（昭三四・一九五九）一二二頁以下、室井力「判批」別冊ジュリ行政判例百選（昭四三・一九六八）一九一頁、塩野宏「判批」別冊ジュリ行政判例百選（新版）（昭四五・一九七〇）二六頁。

（6） 成田頼明「行政上の法律関係と信義則」自治研修六八号（昭四一・一九六六）五二～五三頁。菊井康郎「判批」自研三八巻七号（昭三七・一九六二）一一八頁は、〔8〕は行政処分一般ひいては行政法における信義則の適用可能性を暗示するものであり、画期的意義をもつと評価する。

（7） 吉良実「税法上における不遡及効の原則」税法一〇〇号（昭三四・一九五九）一〇九頁、中川・注（5）一二五～一二六頁。一般に、行政法令・租税法令の遡及効禁止の法的根拠を信義則に求めるものは少ないようである。乙部哲郎「西ドイツ公法における信頼保護の原則の動向」神院六巻一号（昭五〇・一九七五）一九〇頁参照。

三　昭和四〇年代（一九六五～一九七四年）

一　昭和四〇年代前半は、信義則違反を認めた判例として、〔13〕、〔17〕、〔23〕、〔28〕がある。東京都税務事務所長が地方税法の解釈を誤り、民法上の財団法人がその設置する学校に提供する土地建物には固定資産税は賦課しないことに決定した旨の通知をしてから八年後に、遡って五年分の固定資産税の納付を命ずる賦課決定を行い、その適法性が争われた事案で、〔13〕は賦課決定は禁反言則等に反し無効としてその無効確認請求を認容した。(8)「通達等の事実上の行政作用を信頼」した者の保護の必要性をも判示する。同判決は、ほとんど初めて、租税法における

禁反言則等の適否の問題を正面から扱い、租税法令の増大・複雑化のもとでは善良な市民は税務当局の行政解釈を信頼して行動せざるをえないとして禁反言則等の現代的意義を明示し、禁反言則等の根拠・性格、限界、適用要件などの論点についてまとまった一般的見解を提示して、その後の判例・学説に多大の影響を及ぼした。これに対して、控訴判決である〔15〕は、禁反言則等の適用の限界・適用要件などについてこの原判決と基本的に対立する一般的見解を示して賦課決定は禁反言則等に違反しないといい、無効確認請求を棄却した。〔23〕は、税務署員の「説明」や「指示」に基づき本件各土地の全部の売却後に「所得税の申告をすればよいものと信じ」て法定の申告期限を経過したものであり、「税法の内容が複雑であるため、多くの納税者は税務係員の指示に頼っている実状を併わせ考えると、原告が期限内に確定申告書を提出しなかったのは誠に無理からぬところであるといわざるをえない」として、所得税法五六条三項に所定の正当な理由があるといい、無申告加算税の賦課決定の取消請求を認容した。信義則・禁反言則を明示するわけではないが、同法条にいう「正当な理由」該当性の判断に信頼保護を利用したものとも解される。

納税者側に信義則を適用するものもある。〔17〕は、納税者はその長男が受領した株式配当金を自己所得として申告しておらず、後になって、株式配当金は自己所得であり長男は扶養家族にすぎないから、長男の居住用の土地建物の譲渡については租税特別措置法三五条の適用があると主張することは禁反言則等に反するという。同旨の事案において〔2〕とは逆の判断をしたことになろう。〔28〕も、代表権限もなく総代（行審一二条一項参照）としての資格もない者を代理人と表示し、しかも代理人である旨の虚偽の証明書まで添付して審査請求を行い、それを信頼した審査庁がこの者を相手に裁決をして送達した以上、音楽愛好団体が裁決やその送達の効力を争うことは信義則上許されないといい、結局、入場税決定の取消訴訟を却下した。

このほか、当該事案ではおそらく初めての判例と解されるものも現れているが、いずれも信義則違反は否認している。まず、申告是認通知については、同族会社に対する長期貸付債権としてその譲渡等に厳しい制約がある同社従業員の賞与を損金として計上する昭和三七（一九六二）年度法人税の確定申告について申告是認通知書を交付したが、同四〇年五月、同三七年度以降三か年分についてこの損金算入を否認する更正処分・過少申告加算税賦課決定を行った事案で、〔19〕は、「申告是認通知は税務官庁の事務上の便宜ならびに納税者に対する便宜の供与のための事実上の行為であって、納税者に対する法律上の効果を生ぜしめるような行為ではなく、それまでの調査にもとづいて納税者の申告に対する所轄税務官庁の一応の態度を表明するものにすぎないから後にこれに反する行政処分が行われたからといって禁反言の法理に反するということはできない」といい、結局、両処分の取消請求の一部を認容した。納税相談については、〔20〕は、「大阪国税局協議団神戸支部長が一時所得として申告すればよいという意見を述べ原告がそれを信じたとしても……原告はその納税相談において客観的な事実関係の全体について完全に説明したとは認め難い」ことなどを理由に、事業所得と認定した更正処分の信義則違反を否認する。いわゆる計画保障・計画担保責任に関して、[9]〔24〕は、固定資産税の一定割合を助成金として交付する制度を工場の増設分について廃止する改正条例は「違法、無効としなければならない程に著しく信義則に反するものと解することはできない」、市長と工場長との話合いも「必ず奨励金を交付する旨を確約する趣旨のものでは」ないとして、助成金交付申請却下処分の取消請求を棄却した。信義則との関連で確約に明及する最初の判例とも解しうる。〔25〕も同旨の事案において確約には言及しないがほとんど同旨の判示を行い、三名の裁判官もまったく同一人である。いずれも一般的に法令の変更が信義則により制約される可能性を否認しないものの、当該事案では条例改正の信義則違反を否認する点で〔5〕に近いともいえよう。

二　昭和四五（一九七〇）年以降になると、信義則に関する租税判例は飛躍的に増えることになる。この主な原因としては、〔13〕が租税法における信義則の意義・性格などの論点についてまとまった一般的見解を示し、かつ、実際に当該事案で信義則を適用したことに触発されて納税者側が信義則違反を主張して更正処分の取消訴訟等を提起したことにあろう。しかし、信義則違反を判示するものは、〔42〕、〔49〕、〔52〕、〔53〕、〔56〕のみであり、このうち〔49〕だけが納税者側に信義則を適用するものであった。このほかは課税庁側に信義則を適用するものであるが、〔42〕は後にみるように控訴審では逆転し、残る三判決は課税庁側の争訟上の主張の信義則違反をいうものであった。なお、〔50〕も納税者側に信義則を適用した判例と解しうる余地がある。

〔42〕は、「約一五年間金属マンガンを非課税とした山形市の措置は、合金鉄は金属マンガンを含むとする一種の法的状態に類する事実状態を作出したものであり、これにより原告に対し同旨の内容の信頼を付与した」から、昭和四二（一九六七）年四月、市長が昭和三九年度・四〇年度分について行った電気ガス税の賦課決定は信義則に違反し違法であると判示した。[10]〔49〕は、「法人税否認の法理は相手方の利益保護のために認められたものであるから、会社という法的形態を利用した者が、相手方の損失においてこれを自己の利益に援用することは信義則上許されず」として、法人税法違反の脱税を理由にこの会社を罰金刑に処した。〔50〕は、法人税法六八条三項・四項の申告額調整主義は信義則に沿った税務処理を期すことにあり、その趣旨は法人が利子配当等の収入について確定申告をした場合に限りこれらの所得に係る源泉徴収済の所得税を控除するが、確定申告のない限りこれを控除する必要はないことにあるとして、当該事案で同法条を適用している。〔52〕は、「大阪国税局長は、原告の不適法な再審査請求を受理し、調査期日は未定である旨電話回答したのであるから、原告は、このとき、再審査請求が適法に受理され、調査をへて裁決されるものと期待するのは、当然である」として禁反言則を援用して誤った教示に基づいて再

審査請求をしたのと同視すべきであるといい、行訴法一四条四項を類推適用して更正処分等の取消訴訟は出訴期間を徒過しておらず適法としている。

推計課税の必要性や合理性をめぐっては、納税者の帳簿等の「信頼」性や同業者の選定の際に抽出された数値の「信頼」性をめぐって多数の判例が現れているが（前掲注（2）参照）、更正処分等の取消訴訟において、税務署長が推計の基礎とした同業者の住所・氏名等を明らかにしないで納税者の経営規模や事業実績等を主張・立証することが、信義則に違反するかどうかが争われることがある。〔53〕は、この問題についてのおそらく初めての判決であるが、右のような主張・立証は納税者の反論・反証の提出を不可能または極めて困難にさせるため、「衡平の見地からみても、また訴訟における信義則から考えても、到底これを是認することができない」といい、更正処分による過大認定額の部分を取り消した。〔56〕も同旨である。[11]

右のほか、当該事案でおそらく初めての判例と解されるものも現れているが、いずれも信義則違反を否認している。まず、勧奨に基づき修正申告をした者に重加算税賦課処分をすることが信義則に反するかどうかに関して、〔35〕は、税務署長は未調査の申告漏れにつき相続税の修正申告書（第三次）を提出すれば重加算税の賦課原因が生じないために調査の続行を見合わせる旨を発言したが、本件修正申告（第二次）についてはこの種の発言をしていないから、本件相続税についての重加算税賦課処分は信義則に反しないという。法人税について第一次更正処分の取消訴訟中に同処分を取り消す第二次更正処分と実質的には第一次更正処分の理由付記を補うにすぎない第三次更正処分を同日に行ったケースで、〔36〕は、「仮りに更正権に関して行政処分の取消し権の制限に対応する制限があるとしても……確定申告における実質的瑕疵の是正を放置してまで、原告のために保護すべき私法上の権利ないし利益があるとは解しえない」として、第三次更正処分の禁反言則違反を否認する。処分理由の差替えについて

は、(12)〔41〕は、被告国税局長が白色更正の審査請求に対する棄却裁決では売上額に占める減価償却費について同業者の平均比率（〇・七％）を越える部分の一部について所得控除を認めていたのに、同裁決の取消訴訟でこれを否認したとしても、「行政不服に関する行政手続と訴訟手続とは各別個の手続であ」ることを理由に信義則の適用を否認した。

(8)　判旨〔13〕に賛成、中川一郎「判批」シュト四四号（昭四〇・一九六五）五頁以下、須貝脩一「判批」シュト五七号（昭四一・一九六六）一頁以下、北野弘久「判批」産業経理二六巻三号（昭四一・一九六六）一二六頁以下。中川一郎「税法における信義誠実の原則」シュト一〇〇号（昭四五・一九七〇）一五二頁以下は、税法独自の信義則の適用に関する最初の判例が〔13〕であり、とくに申告是認通知に関しては税法独自の信義則が適用されるべき典型的場合であると述べている。

(9)　この問題については、とりわけ手島孝『計画担保責任論』（有斐閣、昭六三・一九八八）七頁以下。

(10)　判旨〔42〕に反対、新井隆一「鑑定意見」早法四八巻一号（昭四七・一九七二）九二頁、村井正「鑑定意見」訟月二〇巻八号（昭四九・一九七四）一九二頁。

(11)　租税訴訟上の主張と信義則の問題については、民事訴訟における信義則やその構成部分である訴訟における禁反言に関する判例等も考慮する必要がある。租税判例も含めてこの問題に関する判例の総合的検討については、本書第六章二八四頁以下。

(12)　この問題をめぐる判例等については、さしあたり乙部哲郎「課税処分取消訴訟における処分理由の差替え」神院二三巻三号（平五・一九九三）八九頁以下および同所に掲記の文献を参照。〔36〕は実質的には処分理由の差替えの問題であり、行政行為の職権取消の一例とも考えうるが、一般に、行政行為の職権取消の制限の法的根拠を信義則・信頼保護に求める判例や学説は少ない。

四　昭和五〇年代（一九七五～一九八四年）

一　昭和五〇年代に入って信義則に関する判例は著しく増大する。ただし、この前半期において信義則違反を判示するものは〔107〕、〔110〕、〔115〕のみであり、前二者は課税庁側に、最後者は納税者側にそれぞれ信義則を適用するものであった。

まず、〔72〕は、原判決（〔42〕）とは逆に電気ガス税の賦課決定は「禁反言の法理ないし信義則」に反しないといい、[13]〔109〕も簡単にこの第二審判決を是認する。〔107〕は、会社代表者が法人税更正処分等についての審査請求の裁決の調査を担当した東京国税不服審判所の副審判官から電話で本件裁決の取消訴訟の「出訴期間は本件裁決の訂正のあったときから計算すべきである」旨の教示を受けて、このように「信じたことをもって同人の過失とするのは相当でなく」訴訟行為の追完を許すべきといい、原判決（〔90〕）を破棄して差し戻したが、〔52〕に類似する結論であろう。〔110〕は、関税法八四条に基づく税関長の公売処分は、貨物の所有者に対する関係では行政処分であるが、貨物の買受人に対する関係では私法上の売買であり、後者の場合には信義則上一般に売主として安全配慮義務を負うといい、構造的欠陥のあるバドミントン・ラケットを漫然と公売して事故を発生させたことにより、国は民法七一五条の不法行為責任を負うという。〔115〕は、原告会社が本件更正処分の理由となっている売上除外の発覚を避けるため税務署の調査担当者の再三の帳簿書類の調査請求を拒否しながら、法人税法一三〇条一項に所定の更正処分前の帳簿書類等の調査手続の欠如をいうのは信義則により許されないとして同処分の取消請求を棄却した。[14]

右のほか、新たな事案で信義則の適否が問題となる事案も現れた。〔119〕は、仮に法人税の修正申告が「強要によりされたものであるとしても、当該申告自体が無効と評価されることがあるのは格別、当該申告者からの更正の請求が法定の期間経過後にされた場合において税務署長が当該請求を適法なものとして処理すべき義務が信義則上

生ずると解することはできない」といい、更正すべき理由がない旨の処分の取消訴訟を却下した。[15] 国税通則法二三条に所定の更正請求制度に限界があることを示す適例であり、根本的には立法的解決が図られるべきであろう。[16]

二　昭和五五（一九八〇）年以降にも、信義則に関する租税判例は増加傾向にある。ただし、信義則違反を判示するものは、〔138〕、〔147〕、〔164〕、〔185〕そしてせいぜい**〔191〕**のみである。〔147〕は課税庁の信義則違反をいうが、同六〇年代に控訴・上告判決では信義則違反の認否の判断が分かれている。このほかは納税者側にしかもその訴訟上の主張の信義則違反をいうものであった。

〔138〕は、課税庁側の信義則違反を否認しながら、納税者が一貫して本件土地の譲渡時期および譲渡所得税の課税時期を昭和四四（一九六九）年と主張しながら、同四六年分についての更正可能期限後の昭和五四（一九七九）年一二月の第四回口頭弁論において、本件所得は「昭和四六年分の譲渡所得であると主張することは、正義に反し、かつ租税の公平負担に著るしく悖る行為であって、租税法の分野においても認められる信義則ないし禁反言の原則に照らし許されない」といい、更正処分等の取消請求をしりぞけた。[17] 〔164〕は、「青色申告者が帳簿書類を提示せず調査を拒否し前記義務に違反し青色申告制度を根底から覆えす行為をしながら、他方において、青色申告により自己の計算した税額のみを納税する利益をえようとするのは、信義誠実の原則に反する」といい、青色申告承認取消処分の取消請求を棄却した。〔185〕は、納税者が確定申告・不服審査・原審のすべてで本件土地の売却による譲渡所得の発生日は昭和四八（一九七三）年三月一日であると主張してきたのに、同四七年の譲渡所得に対する課税について消滅時効の完成後、本訴で突如としてこの譲渡所得は同四七年中に発生した旨の主張をすることは、「著しく信義則に反し、また、禁反言の法理にもとどり許されない」といい、更正処分等の取消請求を棄却し、**〔191〕**は簡単にこの原判決は正当であるとする。

〔147〕は、税務署長が青色申告の承認を受けないで提出された青色申告書を受理し、この申告に係る所得税額を収納し、その後も青色申告用紙の送付を続けたのち、青色申告としての効力を否認すること、または、白色申告であるとして更正処分を行うことは信義則に違反し許されないとして同処分等の取消請求を認容した。(18)

右のほか、いわゆる実額反証と信義則に関するおそらく初めての判決も現れた。〔150〕は、司法的救済の保障、帳簿書類等の提出の遅れにより不利益を受けるのはもっぱら納税者であることなどを理由に、本訴提起から四年後に行われた実額反証の信義則違反を否認し、時期に遅れた攻撃防御方法（民訴一三九条）にも当たらないというが、(19)結局、所得税更正処分の取消請求はこれを棄却した。

(13)　判旨〔72〕に賛成、松沢智「判批」ジュリ五九四号（昭五〇・一九七五）一二五頁以下。
(14)　判旨〔115〕に賛成、松沢智「判批」判評二八七号（昭五八・一九八三）一七八頁。これに対して、金子宏『租税法』（弘文堂、昭五一・一九七六）四四四頁は、青色申告者が帳簿書類の調査に応じない場合は税務署長は青色申告承認を取り消したのちに初めて更正処分を行うことができるという。
(15)　判旨〔119〕に賛成、岩崎政明「判批」ジュリ七二二号（昭五五・一九八〇）二九九頁。
(16)　最判昭三九・一〇・二二民集一八巻八号一七六二頁によれば、納税申告における錯誤が客観的に明白重大であり、更正請求によるほかはその是正を許さないとするときは納税者の利益を著しく害する場合には、例外的に錯誤に基づく納税申告の無効の主張が許される。しかし、実際に当該事案で錯誤に基づく納税申告の無効の主張を認めた判例はきわめて少ない。勧奨に基づく修正申告についてではないが、錯誤に基づく納税申告の無効の主張を認めた判例として、京都地判昭四五・四・一行集二一巻四号六四一頁などがある。なお、清永敬次「更正の請求に関する若干の検討」園部逸夫古稀記念『憲法裁判と行政訴訟』（有斐閣、平一一・一九九九）四三五頁以下および同所に掲記の文献を参照。
(17)　判旨〔138〕に賛成、松沢・注（14）一七八頁。

（18）判旨〔147〕に反対、斉藤明「判批」ジュリ七八六号（昭五八・一九八三）一一五頁。
（19）判旨〔150〕に賛成、松沢・注（14）一七八頁。片山博仁「判批」ひろば三五巻四号（昭五七・一九八二）七三頁も好意的のように解されるが、品川芳宣「判批」税経通信三七巻三号（昭五七・一九八二）二二五頁は批判的のようである。これらの判例の論評などについては、本書第六章三一五頁以下。

五　昭和六〇年代（一九八五～一九八九年）

昭和六〇年代に入っても、信義則に関する租税判例の数は多い。ただし、信義則違反を判示するものは〔195〕、**〔196〕**、〔203〕、〔227〕・〔239〕、〔230〕のみである。〔195〕以外は訴訟上の主張の信義則違反をいうものであるが、このうち〔195〕、〔203〕だけが課税庁側に信義則を適用、このほかは納税者側にこれを適用する。

まず、〔195〕は原判決〔〔147〕〕とほとんど同旨の判示であったが、[20]**〔219〕**は、結論的には信義則の適用を否認してこの第二審判決を破棄し事案を原審に差し戻した。[21]そのさい、最高裁としては、ほとんど初めて租税法における信義則の意義、根拠・性格、適用の限界、適用要件などについて包括的な一般的見解を示し、その後の判例や学説に重大な影響を及ぼした。〔203〕は、納税者の代理人である税理士が修正申告を行うさいに税務署事務官が不服申立ての利益を失わせるような指導をするはずがないと考えたのも無理からぬ点があることなどを理由に、税務署長が所得税更正処分の取消訴訟について訴えの利益の喪失を主張することは信義則違反となるといい、この点、原判決〔〔173〕〕とは異なる。

〔196〕は簡単に納税者に信義則を適用する原判決〔〔138〕〕は正当であるという。〔227〕は相続税債務不存在確認訴訟の棄却判決の理由中で違法ではないと判断された税務署長の行為を同一の納税者が国家賠償訴訟において再度、

不法行為にあたると主張することは信義則違反であるといい、〔239〕もこの原判決をそのまま引用する。〔230〕は、納税者がみなし法人課税を定める租税特別措置法二五条の二を選択し、昭和五二（一九七七）年度以降長期にわたりその特別措置を受けてきた場合に、後に同法条の適用違憲を主張するのは「禁反言（矛盾行為の禁止）の法理」に反し許されないといい、昭和六〇（一九八五）年九月末と翌年二月末に同法条を適用して行われた源泉所得税不納付加算税賦課決定の取消請求を棄却した。

（20）　判旨〔195〕に反対、横山茂晴「判批」税務事例一七巻一一号（昭六〇・一九八五）五頁以下、辻井治「判批」『昭和六〇年行政関係判例解説』（ぎょうせい、昭六二・一九八七）三一〇頁以下。

（21）　〔219〕を対象とする批評としてつぎのものがあるが、基本的には判旨に賛成するものが多い。水野忠恒・ジュリ九〇三号（昭六三・一九八八）四六頁、石川義則・ジュリ九〇三号（昭六三・一九八八）八二頁、碓井光明・ジュリ増刊昭六二年度重判解（昭六三・一九八八）五〇頁、宇賀克也・ジュリ九一八号（昭六三・一九八八）一一九頁、田中館照橘・法資八二号（昭六三・一九八八）九二頁、乙部哲郎・判評三五六号（昭六三・一九八八）二〇二頁、谷口勢津夫・シュト三二二号（昭六三・一九八八）一頁、高橋利文・判タ七〇六号（平一・一九八九）三二四頁、堀嗣亜貴『昭和六二年行政関係判例解説』（ぎょうせい、平一・一九八九）一八二頁、阿部泰隆・法セ四一〇号（平一・一九八九）一一二頁、金子芳雄・別冊ジュリ租税判例百選（第三版）（平四・一九九二）二六頁。なお、石井昇『行政法と私法』（ぎょうせい、平一〇・一九九八）七九頁。

六　平成初期（一九八九〜一九九七年）

一　平成時代に入っても、信義則に関する租税判例の数はいぜんとして多い。ただし、その前半期に信義則違反を判示するものは、納税者側への適用をいう二件か三件だけであった。まず、〔247〕が納税者の訴訟上の主張に関して簡単に原判決（〔239〕）を承認する。つぎに、〔271-2〕・〔278-3〕は、「申告納税制度とその下における税法上の

信義則に照らし、納税者が申告した申告内容の事実は、納税者が錯誤など故意過失なく申告を誤った場合であるなどの特段の事情がない限り、申告者とその通謀者、共謀者などとの関係においては、申告した事実が存在するものと推認するのが相当」であるといい、原告会社はその役員への本件土地の低額譲渡を認めて差額代金分を未収入金債権とする修正申告をしたのち、同債権を回収不能として雑損失に計上した場合に、回収不能の事実が認められず寄付金等扱いになるとする更正処分等の取消請求を棄却した。

このほか、注目に値するのは、住民訴訟（代位賠償訴訟）において、市側が土地所有者等に固定資産税や都市計画税を減免するなどと言明して土地を無償で借り上げるなどしており固定資産税等の賦課は禁反言則等に反するとして、固定資産税等を賦課しない行為は違法とはいえず賠償責任も発生しないと反論するものが数例現れていることである（〔274〕・〔278〕、〔280〕・〔289〕、〔303〕）。いずれも禁反言則等違反を結論づけるものではなかったが、図式的には、抗告訴訟において、納税者が課税処分は先行の納税相談における指導等に反するから信義則違反と主張、課税庁側がこれを否認するのがほとんどであるのと比べると、その特異性が分かるであろう。

二　平成五年以降になると（一九九三〜一九九七）、信義則違反をいう判例はやはり納税者側への適用をいう二件のみであった。まず、〔297-2〕は、原告会社が本件土地建物を購入後に売却したが、購入時に契約書として二通を作成、一通は銀行からの融資を引き出すために七八〇〇万円の購入価額、もう一通は真実の四〇〇〇万円の購入価額を記載、税務署長は購入価額は四〇〇〇万円との判断のもとに譲渡所得等について更正処分をしたところ、原告会社が真実の契約書は前者であり後者は購入価額を圧縮するための仮装であるとして更正処分を争うのは「租税法上の信義則に照らし許されない」といい、その取消請求を棄却した。つぎに、〔324〕は、原告・近畿エキスプレス株式会社の設立は近畿運輸株式会社の債務の免脱を目的とする法人格の濫用であり、「国税を徴収する国に対し、

信義則上、原告が近畿運輸と別異の法人格であることを主張しえず」として、すでに取立てが終了していることから差押処分の取消訴訟は却下、国を被告とする国家賠償請求・不当利得返還請求を棄却した。本件は、国税滞納処分について法人格否認の法理を適用した最初の判例のようである。[22]

右のほか、〔333〕は、いわゆる平和事件において、個人から同族会社への無利息貸付は課税対象にならないことを一般的に記した解説書は「私的な著作物というほかなく、右にいう公的見解の表示と同視することはできない」といい、所得税更正処分等は信義則に反しないとした。[23] 信頼の対象となっているのが課税庁の担当職員がその官職を明示しているとはいえ著作物であるのは、本件がほとんど唯一の例ではなかろうか。

(22) 深井剛良「判批」訟月四三巻四号（平九・一九九七）一一六三頁。

(23) 判旨〔333〕に賛成、乙部哲郎「判批」速報税理一六巻二三号（平九・一九九七）一七頁以下。なお、田中治「判批」税理四〇巻九号（平九・一九九七）五五頁以下。平和事件の第二審判決（東京高判平一一・五・三一）もこの原判決をほとんどそのまま引用する。第二審判決については、乙部哲郎「判批」速報税理一八巻二三号（平一一・一九九九）三九頁以下、岸田貞夫＝大江晋也＝林仲宣「〈座談会〉課税当局による発行物・指導等の意義と納税者の判断」税理四二巻一〇号（平一一・一九九九）七二頁以下。名古屋地判昭六〇・二・二五行集三六巻二号二三七頁は、原告は相続税申告にあたり公刊されていた東京国税局直税部資産評価官監修の『改正された株式評価の実務』に示された税務処理に従っており、これを否認するのは納税者の信頼を破壊すると主張、被告税務署長は部下職員の誤指導がない以上本件更正処分は信義則違反ではないと反論、判旨は信頼や信義則には明示することなく、「申告内容を誤って指導した旨の主張、立証はない」から原告の主張は失当と判示している。

七　ま と め

一　租税判例中、信義則違反を認めた判例や信義則を適用した判例はおおよそ次のようになろう。税務行政庁側

への適用例は一四件あり、年代別にみると、昭和三〇（一九五五）年代に三件、同四〇年代に六件、同五〇年代に三件、同六〇年代に二件ある。このうち、信義則を適用しても特定の行政法令・租税法令の規定違反の問題を生じないと解されるものとしては（解釈基準としての信義則）、推計課税の必要性等に関わるものを除いても（前掲注（2）参照）、**〔8〕**、〔9〕、**〔10〕**、〔23〕、〔52〕、〔53〕、〔56〕、〔107〕、〔110〕、〔203〕をあげうるであろうか。〔147〕・〔195〕もこの種の事案と解しうる余地もあり、そうすると〔13〕、〔42〕を除けば信義則違反を判示した判例のほとんどがこの種のケースであったことになる。

これに対して、納税者側への適用例は一八件あり、昭和四〇（一九六五）年代に四件、同五〇年代に五件、同六〇年代に四件、平成初期（一九八九〜一九九七）に五件ある。このうち、解釈基準としての信義則の適用例と解しうるものとしては、推計課税の必要性等に関わるものを除いても（前掲注（2）参照）、〔49〕、〔50〕、〔227〕・〔239〕・**〔247〕**、〔230〕、〔324〕の七件を数えうるであろうか。税務行政庁側への適用例の場合と比べると特定の行政法令・租税法令の規定違反の問題を生ずる事案でも、納税者側にはかなり多く信義則違反・信義則適用を判示していると考えられる。信義則違反・信義則適用を判示する判例は、税務行政庁側への適用例では昭和四〇年代がもっとも多く、漸次、減少していくのに、納税者側への適用例では昭和四〇年代から同六〇年代にかけてほぼ同一水準を維持、平成初期にも五件あることが注目される。

二　租税判例の約三分の二は地裁判例である。高裁判例も約一一〇件、最高裁判例も約四〇件あるが、高裁判例のうち約九〇件、最高裁判例のほとんどはそれぞれ上級審としての判例である。上級審判例は下級審判例をそのまま引用するかまたはこれに近いものが多い。最高裁判例も原判決は正当として是認できるとするものがほとんどであるが、**〔219〕**はそうではなく、かつ、最高裁としてほとんど初めて租税法における信義則の意義などの論点につ

いて包括的に一般的見解を示したものとしてもっとも重要であろう。〔3〕、〔8〕、〔51〕、〔56-2〕のように、最高裁で初めて信義則に言及されるという例もある。

三　判例の展開(2)

一　昭和四〇年代（一九六五〜一九七四年）

一　昭和二〇（一九四五）年・三〇年代には、概観するかぎりは、租税法における信義則についてある程度包括的に一般的見解を示す判例は見当たらない。昭和四〇年代に入ると、まず、非課税取扱の決定・通知について、同一事件におけるつぎの二つの判決が税務行政庁側への信義則の適否の結論を異にし、かつ、信義則の意義、根拠・性格、限界、適用要件などの論点についてまとまった一般的見解を提示するものとして注目される。

東京地判昭四〇・五・二六行集一六巻六号一〇三三頁〔13〕

「自己の過去の言動に反する主張をすることにより、その過去の言動を信頼した相手方の利益を害することの許されないことは、それを禁反言の法理と呼ぶか信義誠実の原則と呼ぶかはともかく、法の根底をなす正義の理念より当然生ずる法原則（以下禁反言の原則という。）であって、国家、公共団体もまた、基本的には、国民個人と同様に法の支配に服すべきものとする建前をとるわが憲法の下においては、いわゆる公法の分野においても、この原則の適用を否定すべき理由はない」。「ことに、国民の社会生活が公法法規により規制される度合が増大し、しかも、この種の法規がますます専門技術化するに応じて」、通達、本件のような非課税決定の

通知など「事実上の行政作用の果す役割りはますます重要なものとなり、その反面、国民は、善良な市民として適法に社会生活を営むためには、かような事実上の行政作用に依存しこれを信頼して行動せざるを得ないこととなる。……前述のような事実上の行政作用の果している役割りにかんがみれば、個々の場合に、租税の減免が法律上の根拠に基づいて行なわるべきであるとする原則を形式的に貫くことよりも、事実上の行政作用を信頼したことにつきなんら責めらるべき点のない誠実、善良な市民の信頼利益を保護することが、公益上、いっそう強く要請される場合のあることは否定できないところであるから、租税の減免が法律上の根拠に基づいてのみ行なわるべきであるということは、税法の分野に禁反言の原則を導入するについて、その要件及び適用の範囲を決定する場合に考慮を払うべき要素の一つとはなっても、この原則の導入を根本的に拒否する理由とはなり得ないものと解すべきである」。信義則の「適用の要件の問題としては、とくに、行政庁の誤った言動をするに至ったことにつき相手方国民の側に責めらるべき事情があったかどうか、行政庁のその行動がいかなる手続、方式で相手方に表明されたか（一般的のものか特定の個人に対する具体的なものか、口頭によるものか書面によるものか、その行動を決定するに至った手続等）相手方がそれを信頼することが無理でないと認められるような事情にあったかどうか、その信頼を裏切られることによって相手方の被る不利益の程度等の諸点が、右原則の適用の範囲の問題としては、とくに、相手方の信頼利益が将来に向っても保護さるべきかどうかの点が吟味されなければならない」。

東京高判昭四一・六・六行集一七巻六号六〇七頁〔15〕

「禁反言の法理とは、いわゆる表示による禁反言をいうものと解されるが、その趣旨は、自己の過去の言動（表示）により他人をしてある事実を誤信せしめた者は、その誤信に基き、その事実を前提として行動（地位、

利害関係を変更）した他人に対し、それと矛盾した事実を主張することを禁ぜられる、とするにあるものと考えられる。そして、一般に、禁反言の適用される表示とは、事実の表示であることを要し、単なる意見もしくは意向の表示では足りず、また、禁反言の適用を認めると違法な結果を生ずる場合には、その適用を阻却されると解されている」。

右の両判決の結論の差異は、基本的には次の諸点をどのようにみるかにかかっていると思われる。第一に、行政法令の増大・複雑化のもとで行政側が明示または黙示に示す行政法令の解釈（行政解釈）の適法性への相手方の信頼保護の必要性である。この点について、〔13〕は積極的に評価するのに対して、〔15〕は禁反言則は「単なる意見もしくは意向の表示」には適用されないとすることから、むしろ否定的であるように解される。第二に、禁反言則を適用して租税法規に適合する課税処分は違法とすれば、法律による行政や租税法律主義を侵犯することになるから、禁反言則は適用されないのではないかという点である。〔13〕はこの点は禁反言則の適用を根本的に拒否する理由とはなりえないというのに対して、〔15〕は逆にこの点を重視して禁反言則の適用を否定した。第三に、禁反言則の適用要件については、〔13〕は、問題提起をするとともに「非課税の取扱いは、正規の決裁手続を経て、公文書により原告に通知されたもので、原告がこれを信頼して本件土地及び建物につき固定資産税が非課税と考えたことに無理はなく……しかも、右通知に反し過年度に遡って固定資産税が賦課されることにより原告が被る不利益は無視できないものがある」といい、右の適用要件を充足するとみるのに対して、〔15〕は、非課税取扱の通知が「事実上の措置にすぎない」こと、相手方は従前より「非課税と誤解しており、それゆえに」非課税扱いとされる準学校法人への組織変更をしなかったことなどを重視して、禁反言則の適用を否認する。右の三点についての論評はそれぞれ関連するところで行うことにするが（以下の年代との関係でも同様）、結論のみいえば、いずれも〔13〕

の判示の方が適切であると考える。

二　昭和四五（一九七〇）年以降になると、申告是認通知、指導助言等、実務・慣行に関して、信義則の論点について一般的見解が提示されることになるが、結論的にはすべて税務行政庁側への信義則の適用を否認する。信頼の対象である課税庁側の行為形式や局面の差異に応じて、判旨の一般的見解にも違いがみられるということはないようである（昭和五〇年代・六〇年代・平成初期の判例についても同様の指摘が可能である）。

大阪地判昭四五・五・七行集二一巻五号七八〇頁〔32〕

大阪高判昭四六・三・一一税資六二号三二六頁〔39〕

〔32〕は、「原告が主張する禁反言ないし信義誠実の原則とは、要するに、自己の過去の言動によってある事実を表示したものは、右事実の存在を信じて利害関係を変更した相手方に対して、以後その事実の存在を否定することが許されなくなるというところにあると解せられるが、右の法原則は、法の根底に存する正義の観念から生ずるものである以上、単に私法の領域のみならず、公法の分野においても、等しく妥当する法原則である……一方、禁反言ないし信義誠実の原則が正義の観念から生ずるものであるから、右の法原則を適用したため、違法な結果を容認することになるような場合には、その適用が慎重になされねばならないことは当然である」といい、〔39〕はこの原判決をそのまま引用する。

名古屋地判昭四八・一二・七判時七三九号七一頁〔59〕

「一般に、私法上の禁反言の法理が国と国民との間の租税法律関係について適用があるかどうか問題が多いところであるが複雑化した租税法規が難解なものとなっている現状で、しかも、申告納税を建前とする制度上、国民は申告にあたり税務官庁の指導助言に俟つことが多いことは容易に想像できることであるが、かかる助言

指導を善意で信頼して行為した国民の利益はこれを保護すべき特別の事情がある場合にはその適用を拒否すべきではなく、また、かかる事情の有無は具体的事案に則し、租税法律主義、租税負担の公平の諸原則との較量のうえで決すべきである」。

神戸地判昭四九・二・六税資七四号三六四頁〔62〕

「民法第一条に規定する信義誠実の原則並びに信義誠実の原則の倫理的原則として発展した禁反言の原則は元来私法関係を対象とするものであるが、同時にそれは法の一般原理であってその趣旨は公法関係にも妥当する。……甲が乙のなした表示に信頼し、それに基いて自己の地位を変更したときは、乙は後になって自己の表示が真実に反していたことを理由としてそれを翻すことができないとする禁反言の原則は、納税者が納税申告において、自己に知れた事実を故意又は重大な過失により申告しなかった場合に迄適用されるものではない」。

富山地判昭四九・五・三一行集二五巻五号六五五頁〔66〕

「禁反言の法理、信義誠実の原則など主として私法の分野で発展した諸原則が租税法の分野にも妥当するか否かについては、議論の存するところであるが、これらの原則はあらゆる分野における法に内在する一種の条理の表現とみるべきもので、租税法律主義の原則も、租税法における解釈原理としての信義誠実の原則等の適用を否定すべき根拠とはならないと考えられる。したがって、課税庁を信頼して行為した納税者の利益が、課税庁側の右諸原則違反の行為によって害され、これを保護すべき特別の事情がある場合には、租税法律主義、租税負担の公平等の諸原則との較量のうえで、禁反言の法理、信義誠実の原則等の適用を決すべきである」。

昭和四五（一九七〇）年以降には、第一に、行政法令の増大・複雑化のもとでの行政解釈への相手方の信頼保護の必要性に関しては、〔59〕のみが明示するが、〔13〕が賦課課税との関連でいうのと比べて、申告納税との関連で

肯定する点で特色があろう。第二に、法律による行政や租税法律主義等との関係については、〔32〕・〔39〕は禁反言則等の適用に慎重であるべきといい、〔13〕が禁反言則の適用は「慎重な判断を要する」という部分と似ており、〔59〕と〔66〕は比較考量により信義則等の適否を決定すべきことを求める点で、一見すると〔13〕と〔15〕との中間に位置するようにも解される。第三に、信義則の適用要件について、具体的には、〔32〕・〔39〕が「申告是認通知が何らの法的効果も伴わない単なる事実上の行政措置にすぎない」こと、〔32〕・〔39〕、〔59〕は更正処分は租税法令に従っており納税者に「税法上（格別）不利益」を及ぼさないことを強調するのは、むしろ〔15〕の方に近い。〔62〕は納税者は実額により経費を算出して申告できたことなどから故意または重過失があること、〔66〕は納税相談の「指導内容も一般的、抽象的なものに止まる」ことを重視する。

二　昭和五〇年代（一九七五〜一九八四年）

一　昭和五〇年代に入ると、信義則の論点について一般的見解を提示する判例も増え、実務、指導助言・回答、示唆に関して示されることになる。しかし、結論的にはいずれも税務行政庁側への信義則の適用を否認する。

仙台高判昭五〇・一・二二行集二六巻一号三頁〔72〕

「本来契約当事者のような特殊な法律関係によって結ばれている者の間で機能する禁反言の法理ないし信義則がそのまま公法上の権力関係としての性格の濃い租税の賦課決定の分野にも適用されると解することについては疑問の余地があるのみならず、右の適用が肯定されるとしても、かかる法理ないし原則は実質的に相対立する利益双互の調整を目的として本来法規上許されるべき権利の行使を抑制するものであるから、その適用は厳格、慎重になされなければならない」。単なる不作為や非課税の事実状態は「禁反言の法理にいう信頼の対

象たる表示……信義則にいう相手方の信頼の原因たる行為」には該当せず、また、「いわば私人の利益」たる非課税の期待は「租税法律主義の原則に基づき課徴税を義務づけられている控訴人の公益とは比較にならず、まして租税法律主義の原則を犠牲にしてもなおかつ回復せしめるに値するほどの信頼利益であるとすることは到底できない」。

札幌地判昭五〇・六・二四税資八二号二三八頁〔78〕

「租税法は極めて多数の納税者を対象として公平かつ普遍的に課税することを企画するものであり、ことに画一的にこれを適用執行すること要するものであるから、一方当事者の意思によっては勿論、両当事者の合意によっても租税法の適用を左右することは許されず、租税は常に租税法の定めるところに従い、一律に、客観的かつ公正に課されなければならないのである。尤も信義誠実の原則はあらゆる分野における法に内在する法原則と考えられるのであって、これを租税法に限って、排除すべきものとする根拠はない。そうしてみれば租税法の分野においても行政庁の表示を信頼して行為することが一般的見地から無理からぬことと考えられる事情があること、その表示によって相手方が利害関係を変更したこと、その信頼を裏切られることによって相手方が不測の損害を蒙る場合には、信義則上右信頼利益は保護されなければならないから、右表示と異なる事実を主張することは許されなくなる」。

札幌高判昭五一・一〇・一九税資九〇号二二七頁〔91〕

〔78〕の控訴判決であるが、「租税法規が著しく複雑化、専門化した現下の情況のもとにおいては、納税者は、その解釈適用等に関し、通達、行政指導等の事実上の行政作用を信頼し、これに依存して行動せざるを得ず、他面、税務当局も、適正円滑な税務行政を遂行するためには、このような事実上の行政作用を利用せざるを得

ない面もあるところからすれば、このような事実上の行政作用により作出された事実状態の継続に対する信頼の保護も十分に配慮されなければならないということができるが、他方において、租税法律主義のもとにおける租税の公平負担の原則の要請からして、税務当局の処置に違法がある場合には、その違法是正の機会が与えらるべきこともまた当然の事理に属することであって、その非違を将来に向かって改善することが妨げられる理由はない」といい、更正処分は「公正、信義の原則」に反し違法という納税者の主張は採用できないとした。

静岡地判昭五一・一一・二税資九〇号四四五頁〔92〕

「租税法の分野においても、あらゆる法の分野に普遍的に妥当する信義誠実の原則は排除されないものと解されるから、納税者が課税庁の表示を信頼して行動することが一般的見地から無理からぬことと考えられる事情がある場合に、納税者が右表示を信頼して一定の行動をとったところ、後になって課税庁が右表示に抵触する処分をし、これがために納税者が不測の損害を蒙るような場合においては、信義則上納税者の右信頼は保護されなければならないものと考えられ、従って右表示に抵触する課税庁の処分は違法となる」。

札幌地判昭五二・一一・四判時八九六号二四頁〔101〕

「禁反言の原則ないし信義誠実の原則（以下禁反言の原則という）は、正義の一体現としてあらゆる法分野にわたって認められるものであり、これを特に租税法の分野においてのみ適用がないとする根拠はない。しかし国民に対する課税の平等や負担の公平ということも同じく正義の理念のあらわれであって、かかる要請を尊重すべきことは勿論である。従って、租税法の分野における禁反言の原則の適用の要件は、あの正義と、この正義と、二つのものの間の重要度の衡量の結果において定められる。そして右衡量を行なうにあたっては、納税義務者が信頼した行政庁側の行動（即ち誤まった内容を明らかにすることは勿論、その行動がいかなる手続や方式

により為されたものであるか等）について検討するのをはじめ、行政庁側の行動を納税者が信頼したことが正当な理由を持つか否か（本件のような税務相談の場合、相談にあたり回答の前提となる具体的な事情を相談者がどこまで明らかにしたかを含む）信頼して行為しあるいは行為しなかったことによる不利益の内容、そしてその不利益を回復する場合における他の納税者との均衡の程度等、諸般の事情を検討したうえ総合的に判断されることが必要である」。

東京地判昭五四・三・二九訟月二五巻七号一八〇九頁〔120〕

「信義則ないし禁反言の原則は、いわゆる表示による禁反言であり、私法上重要な作用を営むが、その本質が正義の理念に由来するものであることを考えれば、税法上も右原則の適用を受けると解される。そして、右原則の適用を受けるためには、租税法律関係の特殊性から、第一に、租税行政庁が納税者に対して信頼の対象となる公の見解を示したこと、第二に、納税者の信頼が保護に値するものであること、第三に、納税者が租税行政庁の右見解を信頼し、それに基づいてなんらかの行為をしたことの各要件を充足する事実がなければならない」。

昭和五〇（一九七五）年代に入って、まず、反動化の動きが現れて〔72〕はむしろ〔15〕よりも信義則の適用に消極的であるといえるが、まもなく〔78〕・〔91〕は〔13〕の線に復帰することになった。ところで、第一に、行政法令の増大・複雑化のもとで行政解釈への相手方の信頼保護の必要性に関しては、〔91〕のみが申告納税との関連で明示するが、その内容はほとんど〔13〕と同旨であろう。第二に、法律による行政や租税法律主義等との関係については、〔72〕はむしろ〔15〕よりも信義則の適用に消極的であるが、〔101〕は比較考量によるべきという。第三に、信義則の適用要件については、〔101〕は〔13〕と同旨の問題提起を行い、〔78〕や〔92〕とりわけ〔120〕は、こ

の問題提起を受けて「公の見解」の表示その他の適用要件を提示する点に新味があるといえようか。具体的には、〔72〕は課税庁の「不作為ないし事実状態」は禁反言則・信義則にいう信頼の対象・原因たる表示や行為に該当しないこと、〔78〕は税務署係員の助言は「便宜供与のための事務上の行為」であり、更正処分は「それ自体適法なものであり、格別税法上不利益」を及ぼさないこと、〔91〕は納税者が税務署の指導に応ぜず自説に固執して所得税申告をしたこと、〔92〕は原告は税務署「事務官が所得税の担当係であり、相続税の担当係が資産税係であることを知っていたこと」、〔101〕は東京国税局課長が繰越欠損を控除できる旨の教示・回答をした事実はないこと、〔120〕は自治省税務局府県税課の担当官の回答により、地方税法の「改正等によっても課税対象とされることはない旨の表示がなされたということはできない」ことなどを、それぞれ重視する。

二　昭和五五（一九八〇）年以降になると、回答、契約・確約に関して一般的見解が提示されているが、いずれも税務行政庁側への信義則の適用を否認するという傾向が続く。

東京地判昭五八・五・一六行集三四巻五号七四六頁〔174〕

東京高判昭五九・二・二九行集三五巻二号二一〇頁〔184〕

〔174〕は、「禁反言の法理ないし信義則は、法の根底をなす正義の観念に基づく原則であるから、租税法律関係においてもその適用があるものと解すべきである」。そのためには、「一定の要件を満たすことが要請され、要件の第一として、租税行政庁が納税者に対して信頼の対象となる公の見解を表示したことが必要である（この信頼の対象となる公の見解の表示には、事実の表示のみでなく、法令の解釈に関する見解の表示も含まれると解される。）。そして、租税法は強行法であって、そこでは合法性の原則が支配し、法律の根拠に基づくことなく租税を減免することは許されないのが原則であり、また、納税者はもともと自己の責任と判断の下に行動すべきで

あることからすれば、禁反言の法理ないし信義則により保護されるためには、納税者が租税行政庁の見解の表示を信頼したことがやむを得ないと認められる場合であることを要すると考えるべきであるから、種々の状況の下で大量に行われる租税職員の見解の表示のすべてが信頼の対象となるものではなく、一定の責任ある立場の者の正式の見解の表示のみが信頼の対象となると解すべきである」といい、〔184〕はこの原判決をそのまま引用する。

京都地判昭五九・三・三〇行集三五巻三号三五三頁〔186〕

「信義則ないし禁反言の法理は、法の一般原理であるから、公法の分野にも適用のあることは、いうまでもない。すなわち、行政側と私人との間に契約その他これに類似する具体的関係によって何らかの信頼関係が生じた場合、行政側がその信頼関係を覆すことは、場合によって、信義則ないし禁反言の法理に照らして許されず、このことが、行政庁の処分の違法事由となるばかりか、ときには、例外的にではあるが、行政主体が、私人に対し信頼関係を維持すべき具体的な作為、不作為の義務を負い、私人が訴訟の場でその履行あるいは確認を求めることができるとしなければならない。そして、行政主体が右義務を負うかどうかの判断に当たっては、信頼関係を生じさせる契機となつた行政側の行動の態様、私人が行政側の行動を信頼したことが正当な理由によるものかどうか、信頼関係の内容とされている事柄の法的評価（適法か違法か、法的拘束力の有無等）、信頼関係に基づいて、私人が対価的負担を負い、あるいは、犠牲を払ったかどうか等の事情、信頼関係の推移、行政主体が信頼関係を覆さざるをえない公益上の必要性の有無及び程度、行政主体が信頼関係を覆すことによって、私人の受ける不利益の程度等諸般の事情を、当該義務の内容と関連させて総合的に考究することが必要である」。

この時期には、第一に、行政法令の増大・複雑化のもとで行政解釈への相手方の信頼保護の必要性に関しては、いずれの判決とも明示しない。第二に、法律による行政や租税法律主義等との関係については、〔186〕が比較考量により決めるべきとする。第三に、信義則の適用要件については、〔174〕・〔184〕が「公の見解」を要件とする点は〔120〕を引き継ぎ、昭和六〇（一九八五）年代以降の「公的見解」要件の卓越性をいう支配的判例への橋渡しをすることになる。公の見解の表示には「法令の解釈に関する見解の表示も含まれる」と明示したことにも新味がある。そして、東京都税事務所の係官は「一回限りの短時間の電話による問い合わせに即答」し、かつ、「一係官にすぎない」から、「一定の責任ある立場の者の正式の見解の表示と認めることは到底でき」ないことを重視する。〔186〕は、課税処分の取消原因ではなく、いわば行政処分の不発付等の義務づけ原因としての信義則の適用要件についての問題提起であるとみれば新味があろう。そして、本件「契約（確約）」は地方自治法等違反として無効であり、原告らの「信頼は、主観的にはともかく、客観的には、事実上の、しかも基盤の弱い期待に基づくもの」であり、「信頼を前提として、資金や労力を投入するなどの積極的行動を行ったとの主張はない」ことなどを重視する。

三　昭和六〇年代（一九八五～一九八九年）

一　この時期には、修正申告の勧奨、実務に関して、信義則の論点について一般的見解が提示されているが、結論的にはいずれも税務行政庁側への信義則の適用を否認する。

東京地判昭六一・一一・二七税資一五四号六九一頁〔209〕

東京高判昭六三・四・二六税資一六四号三〇五頁〔231〕

〔209〕は、「所得税の確定申告や修正申告が、その内容において法律の規定に従っていないとき……税務担当

職員の指導等につき、納税者が信頼を抱いた場合において、納税者がそのような信頼を抱くことにもっともな事情があり、かつ、その信頼を裏切られることによって納税者が格段の不利益を被るなどその信頼を保護しなければならないとするに足るだけの特段の事情があるときは、例外的に、その信頼の保護が考えられねばならず、他に適切な手段がない以上、信義則ないし禁反言の法理により、その信頼に基づく確定申告等をそのまま是認しなければならないとすることも考えられないではない」といい、〔231〕はこの原判決をそのまま引用する。

横浜地判昭六二・三・一八税資一五七号八九四頁〔210〕

東京高判昭六二・一一・二六税資一六〇号七〇五頁〔220〕

〔210〕は、「禁反言の法理又は信義則は、法の普遍的な一般原則であるから、租税法の分野においても、これが適用される余地はありうる。すなわち、租税法は強行法であって、いわゆる合法性の原則によって支配されているのであるから、かかる原則を犠牲にしても、なお、納税者の信頼利益を保護しなければ正義に反するような特段の事情が存する場合、換言すれば、税務官庁がその責に帰すべき事由により、納税者に対し、信頼の対象となる公的見解を表示し、納税者がその表示を信頼し、その信頼に基づいて何らかの行為をし、この信頼に反するその後の課税処分により重大な不利益を被った場合であって、かつ、納税者に何ら責に帰すべき事由がなく、課税の公平、平等を考慮してもなお、納税者の信頼を保護すべき特段の事情が存する場合に限って、右信頼に反する課税庁の処分に禁反言の法理又は信義則を適用しうるものというべきである」といい、〔220〕はこの原判決をほぼそのまま引用する。

最判昭六二・一〇・三〇判時一二六二号九一頁〔219〕

「租税法規に適合する課税処分について、法の一般原理である信義則の法理の適用により、右課税処分を違法なものとして取り消すことができる場合があるとしても、法律による行政なかんずく租税法律主義の原則が貫かれるべき租税法律関係においては、右法理の適用については慎重でなければならず、租税法規の適用における納税者間の平等、公平という要請を犠牲にしてもなお当該課税処分に係る課税を免れしめて納税者の信頼を保護しなければ正義に反するといえるような特別の事情が存する場合に、初めて右法理の適用の是非を考えるべきものである。そして、右特別の事情が存するかどうかの判断にあたっては、少なくとも、税務官庁が納税者に対し信頼の対象となる公的見解を表示したことにより、納税者がその表示を信頼しその信頼に基づいて行動したところ、のちに右表示に反する課税処分が行われ、そのために納税者が経済的不利益を受けることになったものであるかどうか、また、納税者が税務官庁の右表示を信頼しその信頼に基づいて行動したことについて納税者の責めに帰すべき事由がないかどうかという点の考慮は不可欠のものであるといわなければならない」。

横浜地判昭六二・一二・二三税資一六〇号一四八一頁〔224〕

「租税法律関係については、法律の定める課税要件がなければ課税することができないとともに、法律の定めがない限り課税を減免することもできないという租税法律主義の要請が支配するのであり、私法分野で見られるように当事者間で任意に法律関係を処分するなどということは許されていない。したがって、租税法律関係に信義則を適用し、その結果租税法規に反する状態を作出することが許されるかについては、対立する公益及び私益を慎重に衡量することが必要になるといわなければならない。そこで、このような見地からすれば、税務官庁がその責に帰すべき事由により、納税者に対し信頼の対象となる公的見解を表示し、納税者が、その

表示を信頼し、その信頼に基づき何らかの行為をし、この信頼に反するその後の課税処分により重大な不利益を受けた場合であって、かつ、納税者に何ら責に帰すべき事由がなく、課税の公平、平等を考慮に入れてもなお、納税者の信頼を保護すべき特別の事情がある場合に限って、右信頼に反する課税庁の処分に信義則の法理を適用し得るものと解すべきである。このように解すると、実際問題としては、信義則の成立する場合は極めて限られてくるが、課税法律関係の公平を維持せざるを得ない以上、やむを得ないといわなければならない」。

福岡高判昭六三・五・三一税資一六四号九二七頁〔234〕

東京地判昭六三・一二・二一税資一六六号九七七頁〔243〕

前者は〔219〕の差戻後の判決であるが、最高裁が示す一般的見解と文言上もまったく同一のものを自己のそれとして示した。後者も最高裁とほとんど同旨であり、文言上も「信義則」というほかは類似するところが多い。

二　昭和六〇年代（一九八五〜一九八九年）にも、租税法における信義則の適用可能性を承認するものがほとんどである。とりわけ、〔219〕は、最高裁としては、ほとんど初めて租税法における信義則の意義、根拠・性格、適用の限界、適用要件などに包括的に論及しており、これ以後の判例に多大の影響を与えた点で特筆に値する。ところで、第一に、行政法令の増大・複雑化のもとで行政解釈への相手方の信頼保護の必要性に関して明示する判例はない。第二に、法律による行政や租税法律主義等との関係については、〔209〕・〔231〕が信義則の適用は例外的であるべきといい、〔224〕は公益・私益の慎重な比較考量によるべきというほかは、信頼を保護すべき特別の事情の有無が重要であるとする。第三に、信義則の適用要件の模索が続き、右の特別事情の具体化を行うものが多い。〔210〕・〔220〕、〔224〕は課税庁の帰責事由や「公的見解」の表示をあげ、〔219〕・〔234〕は課税庁側の帰責事由を明示しないほかは、内容的には〔210〕・〔220〕のそれと同じであり、表現上も酷似するところが多い。〔243〕は、課税処分取消訴

訟における処分理由の差替えとの関係で、民事訴訟における信義則や禁反言則の適用要件ではなく最高裁と同旨の適用要件によるべきことを明示した点で重要であるが、帰責事由にかぎっては課税庁側・納税者側の双方とも明示しない。これらの判例では、「公的見解」要件を卓越的なものとして捉えてその不備を重視して信義則の適用を否認するという特色がみられる。

このほか、信義則の適用要件について具体的には、〔209〕・〔231〕は「法律の規定に従った課税処分（本件係争年の更正）に基づく正当な税額を負担しなければならないという不利益に過ぎ」ないこと、〔210〕は「事業所得（損失）に当るとの見解を表明したことはなく」、右損失は「専ら原告自身の才覚に関わる事柄である」こと、〔220〕もこれにくわえて「法を正しく適用した場合に課せられるべき正当な税額の負担」にすぎないこと、〔224〕は事後の「税務相談の結果如何によって、原告の本件立退料の負担行為自体に変動が生ずる関係にはな」いこと、〔234〕は「本来の納税義務を負担したことをもって、重大な経済的不利益ということはでき」ないことを、それぞれ重視する。

四　平成初期（一九八九〜一九九七年）

一　平成年代に入ると、信義則の論点については、多少の差異はあるものの〔219〕が示す一般的見解に明示的にならうものが多いが、結論的には〔258〕は納税者側、これ以外は税務行政庁側への信義則の適用をいずれも否認する。

名古屋地判平一・一〇・二七税資一七四号三三七頁〔249〕
名古屋地判平二・五・一八判タ七三九号九五頁〔257〕
福岡高判平二・七・一八訟月三七巻六号一〇九二頁〔258〕
千葉地判平二・一〇・三一税資一八一号二〇六頁〔260〕

東京高判平三・六・六税資一八三号八六四頁〔268〕
岐阜地判平四・二・二六税資一八八号四一二頁〔273〕
東京地判平四・一二・一七判自一一四号五〇頁〔280〕
神戸地判平四・一二・二五行集四三巻一一＝一二号一五六七頁〔283〕

〔249〕、〔257〕、〔260〕・〔268〕、〔273〕は、ほとんど最高裁判決と同一の表現であり、かつ、最高裁判決を明示的に援用している。最高裁判決を明示的に援用するわけではないものに以下の判例がある。まず、〔258〕は、「信義則ないし禁反言の法理は、あらゆる分野における法に内在する条理の表現であり、租税法の分野においてのみこれを否定する根拠は見い出し難」い、「信義則等の適用にあたっても、法の定める租税法律主義のもとにおける納税者間の公平、平等との要請を充分尊重、重視すべきであり、これらを犠牲にしてもなお、申告制度に伴って課税対象主体がなした申告、申述等を信頼した課税庁を保護するのを相当とする程度の特段の事情が存する場合に初めて、その適用が論じられるべきもの」といい、課税庁側の信頼保護をいう点で注目される。〔280〕は「信義則の法理、あるいは禁反言の法理」といい、〔283〕は「信義則」ともいい「法の一般原理」とか「租税法律主義」の語句はないものの、そのほかはいずれも最高裁判決と同一の表現である。

ところで、前記の判旨の第一点から第三点については、昭和六〇年代（一九八五〜一九八九年）のそれとほぼ同旨の指摘が可能であろう。注目すべきは、この時期の判例は、もっぱら最高裁が提示する信義則適用の第一要件である公的見解の表示がないことを理由に信義則の適用を否認する点である。〔249〕、〔257〕、〔260〕、〔280〕、〔283〕がそうであるが、ただし、〔257〕は「正式の見解」性をも否認する。〔268〕は「公式の見解」性を否認、〔273〕は税務署担当職員は本件土地の売却が租税特別措置法三七条の「対象になり得ることを一般論として回答した」にすぎない

といい、公的見解の表示には明及しない。

二　平成五年以降（一九九三〜一九九七）、信義則の論点について一般的見解を表明する判例がこれまでよりも多くなる。これらの判例は、多少の差異はあるものの〔219〕が示す一般的見解に明示的にならうものが多いが、結論的にはいずれも税務行政庁側への信義則の適用を否認する。

東京高判平五・五・三一判タ八五一号一八八頁〔289〕
東京地判平六・一・二八税資二〇〇号三五八頁〔297〕
東京地判平七・一・二七行集四六巻一号九頁〔309〕
大阪地判平七・二・二九税資二一四号五四四頁〔312〕
東京高判平七・一〇・一九行集四六巻一〇＝一一号九六七頁〔321〕
横浜地判平八・二・二八判自一五二号五〇頁〔326〕
那覇地判平八・四・二税資二一六号一頁〔328〕
千葉地判平八・一〇・二八判時一六一九号五一頁〔330〕
横浜地判平九・二・二六判自一七四号七三頁〔331-5〕
東京地判平九・四・二五判時一六二五号二三頁〔333〕
京都地判平九・五・一四税資二二三号六三二頁〔334〕
大阪高判平九・六・一二税資二二三号一〇一五頁〔335〕
東京地判平九・八・二八行集四八巻七＝八号六〇〇頁〔340〕
東京地判平九・九・一九行集四八巻九号六四三頁〔341〕

〔289〕は、「信義則ないし禁反言の法理といわれるものは、法の一般原理のひとつである」が、「租税に関する行政権の行使には、法律による行政の原理がことさら厳格に適用されなければならない（租税法律主義の原則）ところであり、法が厳格に遵守されることによって実現される納税者間の平等、公平は極めて重要な公益であるから、信義則ないし禁反言の法理を適用すべき範囲も自ずと限られてくることは当然である」という。〔297〕は「禁反言の原則」について最高裁判決に近く、〔309〕・〔321〕、〔326〕、〔331-5〕、〔341〕は最高裁判決とほとんど同一の表現である。〔312〕・〔335〕、〔328〕、〔333〕、〔340〕は最高裁判決に近く、〔330〕、〔334〕は最高裁判決とほとんど同一の表現であり、いずれも最高裁判決を明示的に援用する。

ところで、前記の判旨の第一点から第三点については、昭和六〇年代・平成初期前半のそれとほぼ同旨の指摘が可能であろう。信義則の適用要件について具体的には、〔289〕や〔330〕は、公的見解の表示性を認める数少ない判例であるが、前者は「市が遡って土地所有者に適切な対価を支払えば、財産的な迷惑をかけることはない」といい、後者は延納申請却下処分は公的見解の表示に反することはないという。〔297〕、〔309〕・〔321〕、〔312〕、〔326〕、〔328〕、〔333〕、〔340〕、〔341〕はいずれも「公的見解」、〔335〕は「公式見解」の表示はなかったとしている。後述のように、「公的見解」要件を卓越的なものとして捉える判例のこの支配的傾向には疑問がある。

四　信義則の意義

一　用語法

一　現在にいたるまで、行政法では信義則（信義誠実の原則そのほかの類似の用法を含む）という表現で示されることが多い。昭和一一（一九三六）年頃、田中博士などにより行政法における「信義誠実の原則」に関する議論が開始された契機は、私法における信義則やドイツ行政法における信義則の議論に触発されたことにあった。[24] 法律用語のうえでは、同一三年制定の農地調整法九条一項や同二二（一九四七）年改正後の自作農創設特別措置法六条の二第二項は「信義」、同年の民法一条二項は「信義」「誠実」という。その後、同二三年制定の刑事訴訟規則一条二項や同二七年改正後の地方自治法一三八条の二は「誠実」といい、同四六（一九七一）年改正後の建設業法一八条、建築士法一八条、宅地建物取引業法三一条、廃棄物処理法七条二項四号ハ、浄化槽法三六条二号ホ、平成八（一九九六）年制定の民事訴訟法二条などはいずれも「信義」「誠実」という。なお、平成九年改正後の国家公務員退職手当法一二条の二第一項や各地の情報公開条例は「信頼」という。

法律用語としては、もっぱら信義則が使われ、禁反言則（禁反言の法理そのほかの類似の用法を含む）を使うものは皆無のようである。行政法における禁反言則が明示されるようになったのは、昭和二〇（一九四五）年代に〔1〕が「信義誠実の原則、禁反言の法則」と明示したのが最初であろうか。昭和三三（一九五八）年には、下山教授により、英米行政法における禁反言則について初めて本格的な紹介・検討が行われることになる。[25]

二　租税判例は、信義則または禁反言則のいずれか一方のみを使うものが多く、しかも禁反言則よりも信義則の方を使うことが多い。この場合、信義則または信義誠実の原則ということが圧倒的に多く、学説も同様の傾向にある。ただし、「信義」（〔5〕、〔14〕、〔16〕、〔27〕、〔70〕、〔271〕・〔314〕、〔336〕）、信義則違反と権利濫用を選択的にあげるもの（〔7〕、〔78〕、〔112〕・〔136〕、〔127〕・〔153-2〕、〔141〕・〔183〕、〔161〕、〔184-4〕・〔229-2〕、〔187〕、〔259〕・〔266〕、〔284〕、〔306〕）、「失効の原則」（〔18〕）、民法一条の信義則と同九〇条の公序良俗（〔22〕、〔31〕）、衡平（公平）とともに「訴訟におけ

る信義則」（〔53〕、〔56〕、〔237-2〕）、「租税法上の信義則」（〔69-2〕、〔297-2〕）、「公正、信義の原則」（〔91〕）、「課税上の信義則」（〔156〕）、「訴訟における信義誠実の理念」（〔228〕）、「不誠実」（〔277〕）、恣意的でも信義則違反でもない（〔295〕・〔305〕）、「行政法上の信義則」（〔299〕）、「訴訟上の信義則」（〔119-2〕、〔301〕）、「法人格否認の法理」とともに信義則（〔49〕、〔87-2〕、〔324〕）をあげるものもある。

他方、〔33〕、〔73〕・〔103〕は信義則、〔113〕は信義誠実の原則とそれぞれ併用する形で「禁反言則」と明示するほか、もっぱら禁反言則を使うものとして、〔6〕、〔19〕、〔34〕、〔47〕、〔59〕、〔89〕、〔130〕、〔140〕、〔230〕、〔249〕、〔261〕、〔278〕、〔296〕、〔343〕などがあり、〔15〕や〔120〕は「表示による禁反言」という言葉を置き換えてもいる。なお、原告・控訴人は、〔225〕では信義則を主張して判旨もこの用法に従うが、〔241〕では「信義誠実の原則、禁反言の法理」とわざわざ改め、これに応じて判旨も原判決を引用しながらもこの部分を控訴人主張のように改める旨を付記するなど、裁判所は原告等の主張にひきづられる傾向にある。

付言すると、信義則に関わる用語法について、最高裁の態度は必ずしも統一的ではない。〔3〕は「信義」、〔8〕は「誠実信義」、〔51〕は「信義則ないし禁反言の原則」（同旨のものとして〔67〕）、〔56-2〕は「信頼」、〔109〕は「禁反言の法理ないし信義則」、〔166〕、〔167〕、〔189〕、〔196〕は「信義則」、〔193〕は「権利の濫用若しくは信義誠実の原則」、〔219〕は「信義則の法理」という。このほかの最高裁判例では、原判決や上告理由の中に信義則が明示されていても、判決理由中では信義則を明示することなく、単に原判決は正当であり是認でき上告は理由がないなどと判示するのみであり、この傾向は近時、強くなっているように思われる。

判例学説は、信義則と信義誠実の原則とで特別に用語法を区別するわけではなく、前者は後者の単なる省略形として使っているように思う。従来、「禁反言の法理」という言い方は広くみられるが、〔219〕が現れるまでは「信義

則の法理」という判例（例、〔82〕）はあまりなかったが、これ以後、信義則の法理という下級審判例が多くなってくる。しかし、学説には、信義誠実の原則または信義則とともにこの用語を使うものも少なくなかった。[26] 信義則の法理や「信義則の原則」（〔328〕）という言い方には同義反復的なところがある。信義則すなわち信義誠実の原則という法理・原則の意味で理解すべきであろうか。信義則の訴訟での発現が訴訟上の信義則であり、信義則の特別の場合が失効（失権）の法理である。信義則と権利濫用を区別する見解も私法上は有力であるが、[27] 平等原則や信義則に反する行政権限の行使はその濫用を意味すると考えることもできよう。

三　租税法領域では、信義則と禁反言則を併用し、かつ、両者を同視するものも少なくない。判例の中にも、昭和二〇（一九四五）年代に〔1〕が「信義誠実の原則、禁反言の法則」、〔2〕が「信義則ないし禁反言の原理」といい、昭和四〇年代以降になるとこの種の判例が増加する。「判例の展開(2)」として紹介の判例の中だけでも、「禁反言の法理と呼ぶか信義誠実の原則と呼ぶかはともかく」（〔13〕）を初めとして、「禁反言ないし信義誠実の原則」（〔32〕・〔39〕）、「禁反言の法理ないし信義則」（〔72〕、〔174〕・〔184〕）、「禁反言の原則ないし信義誠実の原則」（〔101〕）、「信義則ないし禁反言の原則」（〔120〕）、「信義則ないし禁反言の法理」（〔186〕、〔209〕・〔231〕、〔289〕、〔331-5〕）、「信義則の法理、あるいは禁反言の法理」（〔280〕）などがある。このほかの判例中にも、「立法における禁反言の原則もしくは信義誠実の原則」（〔57〕）、「信義則ないし禁反言の法則」（〔132-2〕・〔160-2〕）、「信義誠実の原則ないし禁反言の法理」等（〔241〕）、「禁反言ないし信義則」（〔256-2〕）、「禁反言・信義誠実の原則」（〔269〕）というものもある。前記のように、最高裁判例の中にも同旨のものがある。学説も一般に信義則と禁反言則とを同列にみる。[28]

〔13〕や〔32〕・〔39〕は、信頼保護を中心に禁反言則と信義則との概念的融合化を図るようにみえ、その後、租税法分野では禁反言則と信義則とを同義に捉えることも多い。信義則は大陸法、禁反言則は英米法に由来するとい

う違いを別にしても、次にみるように、信義則は禁反言則を包括する広い観念・内容をもち両者は厳密には異なる用語であるように思う。昭和四〇（一九六五）年代の判例の中には、「禁反言の法理ないしはそれを含む信義誠実の原則」（〔15〕）、「信義誠実の原則並びに……（同）原則の倫理的原則として発展した禁反言の原則」（〔62〕）、昭和六〇年代（一九八五〜一九八九）にも、国家賠償訴訟上の主張との関連において「信義則上承認されるべき禁反言の原則」（〔235〕）というものなど、用語上も信義則は禁反言則を包括すると明示または示唆するものもみられる。昭和四〇年代の学説の中にも、「禁反言の理をも含めた信義則」(29)、「禁反言の法理ないしはそれを含む信義誠実の原則」(30)、「『禁反言』……を含めた信義則」(31)というものがあるほか、禁反言則は信義則の下位概念であり信義則から派生したとみるのが一般的理解であるという見方もある。(32) なお、近時の学説のなかには、信義則と禁反言則の観念は異なるから両者は使い分けが必要というものもある。(33)

(24)　田中二郎「シュミット『行政法における信義誠実』」国家五〇巻四号（昭一一・一九三六）一二七頁以下、杉村章三郎「行政法規解釈論」法協五四巻四号（昭一一・一九三六）六六九頁、高橋貞三「行政法における信義誠実の問題」佐佐木惣一還暦記念『憲法及行政法の諸問題』（有斐閣、昭一三・一九三八）三四五頁以下、原龍之助「行政法における信義誠実の原則序説」佐佐木惣一還暦記念『憲法及行政法の諸問題』（有斐閣、昭一三・一九三八）三八三頁以下、大石義雄「我が国行政法理論に於ける信義誠実の原則について（一）、（二・完）」論叢六巻五号一頁以下、六号四二頁以下（昭一五・一九四〇）。民事上の信義則の史的展開については、菅野耕毅『信義則および権利濫用の研究』（信山社、平六・一九九四）三五頁以下。

(25)　下山瑛二「英米行政法における Estoppel」法雑四巻三＝四号（昭三三・一九五八）一四六頁以下。なお、山田幸男『行政法の展開と市民法』（有斐閣、昭三六・一九六一）二三頁。

(26)　たとえば、樋口哲夫「判批」ジュリ五一八号（昭四七・一九七二）一四二頁、村山文彦「判批」税経通信三一巻

一〇号（昭五一・一九七六）二〇〇頁、堺沢良「判例からみた租税法律関係と私法の交錯」税大論叢一一号（昭五二・一九七七）五八頁以下、松沢智「租税法律主義と信義則の法理」税理二一巻四号（昭五三・一九七八）九頁以下、首藤重幸「税法における信義則」北野編『判例研究日本税法体系1』（学陽書房、昭五三・一九七八）一四二頁、小山威倫「租税法における信義誠実原則の法的根拠」広島経大研究論集五巻一号（人文・自然・社会科学編）（昭五七・一九八二）六七頁以下。

(27)　谷口＝石田編『新版注釈民法(1)総則(1)』（有斐閣、昭六三・一九八八）七四頁以下〔安永正昭〕、菅野・注(24)三頁以下など。

(28)　たとえば、成田頼明「行政指導」『岩波講座・現代法4』（岩波書店、昭四一・一九六六）一五五頁以下、中川一郎「税法における信義誠実の原則の法的根拠」福岡大創立三五周年記念〔法学扁〕（昭四四・一九六九）一二七頁、原龍之助「租税法と信義則の適用」法雑一六巻二＝三＝四号（昭四五・一九七〇）二四八頁、真柄久雄「行政上の法律関係における信義誠実の原則」別冊ジュリ法教（二期）六号（昭四九・一九七四）一五一頁、碓井光明「租税法における信義誠実の原則とそのジレンマ」税理二三巻一二号（昭五五・一九八〇）二頁、田中館照橘「税務行政における禁反言の原則」税理二九巻三号（昭六一・一九八六）四頁、斉藤明「租税法における基本原則」創法一五巻二＝三＝四号（昭六一・一九八六）六四頁、和田正明「税法における信義則」関東学園九号（平六・一九九四）一五九頁。

(29)　藤田宙靖「判批」ジュリ増刊年鑑（一九六七年版）（昭四二・一九六七）二五六頁。

(30)　松沢智『税務争訟の基礎知識』（中央経済社、昭四八・一九七三）七八頁。

(31)　保木本一郎「行政法関係と信義誠実の原則」別冊ジュリ続判例展望（昭四八・一九七三）三七頁。

(32)　藤原雄三「租税判例における禁反言の法理」北園一一巻二号（昭五〇・一九七五）三一四頁。私法学者の中で禁反言則は信義則の適用例とみるものに、伊沢孝平『表示行為の公信力』（有斐閣、昭一一・一九三六）一五頁、末延三次『英米法の研究下』（有斐閣、昭三五・一九六〇）七〇五頁。民事訴訟でも信義則は禁反言則を包含するものと考えられている。さしあたり、本書第六章二八五頁以下参照。

（33）　大橋為宣「納税者の信頼保護と租税法律主義の相剋（上）」税理二九巻六号（昭六一・一九八六）七九頁。

二　観　念

一　昭和一三（一九三八）年、原博士は、行政法における信義則の観念についてドイツの学説を中心に整理しているが、同博士自身は信義則の観念は抽象的すぎて厳密には定義づけることができないとみるようである。[34]昭和四〇（一九六五）年代に、〔13〕が「自己の過去の言動に反する主張をすることにより、その過去の言動を信頼した相手方の利益を害することの許されないことは、それを禁反言の法理と呼ぶか信義誠実の原則と呼ぶかはともかく」といい、初めて禁反言則・信義則の概念規定をするとともに、信頼保護を中心に両概念の融合化を図るようにみえる。〔15〕や〔62〕は禁反言則、〔32〕・〔39〕は禁反言則や信義則についてそれぞれ定義づけをするが、〔13〕とくらべて、いずれも表面的には行政機関の言動をより具体化し、また、どのような相手方であることが必要かをより明確にするが、相手方の利益保護という機能はそれほど明示していないようにみえる。昭和五〇（一九七五）年代以降の判例中には、信義則・禁反言則の定義づけをするものはほとんど見当たらないようである。信義則・禁反言則の観念をいわば自明または周知のものとみて、とくにそれを明らかにするまでもないとする傾向がさらに進んだように解される。

近時の学説の中には、これを積極的に定義づけるものもないではない。たとえば、「信義則とは、自己の過去の言動に反する主張が、その過去の言動を信頼した相手方の利益の害することを許さないと、とする法理であって、禁反言とも呼ばれるものである」[35]とか、禁反言則とは「他人にある意思表示をし、相手方がこれを信頼するのに道理あり、その結果損害を引き起こさせた者は、先の意思表示の真実性を否定すること、およびその意思表示とは矛

盾する立場をとることによって利益をうることを禁止される」ことであるなどというものがある。[36]

右に例示の判例学説は信義則と禁反言則との共通の概念規定をするものが多く、信義則の中核的部分や禁反言則の定義づけとしては適切であるが、信義則の定義づけとしては少し狭すぎるように思う。禁反言則とは、端的にいえば自己の過去の言動に矛盾する言動の禁止をいい、「禁反言（矛盾行為の禁止）の法理」（〔230〕）ということになろう。

二　一般に、信義則・禁反言則の観念または機能として信頼保護があることは、広く承認されている。昭和一三（一九三八）年、原博士も、「相手方または第三者の信頼関係……を保護し、もって信義誠実に合すべきことも、法治国家における当然の根本的要請の一つである」と述べていた。[37] 近時の学説も、一般に、信義則・禁反言則の観念または機能として信頼保護があることを認める。[38][39] 信義則に言及する前記の法律の規定は、この点について明示しない。

租税判例にも、信義則の観念または機能として信頼保護があることは、すでに昭和三〇（一九五五）年代の〔3〕、〔5〕、〔6〕からもうかがわれる。このことはその後の判例もほぼ共通して承認するところであり、たとえば、「判例の展開(2)」として紹介の判例もその例である。禁反言則が自己の過去の言動に矛盾する言動の禁止を意味するというとき、禁反言則の重点は矛盾する言動をする者に向けられ、矛盾する言動の禁止の反面として相手方の信頼が保護されるというように解されなくもない。[40] しかし、一般に禁反言則が相手方の信頼保護を重視することは認められており、たとえば、「判例の展開(2)」として紹介の判例中、禁反言則に言及するもののほとんどがそうである。

筆者もかつて「信義誠実」（Treu und Glauben）の語義との関連でこの旨を述べたことがあった。[41] その後、信義則の歴史的展開をふまえて信義則の機能目的について鋭い分析をおこない、信義則の内容は無限定であり信義則を

信頼から完全に切り離して単なる利益衡量の主張のみにとどめるべきとする学説もあったが[42]、信義則・禁反言則の観念または機能として信頼保護があることは否定できないように思う。なお、信義則・禁反言則の観念や機能として、〔3〕、〔59〕、〔72〕、〔82〕、〔186〕、〔269〕、〔285〕・〔294〕は「期待」の保護、〔156〕は納税者の「信頼ないし期待」、〔203〕は「期待ないし信頼」の保護があることを示しているが、いずれも正当であろう。ただし、納税者側の一方的な予測に基づく「期待」(〔137〕)はこれに含まれない。

信頼保護の観点からは多少、問題もある事案において信義則の適否に言及する判例もみられる。〔9〕が不服申立ての裁決に理由付記をすべきことは「信義則に照らして当然」といい、〔14〕が固定資産税賦課処分取消訴訟の判決をまたないでその滞納を理由に差押処分をしても「信義」に反しないといい、〔97〕が更正処分は民主商工会の組織破壊等を目的とするものではないから信義則に反しないといい、〔129〕が国が滞納者の第三者に対する不当利得返還請求権を差し押さえて取り立てても信義則等に反しないということなどがその例である。これらの判例が信義則を明示しながらも信頼保護にはふれないのも、いわば当然のこととして理解しうるであろう。また、〔188〕は、公益法人等が得た社会保険診療所得には事業税を賦課しないとする通達および同通達に基づく取扱は地方税法違反の疑いがあるとして、信義則を理由に違法通達の拡大適用を求める原告の請求を棄却しているが、本件では信義則というよりも平等原則の適否が問題となる場合であった。右の〔97〕のほか、〔33〕、〔157〕なども信義則とともに平等原則にも言及するが、信義則と平等原則との適用関係も区別する必要がある(くわしくは、後記二一八頁以下参照)。逆に、〔104〕・〔117〕、〔105〕・〔118〕のように、信頼保護による理論構成が可能なケースでありながら信頼保護を明示しないものもある。

三　右のように、信義則の観念・機能の中には信頼保護以外のものも含まれうると考えられ、具体的事案の解決

のために信義則に依拠することが「一般条項への逃避」などと批難されることがある。(43)この批難を避けるためにも、また信義則は「開かれた原理」として特定の法理を具体化することもできることを考えると（本書第一章二七頁参照）、信義則の観念・機能の重要な構成部分である信頼保護を抽出して独立に信頼保護原則として、信義則とは一応、別個に扱うことが適切であるようにも思われる。(44)そして、禁反言則を信頼保護原則に吸収させることを検討する必要があろう。

租税判例の中にも、信義則も禁反言則をも明示せずに端的に信頼（保護）に言及するものもあり、この傾向は近時、強くなってきているようである。たとえば、〔23〕、〔90〕・〔107〕、〔264〕・〔270〕、〔274〕や、〔217〕、〔226〕、〔229〕、〔313〕の刑事判例などがその例である（刑事判例のなかでも、〔49〕、〔50〕は信義則を明示する）。このほか、〔9-2〕、〔56-2〕・〔70-2〕、〔130-2〕、〔184-5〕は、行政処分・課税処分の無効原因との関係で第三者の信頼保護をいい、〔187-2〕は納税申告の錯誤による無効主張を許さない理由としてその「信頼」違反がなかったことをいう。〔208〕・〔215〕は、原告・控訴人は「禁反言法理」違反を明示、被告・被控訴人は同法理や信義則に反しないと明示しながら、判旨では信頼保護のみを明示するのも注目される。〔319〕・〔323〕も相続税財産基本通達に対する「納税者等の確信ないし信頼等の保護」といい、同旨である。〔276〕・〔286〕が「納税者側の信頼の保護の必要性（原告らの主張する禁反言の法理及び信義則も同様の趣旨と解される。）」と判示するのも、これに近いものがある。ただし、これらの判例の中で、実際に当該事案で納税者側の信頼保護を是認したのは〔23〕のみであった。他方、学説の中にも、信義則・禁反言則よりも信頼保護をより前面にだして論及するものが現れている。(45)

納税者側への信義則の適否との関係で信頼保護との使い分けをする判例もある。滞納者の夫が無断でまず滞納者に所有権移転登記、その後に両名の長女である原告に移転登記、被告大阪国税局長は、登記簿等の記載内容から仮

に本件不動産が滞納者の所有でなかったとしても民法九四条二項により原告は善意の被告に対抗できないから滞納財産を構成するとして原告に第二次納税義務告知処分をした事案で、〔55-2〕は、被告は「虚偽の登記のなされた本件不動産について、その外形を信頼して新たに利害関係をもつに至った者にはあたらない」として民法九四条二項の適用を否定するとともに、原告が滞納者に本件滞納処分をするように仕向けた事実もなく、滞納者の夫が受けるべき非難を受けなければならない理由もないなどとして原告の信義則違反をも否認、第二次納税義務告知処分の取消請求を認容した。ここでは、「信頼」は法律の解釈基準としての機能を果たすものと解されているようである。

(34) 原・注(24)三八三頁以下。

(35) 堺沢良「判批」税経通信二七巻一四号(昭四七・一九七二)二〇五頁。このほか、杉村=山内編『行政法辞典』(ぎょうせい、昭五〇・一九七五)三八六頁(木村実)、松沢・注(26)一〇頁、田中館・注(28)四頁。失効の法理の定義として、南博方「青色申告の承認の取消しと失効の法理」(昭五二・一九七七)『行政手続と行政処分』所収(弘文堂、昭五五・一九八〇)二二六頁。

(36) 千葉勇夫「行政上の表示と禁反言の法理(一)」大阪経大論集一四五=一四六号(昭五七・一九八二)三四七～三四八頁。同旨、畑雅弘「行政機関(職員)の表明と相手方の信頼保護(一)」関法三七巻四号(昭六二・一九八七)八五頁以下。

(37) 原・注(24)三八三頁以下。同旨、杉村・注(24)六六九頁。

(38) たとえば、前注(28)掲記のもののほか、品川芳宣「税法における信義則の適用について」税大論叢八号(昭四九・一九七四)五、一九頁、楠元茂「公法における信義誠実の原則の適用についての小論」鹿児島短大紀要一八号(昭五〇・一九七五)四八頁、藤原・注(32)三一〇頁、小林憲次郎「租税法の基本原則について(一)」山梨学院大商学論集五号(昭五七・一九八二)一四八頁、萩野聡「行政法上の法律関係と私法の適用に関する若干の問題」富大経済論集三三巻三号(昭六三・一九八八)一二二頁。失効の法理について同旨のものに、南・注(35)二二二頁、乙

部哲郎「行政訴訟の提起と失効の法理」神院一一巻一号（昭五五・一九八〇）一頁以下。もっぱら、禁反言則について同旨のものとして、千葉勇夫『行政指導の研究』（法律文化社、昭六二・一九八七）九六頁以下、畑・注（36）八五頁以下。

(39)　私法分野における信義則について同旨の学説として、好美清光「信義則の機能について」一論四七巻二号（昭三七・一九六二）一八五頁、常盤敏太『法律における信義誠実の原則』（鳳舎、昭三八・一九六三）四八頁、谷口編『注釈民法(1)』（有斐閣、昭三九・一九六四）七三頁（田中実）、菅野・注（24）一八頁。私法上の外観法理も信頼保護の機能をもつようである。外観法理と信義則との関係については、喜多了祐「レヒツシャイン法理の課題」小樽商大商学討究二巻三号（昭二七・一九五二）七〇頁以下、同『外観優越の法理』(千倉書房、昭五一・一九七六)一頁以下、加藤勝郎「レヒツシャイン法理について」北法五巻（昭三〇・一九五五）六二〜六三頁。刑事法分野における信義則について同旨の学説として、牧野英一「信義則の新しき展開」自研一五巻一号（昭一四・一九三九）一三頁、鴨良弼「刑事手続と信義則」新報六六巻五号（昭三四・一九五九）五七頁。

(40)　服部栄三「商法における外観理論と禁反言」別冊ジュリ法教（二期）三号（昭四八・一九七三）四六頁。

(41)　乙部哲郎「行政法における教示・確約と信頼保護の原則（二・完）」神院四巻一号（昭四八・一九七三）七二頁。

(42)　首藤重幸「行政法における信義則の展開の一性格」早大院法研論集一六号（昭五二・一九七七）五五頁以下。その後、首藤・注（26）一二九頁では信義則の内容が信頼保護を「中心としながらも、それにとどまり得ない」としている。

(43)　これに対する反論として、林信雄『法律における信義誠実の原則』（評論社、昭二四・一九四九）三四〜三五頁。

(44)　乙部哲郎「行政法における信頼保護」公法三九号（昭五二・一九七七）一六六頁以下。なお、川西＝矢野＝奥原編『行政法総則』（成文堂、昭五〇・一九七五）一九七頁（鍋沢幸雄）。

(45)　南＝原田＝田村編『行政法(1)』（有斐閣、昭五一・一九七六）一六四、一六九、一七五、一八〇頁以下（南博方）、兼子仁『行政法総論』（筑摩書房、昭五八・一九八三）三三三頁以下、畑・注（36）八五頁以下、芝池義一『行政法

総論講義』（有斐閣、平四・一九九二）五八頁以下。なお、大橋・注（33）七七頁以下は、禁反言則・信義則に代えて「納税者の信頼保護」概念を使うべきであるという。

三　機　能

一　昭和一一（一九三六）年頃、行政法における信義則についての論議が始まったとき、田中博士は、信義則の意義・機能は法実証主義の緩和、具体的妥当性の追求、概念法学から自由法学への推進に求めた。そして、原博士によれば、信義則は「単に実定法規の欠缺を補充するのみでなく、法規を形式的に適用することから生ずる欠陥を修正すべき機能を有する」ことになる。しかし、同時期に、杉村博士は、信義則は「実証法主義を放棄するものではない……法規に対する一つの解釈基準たるに止まる」といい、高橋博士、大石博士などもこれに近い見解である。[46]信義則が実定法規の修正機能を果たすということへの異論と解される。ただ、いずれの学説もその出現の直接の契機は、現実具体的な事件の解決に迫られてというよりも、ドイツ行政法における信義則論に触発されて法解釈の方法を模索することにあったように思われる。

昭和三三（一九五八）年には、下山教授は、いわゆる通達行政のもとで違法な通達に善意に依拠した者の救済という視点から英米行政法における禁反言則の紹介・検討を行う。[47]禁反言則の意義・機能として、行政に対する国民の信頼保護の視点がうかがわれ、かつ、一般抽象的性格をもつ通達自体に信頼の対象適格性を認める点で、後の判例・学説にも影響を及ぼした。禁反言則が実定法規の修正機能をもつことも承認するものと解される。ただし、私見では後に言及するように、信義則・禁反言則は行政の個別具体的な行為に対する国民の信頼保護の面でより重要な意義・機能をもち、通達自体の信頼の対象適格性を認めるのは疑問がある。行政法令の増大・複雑化との関連で

信頼保護の必要性を捉えるという視点も必ずしも明示されていないようである。その後、原博士は戦前と同様の見解を主張するが(48)、橋本博士などは信義則が実定法規の修正機能を果たすということには反対のようである（後記一三九頁以下参照）。

ところで、課税庁側への信義則の適用を否認するものを含めて租税判例のほとんどは、租税法令の増大・複雑化のもとでの行政解釈への信頼保護の是非ということに言及しない。なかには、「禁反言の適用される表示とは、事実の表示であることを要し、単なる意見もしくは意向の表示では足りず」といい（(15)）、行政解釈への信頼保護の必要性ということを明確に否認するとさえみえる判例もないではない。信義則適用を否認する理由として、「税務相談は、課税当局が納税者に対して税法の解釈、適用又は申告及び申請の手続に関して相談に応じこれらの知識を供与するもので、課税権を具体的に行使するものでも課税当局の公式見解を表明するものでもなく」（(225)）、「所与の事業関係のもとでの税法解釈ないし指導をした域を出ない」（(231)）と判示するものも、右の判例に比較的近いものがある。

二　現代においては、信義則の観念の中核を成し禁反言則の本質的内容でもある信頼保護を認める意義は、行政法令や租税法令の増大・複雑化のもとで行政側・課税庁側が各種の個別具体的言動中に表明した行政法令や租税法令の解釈（行政解釈）の適法性に寄せた相手方の信頼を保護すべきことに重点があるように思われる。

昭和三〇（一九五五）年代に、〔8〕は「国税局長も税務署長もともに国税徴収事務にあたる国の行政機関であり、国税局長も直接国民に対し課税に関する処分を行うこともあって、一般国民にとってその間の権限の分配が必ずしも明白とはいえない」ことを理由に信義則を適用するのも、右のことを示唆する最初の判例と理解する余地もあり、最高裁判決だけにその意義は軽視できないように思う。昭和三七（一九六二）年、北野教授は、簡単に「租

税法規及びその取扱通達の高度の専門的技術性」を考慮するならば国側にこそ信義則を適用すべきであるという。[49] 昭和四〇（一九六五）年代に、〔13〕は、先に紹介の判示のほかに、「租税法規が著しく複雑かつ専門化した現代において、国民が善良な市民として混乱なく社会経済生活を営むためには、租税法規の解釈適用等に関する通達等の事実上の行政作用を信頼し、これを前提として経済的行動をとらざるを得ず、租税行政当局もまた、適正円滑に税務行政を遂行するためには、かような事実上の行政作用を利用せざるを得ない」といい、右の趣旨をほとんど初めて本格的に展開して禁反言則を適用する。同判決は賦課課税についてのものであるが、〔23〕は「申告納税制度は本来納税者が税法の仕組についてある程度の理解を前提とするものであるが、税法の内容が複雑であるため、多くの納税者は税務係員の指示に頼っている実状」を指摘して、信義則・禁反言則を明示しないものの信頼保護の必要性を認める。これに対して、〔59〕は申告納税との関係で〔13〕とほぼ同趣旨のことをいい、昭和五〇年代に〔91〕も同旨の見解を展開するが、結論的にはいずれも禁反言則等の適用を否認している。〔104〕・〔117〕や〔105〕・〔118〕が税務署の誤った示唆もあって「原告が本件台船の耐用年数を七年と考えたことをもって軽々に法の不知とのみみなしえない」といい、〔174〕・〔184〕が「（信頼の対象となる公の見解の表示には、事実の表示のみでなく、法令の解釈に関する見解の表示も含まれる）」という点にも、同旨の見解の一端がうかがわれるが、結論的にはやはりいずれも信義則の適用を否認する。

昭和四一（一九六六）年には成田博士、同四五年には原博士も、〔13〕と同旨の観点にたつことを明示する。[50] その後、首藤教授が、租税法律主義はもともと合法性と正当性をも充足するものであったが、租税法規の複雑大量化により合法性と正当性とが分離したことから、「税法における信義則の適用は、租税徴収面における租税法律主義の『正当性』の回復という側面をもつ」というのも、[51] 同旨のところがある。千葉教授や畑氏は、禁反言則は行政の

個別具体的な行為に対する国民の信頼保護の面でより重要な意義・機能をもつことのほか、行政法令の増大・複雑化との関連で信頼保護の必要性を捉えるという視点もより明確にしている。[52][53][54] ところで、〔13〕、〔33〕や〔91〕、〔235〕や〔333〕は右の趣旨等から「通達」への信頼保護の可能性をも主張、学説の多くもこれに同調するが、疑問がある。その理由は、租税法令の適用およびその前提となる解釈は、厳密には個々の納税者しかもその個別の課税要件事実ごとに異なりうるはずであるが、通達は納税者一般に共通して租税法令の解釈・適用を定める点で抽象的性格を免れず行政解釈としての正確性に欠けることなどにある（なお、後記一五九頁以下参照）。

租税判例における信義則の適否は、納税相談において課税庁側が示した助言指導などをめぐって問題となる場合がもっとも多い。[55] この理由は、納税者がその企画する取引などを実行するかどうかを決める際にはこの取引等から生ずる租税負担の有無・程度が重要な動機となるが、租税法令が多くその内容も複雑であるから、納税者は租税負担の有無や程度について知ることは難しく、したがって、税務当局に相談するほかはないことなどの点にあると思われる。このことは、申告納税制度がとられる税種（国税は原則的に、地方税は例外的）についてより強く妥当するであろう。[56]〔23〕や〔59〕もこのような判旨として理解することができ、前者は実際にも当該事案で納税者側の信頼保護を是認している。

しかし、納税相談等における助言指導などの信頼対象適格性を否認するような原則も、すでに昭和四〇（一九六五）年代からほぼ確立されたようにみえる。その理由は、納税者が「客観的な事実関係の全体について完全に説明したとは認め難い」こと（〔20〕・〔48〕）、納税申告が「納税者が自己判断とその責任において行ないわゆる私人の公法行為である」こと（〔30〕）、「納税相談の実態は、多くは相談者のほぼ一方的な申立てに基づき、その申立の範囲内で税務署の判断を示すだけで具体的な調査はしないので、指導内容も一般的、抽象的なものに止まる」こと

（66））などにある。同五〇年代には、税務署係員の助言は「被告の事務上の便宜ならびに納税者たる原告に対する便宜供与のための事務上の行為である」（（78））、納税申告が私人の公法行為であり、勧告・指導は「申告行為の効力に何等消長を及ぼすものではない」（（89））ことなどを理由とする。逆に、納税相談の実態を踏まえつつその役割が重要であるとして納税指導等も信頼の対象たりうるとする判例も現れたが（（101））、その根源を必ずしも行政解釈への信頼性に求めてはいない。同六〇年代には、同一事件において、納税指導等の信頼対象適格性を否認する理由を包括的に述べるもの（（225））、納税相談における回答は将来の課税処分を拘束するものではないが不法行為、国家賠償の可能性はあるというものもある（（241））。平成初期には（一九八九〜一九九七）、納税相談の「行政サービス」的性格を理由にその信頼対象適格性を否認するものも現れた（（268）、（279）、（328）、（335））。

おもうに、納税申告が私人の公法行為であることを理由に納税指導等の信頼対象適格性を否認するのは、理想論・観念論であって、租税法令の増大・複雑化のもとでは一般に納税者にこれを求めるのは酷であり、実状に合わない。また、納税者が納税指導等に基づいて申立てにかかる課税要件事実を実現したときは、必ずしも納税者の一方的申立てに基づくと言い切れないところがある。「納税者の申述内容や提出資料」の範囲内で示した課税庁側の見解に基づいて納税者が課税要件事実などを実現した場合には、課税庁側の見解は決して「仮定的一般的」（（225））ではなく確約に相当しうるものもある。「相談が課税にかかわる個別具体的なものであったとしても」指導等の信頼対象適格性を否認するのも（（268））、納得しがたいところがある。「行政サービスの一環として、また、申告納税制度を適正なものにするための補完機能として」税務相談事務がある以上、およそ税務指導等に信憑性がないとすれば申告納税制度の適正な運用に欠けることとなり、行政サービスの趣旨に沿わないことにもなろう。税務相談「事務は税務担当職員の職務行為の一つと考えられるものであるから、公正かつ適正に処理すべき義務がある」

（［246］・［250］）のである。［132］が税務職員はおよそ租税法令に違反する指導をするはずがないとして誤った指導の存在を否認するのも、実状に合わないところがある。

ところで、右の視点からは、信義則が実定法規の修正機能をもちうることは当然であるが、このこと自体は、行政法における信義則に関する議論が開始された当初から一貫して支配的見解が認めてきたところである。これに対して、税務職員の守秘義務は納税者の「信頼」に応えるものとか（前掲注（2）参照）、〔9〕のごとく所得税法四九条六項の裁決の理由付記義務、〔10〕のごとく国税滞納処分に基づく差押手続で適用される民法一七七条の登記の欠缺を主張しうる第三者、〔52〕、〔107〕のごとく行訴法一四条四項の出訴期間などの該当性の判断に、それぞれ信義則が実際にも適用されているが、この場合の信義則は法規の解釈基準としての機能を発揮しうるように思う。このほか、税関長の公売処分について信義則上の安全配慮義務違反に基づく国の不法行為責任を認めるもの（〔110〕）、税務署長が更正処分の取消訴訟についての訴えの利益の喪失を主張するのは信義則違反とするものは（〔203〕）、いずれも当該事案で信義則違反を判示することが直ちに特定の法令の規定違反を意味するというケースではなかったように思う。

同様の指摘は、納税者側の信義則違反を判示する判例の中にもみられる。すなわち、推計課税の必要性・合理性や青色申告制度の趣旨などに関するもの（前掲注（2）参照）、法人格否認の法理を適用するもの（〔49〕、〔324〕）、法人税法六八条三項・四項のいわゆる申告額調整主義は信義則に沿った税務処理を期すとしてこれを適用するもの（〔50〕）、相続税債務不存在確認訴訟の棄却判決の理由中で違法ではないと判断された税務署長の行為を同一の納税者が国家賠償訴訟において再度、不法行為に当たると主張することは信義則違反というもの（〔227〕・〔239〕。なお〔247〕）、長期にわたりみなし法人課税を定める租税特別措置法二五条の二の適用を受けてきた後に同法条の適用違

憲を主張するのは禁反言則違反というもの（〔230〕）がこれである。

これらの場合、直接には当該法条の適否の問題として扱われ、信義則が前面に現れないこともあろう。たとえば、国税通則法は、過少申告加算税（六五条四項）、無申告加算税（六六条一項）、不納付加算税（六七条一項）について、「正当な理由」があればこれらを課税しないことができると定める。この正当理由の該当性について、従来の判例等はどのような論理構成をするのであろうか。

第一に、「税法の内容が複雑であるため、多くの納税者は税務係員の指示に頼っている実情」を考慮して「正当な理由」があるといい、信義則・禁反言則を明示しないものの信頼保護の視点から無申告加算税の賦課決定の取消請求を認容した例がある（〔23〕）。この事案では、無申告加算税賦課決定のみが争われているが、いわゆる実定法の修正機能としての信義則ではなく法律の定める正当理由の解釈基準として信頼保護を活用している。学説の中にも、租税法律主義の遵守のために本税については信義則の適用の余地はないが、加算税や延滞税については信義則は適用されるというものもある。(57)

第二に、税務職員の「助言」に従って受領した旅費・宿泊料を収入に計上していない所得税確定申告をしても、所得税更正処分は「それ自体適法」であるなどとして同処分の信義則違反や課税権濫用を否認してその取消請求を棄却したが、国税通則法六五条二項の正当理由の該当性の判断では右の「助言」等を考慮して、信義則・禁反言則・信頼保護に明示しないものの正当理由の存在を認めて、過少申告加算税賦課決定の取消請求は認容したものがある（〔78〕）。同旨、〔328〕、いわゆる平和事件第二審判決＝前掲注（23）参照）。信義則が実定法の修正機能を果たす場合にはその適用を否認しながら、他方で、過少申告加算税賦課決定との関係では、税務職員の「助言」等の評価を修正してこれを課さない法定の理由があるとして納税者の負担軽減に資することにしたものと解される。

第三に、租税判例の多くは、更正処分と過少申告加算税等の賦課決定の双方について信義則違反を否認するようである（例、〔91〕、〔130〕、〔331〕、〔333〕）。なお、信義則・禁反言則・信頼保護には明示しないままに、過少申告等が税務職員の助言等に起因する場合でも、納税者による法令の不知や誤解に基づく場合は正当な理由がないとして過少申告加算税等の賦課決定は適法とするものが多い(58)。

いわゆる平和事件の第一審・第二審判決では論理構成が異なる（〔333〕・前掲注（23）参照）。右の第二の考え方では信頼保護の視点は正面に現れてこない。ここでは、更正処分と過少申告加算税賦課決定とで同じ税務職員の「助言」等の意味を差別的に取り扱うものであるが、信頼保護の視点からは正当理由の存在を認めるのは難しいように思われる（後記二〇六頁参照）。この意味では、これらの判例が更正処分等の信義則違反を否定しながら、他方、正当理由の該当性を認めつつ信義則・禁反言則・信頼保護に言及しないのは理解できるところもある。正当理由の該当性を認めるには、少なくとも信頼保護とは別個の視点に求める必要がある場合もあろうか。

以上のほか、判例学説はほとんど注目していないが、信義則は行政裁量の統制の法理として平等原則などとともに重要な役割を果たしうるであろう。

三　信義則は課税庁側の信頼保護の機能をもつこともありうる(59)。租税判例の中にも、このことを明示する数少ない例がある。すなわち、〔28〕は、代理人である旨の虚偽の証明書を添付して審査請求をするなどの行為を「信頼した審査庁」がこの者を相手に裁決とその送達をした以上、審査請求人が「裁決自体あるいはその送達の効力を争うことは信義則上許されない」といい、実際にも当該事案で信義則違反を判示する。〔235〕も、国家賠償訴訟において国側の信頼保護の視点から、滞納処分に基づく差押財産の競落人による同一訴訟手続の先行行為と矛盾する後行行為について訴訟上の禁反言則の適用の可能性を明示し、〔258〕も、信義則・禁反言則は納税者の「申告、申述

等を信頼した課税庁を保護」することもあるというが、いずれも当該事案で実際に信義則等違反を判示するものではない。

租税法令の規定自体により罰則のほか、課税庁は加算税、優遇措置の剝奪などの措置を納税者に課しうる権限があることから、納税者側に信義則を適用する必要性は乏しいという学説もある(60)。たとえば、納税者が「信頼」性のある帳簿等を有しないときや税務調査に誠実に協力しないときには推計課税という手法があり、青色申告者が不正・不実の記載をしたときは青色申告承認の取消という手法がある（前掲注（2）参照）。しかし、このような措置が機能しない場合もあること、信義則が法の一般原理であることなどから、納税者側に信義則を適用する必要もあろう(61)。租税判例は、むしろ課税庁側よりも納税者側に信義則を適用する例がかなり多いのが実情である。

この意味では、課税庁・納税者は相互に信頼関係にあり、信頼保護原則というよりも信頼関係の法理とみても誤りではない（なお〔186〕参照）。しかし、納税者の信頼保護は、租税法令の増大・複雑化のもとでの行政解釈への依存という点にその現代的意義があり、この点で民事上の信頼関係法理と決定的に区別されることになろう。また、法律による行政のほか、課税庁の組織・権限は強大であることなどの理由により、納税者側の言動の妥当性・存続性についての課税庁側の安易な信頼保護を認めることには問題の余地もある。これらの点で、納税者側の信頼保護と課税庁側の信頼保護とは質的に区別する必要があろう。そして、限られた範囲にしても課税庁の信頼保護のための信義則の適用を認めるべき必要もあるが、この場合の信義則の性格はむしろ民事または民事訴訟上の信義則のそれに近いように思う(62)。もっとも、課税庁側に信義則を適用した事案にも、〔10〕や〔110〕のように民事上の信義則に近い性格のものもある。

（46）　前注（24）掲記の諸文献を参照。

(47) 下山・注(25)一四六頁以下。
(48) 原龍之助「行政法における信義誠実の原則」法雑六巻三号(昭三五・一九六〇)一頁以下。
(49) 北野弘久『税法の基本原理〔増補版〕』(中央経済社、昭三七・一九六二)六二頁。
(50) 成田・注(28)一五八頁、原・注(28)二五八、二六〇頁。
(51) 首藤・注(26)一三一〜一三二頁。なお、田中・注(23)五六頁も首藤説に近いところがある。
(52) 千葉・注(36)三四七頁以下、畑・注(36)八五頁以下。なお、乙部哲郎「行政法における禁反言の法理(一)」法雑一七巻三号(昭四五・一九七〇)五六〜五七頁。
(53) 信義則等について同旨、保木本・注(31)四三頁、松沢智「判例に現れた税法上の禁反言の法理(信義則)をめぐる課題」税務事例六巻一二号(昭四九・一九七四)二五〜二六頁、藤原雄三「判批」シュト一九五号(昭五三・一九七八)八頁、田中館・注(28)四頁、小林・注(38)一四八頁、萩野・注(38)一二二頁。アメリカにおけるアドヴァンス・ルーリング制度や、わが国でも一部、採用されているといわれるアグリーメント方式も、類似の機能をもつようである。これらについては、村井正「アグリーメント方式と自主申告制度」税理一八巻五号(昭五〇・一九七五)八頁以下、同「アグリーメント方式の理論と実際」税理三〇巻七号(昭六二・一九八七)二頁以下、金子宏「財政権力」『岩波講座・基本法学6』(岩波書店、昭五八・一九八三)一五九頁以下、碓井光明「アドバンス・ルーリングに学ぶ」税理二七巻九号(昭五九・一九八四)二頁以下、出村仁志「行政庁による公定解釈の表示」税大論叢一九号(昭六〇・一九八五)一六〇頁以下、太田泰史「我が国におけるアドヴァンス・ルーリング導入の要否」税理三九巻一一号(平二・一九九〇)二頁以下、品川芳宣「アグリーメント(事前協議)の法理と行政対応」税理三九巻一一号(平八・一九九六)四〇頁以下など。
(54) 東京地判平六・一二・一六税資二〇六号七六四頁などは、所得税法二四三条が定める税務職員の守秘義務は納税者や第三者の税務調査等への「信頼」や協力を確保するという目的があるというが、行政解釈の適法性など行政側の先行の言動についての相手方の信頼保護とは直接の関連をもたない判例であるように思う。なお、山岸俊男『信頼の

構造』（東大出版会、平一〇・一九九八）は、個人や企業の経済的行動などをも視野に入れて社会心理学の視点から信頼概念を整理する（三三頁以下）。著者は、「特定のコミットメント関係にない人間に対する信頼、つまり一般的信頼は、安心していられるコミットメント関係の『離陸』に必要な『推力』を提供する」といい（八三頁）、これを「信頼の解き放ち理論」と呼び、信頼の関係拡張の機能とみてビジネスチャンスの拡大にも効果的であるとして、これを重視する点に特色がある（五五頁以下）。著者によれば、「相手が信頼に値する行動をとる意図があると期待できるかどうかは、少なくともその多くの部分を、相手の人間性の評価相手が自分の利益を犠牲にしても信頼に足る行動をとる人格の持ち主だと考えられるかどうかによっている。もう少し一般的に言えば、この意味での、相手に搾取的に行動をとる意図がないだろうとする期待は、広い意味での相手の行動傾向についての知識にもとづいている」（三八頁）。しかし、行政解釈への信頼は、直接にはこのような相手方の人間性自体への信頼ではない。心理学の分野でも、信頼とは、「他者の言葉や約束、口頭ないし書面による言明があてにできるという信念」（二四頁）などという学説もあるようである。行政法で問題となる信頼概念もこのようなものとして理解することができるように思う。ただ、いずれにしても、行政解釈の適法・存続に対する相手方の信頼ということでは、著者による信頼の概念・機能とも異なるであろう。

(55)　遠藤武和「税務相談における指導、回答と禁反言の法理」税経通信三八巻一五号（昭五八・一九八三）二八頁以下、林仲宣「税法判例における禁反言の法理」東洋大院紀要二〇集（昭五八・一九八三）五九頁以下は、もっぱらこの種の租税判例を対象として検討する。

(56)　松沢・注(26)一〇頁以下は、租税法における信義則を青色申告制度を中心に構成すべきことを説き、小山・注(26)六八、一二三頁もこれに同調する。

(57)　和田・注(28)一六二頁以下。

(58)　例、大阪高判平二・二・二八税資一七五号九七六頁。この上告判決である最判平二・一〇・二五税資一八一号一二九頁も簡単に原判決は正当として是認できると判示する。

(59)　旧西ドイツで同旨の学説については、乙部哲郎「レンツ『信頼保護原理』」法雑一八巻二号（昭四六・一九七一）一〇三頁以下。
(60)　北野・注(49)六二頁、中川編『税法学体系〔総論〕』（三晃社、昭四七・一九七二）一五〇頁〔中川一郎〕、首藤・注(26)一四〇頁。
(61)　同旨結論、堺沢・注(26)七〇頁、碓井・注(28)六〜七頁、小沢一郎「判批」『昭和五四年行政関係判例解説』（ぎょうせい、昭五五・一九八〇）三一九頁以下、小山・注(26)一一二頁、吉良実『所得課税法の論点』（中央経済社、昭五七・一九八二）八七〜八八頁。和田・注(28)一六七頁以下もこのように改説した。
(62)　民事上の信頼関係法理については、広中俊雄『不動産賃貸借法の研究』（創文社、平四・一九九二）、民事上の信義則の機能については、菅野・注(24)七頁以下など。

五　信義則の根拠、性格

一　根　拠

一　昭和一三（一九三八）年、高橋博士は、「條理があらゆる法律関係を規律するものたるに反し、信義誠実の原則は特定人間の権利関係を規律する性質を有するが如く解される。従って信義誠実の原則はその範囲において條理より狭く、條理の中に含まれた一原則である」といい、原博士は、信義則は「正義と公平の理想を実現する最高の法律規範」という。(63) 同三五（一九六〇）年、原博士が信義則は「正義と公平の理想の実現を目的とする根本的原理」というのを初めとして、正義・衡平（公平）(64)や条理の要請に基づくとみる学説が多いようである。(65) これに対して、信義則は絶対的判断を基本とする正義の観念と必ずしも一致するわけではないとするものや、(66) 信義誠実は法的安定性の理念から生ずるとみるものもある。(67) 同四四（一九六九）年、中川博士も、正義・法的安定性・合目的性の

三つの法理念のうち信義誠実は法的安定性の要請によるが、しかし単なる法理念の要請自体に法的根拠を求めるのは租税法律主義との競合・対立を生じて租税法の特殊性を無視することになり、これを避けるために信義則の法的根拠は実定法それも制定法に求めるべきであるという。そして、信義則は同一の納税者に対する後行処分は先行行為に違反してはならないという「形式的租税平等主義の顕現であり、従ってその法的根拠は、憲法一四条一項にある」とする。(68)

禁反言則についてはどうであろうか。昭和五七（一九八二）年、千葉教授は、禁反言則は「衡平の理念に基づく市民法の一般原則である」としている。(69)

前記のように、信義則・禁反言則の観念や機能には信頼保護を含むとするのが判例学説であるが、判例学説は信頼保護の法的根拠を信義則・禁反言則に求めるものと解することもできよう。これに対して、信義則・禁反言則や正義等をも明示せずに端的に信頼保護に言及する租税判例もあるが、この判例はその法的根拠をどこに求めるのか必ずしも明らかではない。この点、大橋氏は、信義則・禁反言則に代えて「納税者の信頼保護」概念を提唱するが、この概念は「憲法上の基本原理」であるという。(70)

二　租税判例には、信義則・禁反言則が条理、正義、衡平の要請に基づくというものも多い。昭和三〇（一九五五）年代に、〔**8**〕は信義則と条理との関連性を明示する。同四〇年代には、〔13〕は禁反言則等は「法の根底をなす正義の理念より当然生ずる」といい、〔32〕・〔39〕もほぼ同一の表現である。〔66〕は禁反言則等は「あらゆる分野における法に内在する一種の条理の表現」とする。同五〇年代には、〔101〕、〔120〕、〔138〕、〔174〕・〔184〕は正義、〔104〕・〔117〕、〔105〕・〔118〕は正義のほか衡平の理念に、それぞれ基づくことを示している。同六〇年代には、〔210〕・〔220〕、〔**219**〕・〔234〕、〔241〕、〔243〕が正義、〔225〕、〔240〕・〔255〕は正義のほか衡平の理念に、それぞれ基づくとしてい

る。平成初期には（一九八九〜一九九七）、〔219〕の影響を受けて、「判例の展開(2)」中に紹介の判例のほとんどを含めて、信義則等は正義の理念の現れであることを明示する判例が多くなっていくが、〔258〕は信義則等は「あらゆる分野における法に内在する条理の表現」という。ただ、これらの判例の中で、実際に当該事案で信義則違反を判示したものは、税務行政庁側に〔13〕、納税者側に〔138〕があるのみであった。

信義則が条理、正義、衡平の要請に基づくことを明示しない判例も少なくない。たとえば、「判例の展開(2)」中に紹介の判例にも、〔62〕、〔78〕、〔92〕、〔186〕があり、〔15〕、〔59〕、〔72〕、〔91〕や〔209〕・〔231〕、〔224〕などは、信義則が正義等を基礎とすることも後記の法の一般原理であることも明言しない。

三　おもうに、租税法令の遡及効禁止の法的根拠を信義則に求めたり、通達の信頼対象適格を認めて信義則を適用する判例学説からみれば、右の高橋博士による条理との比較で信義則の適用の場合を狭く捉える方法には賛成できないであろう。しかし、私見によれば、特定の具体的関係の規律として信義則を捉える方法にかぎっては適切である（後記一五九頁以下参照）。

つぎに、信義誠実は法的安定性の理念から生ずるとみる見方であるが、ドイツ公法においても信頼保護の法的根拠について法的安定性説と信義則説との対立が顕著である。[71] 法的安定性の観念も必ずしも明確ではないが、法律関係の規律の継続性の意味で理解する場合、二つのものがあるように思う。第一に、抽象的法律関係の規律の継続性である。典型的には法令による規律の継続の意味であり、法律による行政により達成できることが多い。法令の存続への国民の信頼保護の視点からいわゆる侵害立法の遡及適用の禁止などとして現れることもある。第二に、具体的法律関係の規律の継続性がある。典型的には特定の相手方との関係で示された個別具体的行政活動を通じた規律の存続であり、行政行為の取消・撤回の制限などとして現れる。相手方の信頼保護の視点から法令違反の行政行為

などの存続が要請される場合には、信頼保護は具体的法律関係の規律の継続性には資することになるが、抽象的意味での法律関係の規律の継続性を損なうことになり、両者の規律の継続性間に対立が生ずるであろう。このように考えると、信義則が単に法的安定性の理念から生ずるとみるのはどうであろうか。むしろ、信義則の適否は相手方の信頼保護の要請と抽象的法律関係の規律の継続性＝法的安定性との考量により決めるべきというのが適切であろう。(72)

中川博士がいう法的安定性は具体的法律関係の規律の継続性の意味であろうが、ドイツにおいて形式的租税平等主義なるものに信義則の根拠を求めるものはほとんどないようである。(73) また、平等原則は本来同種の状況にある複数の者の比較において平等の存否を決定するはずであって、平等原則が同一人の前後の状況の比較で同等性を要求するかは疑問があろう。むしろ、租税平等原則などは信義則の適用を排除する法益の一つとして比較考量の舞台に登場することが多いように思う(74)（後記一五四頁以下参照）。大橋氏は信頼保護を憲法のどの条文に基礎づけるのかは明らかにしていない。ドイツ公法における信頼保護の法的根拠として、包括的自由権や財産権などの基本権に求める見解も台頭してきたが、これらの基本権の観念・機能として信頼保護を必須とみることには疑問があろう。(75)

条理や正義は法の根底をなす理念であり、信義則よりも下層にあって信義則やそのほかの法理を底礎というか派生させる役割をもち、条理や正義の機能・内容は信義則よりも広いと思われる。信義則は条理や正義を基礎とするとみることに異論はないが、行政法または租税法における信義則の適用を理由づけるためには、信義則が法の一般原理としての性格をもつことをいえば足りる。信義則が条理や正義の要請に基づくというのも、信義則の法の一般原理性を容易に理由づけるためのものであろう。〔13〕、〔101〕、〔120〕、〔174〕・〔184〕、〔258〕はこのことを明示し、〔66〕もこれに近いところがある。なお、〔32〕・〔39〕は禁反言則等が正義に基づくことを禁反言則等の法の一般原

理性の理由づけとするだけでなく、違法な結果を容認することとなる場合には禁反言則等の適用を「慎重」にすべき理由づけにもして租税法律主義も正義の要請に基づくことを示唆するが、〔72〕は税務行政庁としては「速やかに法の命ずる状態を回復せしめること、すなわち課税処分を行うことこそ租税正義の理念に添う」といい、〔101〕も租税平等主義や租税法律主義も正義の要請に基づくことを明言して、禁反言則等の適否は両者の正義の比較考量によるべきという。いずれも「判例の展開(2)」中に紹介の判例である。

(63) 高橋・注(24)三四六、三七二頁、原・注(24)三九一～三九二頁。

(64) 原・注(48)一四頁。同旨、保木本・注(31)三七頁、楠元・注(38)四八頁、松沢・注(26)一〇頁以下、小山・注(26)九七～九八頁、南・注(35)二一八頁、北野弘久『税法学原論』(青林書院新社、昭五九・一九八四)一五二頁、田中館・注(28)四頁。私法の分野でも同旨のものに、野津務『保険法における信義誠実の原則』(中大生協出版局、昭一〇・一九三五)四二頁、常盤・注(39)七〇頁。

(65) 菊井・注(6)一一三頁、田中二郎『租税法』(有斐閣、昭四〇・一九六五)一一九頁。私法の分野でも同旨のものとして、鳩山秀夫「債権法における信義誠実の原則」(大一三・一九二四)『債権法における信義誠実の原則』所収(有斐閣、昭三〇・一九五五)二五七頁。林・注(43)六四頁も信義則は「條理に法律的顕現の技術性を与えるもの」という。

(66) 谷口編・注(39)七三頁(田中)。新井・注(10)九二頁も、租税法律に適合する課税処分を違法とするような原則が正義の理念より当然生ずるとみるのは疑問とする。

(67) 北野弘久『税法学の基本問題』(成文堂、昭四七・一九七二)五三頁、内田修「行政手続と信義則の適用について」企業法研究一〇五号六頁。

(68) 中川・注(28)一五四頁以下。なお、中川博士の見解の一端は、同『税法の解釈及び適用』(三晃社、昭三六・一九六一)一五七頁以下、三四五頁、同「ブンエスの『税法における信義誠実の原則』について(1)」税法一七九号

（昭四〇・一九六五）一九頁以下でも示されている。中川博士と同旨のものに、森川正晴＝元村和安『税法学研究』（法律文化社、昭四七・一九七二）一八三頁、小山・注（26）一二三頁。

（69）千葉・注（36）九六頁。なお、本城武雄「不開示による禁反言則」民商四三巻五号（昭三五・一九六〇）三四頁は禁反言則は「信義衡平」を実現するといい、乙部哲郎「行政法における禁反言の法理（二・完）」法雑一七巻四号（昭四六・一九七一）一二四頁も同旨である。

（70）大橋・注（33）八一頁。

（71）乙部・注（7）一八一頁以下、鍋沢幸雄「行政法における信頼保護の諸問題（一）～（五）」立正一一巻三＝四号、一二巻三＝四号、一三巻三＝四号、一五巻一～四号、一九巻一＝二号（昭五三～六一・一九七八～一九八六）。

（72）乙部・注（44）一七二頁。同旨、原・注（48）一七頁、松沢・注（13）一二七頁。なお、鳩山・注（65）二五八～二六〇頁は、「法律生活の安定を害する」ことが信義則適用に反対するもっとも強い理由であるとして、これに詳細な反論を加える。

（73）アハテルベルクは信頼保護の法的根拠を平等原則に求める。乙部・注（7）二五七頁参照。

（74）同旨結論、碓井・注（28）四～五頁。中川博士はスイスのブルクハルトなどの学説にならうようであるが、ブルクハルトに対する批判として、柳瀬良幹「平等の原則に就いて」（昭一四～一五・一九三九～一九四〇）『行政法の基礎理論1』所収（清水弘文堂、昭三三・一九五八）一〇八頁以下。形式的平等・実質的平等の別の用語法について、高田敏「現代における法治行政の構造」渡辺宗太郎古稀記念『行政救済の諸問題』（有信堂、昭四五・一九七〇）一九頁。

（75）乙部・注（44）一七四頁。北野・注（67）五三頁は公法関係への導入のために禁反言則を憲法に基礎づけることには疑問があるといい、川西＝矢野＝奥原編・注（44）一九七～一九八頁［鍋沢］も信頼保護原理を憲法に基礎づけることに反対する。

二　性　格

一　昭和一一（一九三六）年、杉村博士は、「行政法規に内在する指導精神たる権力性と公益性及びこれに基く形式尊重主義は信義則の適用を妨ぐ重要な要因である」といい、権力性・公益性など行政法関係の特殊性を理由に、行政法規の解釈基準としても信義則は私法における信義則ほど一般的な通用力はもたないとしていた。この点、高橋博士の所説は必ずしも明確ではない。(76) 両博士とも信義則の法の一般原理性を明示しないが、杉村博士の右の主張からはむしろ信義則の法の一般原理性に否定的であるようにもみえる。これに対して、昭和一一（一九三六）年、田中博士は、信義則が「全法律秩序に妥当する根本原理」であるという。同一三年、原博士も、信義則は「全法律体系を支配する根本原理」・「一般法律原理」・「法の一般原理」などといい、信義則の法の一般原理性を援用して行政法における権力性・公益性などは信義則の適用を妨げるものではないと主張している。(77)

昭和三五（一九六〇）年、原博士は右と同旨のことを再言するが、このほかの学説も、大体、信義則の法の一般原理性を明示して、(78) 権力性・公益性などの特殊性も信義則の適用を否定しないと暗黙にみるものと解される。(79) ただし、〔42〕との関連で、新井教授は、租税法律主義・租税負担公平原則や課税処分確認行為性などを理由に、租税法における信義則等の適用は一般に認められず、ただ租税要件の解釈適用や課税要件事実の認定について税務行政庁に故意・過失があるときにのみ信義則等の適用は可能という。(80) 同教授は、租税法における権力性・公益性や信義則の法の一般原理性などには明示しないが、実質的には信義則の法の一般原理性に疑問をもつものと考えうるであろうか。斉藤教授は、「租税行政法における特殊性は権力性と公益性の二つである」といい、これを理由にほとんど信義則の適用を否認するが、(81) 信義則の法の一般原理性にも消極的であるといえようか。

二　租税判例をみると、昭和二〇（一九四五）年代に、〔1〕が私法上の金銭債権との比較で租税徴収権の特殊

性をいい、〔2〕が「税法が税収入の確保を目的とする法律であり、しかも、その目的達成の手段たる法の性格上、強度の強権性と強行性並びに技術法的色彩を有する」ことも理由の一つとして、いずれも信義則の適用を否認したのは、権力性などを理由に信義則の適用に消極的のようにも解しうる余地があろう。

昭和三〇（一九五五）年代に、〔6〕が禁反言則の「適用或いは類推」をいうのは、私法原理の類推適用説の余地を認めるようにも解される。同四〇年代に、〔15〕は禁反言則が条理等に基づくとか法の一般原理であるとかは明示しない。〔59〕も同様であるが、なお、「私法上の禁反言の法理が国と国民との間の租税法律関係について適用があるかどうか問題が多い」といい、むしろ私法原理の類推適用説の可能性を示唆するようにも解される。同五〇年代に、〔72〕は「本来契約当事者のような特殊な法律関係によって結ばれている者の間で機能する禁反言の法理ないし信義則がそのまま公法上の権力関係としての性格の濃い租税の賦課決定の分野にも適用されると解することについては疑問の余地がある」といい、平成初期（一九八九〜一九九七）の〔265〕・〔272〕も「課税処分について、本来対等当事者間の私法上の取引を規制する原理である禁反言の原則を適用すること自体に疑問がある」といい、禁反言則等が条理等に基づくとか法の一般原理であるとかも明示しないが、権力関係であることを理由に禁反言則等の適用に原則的に消極的であると解される。〔91〕や、昭和六〇（一九八五）年代の〔209〕・〔231〕も信義則が条理等に基づくとか法の一般原理であるとか明示しない。〔224〕も同様であり、なお、「私法分野で見られるように当事者間で任意に法律関係を処分するなどということは許されていない」、「実際問題としては、信義則の成立する場合は極めて限られてくる」といい、信義則の法の一般原理性にも実質上懐疑的であるように解される。これらの判例はいずれも、実際にも当該事案で信義則違反を判示するものでもない。

租税判例の多くは、明示または暗に信義則の法の一般原理性を認めるものと思われる。昭和四〇（一九六五）年

代に、まず、〔13〕は禁反言則等は「公法の分野においても、その原則の適用を否定すべき理由はない」といい、暗黙にその法の一般原理性をも認め、〔32〕・〔39〕もこれに近い。〔62〕は法の一般原理性を明示し、〔66〕もこれに近い。同五〇年代に、信義則・禁反言則について、〔78〕が「あらゆる法の分野における法に内在する法原則」、〔92〕が「あらゆる法の分野に普遍的に妥当する」、〔101〕が「あらゆる法分野にわたって認められる」、〔120〕が「税法上も右原則の適用を受ける」、〔138〕が「租税法の分野においても認められる」、〔174〕・〔184〕が「租税法律関係においてもその適用がある」というのは、いずれもその法の一般原理性を暗に認めるものと解される。そして、〔186〕は法の一般原理性を明示するにいたる。同六〇年代に、〔210〕・〔220〕も「禁反言の法理又は信義則は、法の普遍的な一般原則である」といい、〔219〕も「法の一般原理である信義則の法理」といい、以後、「判例の展開(2)」中に紹介の判例もほとんど〔219〕に従って信義則が法の一般原理であることを明示する。これらの判例は、暗黙に権力性・公益性などの特殊性も信義則の適用を否定しないとみるものと解されるが、実際に当該事案で信義則違反を判示したものは、税務行政庁側に〔13〕、納税者側に〔138〕があるのみであった。

三　私人間の法律関係であろうと行政上の法律関係であろうと、また、行政上の権力関係であろうと非権力関係であろうとを問わず、相手方の信頼を裏切ることが許されないのは当然である。このため、信頼保護の観念を含む信義則・禁反言則は重要であり、私法のみでなく公法も含めて適用されるべき性格の法理であり、この意味で法の一般原理であるといってよいであろう。なお、権力性・公益性という用語は、公法と私法の区別に関する権力説・利益説を連想させる。公法関係における私法規定の適用の問題については、古くは穂積八束博士と美濃部達吉博士との対立があり、その後、美濃部博士の私法規定の適用を可能なかぎり認めていこうとする考え方が次第に通説的見解となっていった[82]。今日では、利益説に基づく管理関係では原則的に私法規定の適用を承認、権力説に基づく権

力関係でも法の一般原理や法の技術的約束を表明するものの適用を承認するのが通説である。信義則の法の一般原理性を認める以上、権力性・公益性などは信義則の適用を妨げるものではないが、公益性は信義則の適否の判断で相手方の信頼利益との比較考量の場面に登場することが多いであろう。

(76) 杉村・注(24)六六八頁、高橋・注(24)三七二頁以下。
(77) 田中・注(24)一二八頁、原・注(24)三八三、三八九頁以下。
(78) 原・注(48)一七頁以下。前注(28)などに掲記の文献など参照。堺沢・注(26)二〇五頁は類推適用説が一般的とみる。
(79) この旨を明示するものに、牧野・注(39)二三頁、林・注(43)四九頁や、橋本公亘「行政法の解釈と運用」(昭三四・一九五九)『公法の解釈』所収(有斐閣、昭六二・一九八七)八九頁、堺沢・注(26)六〇～六一頁。
(80) 新井・注(10)九一頁以下。
(81) 斉藤・注(28)六八頁。
(82) 原龍之助「公法関係における私法規定の適用」『行政法講座2』(有斐閣、昭三九・一九六四)三七頁以下、萩野・注(38)一二二頁以下。

六　信義則の適用の限界

一　租税法律主義

一　昭和一一(一九三六)年、杉村博士は、前記のように行政法規の解釈基準としても信義則は私法における信義則ほど一般的な通用力はもたないとする。しかし、信義則を適用しても法律による行政や租税法律主義との抵触

が生じないときは、その適用は比較的容易に認められよう。近時の学説の中にもこの旨を明示するものがある。[83]平成六（一九九四）年、和田教授は、信義則の適用を本税については否定するが付帯税については肯定する。[84][85]国税通則法六五条四項等に所定の過少申告加算税等を賦課されない「正当な理由」の存否の判断に限って信義則を適用するものであり、いわば法令の解釈基準としての信義則に限定してその適用を認める趣旨と解される。

租税判例の中でも、信義則等が法令の解釈基準としての機能を果たす場合にはその適用を認めるものがある。これらの学説・判例の中では、〔23〕が租税法令の増大・複雑化のもとで課税庁側が示す行政解釈への信頼保護という視点から、所得税法五六条三項に所定の無申告加算税を課されない「正当な理由」の存在を認めたことが注目される。ただし、これらの場合、直接には当該法条の適用の問題として扱われ、信義則が前面に現れないこともあろう（前記一二四頁参照。なお、〔130〕参照）。このほか、〔147〕・〔195〕なども法令の解釈基準としての信義則に限定してその適用を認める例に相当する余地があるが（なお、〔203〕も同様）、所得税法の解釈上は例外的であれ青色申告についていわば黙示の承認なるものは認められず、これを認めるには信義則によるほかないと考える場合には、信義則と租税法律主義や所得税法の規定との抵触の問題がでてくるように思われる。[86]なお、〔66〕は「租税法における解釈原理としての信義誠実の原則等」というが、同判決は信義則等の実定法修正の余地を認めることに留意すべきである。

信義則の適用の限界をめぐる最大の争点は、信義則適用の結果、違法な税務活動の効力や存続効を是認することとなる場合には、その適用は否認されるべきかどうかにある。杉村博士は、信義則は実証法主義を放棄するものではなく法規の解釈基準の一つであるということから、「法規に於ける明瞭にして疑の余地なき条項によって得た効果を信義則により動揺せしむることは不可能」という。昭和一三（一九三八）年、高橋博士も、「法の規定ある場

合においても、これを排除して信義誠実の原則が適用されるとする場合には、法の安定性は可成りの危険に曝され、また一面立法に依る法の変動性についての作用を軽視もしくは無視するものといわなければならない」といい、同一五年、大石博士も、「制定法として存在する国法に抵触せざる範囲に於て法解釈の基準としてのみ認められ得るものであって、此の国法に優越するより高次の実定法秩序としての信義誠実の原則といふが如きものは存在し能はない」という(87)。これに対して、昭和一一（一九三六）年、田中博士は信義則による法実証主義の修正・補充をいい、同一三年、原博士は、「相手方または第三者の信頼関係……を保護し、もって信義誠実に合すべきことも、法治国家における当然の根本的要請の一つである。……行政法規の強行性が、これらの諸法益を犠牲にしてまで、その趣旨を貫くべきものであるかどうか」は「比較衡量」により決めるべきとするようである(88)。

信義則の法の一般原理性を認める以上は、信義則による法実証主義の放棄が当然または原則的に帰結されるということには必ずしもならない。このことは、〔32〕・〔39〕、とりわけ〔72〕や〔101〕が禁反言則等も租税法律主義も正義の要請に基づくことを明言して、禁反言則等の適否は両者の正義の比較考量によるべきということからも分かる。ただ、信義則の法の一般原理性について、杉村博士・高橋博士・大石博士は実質は消極的、田中博士・原博士は積極的であることを考慮すると、右の各博士の所説には傾向的なものがあろう。

戦後の学説の傾向は四つに分けることができるであろう。第一に、違法な行政活動や税務活動の効力や存続効を是認することとなる場合には、信義則の適用は認められないとするものが少数ある。昭和三四（一九五九）年、橋本教授は、簡単に「行政の法律適合性の原則及び形式規定遵守の義務から生ずる要請は信義則に優越する」という(89)。前記の新井教授の見解（一三五頁参照）は必ずしも明確ではないが、税務行政庁の故意・過失がある場合にのみ租税法令に適合する課税処分も信義則違反の故に違法であり取消を免れないとする趣旨であるようにも解され、

そうであれば故意・過失の成立は困難であるために実質的にはこれに近い。〔42〕との関連で、村井教授も、租税法律主義、課税庁の第一次判断権の尊重などを理由に、租税法分野では信義則の働く余地はほとんどないという。[90]その後、斉藤教授も、租税法律主義は「最高法原則として信義誠実の原則を支配している」とし、「誠実、善良な納税者の信頼を保護しようとすれば、それはまさに租税法律主義の原則を否定することになり租税正義の理念は著しく阻害されることになる。それゆえに租税公平負担の原則の実現さえも拒絶することになりかねない」などと述べ、[91]前記のように和田教授も同旨の結論であろう。これらの学説の中で、村井教授は信義則の法の一般原理性を明認する。[92]

第二に、信義則の適用を認めても租税法律主義に抵触しないとみるものが多数ある。これもいくつかに細分が可能であろう。①昭和四四（一九六九）年、中川博士は、憲法一四条一項に根拠をおく信義則と憲法八四条・三〇条を根拠とする租税法律主義とは「同列のものであるが、両者はその性格上果すべき役割を異にし、相競合することはあり得ない」と簡単に述べている。[93]②昭和五〇（一九七五）年、石田教授は、信義則の制定法修正排除機能を否定するがその予想外欠缺補充機能を認めて、租税法などの制定法は通例、定型的に生じうる要件事実のみを把握するのに対し、相手方の信頼というような事実は包摂しえないという。[94]この考え方によれば、信義則と租税法律主義や個別法律規定との矛盾対立は生じないことになり、中川博士と同旨のところがある。③翌年、金子教授は、「租税法における信義則の適用の有無は、租税法律主義の一つの側面である合法性の原則を貫くか、それともいま一つの側面である法的安定性＝信頼の保護の要請を重視するか、という租税法律主義の内部における価値の対立の問題である」と説き、[95]松沢教授なども大体、同旨の見解を主張している。[96]前記の首藤教授の見解（一二〇頁参照）もこの系統に属するであろうか。④昭和五二（一九七七）年、南教授は、「租税法律主義は、租税行政が形式的意義で

の法律にのみ拘束されることを意味するものではなく、不文の法にも拘束されることを意味する」から、信義則を基礎とする「失効の原則は、租税法律主義、行政の法律適合性の原理に矛盾抵触するものではない」という。[97]

金子教授も南教授も、租税法律主義の機能・内容として相対する二つの法原則をあげ、おそらく、その一方に属する信義則は租税法律主義そのものとの矛盾は生じないが、租税法律主義の構成部分中、他方との抵触が問題となり、信義則の適否は他方との調整により決めざるをえないとする点において共通するところがあろう。ただ、金子教授は「法的安定性＝信頼の保護」を租税法律主義の機能から導く[98]のに対して、南教授は信義則・失効の原則を租税法律主義の内容として捉えるようにみえる点では微妙な差異もある。

第三に、右の場合に信義則等を適用すれば租税法律主義との抵触を生じるから、信義則等の適否は租税法律主義との比較考量によるべきとするものがある。昭和三五（一九六〇）年、原博士も戦前と同様の見解を主張[99]、同四九（一九七四）年、品川氏も、「当該納税者が特別に課税を免れることにより他の納税者との間に不当な不公平が生ずることがないか否か……国民全体と当該納税者との相対立する利益を慎重に比較衡量せねばならない」、「納税者の被った不利益と租税法律主義の原則が意図する社会的利益との権衡において信義則適用の可否を論ずる」のが望ましいという。[100]同五五（一九八〇）年、碓井教授は、右の金子説を批判して、「租税法律主義は、法的安定性を形式的意味の『法律』により確保しようとしているのであって……命令や租税行政庁の言動によるものではない。『法律』による法的安定性の確保までは租税法律主義で説明できるが、それから信義誠実の原則まで進むには、別の論拠が必要になる」とし、信義則は法の一般原則であり「合法性原則も、この法の一般原則を排斥するものではない」としておけばよいという。[101]おそらく、信義則の適否は合法性原則との調整により決めるべきとする趣旨であろう。

第四に、先行の違法な行政指導等には反するが租税法律には適合する課税処分は適法としてその存続を認めるとともに、これにより相手方に生じた信頼損失は賠償請求により救済を図ろうとするものがある。昭和五〇（一九七五）年、塩野教授などが主張する。[102]課税処分は租税法令に適合して信義則違反をも認めないから抗告訴訟を提起しても取り消されることはなく、そこで相手方の信頼損失は違法な行政指導等に基づく賠償請求により救済するというのである。相手方の信頼損失は適法な課税処分により発生したとして補償請求によるという考え方もありうる。[103]いずれも租税法律に適合する課税処分の適法・有効性を認める点では第一の見解と同様であり、相手方の信頼損失の救済を図ろうとする点では第二・第三の見解と同様であるが、租税法律主義との抵触が生じる場合の信義則の救済機能をもっぱら賠償（補償）に限定する点に独自性があるといえよう。

二　租税判例はどうであろうか。第一に、違法な行政活動や税務活動の効力や存続効を是認することとなる場合には、信義則の適用は認められないとするものが少数ある。昭和二〇（一九四五）年代の〔1〕や〔2〕は契約・処分について、同三〇年代の〔6〕も裁決について「禁反言の原則は専ら当事者が任意に処分又は放棄しうる権利もしくは利益に関する行為についてのみ適用或いは類推さるべきものである」といい、〔11〕は税務署長より通知したときに確定申告をすればよいという了解は所得税法に「違反する無効のものであって、信義則を適用する余地がない」といい、いずれも同旨であるようにも解される。同四〇年代に入って、非課税取扱の決定・通知について、〔15〕は「禁反言の適用を認めると違法な結果を生ずる場合には、その適用を阻却されると解されている」という。その後も、〔121〕・〔138〕は「税務署職員に誤指導があったとしても、納税者が課税減免規定の適用が受けられる実体的要件を具備していない場合には、納税者は、同規定の適用を否定する課税処分が信義則又は禁反言の原則に違反すると主張できないと解するのが相当である。その理由は、課税減免規定適用の実体的要件を欠く納税者には、

元来同規定によって保護されるべき法的利益がないし、そのような納税者に対して課税を減免することは、かえって租税平等の原則に反することになる」という。〔202〕が「公法分野に属する租税法律関係について信義則の適用があるかどうかは、租税法律主義との関係から問題のあるところであるが、仮にその適用があるとした場合には、課税庁の誤った判断が表示され、相手方がこれを信頼することが無理からぬ」ときでなければならないというのも、この系列に近いところがあるといえようか。いずれの判例も、実際に当該事案で税務行政庁側の信義則違反を判示するものでもなかった。なお、〔217〕、〔226〕、〔229〕、〔313〕などの刑事判例もすべて、信義則・禁反言則を明示しないものの信頼保護を否認して脱税の犯意の阻却を否定する。

第二に、信義則の適用を認めても租税法律主義に抵触しないとみるものがまれにある。前記の金子教授や南教授のように学説ではこの見解が有力説であるのと比較すると、特色がみられる。すなわち、〔324〕は、信義則やその具体化である法人格否認の法理は「租税法律主義にいう『法律』に内在する」といい[104]、実際にも当該事案で納税者側の信義則違反を判示した。

第三に、右の場合に信義則等を適用すれば租税法律主義との抵触を生じるから、信義則等の適否は租税法律主義との比較考量によるべきとするものがある。この見解についても細分が可能であろう。昭和四〇（一九六五）年代に、①まず、〔13〕は、租税法令の増大・複雑化のもとでの行政解釈への信頼保護の必要という視点から、租税法律主義といえども禁反言則等の「導入を根本的に拒否する理由とはなり得ない」といい、「原告の側に誠実、善良な市民として非難に値する事情はなんら存せず、しかも、右通知に反し過年度に遡って固定資産税が賦課されることにより原告が被る不利益は無視でき」ないのに反して、課税の必要性は「租税法規の遵守の必要ないし過去の違法の結果の是正という、抽象的、名目的な理由以外には、格別、具体的、切実な公益上の要請があるとは思われな

い」といい、実際には比較考量により禁反言則等の適用を認める。②これに対して、〔32〕・〔39〕は、禁反言則等が正義の表現であり法の一般原理であるという視点から、その適否は租税法律主義との比較考量によるべきことを明示する。〔13〕は信義則が正義等を基礎とし法の一般原理であることにも言及するのであるが、その後、〔59〕はこの点には明示することなく純粋に①と同旨の視点から、〔66〕はほぼ②と同旨の視点から、それぞれ信義則等の適否は租税法律主義との比較考量によるべきとしている。昭和五〇（一九七五）年代には、〔91〕は純粋に①とほぼ同旨の視点から、〔101〕、〔120〕、〔174〕・〔184〕はほぼ②と同旨の視点から、③なお、〔132－2〕・〔160－2〕は行政解釈への信頼保護とか、信義則等が正義等を基礎または法の一般原理であるなどと明示することなく、それぞれ信義則等の適否は租税法律主義との比較考量によるべきとしている。

昭和六〇（一九八五）年代には、②の視点が支配的傾向になる。とりわけ〔219〕は、信義則が正義の理念の現れであり法の一般原理であることを根底において法律適合性との比較考量により信義則の適否を決めるべきといい、以後、「判例の展開(2)」として紹介の判例のほとんどもこの最高裁判決に従っており、右の②の視点から信義則の適否は法律適合性との「較（衡）量」によるべきことが大勢となっていった。〔224〕も比較考量を明示するが、信義則が正義等を基礎とするとか法の一般原理であるとかは明示しない。

「判例の展開(2)」中に紹介の判例以外でも、ほぼ②と同旨の視点から右の支配的傾向に近い一般的見解を表明するものが多い。すなわち、〔104〕、〔105〕は、「およそ租税の負担は法律の定めるところに従って課されるべきであり、課税の公平を確保するために法適合性が強く要請されるところであって、原告主張のように、信義則に照らして、右の適法性の要請に優先してまで納税者の利益保護を図るのが相当とされるのは、正義、衡平の見地から真にやむをえないと認むべき事由がある場合に限られる」、「行政指導によろしきを得なかった被告課税庁の側にも責められ

るべき点があった」といい、納税者側の事情をも考慮しながらも法律適合性を重視して信義則の適用を否認、〔117〕、〔118〕もこの各原判決をそのまま引用する。〔222〕は「課税処分を、課税庁側の言動等に係る信義則違反を理由に違法とするためには、その言動等が、課税処分の羈束処分性や課税の公平の見地を無視してもなお当該課税処分を違法としなければならないほど強度に信義に反するものであることが前提となる」といい、税務相談官の説明に「責められるべき点はない」として信義則違反を否認するが、〔225〕は「租税法律主義を採用している現行法制下においては……税はすべて法律に従って課され、しかも税負担の公平の見地から法適合性が強く要請されるのであるから、信義誠実の原則ないし禁反言の法理は、右適法性の要請に優先して納税者の利益を保護すべきことが、正義、衡平の見地からやむを得ないと認められる場合に限られる」といい、納税相談の性格や納税者側の事情を分析したのち信義則違反を否認、〔241〕もこの原判決に近い。〔240〕・〔255〕もほとんど同旨の判示をしたのち、税務職員の積極的な指導・助言による会計処理ではなかったとして税務行政庁の信義則違反を否認する。〔235〕は国家賠償訴訟で納税者側の矛盾する主張により被告国が「訴訟の追行上不当に害されたとは認めがたい」として納税者の禁反言則違反を否認する。

第四に、〔120〕、〔278〕、〔289〕はいずれも信義則違反を否認して納税者の賠償請求を棄却、〔280〕は代位賠償請求は認容したが固定資産税の賦課徴収は禁反言則違反という市長の主張は斥けている。これに対して、〔110〕は信義則違反を肯定して賠償請求を認容する。〔241〕が信義則の適用を否認して税務相談における回答は将来の課税処分を拘束するものではないが不法行為・国家賠償の可能性はありうると判示するのは、塩野教授などの見解に近いところがある。なお、納税者側への信義則の適用については、〔227〕・〔239〕、〔324〕は肯定、〔235〕は否認するが、いずれも納税者による賠償請求はしりぞけている。

三　おもうに、租税法律主義・合法律性原則と衝突する場合すべてに信義則の適用を否認する見解には、租税法令の増大・複雑化のもとでの行政解釈への依存という点を無視すること、正義・衡平の理念に基づく法の一般原理であるという信義則の性格にも反すること、納税者の権利保護にも欠けることなどの理由により、従うことができない。逆に、憲法一四条一項に根拠をおく信義則と憲法八四条・三〇条を根拠とする租税法律主義との競合を否定する中川博士の見解には、前述のような疑問がある（一三二頁参照）ほか、形式的に法律の規定に反すると考えられてきた行政活動の法的効力をすべて信義則により是認しうるという心配があり、このことは違法行政を阻止するという租税法律主義の一般的機能を損なうおそれがある。石田教授の見解にも同旨の疑問があるほか、法律による規律は本来抽象的であり法律がそこまで具体的に規律するとみるのは問題がある。信義則の適否は、個別具体的事案において、租税法律主義自体とであれその一内容をなすといわれる合法律性原則とであれ、それとの対立関係の中で適用要件を探ることにより調整すべきである。

このかぎりでは金子説や南説には賛成できるところがある。ただ、金子教授がいう「法的安定性＝信頼の保護」とは具体的法律関係の規律の継続性の意味であろうが、これを租税法律主義自体から導くことには、碓井教授が指摘するような疑問がある。なお、ドイツ行政法における信頼保護原則に関する議論を考慮した場合、金子説は信頼保護の法的根拠を信義則ではなく法的安定性の原理に求めるようなところもある。行政が租税法令のみでなく信義則のごとく不文の法理にも拘束されることに異論はなく、このことは実質的法治主義や合法性原則、正義の要請と捉えることも可能であるが、南説のごとく租税法律主義の観念・内容をなすと考えるのはどうであろうか。相手方の信頼保護のため信義則の適用を認める場合、個別の法令の規定違反が発生しうるのも事実であり、首藤説はこの点をどのように調整するのか必ずしも明確ではない。行政が信義則に服することは、行政解釈への依存性、信義則

の法の一般原理性のほかに、実質的法治主義や合法性原則の要請と捉えることでよいように思われる。

　厳密には、租税法律主義の内容は合法律性の意味に限定して、合法性は租税法律主義というよりも実質的法治主義の内容をなすものと理解すべきであろう。〔104〕、〔117〕や〔105〕・〔118〕がいう「法適合性」や、〔132-2〕・〔160-2〕、〔156〕、〔174〕・〔184〕、〔210〕・〔220〕や碓井教授がいう「合法性」は、いずれも合法律性の意味で使われている。租税法律主義の機能は国民の財産権保護のほか法定の財政収入の確保等にもあるように思われるが（ただし、前掲注（98）参照）、租税法律主義の内容・機能を確保する方法として、個別租税法律規定への適合性を全般的に広く求めるものと、具体的ケースでの適合性を求めるものの二つに分けて考えることはできないであろうか。前者は租税法律主義の一般的側面であり、国民の財産権保護や法定の財政収入の確保等のための制度的保障の側面をもっており、これが損なわれることは許されない。後者は租税法律主義の個別的側面であり、その遵守についてはより柔軟に考えることが許されるのではなかろうか。すなわち、個別租税法律規定ごとに一般的に違法行政を阻止することにより租税法律主義の一般的側面が維持される限度において、具体的事案で比較考量により相手方の信頼保護が要請されるときは法定の財政収入の確保等の個別的側面が後退することもあってよいのではないかと考えるのである。[105] 個別法律規定の遵守およびそこで定める法的価値かそれとも相手方の信頼保護のどちらに軍配をあげるかは、当該事案における総合的な比較考量（適用要件はその具体化）に委ねざるをえないように思われる。

　結論的にみれば、租税法律主義を強調して税務行政庁側への信義則の適用に否定的であるのが判例の実情であるが、これらの判例の中には疑問のあるものもある。たとえば、〔58〕・〔67〕は、更正請求期間経過後の更正請求を否定、信義則の適用も否認する結果、実体租税法に反する納税義務を確定することになる。更正請求の可能性を厳しく制限する手続的規定により実体的租税法律主義に反する結果が生まれるが、信義則によりこれを緩和すること

ができないのは疑問もある。信義則の適用を否認して修正申告の勧奨後でかつ期間経過後の更正請求の可能性や減額更正義務を否定する〔119〕・〔134〕、〔152〕・〔171〕、〔307〕などについても、類似の疑問がある。〔274〕・〔278〕、〔280〕・〔289〕、〔303〕では、代位賠償請求訴訟において、課税庁側が信義則違反を理由に地方税法には適合する課税処分をすることはできないと主張しており、課税庁側も信義則の適用を主張する場合、必ずしも実体租税法規定の遵守に固執しないという態度が明確にでているのも興味深いものがある。[106]

他方、納税者側に信義則を適用する判例のなかには租税法律主義の遵守にそれほど固執しないものもあって、税務行政庁側へのその適用の場合と比較して租税法律主義の遵守や信義則の適否について温度差があるように思われる。〔50〕は、法人税法六八条三項・四項の申告額調整主義は信義則に従った税務処理を期すといい、その趣旨は、法人が利子配当等の収入について確定申告をした場合に限りこれらの所得に係る源泉徴収済の所得税を控除するが、確定申告のないかぎりこれを控除する必要はないことにあるという。同判決は法人による的確な申告への「期待」にも言及しており、納税者側への信義則の適用によりいわば実体租税法に反する納税義務が確定する結果を是認する判示とも解される。〔115〕については、納税者側への信義則適用の結果、更正処分前の帳簿書類等の調査手続の履行義務を課税庁に免除する形となって、行政手続や法律による行政という観点からは問題もある。〔164〕についてもほぼ同様の指摘が可能である。〔138〕は、「税務署職員に誤指導があったとしても、納税者が課税減免規定の適用が受けられる実体的要件を具備していない」という原判決（〔121〕）に同調して課税庁側には信義則等の適用を否認するが、更正可能期限後の課税所得発生時期についての主張の変更は認められないとして納税者側にはこれを適用、しかも後者との関係でのみ信義則等が正義を基礎とすることを明示、法の一般原理であることも示唆する。〔185〕・〔191〕も同旨の事案で納税者側に信義則を適用する。

納税者側に不都合があったことなどを考慮して、これらの判旨となったというのであれば、同様の考慮を税務行政庁側への信義則の適否の判断にも及ぼすべきであろう。個人の財産権保護というよりも財政収入の確保に重点をおいて、租税法律主義を理解するように解される点で問題があろう。これに対して、〔139-2〕は、税務署長が「実態に符合しない右株主名簿の記載を信じたとしても」、「あくまでも真実の権利関係に即して処分を行うべき」とい い、所得税賦課決定の取消請求を認容したのは適切であろう。また、〔267〕では、課税庁側が納税者の信義則違反を理由に実体租税法に反する課税処分の適法性を主張するが、租税法令の解釈・運用に携わる課税庁側による租税法律主義や個別法律規定の不順守の主張が納税者の信義則違反の理由として利用されることには厳しい制約が課されるべきであり、信義則違反を否認した判旨は妥当であったように思う。

最後に、前記の塩野教授などの見解や〔241〕には一理ある。信頼損失の中核は先行の行政指導等を信頼したことによって受けた財産的損失ということになろう。ただ、租税法律主義との抵触が生じる場合は、すべて一律に信義則の機能を賠償（補償）に限定して、いわば信頼損失を金で解決するというのはどうであろうか。第二・第三の見解も、租税法律に適合する課税処分を信義則違反として取消訴訟でその効力を否認するか、それとも課税処分の効力の存続を認めながら賠償（補償）請求により信頼損失を救済するかは、行政救済制度や理論に委ねる趣旨であり、必ずしも信義則適用の効果として賠償（補償）請求を一切否認するものではないであろう。また、行政法規の明確な解釈は必ずしも容易ではないこと、課税要件事実の全容の把握は難しく課税要件該当性も微妙な判断が要求されることなどから、一見明瞭に法律解釈を誤ったり事実誤認をした場合は別として、税務職員の故意・過失は直ちには認められないとして、信義則には言及しないが賠償請求を棄却する判例もある[107]。私見もこの判例には賛成であり、現状では信頼損失の賠償請求による救済の実効性には疑問もある。もっとも、判例が税務行政庁側にはこのように

理解を示しながら、納税者には納税申告の際の自己責任性を強調して信義則の適用を否認するのは（前記一二一頁以下）、均衡を欠くところもあろう。つぎに、信頼損失の原因は適法な課税処分のほか先行する違法な行政指導等にもあることを考えると、適法行為による損失補償という理論構成には問題の余地もあろうが、検討すべき課題であるように思う。

なお、右の課税処分は、抗告訴訟との関係では信義則違反とはならないが賠償訴訟との関係では信義則違反となりうるという考え方もあろう。前記の新井教授の見解も必ずしも明確ではないが、抗告訴訟との関係で行政処分の違法基準として、信義則の適否が問題となっている場合には、税務行政庁の故意・過失を加重する趣旨のようにも解される。抗告訴訟と国家賠償訴訟とで行政処分等の違法の観念・要件を統一して理解すべきかどうかが問題となり、国家賠償の違法要件の緩和や逆に加重をいうものもある。[108] 右の判例でも分かるように税務職員の故意・過失の認定は難しいことのほか、一般に、行政処分の取消原因としての違法判断の基準に公務員の故意・過失という主観的要素を加味すること自体に問題がある。

(83)　堺沢・注（35）二〇六頁、碓井・注（28）三頁。ただし、斉藤・注（28）六八頁参照。
(84)　和田・注（28）一六二頁以下。
(85)　アメリカでも同旨の一判例や法律案があったことについては、乙部・注（7）一三一頁参照。
(86)　乙部・注（21）二〇四〜二〇五頁。宇賀・注（21）一二〇頁は後者の立場であろうか。
(87)　杉村・注（24）六六七〜六六八頁、高橋・注（24）三七二頁、大石・注（24）一一〜一三頁。
(88)　田中・注（24）一二七頁以下、原・注（24）三九七頁以下。
(89)　橋本・注（79）八九頁。
(90)　村井・注（10）一九二頁以下。

(91) 斉藤・注(28)六七～六八頁。同「税務職員が行う納税指導と禁反言の原則」税四九巻二号（平六・一九九四）一二頁参照。
(92) 村井正『租税法と私法』（大蔵省印刷局、昭五七・一九八二）九七頁。
(93) 中川・注(28)一五九～一六〇頁。
(94) 石田譲「信義誠実の原則が民法で果たす機能について」別冊ジュリ法教（二期）八号（昭五〇・一九七五）三五頁以下。真柄・注(28)一五一頁は(13)も予想外欠缺補充機能の例に当たるという。好美・注(39)一九四頁にいう信義則の衡平機能も同様の役割を果たすように思う。
(95) 金子・注(14)一一四頁。小林・注(38)一四八頁や木ノ下一郎「租税法律関係における信義則・禁反言の法理の適用」税五二巻四号（平九・一九九七）一二頁も同旨であり、堺沢・注(26)六四～六五頁、宇賀・注(21)一二〇～一二一頁、北野・注(64)一五二頁なども大体、同旨であろう。
(96) 松沢・注(26)一一～一二頁。もっとも、松沢教授は、同所において租税正義の形式的側面として租税法律主義があり、租税正義の実質的側面として負担公平、平等主義、信義則があるともいい、多少、明確でないところもあるように思われる。なお、小山・注(26)八九頁以下参照。
(97) 南・注(35)二一九～二二〇頁。なお、大橋・注(33)八一頁も、「納税者の信頼保護」は「租税法律主義の当然の要請」であるという。
(98) 金子・注(14)七二、七三頁は、租税法律主義の内容として、課税要件法定主義、課税要件明確主義、合法性原則、手続的保障原則の四つをあげ、他方、租税法律主義の機能として、国民の経済生活における法的安定性と予測可能性をあげる。この租税法律主義の内容・機能については、斉藤・注(28)四三～四四頁も同旨であり、波多野弘「租税法律主義の原則」日本税法学会創立三〇周年記念『税法学論文集』（三晃社、昭五六・一九八一）二五三、二五六頁や松沢智『租税法の基本原理』（中央経済社、昭五八・一九八三）五七頁以下も大体、同旨であるが、北野・注(49)六六頁以下の説明には異なるものがある。なお、斉藤稔『租税法律主義入門』（中央経済社、平四・一九九二）

一頁以下、田中章介『判例と租税法律主義』（中央経済社、平六・一九九四）一頁以下。

(99)　原・注（48）一七頁。

(100)　品川・注（38）七〜八、二七頁。同旨、藤原・注（32）三一二〜三一三頁、岸田貞夫『現代税法解釈』（ぎょうせい、平四・一九九二）七八頁。

(101)　碓井・注（28）四〜五頁。同旨結論、田中館・注（28）七頁、小沢・注（61）三二〇〜三二一頁。

(102)　塩野宏「行政法演習」別冊ジュリ法教（二期）八号（昭五〇・一九七五）二〇二頁、杉村＝山内編・注（35）三八六頁〔木村〕、阿部泰隆『事例解説行政法』（日本評論社、昭六二・一九八七）一一頁。なお、川西＝矢野＝奥原編・注（44）一九八頁〔鍋沢〕参照。

(103)　南＝原田＝田村編・注（45）一八一頁〔南〕は、授益的行政行為の職権取消について同旨である。ドイツ連邦行政手続法四八条三項の規定も金銭給付・分割可能な物の給付以外を目的とする授益的行政行為について同旨の定めをする。さしあたり、乙部哲郎「行政行為の取消撤回と信頼保護」神院八巻一号（昭五二・一九七七）一〇六頁以下。なお、同「西ドイツ社会法典における行政行為の取消撤回」神院一二巻三号（昭五六・一九八一）三〇頁、同「西ドイツ租税通則法における租税決定等の廃止変更」神院一三巻四号（昭五八・一九八二）一七三頁以下。

(104)　社会保障行政領域の信頼保護・信義則について同旨の判例として、東京地判平九・二・二七判時一六〇七号三〇頁。

(105)　乙部・注（69）一二五頁。

(106)　高野幸大「慫慂に基づいた修正申告書提出後の調査と信義則」税理四〇巻一〇号（平九・一九九七）四三頁以下。

(107)　那覇地判平八・一二・一七税資二二一号九〇四頁。なお、最判平五・三・一一民集四七巻四号二八六三頁。

(108)　さしあたり、久保茂樹「判批」別冊ジュリ行政判例百選Ⅱ（第三版）（平五・一九九三）二八四頁および同所に掲記の文献など。

二　租税平等主義

一

信義則の適否の判断にあたっては平等原則との比較考量も必要ではないかが、一応、問題となる。たとえば、昭和四〇（一九六五）年代に、〔43〕は個人の開業医は「相続税または贈与税を課されることとなって、租税負担の不公平」を生ずることを理由に、医療法人に対する相続税法の遡及適用は信義則等に反しないといい、〔59〕、〔66〕は禁反言則等の適否は「租税負担の公平」等との較量のうえで決すべきであるという。同五〇年代にも、〔78〕は「法に従い正しい納税をしている一般国民との関係で原告だけを特に優遇した結果となって不均衡を生じる」といい、〔101〕は禁反言則等と同様に「課税の平等や負担の公平ということも同じく正義の理念のあらわれであって……あの正義と、この正義と、二つのものの間の重要度の衡量」を行うべきといい、〔121〕・〔138〕は信義則等にもとづいて「課税を減免することは、かえって租税平等の原則に反する」という。同六〇年代にも、〔210〕・〔220〕、〔224〕は「課税の公平、平等」を考慮すべきといい、**〔219〕**・〔234〕も「租税法規の適用における納税者間の平等、公平」を考えるべきといい、〔222〕は「課税の公平」、〔236〕は「納税者間の公平平等」などという。平成初期に（一九八九〜一九九七）、「判例の展開(2)」として紹介の判例のほとんどが**〔219〕**に従っており、信義則の適否は平等原則との比較考量により決すべきことが判例の大勢となっていったように思われる。〔319〕・〔323〕は信義則・禁反言則を明示しないが、納税者の信頼の法的保護を平等原則との比較考量のうえで否認する。

一般的には、課税の平等や負担の公平そのものが租税法規への適合性確保により保障されるといってもよい。このことは、〔91〕が「租税法律主義のもとにおける租税の公平負担の原則」といい、〔104〕・〔117〕、〔105〕・〔118〕も「課税の公平を確保するために法適合性が強く要請される」といい、〔225〕・〔241〕が「税負担の公平の見地から法適合性が強く要請される」といい、〔258〕が「租税法律主義のもとにおける納税者間の公平、平等」、〔289〕も「法が

厳格に遵守されることによって実現される納税者間の平等、公平」と判示するところから明らかであろう。また、「公平」と「平等」とは同義に捉えられている。

逆に、信義則を適用することこそ平等原則の要請であると判示するものもある。すなわち、課税庁側への適用について、〔101〕は、「本来適法に節税を図れるところ、誤った指導ないし回答によってその機会を逸し……租税債務ないし負担を負うに至ったというものであって、かえって節税を図り得た納税者と比べその負担において不平等な結果を招来している」ことを重視して納税者の信頼保護の必要を説く。納税者側への適用について、〔138〕は「租税の公平負担に著るしく悖る」ことを理由に信義則等を適用、〔324〕は信義則に基づく法人格否認の法理を適用して課税を正当づけ、もし「課税できないとすると、かえって税の公平負担に反することになって妥当でない」というが、いずれも課税庁側に信義則の適用を否認する判例の支配的傾向と同様に、「租税法規の適用における納税者間の平等、公平」（〔219〕・〔234〕）の意味で公平負担と判示するように解される。

二　この問題に論及する学説はあまりない。右の判例の支配的傾向と同様に、租税平等原則は租税法律主義の問題に帰着すると考えるからであろうか。この少数の学説にも、租税法律主義との関係に類似して三つの傾向があろう。第一に、租税法律主義に租税平等原則を付加して、信義則の適用を否認するかのような学説がある。前記の斉藤教授の見解はこの例であり、和田教授も結局は同旨であるように解される。第二に、これとは逆に、南教授は、租税平等原則も信義則と同じく正義の理念にもとづくこと、相手方に保護に値する信頼がある場合とない場合とでは差異があるため、前者の場合に信義則にもとづき課税しないとしても平等原則に反しないことなどを理由に、信義則にもとづく失効の法理の適用を必ずしも否認すべきではないと述べる。(109) 租税判例の中では、〔101〕がこの立場に近いであろう。第三に、信義則を適用すれば租税平等原則との抵触が生じうるとしながらも、相互の比較考量に

より信義則の適否を決すべきとするものがある。たとえば、前記のように品川氏がそうであろう。このほか、遠藤氏が、信義則の適用要件の一つとして、相手方の「不利益を回復する場合における他の納税者との均衡の程度等」を考慮すべきであるといい[110]、碓井教授が「常識的な意味の平等を犠牲にする……他の納税者との間に不平等をもたらしている」といいながら信義則適用の可能性を説くのも[111]、この系列に属するように思われる。租税判例の支配的傾向もこの立場であろう。

三　信義則の適用により租税法令に所定の納税義務を特定の納税者には減免することになる場合は、租税法令とこれに基づく課税処分に従って納税義務を履行している他の大多数の納税者と均衡を失することになる。この意味の平等原則は租税法律主義に包含される形となり、さきの租税法律主義と相手方の信頼保護との調整の問題に帰着することになろう。租税法律主義と同様に、平等原則の機能も一般的機能と個別的機能とにいちおう区別することができ、一般的機能が損なわれることは許されない。しかし、南教授や〔101〕も指摘するように、法的保護に値する信頼の有無は同等性の存否を分ける重要な事実となり、法的保護に値する信頼が存する場合に信義則を適用しても、租税法律主義とは区別された平等原則には反しない[112]どころか、むしろ平等原則の要請に資することになるように思われる。そうすると、平等原則の個別的機能の後退をいわなくても、信義則の適用は許されうることになろう。

(109)　南・注（35）二二〇〜二二二頁。
(110)　遠藤・注（55）三二頁。
(111)　碓井・注（28）四頁以下。租税平等原則については、松沢・注（98）七四頁以下、吉良実「租税平等の原則」税理二七巻一五号（昭五九・一九八四）一〇頁以下、石島弘「税負担の公平性」税理二八巻四号（昭六〇・一九八五）二四頁以下。
(112)　乙部・注（69）一二六頁。

三　財政的利益

一　法律適合性、平等原則そして次項にみる具体的関係は、単に租税法だけでなく行政法一般における信義則の適否を考えるさいに問題となってくる。これに対して、ここで扱う財政的利益は、行政法一般というよりも租税を含む公課法領域における信義則の適否を考えるさいにとくに問題となろう。

財政的利益の考慮を明示する判例は少ない。たとえば、昭和二〇（一九四五）年代に、〔1〕が租税徴収権は「国家の財政権に基き収入の目的を持って国民に対し無償かつ強制的に徴収される金銭給付である」こと、〔2〕が「税法が税収入の確保を目的とする法律であり、しかも、その目的達成の手段たる法の性格上、強度の強権性と強行性並びに技術法的色彩を有すること」なども考慮していずれも信義則違反を否認する点に、その一端はうかがわれないでもない。同四〇（一九六五）年代に、〔24〕は「釧路市はその財政事情が相当窮迫した状態にあったうえ、より緊急を要し、一般住民の福祉に直接関係のある政策を遂行するための財源を確保する公益上の必要から、かねて議論のあった工場増設に対する奨励金の制度を廃止する改正条例を制定施行したものであり」、右改正条例が企業側との関係で著しく信義則違反とすることはできないといい、〔25〕もほとんど同旨の判示をするが、これらの判旨には財政的利益の考慮ということが顕著に現れている。同五〇年代にも、〔186〕が地方公共団体に法定外普通税の「収入を確保できる財源があり、しかも右税収入を必要とする財政需要がある場合」、同税の新設等はしない旨の「契約（確約）」の法的拘束力を認めることは「地方自治法二二三条、地方税法二条の法意に反する」といい、信義則違反を否認するのもこれに近い。ただ、この事案は右の「契約（確約）」の法的拘束力を認めても同法条に反するケースにはあたらず、財政的利益が独立に信義則またはこれを基礎とする事情変更の原則の適否の考慮要因になりうる場合であったと思う。

このほか、租税判例は、信義則の適用要件の一つとして納税者が重大な不利益を被ることをあげて、単に租税法令が定める税額の納付といった事実は右の要件に該当しないとするものが多い。また、税務行政庁側には信義則の適用を否定して期間経過後の更正請求や減額更正義務を否認しながら、納税者側には信義則を適用して更正可能期間経過後の課税所得発生時期の主張の変更等を許さないとする（前記一四八頁以下参照）。いずれも、財政収入の確保に重点をおいて租税法律主義を理解して、結果的に信義則の適否の判断のさいに国や地方公共団体の財政的利益をも考慮していることになろう。

二　信義則の適用要件の一つとして納税者の不利益をあげその意味を右の判例のように理解する学説は多いが、このほかの点に言及する学説はほとんどない。小沢氏は、租税法律主義の意味・機能の中には法定の財政収入の確保も含まれるという。[113] 和田教授は、本税については租税法律により徴収すべき税額は定まっていることを理由に信義則の適用を否認する。[114] これらによれば信義則の適否は租税法律主義との比較考量の問題に帰着することが多いであろう。

三　一般に、単に租税法令が定める税額の納付を強いられるという事実は、信義則の適用要件を充足しない。ただし、「本来適法に節税を図れるところ、誤った指導ないし回答によってその機会を逸し」本来の租税債務を負うに至ったという場合（〔101〕）は別である。このほか、〔24〕、〔25〕、〔186〕にみられるように、租税法律主義とは区別された財政的利益も信義則適否の判断のさいの考慮要因になりうるであろう。[115]

（113）　小沢・注（61）三二〇～三二一頁。同旨、小山・注（26）九〇頁。これに対して、金子教授などのいう租税法律主義の意味・機能の中には財政収入の確保という視点は明示されていない。前注（98）参照。
（114）　和田・注（28）一五九頁以下。

(115) 乙部哲郎『行政上の確約の法理』(日本評論社、昭六三・一九八八)二七五頁以下。

四 具体的関係の存在

一 信義則の適用の限界に関しては、これまでに扱った三つの事項とはやや異質のものもある。すなわち、昭和一三(一九三八)年、高橋博士が「條理があらゆる法律関係を規律するものたるに反し、信義誠実の原則は特定人間の権利関係を規律する」と主張するのは(116)、信義則の適用は行政側と相手方との間に契約関係その他の具体的関係のあることを前提とするものとも解しうる。私法における信義則の適用はこのような具体的関係の存在を前提とすると解して、この点で信義則と権利濫用の法理とを区別しようとする見解(117)が有力のようである。行政法上の関係への信義則の適用についても同旨のようにもみえる見解がある(118)。

これに対し、昭和三三(一九五八)年、下山教授は、通達行政のもとで通達に善意で依拠した者の救済という視点から英米行政法における禁反言則を紹介・検討している(119)。行政法令・租税法令の遡及禁止の法的根拠として信義則をあげるものは(120)、信義則適用の前提として当事者間の具体的関係の存在は必須の要件ではないと理解するように解される。公開通達など広く納税者一般に向けられたものも課税庁側の「公的見解」、「公の見解」等に相当するとみるものも(121)、右と同旨の理解にたつものと思われる。

二 租税判例をみると、昭和三〇(一九五五)年代に、〔5〕は、都知事や厚生省等は相続税等を免れうるとして医療法人の設立を勧奨・指導したと納税者が主張した事案で、この勧奨・指導を明示しないで相続税法の遡及適用の信義則違反の可能性を示唆して、信義則の適用は必ずしも国・課税庁と納税者間の具体的関係の存在を前提としないとみるようでもある。〔57〕は「立法における禁反言の原則もしくは信義誠実の原則」の適用の余地を承認

するものと解される。これに対して、昭和四〇年代に、〔24〕、〔25〕は工場増設についての奨励金交付制度を廃止する改正条例の信義則違反を否認する。また、〔5〕と同様の事案で、〔43〕、〔68〕、〔69〕は、納税者の信頼の対象になっているのは改正前の相続税法自体ではなく、あくまで都知事等の勧奨・指導という個別的言動であることを前提にこの勧奨・指導の存在を否認して相続税法の遡及適用の信義則違反を否定、〔120〕は、自治省府県税課担当官による回答があっても地方税法の改正により課税対象とされることはないとの信頼は保護に値しないというが、これらの事案では右の具体的関係は存在すると解される。

通達についても、昭和四〇年代の〔13〕、〔33〕、同五〇年代の〔91〕、同六〇年代の〔235〕や平成初期（一九八九～一九九七）の〔333〕などは、いずれも信義則の適用の可能性を認める。これらの判例は、信義則適用の前提として右の具体的関係の存在は不要とみるように解される。逆に、〔157〕や〔188〕は信義則は通達の（遡及）適用の根拠にはならないかのように判示するが、原則的に右と同様の立場をとるのかは必ずしも明確ではない。〔343〕は、酒税法に基づく酒類販売業免許に関して「小売に限る」旨の条件解除の申請を同法条の取扱について定める昭和四六（一九七一）年通達に従って行うことを「管轄官庁が原告に対して表明したとまでは解しがたい」として条件解除申請の拒否処分の「禁反言の法理」違反を否認している。

〔61〕は所得金額等の計算に関する一般的事項を概括的に解説する「所得税の確定申告の手引き」を送付したにすぎないこと、〔95〕は大阪国税局のテレフォンサービスによる概括的説明であることなどを理由に、いずれも信義則の適用を否認する。これらの判例は、課税庁と納税者との間に具体的関係のあることを求めるものとも解しうる。〔72〕は、信義則が公法分野に適用されうるにしても、信義則の適用の前提として「契約当事者のような特殊な法律関係」の存在を示唆し、〔186〕は「行政側と私人との間に契約その他これに類似する具体的関係によって何

らかの信頼関係が生じた場合」といい、より明確に右の点を積極に解するようにみえる。

三　行政法関係における信義則適用の前提として当事者間の具体的関係の存在の必要性は、もともと行政法への信義則の導入にあまり積極的でない論者が主張したといわれる。また、私法上の信義則の類推適用説を根拠に行政法における信義則の適用を説く者は、信義則適用の前提として右の具体的関係の存在を求めるとも解しうる。そうすると、今日のように法の一般原理としての性格から行政法関係でも信義則の適用は当然に可能とみる場合には、必ずしも私法のごとく信義則適用の前提として右の具体的関係の存在は必要ではないという考え方もありうる。この具体的関係の存在を要求するのは、一つには行政法令・規則などの信頼対象適格を認めることにより多数の納税者の信頼保護を図る結果、行政主体に予期しがたい過度の負担を負わせることを阻止する点にもあるという考え方もありうるが、この点は、個別具体的事案での利害の比較考量により信義則の適否を判断するということで解決しうるかもしれない。

しかし、法的保護の対象となる信頼はあらゆる信頼ではなく、信頼の観念は厳しくみなければならない。一般に、公開通達や第三者の同種事案における課税処分などの信頼対象適格を認めることには疑問がある。[122] その理由は、租税法令の適用およびその前提となる解釈は、厳密には個々の納税者しかもその個別の課税要件事実ごとに異なりうるはずであるが、通達は納税者一般に共通して租税法令の解釈・適用を定める点で抽象的性格を免れず、第三者の同種事案における課税処分なども これに近いこと、税務行政庁側と相手方納税者との間に具体的な接触・交渉が存在しないから信頼の法的保護の前提を欠くことにある。[123] この場合、相手方は、自己のケースでも通達に定める取扱をするのか、あるいは、第三者のケースと同一の取扱を行うのかを照会し、これに対する教示や回答等について初めて信義則の適用の可能性がでてくると思う。[124][125] これにより、信頼保護をその観念・機能とする信義則によっては相

手方の救済の不可能なところがでてくるが、そこは後にみるように平等原則・行政の自己拘束の法理が担当すべきであり[126]、信義則に加重な救済負担を負わせることには疑問があろう。

なお、納税相談等における指導助言等は「一般」的とか「抽象」的なものなどにとどまることを理由に信義則の適用を否認する判例も多く（〔60〕・〔83〕、〔66〕、〔95〕、〔214〕・〔232〕、〔225〕、〔273〕、〔306〕、〔327〕等）、同一の納税者に対する過去の税務取扱の意味での租税実務（後記一七四頁参照）についても信義則の適用を否認する判例が多い。これらの場合は、課税庁と納税者との間に具体的な接触・交渉はあり信義則適用の前提である具体的関係が存在するけれども、信義則の適用要件である信頼の対象適格性のある言動や正当な信頼が存在しないためにその適用が否認されると解すべき場合に相当する。信義則適用の限界と信義則の適用要件とは一応の区別が可能であろう。

(116)　高橋・注(24)三四六頁。
(117)　谷口知平「権利濫用と信義誠実の原則」法セ一号（昭三一・一九五六）一四、一七頁、我妻栄「公共の福祉・信義則・権利濫用の相互の関係」末川博古稀記念『権利の濫用上』（有斐閣、昭三七・一九六二）四六頁、山木戸克己「民事訴訟と信義則」同『権利の濫用中』（有斐閣、昭三七・一九六二）二六五頁、好美・注(39)一九一頁。なお、最高裁も同旨のようにみえることについては、広中俊雄「信義誠実の原則の適用範囲」別冊ジュリ続学説展望（昭四〇・一九六五）五七頁。
(118)　今村成和「判批」（昭四三・一九六八）『現代の行政と行政法の理論』所収（有斐閣、昭四七・一九七二）三九一頁、松沢・注(30)七九〜八〇頁、遠藤博也『計画行政法』（学陽書房、昭五一・一九七六）二三七頁、碓井・注(28)三、七頁、千葉・注(38)一一五頁。
(119)　下山・注(25)一四八頁以下。
(120)　山田二郎「判例からみた税金紛争の問題点検討」税理一一巻四号（昭四三・一九六八）九三頁、中川編・注(60)一四七頁〔中川〕、北野・注(67)五四頁、森川＝元村・注(68)一八二〜一八四頁、品川・注(38)三九頁以下、

金子・注（14）一一〇頁。なお、橋本・注（79）八九頁。

(121) 堺沢・注（26）六七頁、榎本恒男「判批」『昭和六一年行政関係判例解説』（ぎょうせい、昭六三・一九八八）二五一頁、小林・注（38）一四八頁。なお、松沢・注（26）一三頁以下は、「租税行政庁と特定の納税者との間に継続的な特別の信頼関係を根幹する一種の公法上の契約関係が締結された場合に」信義則の適用を考慮すべきとしながら、他方、公開通達の信頼対象適格性を認めるなど、多少、明確でないところもある。小山・注（26）一〇七、一一二〜一一三頁も松沢教授に同調する。

(122) アメリカにおいて、一般処分について同旨の見解として、乙部・注（69）一三四〜一三五頁。

(123) 〔186〕にも影響を及ぼした工場誘致施策変更事件の最判昭五六・一・二七民集三五巻一号三五頁も、信義衡平の原則の適用要件の一つとして、「特定の者に対して右施策に適合する特定内容の活動をすることを促す個別的、具体的な勧告ないし勧誘を伴う」ことをあげる。

(124) 乙部・注（7）二一七、二五九頁。信頼保護の法的根拠を信義則に求めるか、それとも抽象的法律関係の規律の継続性の意味での法的安定性や基本権に求めるかにより、相手方の信頼の法的保護の前提として当事者間の具体的関係の存在が必須のものとなるかが決まるように思われる。ドイツではこの問題は活発に議論されており、信頼保護原則は信義則にも法的安定性原理にも依存しないそれ自体、独自の法原理であるという見解もあるが、これらの点については前注（71）の文献を参照。

(125) 神戸新聞〔日刊〕平一〇・六・九(7)面によれば、大蔵省は金融機関向けの通達を廃止するとともに、過剰接待の一因となった民間からの法令解釈の照会への対応法として新金融商品の合法解釈などに関する事例集を作成・公表する方針であるという。作成の仕方次第ではその内容にかなりの具体性がでてくるが、判例集に相当する程度ではこの事例集についても通達等と同様の指摘が可能であろう。もっとも、この事例集はアメリカでいうノーアクション・レター（違法として摘発しないことを約束する文書）に発展する可能性があるともいわれ、そうすると確約に相当する余地もあるように解される。

(126) 後記二一八頁以下。アメリカ法で類似の見解については、乙部・注（52）五九頁、同・注（44）一七三頁以下。

七　信義則の適用要件

一　はしがき

税務行政庁側への信義則の適用要件に関する租税判例の展開については概観した（前記九〇頁以下）。要約的にいえば、昭和四〇（一九六五）年代の〔13〕や同五〇年代の〔101〕による問題提起を受けて、〔78〕や〔92〕とりわけ〔120〕は「公の見解」等の適用要件を提示、〔132-2〕・〔160-2〕は信義則等が「どのような場合に租税法律関係に適用されるかは問題のあるところであるが、少なくとも、納税者が課税庁の表示した見解等を信頼し、その信頼に基づいて何らかの行為をなしたことが前提となるものと解される。……右行為の結果に対して課税庁自らのちに異なった見解等のもとに納税者に対し不利益な取扱いをするときには信義則上の問題が生じ」るという。〔174〕・〔184〕も「公の見解」要件を引き継ぐが、「正式の見解」ともいう。同六〇年代には、〔201〕が「租税法律関係において信義則が適用されるためには、少なくとも、課税庁の一定の責任ある立場の者が、納税者に対し、信頼の対象となる公の見解を正式に表示し、納税者がこれを信頼して申告等の行為をしたことなどの事実が必要である」といい、〔207〕もほとんど同旨の判示を行い、〔208〕・〔215〕も「公の見解」要件を引き継ぎ、〔210〕・〔220〕は「公的見解」要件を提示する。とりわけ、〔219〕が「公的見解」要件を初めとして比較的まとまった要件を提示した後は、「判例の展開(2)」として紹介した租税判例を中心に、ほぼこの要件が確立することになる。

「判例の展開(2)」中に掲記の判例以外にも、たとえば、〔338〕は「課税処分は、もともと租税法規に基づいて客観的に定められるべき処分であるから、右処分について信義則ないし禁反言の法理違反があるというためには、税務

官庁が納税者に対し信頼の対象となる公的見解を表示し、納税者がその表示を信頼して行動したところ、後に右表示に反する課税処分が行われたため経済的不利益を受けることになったというような特別の事情のあることが必要とされる」といい、この最高裁に同調している。従来、民事訴訟における信義則の適用要件については、訴訟における禁反言を中心にほぼ確立したものがあったが、〔243〕が課税処分取消訴訟における処分理由の差替えとの関係で、民事訴訟における信義則や禁反言則の適用要件ではなく右の最高裁と同旨の適用要件によるべきことを明示したのは重要であり賛成できる。(127)

二　近時の学説のなかには、税務行政庁側への信義則の適用要件をまとまった形で提示するものがある。昭和四七（一九七二）年、中川博士は、①納税義務者の信頼の対象となるような税務官庁の言動があること、②納税義務者が税務官庁の言動を信頼し、しかも信頼したことについて責められるべき事由がないこと、③納税義務者が税務官庁の言動への信頼を基礎として、なんらかの税務上の処理をしたこと、④税務官庁が自己の言動に反するような税務行政処分をしたこと、⑤税務行政処分により納税義務者が経済的に不利益を受けたこと、⑥納税義務者に、税務官庁の言動に関連して背信行為のないこと、⑦税務行政処分は適法処分であることをあげる。(128)同四九（一九七四）年、品川氏は、①税務官庁が納税者に対し信頼の対象となる公的見解を表示したこと、②納税者がその表示を信頼し、その信頼過程において責めらるべき事由を有しないこと、③納税者がその信頼に基づき何らかの行為をしたこと、④税務官庁が当初の信頼の対象となる公的見解の表示に反する行政処分をしたこと、⑤納税者がその行政処分により救済に価する経済的不利益を被ったことをあげる。(129)同五一（一九七六）年、金子教授は、①税務行政庁が納税者に対して信頼の対象となる公の見解を表示したこと、②納税者の信頼が保護に値すること、③納税者が表示を信頼しそれに基づいてなんらかの行為をしたことをあげる。(130)

右の中川説・品川説では税務行政庁の先行の言動に矛盾する行政処分の存在ということが明示されており〔219〕等と同じであるが、金子説もこの点は認めるところであると解される[131]。付言すれば、中川博士があげる⑥の要件は②の要件中に吸収可能であり、国税通則法六五条二項に所定の正当理由などいわゆる法令の解釈基準としての機能を信義則が果たす場合には⑦の要件をとくに明示する必要はないようにも解される。金子教授は納税者の帰責事由や不利益を明示しないが、②要件は信頼の正当性をも含むものと理解すれば、納税者が信頼したことについて帰責事由がないこともこれに含まれうるわけであり、同要件の説明の中でも納税者に帰責事由がない旨を明示していること、③要件についての説明の中で納税者の不測の損害をさけるべきとすることなどに留意すべきであろう。

三　行政法または租税法における信義則の適用要件を探る方法にはいろいろある。信義則について定める行政法令（例、地自一三八条の二、建設二八条、宅建業三一条など）から探るという方法があるが、関係行政法令の質量の不足などからみて十分ではない。私法上の信義則からの類推・演繹という方法は、いわゆる私法関係における適用（例、公共住宅の明渡請求等）を考えるさいには有益ではあるが、ほんらい私人間の法律関係を対象とすることをも考慮すれば、この方法のみによることはできない。行政法または租税法における信義則に関する判例・学説が増えつつあることを考えると、この種の判例等の分析により適用要件を得るという方法を主とするのが適切であろう。外国法もその内容次第ではあるが参考に値するであろう。

一般に、行政庁側への信義則の適用要件は、第一に、行政庁側の公的な言動があったこと（信頼の対象適格性）、第二に、相手方がこの公的言動は適法または存続すると正当に信頼したこと（信頼の正当性）、第三に、相手方の信頼が法的保護に値すること（信頼の法的保護）というようにまとめることも可能であろう。最後の要件はかなりの包括性をもつ内容であり、その存否は法律による行政や個別法律規定などとの比較考量により決めるべきであるが、

相手方が信頼に基づいて行動または行動せず、その結果、後行の行政処分等への対処が不可能または期待不可能な損失のもとでのみ可能であるときは、原則として相手方の信頼は法的保護に値する。(132)〔219〕や学説があげる納税者が信頼に基づき行動したとかその後の税務行政処分等により不利益を被ったとかは、信頼の法的保護が認められる定型的場合に相当すると解される。右の最高裁が「納税者の信頼を保護」すべき特別事情として「少なくとも……点の考慮は不可欠」といい、そこで提示する税務行政庁側への信義則の適用要件を必ずしも固定的なものとは考えず弾力性をもたせているのも、基本的には同旨であるように解される。以下では、右の最高裁判決が掲げる適用要件を各別の冒頭に記して、検討することとする。

(127)　本書第六章二八四頁以下。

(128)　中川編・注(60)一四七頁〔中川〕。

(129)　品川・注(38)二〇頁以下。

(130)　金子・注(14)一一四頁以下。

(131)　ほかに、松沢・注(26)一三頁、千葉・注(38)一一三頁以下。このほか、鎌田泰輝「判批」『昭和五三年行政関係判例解説』(ぎょうせい、昭五四・一九七九)二七八頁、林・注(55)二二一頁、榎本・注(121)二五〇～二五一頁はいずれも品川氏が提示した適用要件に、小林・注(38)一四八～一四九頁は金子教授があげる適用要件に、大体、同調している。首藤・注(26)一三四頁以下も品川氏が提示した適用要件を基礎におき、辻井・注(20)三三一～三三二頁も税務行政庁側の帰責事由を付加するほかは品川氏が提示した適用要件に近い。なお、和田・注(28)一五九～一六〇頁。

(132)　ドイツ連邦行政手続法四八条二項や社会法典一〇編四五条二項は、授益的行政行為の職権取消の場合の信頼の法的保護の要件についてこれに近い定めをしている。ただ、これらの法条は、受益者が原状回復が不可能または期待不可能な損失のもとでのみ原状回復ができるような財産的処分をしたときにも、受益者の信頼は原則として保護に値す

るという。〔13〕では、納税者は非課税取扱の通知を信頼したがために非課税対象である準学校法人になるための手続に着手しなかったのであり、納税者の信頼は保護に値すると思う。「原則として」という語句からも分かるように、受益者の信頼の法的保護を右のような財産的処分をしたときに限る趣旨ではないが、非課税対象である準学校法人になるための手続に着手しなかったという不作為をもって、右の法条にいう財産的処分にあたるというには多少、無理があり、「財産的」処分に限定するのも狭すぎると考えて、本文のごとく後行の行政処分等への対処が不可能または期待不可能な損失のもとでのみ可能というようにした。なお、乙部・注（7）二三七、二四五頁以下。衡平法上の禁反言則の適用要件については、同・注（69）一三三～一三四頁。

二　信頼の対象適格(1)

一　〔219〕は、信義則適用の第一要件として、「税務官庁が納税者に対し信頼の対象となる公的見解を表示したこと」をあげるが、この要件については三つの項目に分けて分析・検討することにする。

従来の租税判例は、信頼の対象となる税務行政庁側の言動を、禁反言則（〔15〕、〔62〕）、信義則（〔78〕、〔92〕）もしくは禁反言則・信義則に共通して（〔32〕・〔39〕、〔174〕・〔184〕、〔210〕・〔220〕）「表示」という。また、単なる不作為や（約一五年間の）非課税の事実状態は「禁反言の法理にいう信頼の対象たる表示……信義則にいう相手方の信頼の原因たる行為」に該当しない（〔72〕）、税務署で大量的にしかも短時間で納税者の説明を前提に行われる「指導助言」や約二年半程度「課税処分がなされないという事実状態」は、いずれも「禁反言の法理又は信義則にいう信頼の対象たる（べき）表示ないし行為ということはできない」（〔153〕・〔178〕）、「一〇年前の同種確定申告につき更正処分がなされなかったというだけでは信義則や禁反言の法理にいう信頼の原因たる行為ないし表示があったものとは到底いえない」（〔158〕）など、禁反言則について「表示」、信義則については「行為」と使い分けを明示または示

唆するものもあった。右の最高裁判決以後、租税判例は信義則・禁反言則に共通して「公的見解」とのセットで「表示」の言葉を使う傾向にあるようである。

ここで、「表示」を「いわゆる表示による禁反言」に限定して法令の解釈に関する見解を含めないとしたり（〔15〕。ただし、〔120〕）、法律行為論にいう意思表示に限定して指導や教示・回答等の知識表示を除外する趣旨であるとすれば、いずれも適切とはいえない。また、これらは「意見」や「意向」等にあたるとしてその信頼対象適格性を否認したり（〔15〕、〔82〕、〔173〕、〔280〕）、「行為」や「見解」等の表現により不作為の信頼対象適格性を否認するのであれば、やはり適切とはいえない。そうでないかぎり、表示・行為・言動のいずれの表現であってもとくに問題はないように思う。

二　租税訴訟と信義則に関する判例は後にいちおうの紹介・論評を試み[133]、法令・通達や納税相談における指導等の一部については前述したから（一二一、一五九頁）、以下では、別稿[134]等に基づき納税者の信頼の対象となったこのほかの税務行政庁側の言動を中心に、信義則適用の第一要件の存否について簡単にまとめておくことにする。とりわけ、**〔219〕**以降の判例には、各言動形式のほとんどで、「公的見解」の表示の用語を使うとともにその有無を重視するという傾向が現れていることが分かるであろう。

1　合意・契約　〔1〕、〔2〕、〔78〕、〔186〕、〔264〕・〔270〕、〔278〕は、合意・契約が租税法令の規定に違反する場合には結論的には信義則の適用に消極的であるが、その信頼の対象適格性自体を否定する趣旨は明示していない。住民訴訟において、「土地無償賃借契約書」の中で固定資産税・都市計画税を減免するとの条項について、〔280〕は固定資産税を非課税とする見解は「多分に予測を含んだ一般的な意向」であるとして「公的見解」性を否定するのに対して、その控訴判決である〔289〕は約束の存在とその公的見解性を認めるが、後者が適切である。

2　行政行為　〔10〕は、徴税行為等について信頼対象適格性を承認、この徴税行為等に反する滞納処分等との関係で国側の信義違反を認めて、民法一七七条の善意の第三者には該当しないとする。これに対して、〔36〕、〔127〕・〔153-2〕、〔184-4〕・〔229-2〕は理由付記に不備のある更正処分を取り消す再更正、〔58〕・〔67〕は期間経過後の更正請求を認容する減額更正処分を取り消す再更正、〔79〕、〔112〕・〔136〕は更正処分の審査請求後にこれを取り消す再更正、〔123〕、〔190〕・〔198〕、〔204〕は青色申告承認の取消処分について、いずれも信義則違反を否認するが、更正処分や青色申告承認の信頼の対象適格性自体を否定する趣旨は明示していない。〔208〕・〔215〕は更正処分は再「更正をしないという公の見解」を示したことにはならないといい、〔243〕は「更正、異議決定において示された見解は、更正の取消訴訟を提起する関係（で）は……公的見解には当たらない」といい、更正処分の理由の差替えを許容する。これに対して、〔330〕は本件土地建物を相続財産に含めて算定した更正処分の公的見解性を認めるが、延納申請却下処分はこの公的見解に反するものではないとしてその信義則違反は否認する。

契約や青色申告承認等の行政行為は信義則を援用するまでもなくそれ自体法的拘束力をもつが、契約解除・行政行為の取消等の制限との関係では信頼対象適格性は認められる。[135] ただし、更正期限内であれば一般に再更正等は可能であることは知られているから、更正処分の信頼対象適格性は認められるものの、再更正等をしないことについて正当な信頼を認めるのは難しいように思われる。

3　申告是認通知　申告是認通知の信頼対象適格性を否認することも、その事実行為性等を理由にすでに昭和四〇（一九六五）年代からほぼ確立されたようである〔19〕、〔29〕・〔45〕、〔40〕・〔65〕）。同通知は「確定申告に対し更正処分がなされるかも知れないという納税者の不安を早期に解消させるためになされる」が、「法人税法に根拠を有しておらず」（〔32〕・〔39〕）、国税庁の法人税事務提要に基づいて発せられるという。[136] 同五〇年代・六〇年代に

は、同通知の信頼対象適格性の有無をめぐる判例は現れなかったようであるが、平成初期に（一九八九〜一九九七）、〔312〕・〔335〕は、申告是認通知は事務上の行為であり一応の態度を表明するものにすぎないから「公的見解」には当たらないとしている。申告是認通知の法的性格は一般に右の諸判例が指摘するとおりであり、信義則適用の第一要件は充足するものの、原則として当該申告について更正処分等をしないということについて正当な信頼は認められないであろう[137]。

4　納税申告の単なる受理　納税申告を課税庁が異議を唱えることなく単に受理したことは、積極的意味をもつ申告是認通知よりも一般的により低い信頼価値しか認められないであろう。〔10〕が「税務署長に対し本件土地を自己の所有として申告し、同署長は該申告を受理して、上告人から財産税を徴収したという事実だけでは足りず」と判示するのも、これに近いものがある。納税申告の受理は、信義則適用の第一要件は充足するものの、一般に当該申告について更正処分等をしないということについて正当な信頼は導かれないように思う。〔156〕も私見と同旨のようである。したがって、結論的には、信義則の適用を否認する〔245〕・〔253〕、〔254〕、〔322〕・〔329－2〕はいずれも妥当であろう。

5　納税相談等における助言指導等　納税相談等における助言指導などの信頼対象適格性を否認するような原則も、すでに昭和四〇（一九六五）年代からほぼ確立されたようにみえる（前記一二一頁参照）。納税相談等における指導等の「公の見解」・「公的見解」性等を否認するものも多い。同五〇年代に、〔120〕は自治省税務局府県税課の担当官の回答の「公の見解」性、〔140〕は責任ある税務当局担当官の「公式見解」性、〔174〕・〔184〕は東京都税事務所の係官の電話による即答の「公の見解」・「正式の見解」性をいずれも否認する。同六〇年代には、〔201〕、〔207〕も「公の見解」性、〔225〕・〔241〕は税務相談の「公式見解」性、〔236〕は「公的見解」性をそれぞれ否認する。平成

初期には（一九八九～一九九七）、〔260〕は「納税相談における助言」の「公的見解」性、〔268〕や〔293〕・〔316〕は税務署長等の「公式の見解」性、〔281〕も税務官庁の「公的見解」の存在を否認する。〔312〕は大阪国税局職員との「私的な相談」の「公的見解」性を否認する。〔326〕は区役所固定資産税課の担当職員は役職はなく口頭による特別土地保有税の免除可能性がある旨の指導、〔328〕は納税相談は行政サービスの一環として一応の判断を示すにすぎないとして、いずれも「公的見解」性を否認する。〔335〕も税務相談は行政サービスの一環であり「担当職員のその場における判断の表示にすぎず、税務官庁の公式見解の表示ではない」という。〔341〕は、前年に青色申告をした納税者に機械的・事務的に青色申告用紙を送付したことやこの用紙に印刷の注意書の記載、および、所得税法一四三条に所定の業務廃止の場合には青色申告承認の効力が失われることを通知しなかったことは、いずれも「公的見解」の表示には該当しないという。

判例の中には、納税相談における助言等が具体的調査を伴わず一般抽象的性格にとどまることを理由としてもその信頼対象適格性を否認するものがあり（〔66〕、〔218〕・〔244〕、〔260〕）、納税相談は「税務調査とは異なり、原則として相談者から提示された事実関係に基づき相談事項を検討すれば足りる」として、税務調査との差異を認識するものもある（〔246〕・〔250〕）。学説の中にも、税務調査段階に限って確約の立法化を提言するもの[138]や、税務調査段階における税務行政庁側の言動については信頼対象適格性をとくに強く肯定するものもある。[139]しかし、所得調査における株式取引に関する「言明」（〔63〕・〔88〕）、法人税調査における役員報酬に関する法規定の「説明」（〔168〕・〔181〕）や、税務調査においてある経理処理を否認しなかったこと（〔201〕、〔254〕、〔338〕）、税務調査において特段の指導をしなかったことについて（〔322〕・〔329-2〕、〔331-6〕）、いずれも信頼対象適格性が否認されている。

一般に、納税相談等における指導等の信頼対象適格性を否認する判例には疑問があるが（前記一二二頁参照[140]）、税

務署で大量的に行われる申告相談を通じて係官が短時間でしかも納税者の説明を前提とした指導助言を行わざるをえないのが現状であるとすれば〔153〕・〔178〕。なお、〔174〕・〔184〕、これらの指導助言すべてについて信頼の正当性が認められることにはならないであろう。信頼の対象適格性や正当な信頼の存否は税務行政庁側の広報・指導等にも依存しており、この広報等により一定の状況下で行われた指導助言等は正当な信頼の対象となりえないことが適正に相手方に知悉〔225〕・〔241〕または納税者一般に周知のものとなってくれば信頼の正当性は否認され、納税者全般に周知となれば信頼の対象適格性自体を否認せざるをえないことにもなろう。

6　修正申告の勧奨　〔82〕は税務署職員の臨戸調査時における修正申告の勧告は「事実上の単なる一応の意見であって何等拘束力はなく」といい、〔173〕は修正申告の慫慂は「課税実務上の単なる意見若しくは意向の表明」にすぎないといい、〔325〕・〔337〕は「税務当局の行政指導（修正申告の慫慂）」という。いずれも、修正申告の勧奨が事実行為であることを重視して修正申告に対する更正処分等の信義則違反を否認するものと解される。〔119〕・〔134〕、〔152〕・〔171〕は法定期間経過後の更正請求を適法なものとして処理すべき信義則上の義務を否認するのに対して、〔203〕は修正申告の慫慂を重視して税務署長による取消訴訟の訴えの利益の喪失の主張は信義則違反という。〔283〕は税務署係官による修正申告書の代筆は公的見解の表示にはあたらないという。

指導・勧奨等が事実行為であって法的効果をもたないこと、指導・勧奨等が行政サービスとして行われることは、いずれも公的見解の表示性や信頼対象適格性を否認する理由にはならないであろう。[141]

7　租税実務・慣行　昭和四〇（一九六五）年代に、〔42〕は「約一五年間金属マンガンを非課税とした山形市の措置は、合金鉄は金属マンガンを含むとする一種の法的状態に類する事実状態を作出した」といい、租税実務・慣行の信頼対象適格性を承認して課税処分は信義則違反とする。これに対して、〔46〕は約二年間、〔62〕は約七年

間、それぞれ同一内容の申告を異議なく受け入れて更正処分等をしなかった場合に、いずれも信頼対象適格性を否認する。同五〇年代に、〔72〕、〔153〕・〔178〕、〔158〕があり（前記一六八頁参照）、〔154〕・〔179〕も「長年月に亘る事実上の非課税措置は、信義則にいう相手方の信頼の原因たる行為に該当するものとは解せられない」という。〔113〕は、約一〇年間、納税申告をそのまま受理してきても、これに反する更正処分は禁反言則等に違反しないという。

昭和六〇年代には、「公的見解」をいいその存在を否認するものが現れる。〔210〕・〔220〕は、株式売買により生じた損失は事業損失とする昭和四八年分から同五三年分までの確定申告を受け入れてきたことは、事業所得（損失）に当たる旨の公的見解を表明したことにはならないといい、〔219〕・〔234〕は、青色申告書の受理、申告税額の収納、青色申告の承認の有無について早期の確認を怠り、青色申告用紙を送付しつづけたことなどは、いずれも青色申告としての効力を認める旨の公的見解と捉えることはできないという。平成初期には（一九八九～一九九七）、〔249〕は「約束」その他の発言もなく税務署側の「公的見解の表示」はないといい、〔265〕・〔272〕、〔295〕・〔305〕は非課税状態の信頼対象適格性を否認する。〔297〕はビル管理料についての納税申告をそのまま受理し続けて課税措置をとらなかったことは公的見解の表示には相当しないことを示唆する。納税申告を一〇年以上にわたり受理し続けて課税措置をとらなかったことについては、〔309〕・〔321〕、〔312〕・〔335〕、〔338〕は「公的見解」の表示性を否認、〔339〕は課税処分の取消訴訟でその主張を変更する妨げとはならないという。〔331-6〕は納税申告を三年間、受理し続けて課税措置をとらなかったことの「公的見解」の表示性を否認する。

ここで、租税実務とは同一の納税者に対する過去の税務取扱をいう。課税処分が原則として暦年ごとに行われることを考慮すると、過去一、二年の税務上の取扱から直ちに当該年度でも同一の取扱が行われるという公的見解が導かれうるかはかなり問題があり、これが導かれうる場合にも信頼に正当性が認められるかは疑わしいものがある。

一〇年以上にわたる非課税状態の信頼対象適格性が否認されるのも、あるいは歴年課税との関係からいわばこの状態が歴年ごとに更新されるものとして長期継続の状態と扱われない点に、その一因があるのであろうか。なお、同種事案における第三者に対する従来の税務取扱も租税実務には違いないが、この場合の租税実務が自己の場合にも及ぼされるかどうかは、いわゆる行政の自己拘束の問題となり、この場合の租税実務の信頼対象適格性は否定されよう。この点、〔333〕も結論的には同旨であろう。

三　右のように、判例は、当初から信頼の対象適格性を容易には認めないという傾向にあったが、とりわけ〔219〕以後、「公的見解」のほか「公式（の）見解」等の表示の用語を使うとともにその有無を重視するものが多くなる。このような傾向は、前掲の税務行政庁側の各言動形式のほとんどで見られるところであり、〔333〕も課税庁担当職員の私的著作物について公的見解性を否認する。そして、公的見解の表示性に欠けるとして、第二要件である信頼の正当性や第三要件である信頼の法的保護の要件の存否を検討するまでもなく、信義則の適用を否認するという傾向が顕著になってくる（公的見解要件の卓越性の承認）。わずかに、〔289〕や〔330〕は、公的見解要件の充足を認めるものの結論的には信義則の適用を否認する。

この公的見解要件の形成については、学説の影響も受けている。まず、中川博士は、税務官庁の「言動の形式は、照会に対する回答、申告指導、取扱いに関する説明、所得調査に際しての確言・確約、税法の統一解説、申告是認、更正処分等いずれでもよい」が、「当該部門につき代表権限なき税務職員の言動は、他の要件を充足せず、信頼の対象にはならない」といい[142]、税務職員の私的言動も信頼の対象となりえないとする[143]。その後、前記のように、品川氏は、「公的見解」要件を提示して、税務職員による言動であっても、それが私的なもの、「責任ある者」や「責任ある者から特に付託されて」いないときも信頼の対象たりえないとする[144]。品川氏による公的見解要件の提示は、税

務職員の純然たる私的言動や責任ある者の言動ではない場合の信頼対象適格性を否認するという意味をもっていただけでなく、内容的には税務行政庁側のほとんどすべての言動が信頼の対象となりうるという中川説などを念頭において、公的見解要件の提示により限定を加えようとする意図がみられる。金子教授も、「公の見解」要件を提示してこれは私的なものであってはならず、原則として「一定の責任ある立場の者の正式の見解の表示のみが信頼の対象となる」などとしている。(145) その後、鎌田氏、辻井氏、榎本氏や田中教授も、右の品川説と同旨の文言をあげる。(146)

公的見解要件について、昭和四〇（一九六五）年代までの判例はほとんど明確にしないが、同五〇年代の判例の中では、金子教授の表現法に〔120〕はほとんど同一、〔174〕・〔184〕はまったく同一である。同六〇年代にも、〔201〕や〔207〕は内容的には金子説にほとんど同じである。**〔219〕**は品川氏とまったく同一の文言をあげるが、「責任ある者」による表示であることまでは付加していない。その後、「判例の展開(2)」中に紹介の判例など、この最高裁判決と同旨のものが多数現れる。判例によれば、公的見解の存否の判断基準は必ずしも唯一的ではない。税務行政庁側の言動について、その主体（税務職員の地位等）・内容（確約の存否等）・形式（作為か不作為か、電話を含む口頭かなど）を総合的に評価して、公的見解の存否の判断をしようとする傾向にある。そして、主体の側面で税務署長その他の責任者等を要求する場合に、とくに「公式（の）見解」とか「正式（の）見解」という傾向も見られるようである。このことを顕著に示す判例として〔257〕は、税務署国税調査官が仮に「重課譲渡所得税の課税がされることはない旨の回答を電話でした」としても、「少なくとも、税務署長その他の責任ある立場にある者の正式の見解の表示であることが必要であるというべきであるから、原告主張の回答は、その回答者、回答の方法及び内容等に照らし、信頼の対象となるべき公的見解の表示であると認めることは到底できない」と判示する。ときには、税務行政庁側の言動を得る原因となった納税者側の申述の内容や形式（事実関係をどの程度詳しく明らかにしたか、電話

を含む口頭による問い合わせかなど）をも、公的見解の存否の判断材料に加える場合もある。

公的見解要件の卓越性をいう判例の支配的傾向には疑問がある。「公的見解」の表示という用語の意味からしても、契約や行政行為が公的見解の表示に該当しないとみるのは無理があろう。右の判例も、契約や行政行為が通例の意味の公的見解に当たらないとまでいうわけではなく、たとえば更正処分をしたことはそこから再更正処分をしないという見解（公的見解）までも表示したものと解されてはならないという趣旨であろう（〔243〕参照）。言い換えると、公的見解の意味を再更正処分をしないという確約とほとんど同義に捉えることも多いようにも解される。この種の確約が存在すれば、信義則を援用するまでもなく再更正処分をしないという義務が導かれる。信頼保護の視点からは、確約が存在しなくても指導・勧奨等から課税処分はしないという結論が導かれうる。その成否は納税者の視点からも判断すべきであって、つまりは信頼の正当性要件の具備の問題であろう。この意味では、公的見解要件は判例が考えるよりもより容易に充足されよう。[147]判例が要求する「公的見解」などは、要するに税務職員の私的見解（〔333〕）や法令・公開通達、第三者の同種事案における税務取扱などを排除する意味で理解すればよいと思う。[148]〔312〕は大阪国税局職員との「私的な相談」というが、本件では税務職員の公的見解の存在を認めうる。〔335〕もこの原判決のいう「私的な相談」部分は改めたものの「公式見解」性は否認する。

納税者の信頼保護の視点からむしろ重要なのは、信頼の正当性という第二要件の充足の問題であり、第一要件の充足の有無は第二要件と一体的または密接に関係づけて判断すべきであるように思われる。逆説的にいえば、納税者のほとんどが信頼の対象となりえないと確信する税務行政庁側の言動が信頼対象適格性がなく、つまりは判例がいう公的見解要件を充足しないと解されることになろう。たとえば、所得税法の関係規定や税務行政の実際を考慮すれば、青色申告書の受理、申告税額の収納、青色申告の承認の有無について早期の確認を怠り、青色申告用紙を

送付しつづけたことなどは、いずれも青色申告としての効力を認める旨の公的見解と捉えることはできず、青色申告としての効力を否認する〔219〕は妥当である。税務行政庁側の言動がもつ客観的意味を分析することは重要ではあるが、しかし、信頼保護の観点からは、このケースでも信頼対象適格性のある税務行政庁側の言動は示されていたと解しうるのであって、相手方が税務行政庁側の一連の言動から青色申告としての効力を否認されないものと「信頼」したかどうか、また、このように信頼したことについてその「責めに帰すべき事由」がなかったかどうかが重要であると考える。

(133) 本書第六章二八四頁以下。
(134) 乙部・注（2）二九頁以下。
(135) 社会保障領域における行政行為の職権取消と信義則に関する東京地判平九・二・二七判時一六〇七号三〇頁は、〔219〕を明示的に援用しているが、そこでは授益的・侵益的行政処分の公的見解性を認めている。
(136) 品川・注（38）五二頁。
(137) 申告是認通知の信頼対象適格性を承認するものとして、山田・注(120)九三頁、中川一郎「判批」シュト六八号（昭四二・一九六七）一五頁以下、否認するものとして、品川・注（38）五三頁、金子・注（14）一一〇頁、首藤・注（26）一三八頁、岸田・注(100)八三頁、木ノ下・注（95）三五七頁。
(138) 金子秀夫『税務行政と適正手続』（ぎょうせい、平五・一九九三）二四七頁。
(139) 高野・注(106)四三頁以下。
(140) 納税相談における指導・回答などの信頼の対象適格性を認める学説として、首藤・注（26）一三八頁、林・注（55）二二〇頁。ただし、遠藤・注（55）三二一〜三二三頁。
(141) 高野・注(106)四三頁以下は、修正申告の慫慂後の税務調査の制限や更正処分の信義則違反もありうるという。
(142) 中川編・注（60）一四七頁〔中川〕。

(143) 中川・注(8)一六頁。
(144) 品川・注(38)二〇頁以下。
(145) 金子・注(14)一一〇頁。
(146) 鎌田・注(131)二七八頁、辻井・注(20)三二一頁、榎本・注(121)二五〇頁、田中・注(23)五八、六一頁。
(147) 同旨、首藤・注(26)一三六〜一三七頁。なお、宇賀・注(21)一二二頁。
(148) 碓井・注(28)七、八頁も結論的には同旨であると思われる。岸田ほか・注(23)七六頁以下では、三氏とも、税務職員が官職を付して発行した著作物等の公的見解性を承認する。

三　信頼の対象適格(2)

一　前述のように、判例は、公的見解の意味を再更正処分をしないなどという確約とほとんど同義に捉えるように解されるものも多いほか、「信義則の適用の前提となる税務職員の確約そのものが認められない」((131))、土地譲渡が租税特別措置法の優遇措置を受けられる旨を「教示したり、これを確約した」わけではなく、「したがって、原告がこれを信頼して本件土地の譲渡に及んだものでもない」((207))、損失金の繰越控除を認める「約束」その他の発言もなく、統括官や調査官には「公的見解の表示」はない((249))、借入金利息の損金算入を認める旨の「確約をしたとはいえないなど」を考えると、この旨の「期待は法的に保護するに値しない」((269))、税務署係官による申告書の代筆は「申告内容をそのまま認めてその後更正等の措置を一切採らないという確定的な意思を表明したということもできない」から、「公的見解を表示したと認めることができず」((283))などと、確約・約束が存在すれば信頼または法的保護に値する信頼や公的見解の表示も存在すると明示するものもみられる。このほかにも、確約や約束等の存否を明示する判例も意外に多いが、当該ケースでその存在を認めたものはきわめて少ない。

昭和四〇（一九六五）年代では、〔24〕は工場増設のための奨励金を交付する旨の確約の存在を否認、〔29〕・〔45〕は申告是認通知は「将来更正等の処分をしないことまでも約束する趣旨のものではない」といい、〔68〕、〔69〕は「医療法人に対する相続税等の課税を許容するような法改正はいっさい行われないことまでも保障したものでないことは自明の理」であるという。納税者側が主張する確約の存否について判示しないというものもある（〔70〕）。同五〇年代には、〔96〕・〔111〕や〔140〕は租税特別措置法一四条に所定の割増償却が認められる旨の約束・確約、〔121〕・〔138〕は地方税の課税対象になるかどうかの「確答」、〔122〕・〔176〕は修正申告書を提出してその税金を納付すれば重加算税を賦課しないという「約束」、〔137〕は修正申告提出の指導どおりにすれば重加算税を課さないとの「確約」や反面調査はしないという「約定」について、いずれもその存在を否認する。ここで、「約束」、「保障」、「約定」、「確答」とは確約を意味するものと考えられる。同六〇年代に、〔221〕も確約と約束とを同義に使っている。〔217〕は納税申告を無条件に承認するとの約束もなかったことを理由の一つとして脱税の犯意の阻却を否認する。〔221〕は修正申告を取り消して納付税を還付する旨の約束・確約、〔237〕は修正申告をすれば以後更正処分をしない旨の約束について、いずれもその存在を否認する。平成初期（一九八九〜一九九七）、〔245〕・〔253〕は更正処分をしない旨の約束、〔260〕・〔268〕は更正処分をひかえる旨の確約、〔262〕は減額更正をすることの約束、〔270－3〕は「修正申告をすれば重加算税を賦課しない旨告知」、〔278－2〕は「税務調査を終える旨」の発言について、いずれもその存在を否認する。

右のように、判例は確約の存在を認めることに抑制的であり、わずかに〔186〕が古都保存協力税の新設等はしない旨の「契約（確約）」の存在を認め、〔289〕が固定資産税を減免する旨の「約束」の存在を認めるにすぎない。しかも前者では契約との区別も明確でなく、この二判決とも当該事案で信義則違反を判示するわけでもない。判例は

いずれも、確約・約束の観念や法的性質について明示しないが、行政の行為形式の中で確約・約束と目すべきものがあり、この行為形式はそれ自体または信義則を介して行政行為などの発付・不発付を義務づけることを大体、承認するといってよい。ここで、確約とは、菊井教授は「行政庁が将来行うであろう公法的行為について、自己拘束する意図をもって相手方に対して行う意思表示」と定義づけ、その法的性質は行政行為であるといい、筆者は「行政が将来における自己の行為または不行為を一方的に約束する自己義務づけとしての言動」と定義づけ、その法的性質は独自の法的行為であるとしている。いずれも、確約はその発付の瞬間から、適法な確約はもとより、違法な確約であっても無効でないかぎり、行政の将来の行為・不行為を義務づける効力をもつこと、この効力を根拠づけるために信頼保護原則を援用する必要はなく、同原則は確約の取消・撤回の制限の根拠とみることなどの点ではほぼ共通する。(149)(150)

二　他方、「教示」や「回答」の存否を明示する判例は多く、当該ケースでその存在を認めたものも少なくない。〔53〕は更正処分等の再審査請求についての調査期日は未定である旨の電話による回答・教示、〔120〕は地方税法に所定の軽油引取税の課税対象である炭化水素油の中にはコーレス燃料は含まれないという回答、〔155〕・〔175〕は譲渡所得金額の計算に関する指導・教示、〔174〕・〔184〕は地方税法に所定の不動産取得税の非課税要件に相当するという回答、〔225〕・〔241〕は納税相談における回答、〔257〕は重課譲渡所得税の課税がされることはない旨の回答、〔273〕は本件土地の売却が租税特別措置法三七条の対象になりうる旨の一般的回答について、いずれもその存在を認める。しかし、〔53〕を除いて、当該事案で信義則違反を判示するものはない。

これに対して、否定例としては以下のものがある。〔60〕・〔83〕は借地上の建物譲渡に関する借地権の存否についての回答、〔92〕は相続税については申告の必要がない旨の回答、〔94〕は納税者の所得は譲渡所得に当たる旨の

回答、〔101〕は不動産の売却益から五年以上前に発生した繰越欠損を控除できるという教示・回答、〔149〕は贈与税は賦課されない旨の教示、〔155〕・〔175〕は所得税法の規定の適用がある旨の教示、〔177〕は一定の方法により加工された中古パチンコ機は物品税の課税対象にならない旨の回答、〔241〕は「本件特例措置の適用がある」と「確定的に……回答」、〔246〕・〔250〕は租税特別措置法六五条の七第一項の適用がある旨の回答・教示、〔261〕は損金算入できる旨の教示や租税特別措置法三七条の適用を認めるとの回答、〔317-2〕は「債権放棄に係る金額が損金として認められる旨の明確な回答」について、いずれもその存在を否認する。〔279〕は原判決（〔273〕）がいう回答を「教示」とも称しているが、この教示が租税特別措置法三七条の買換え特例の適用がある旨の教示に相当することは否認する。これらの判例はいずれも、当該事案で信義則の適用を否認する。

右の判例はいずれも、教示・回答の観念や法的性質について明示しないが、教示または回答とは、事実または法状況についての行政機関による知識表示をいう。〔225〕は、教示・回答を明示してではないが、税務相談は「相談に応じこれらの知識を供与するもの」といい（前記一一九頁参照）、これに近い考え方を示している。教示・回答をどのように利用するかは相手方の自由な判断に委ねられ、行政はこれに関知しない。教示・回答は行政側による一定の秩序の形成や誘導等の目的から行われるのではない点で厳密には行政指導と区別され、その法的性格は単なる事実行為であると考えられる。[151] 修正申告の勧告や慫慂は、一般に行政指導に相当するから（同旨、〔325〕・〔337〕）、厳密には教示・回答とは区別すべきであろう。判例には、信義則に基づき納税相談における「指導、回答」の拘束性が認められる場合もあるとするものもあったが（〔101〕）、逆に、納税相談における回答は信頼の対象となりうる公的見解の表示には該当しないというものが多い（前記一七一頁参照）。教示・回答であっても、相手方の信頼保護の観点から法的拘束力をもちうると解すべきであり、教示・回答は事実行為であるというだけで信頼対象適格性やこ

れを具備する公的見解性を否認することはできない。[152]

三　教示・回答は、行政の一方的自己義務づけとしての言動である確約とも区別されるが、実際の事案ではこの区別は微妙なときがある。〔13〕・〔15〕や〔174〕・〔184〕、〔278〕、〔280〕は、地方税法に定める課税物件には当たらないという通知や回答は単なる事実行為とみるようであるが、この種の通知や回答は教示に相当するとともに、そこから課税処分は行わないという確約を導くことができる。〔257〕がいう重課譲渡所得税の課税がされることはない旨の回答についても、同旨の指摘が可能である。この点、〔289〕が固定資産税を賦課しない旨の「約束」の存在を認めたのは正しいように思う。これに対して、申告是認通知は、〔19〕等も明示するように事実上の行為であり、更正処分等の不行使を約束する確約ではなく教示・回答に相当すると思う。課税処分が原則的に歴年度ごとに行われることを考慮すると、申告是認通知に法的拘束力があると仮定しても少なくとも当該年度の確定申告についての申告是認通知は、〔29〕・〔45〕もいうように、翌年度以降の税務上の取扱までも表明する確約や約束ではない。課税庁側が納税申告に異議を唱えることなく単にこれを受理したことは、〔73〕・〔103〕もいうように、「以後更正等をなしえなくなる法的効果を伴うものともいえない」から確約を意味するものではなく、一般に教示・回答にもあたらないであろう。税務署係官による申告書の代筆は〔(283)〕、確約はもとより教示・回答にも相当しないであろう。

税務職員の助言は「便宜供与のための事務上の行為」〔(78)〕、修正申告の勧告や慫慂は「事実上の単なる一応の意見」〔(82)〕または「単なる意見若しくは意向の表明」〔(173)〕、税務相談における回答等は「将来の具体的な課税処分の内容を拘束するということはできない」〔(335)〕というが、当該事案でその内容を具体的に吟味すべきであって、必ずしも確約の可能性がないということにはならない。たとえば、納税者が事前に税務署「担当官等の助言と指導とを仰ぎ」、本件不動産の譲渡所得には租税特別措置法三七条一項の適用があるとの「見解」は〔(287)〕・

〔310〕)、教示さらに確約に相当しうる余地がある。

教示・回答とともに確約の存否を明示して、後者の存在を否認するものもある。〔106〕は、「示唆」・「回答」は口頭であり具体的な資料も検討しておらず、営業権の存否・価格算定について具体的な結論や数額を示唆するものではなく、具体的に「確言」したことはないなどとして、パチンコ営業の買受けに係る営業権価額を否認する法人税更正処分の禁反言則等違反を否認するが、ここにいう確言も確約に相当する。〔131〕は、「事実関係いかんによっては譲渡所得になりうるとの不確定な回答」の存在を認定するが、「本件土地の譲渡による所得が譲渡所得であるとの確約」を否認して所得税更正処分の信義則違反を否定している。〔306〕は、借地権の割合について「一般的な応答をしたにすぎず……確定的な判断を示した」わけではないといい、信義則違反を否認する。「確定的な判断を示した」ことは、「確定的に……回答」(〔241〕)、「確定的な意思を表明」(〔283〕)とともに、確約に相当しうるように思う。右の三判決は、教示・回答と確約との区別を前提に確約の不存在を考慮して、禁反言則等違反を否認しているものと解しうる。なお、〔207〕は租税特別措置法の優遇措置を受けられる旨を「教示したり、これを確約した」わけではないとして、更正請求拒否処分の信義則違反を否認するが、この旨の教示は確約にも相当することを示唆したものとも解される。

(149)　菊井康郎「西ドイツにおける行政法上の確約」(昭五二・一九七七)『行政行為の存在法』所収(有斐閣、昭五七・一九八二)一五三頁、乙部・注(115)二七七頁以下。なお、高木光「行政上の事実行為と行政の行為形式論」(昭五七・五八、一九八二・一九八三)『事実行為と行政訴訟』所収(有斐閣、昭六三・一九八八)一八七頁以下、二一〇頁以下は確約の法的性質をめぐる旧西ドイツの学説をくわしく扱うが、同二四六、二六九頁は確約の法的性質を独自の法的行為とみるようである。確約と契約との区別については、乙部・注(115)二七一頁以下、同「ごみ焼却場

等の建設差止めと確約の法理」神院二八巻一号（平一〇・一九九八）二一五〜二一六頁。

(150)　信義則を明示するわけではないが、本稿にいう確約に相当すべき「準契約」や「約束」の存在を明示する租税判例もある。広島高松江支判昭二六・九・二一行集二巻九号一五二三頁、最判平六・一二・二〇民集四八巻八号一六七六頁。岡山地判平八・九・一七税資二二〇号七六一頁は、A名義の株式等が同人の遺産ではなく原告ら相続人の固有財産となる旨の「原告らの見解を積極的確定的に支持保証したことはない」といい、国税通則法六五条四項の過少申告加算税を賦課しない正当理由の存在を否認したが、この意味の「保証」も確約に相当しうるであろう。なお、アメリカのアドヴァンス・ルーリングやわが国の租税法でも一部採用されているアグリーメントなども（前注（53）・(125) 参照）、確約と類似の機能をもつようである。

(151)　乙部哲郎「非権力行政の法理―教示・回答・情報提供を中心として―」神院一二巻一号（昭五六・一九八一）一頁以下。ドイツでは、確約（Zusage;Zusicherung）との区別・比較において、教示・回答・情報提供（Auskunft）の法律問題を論ずることが多い。

(152)　関税法七条三項は、輸入貨物に係る関税の申告に関して関税率表の適用上の所属、税率、課税標準等について、申請に基づき「適切な教示」をすべき努力義務を税関に課している。東京地判平八・一・二三判タ九一〇号一〇七頁は、この「事前教示回答書の他法令欄に記載がなされないことをもって、そのまま当該輸入貨物が他の法令に一切抵触しないことを保証もしくは証明するものでない」、この事前教示回答は「一応の税関限りの参考意見」か「単なる税関限りの情報提供」にすぎないと判示する。このかぎりでは、本件第二審・東京高判平九・七・一七も同旨のようであり、上告審・最判平一〇・五・二六も原判決は正当として是認できると判示するようである。戸谷博子「判批」『平成九年行政関係判例解説』（ぎょうせい、平一一・一九九九）三七九頁以下参照。

四　信頼の対象適格(3)

一　信頼の対象適格性が認められる税務行政庁側の公的言動には、内容的にみて、いわゆる事実の表示のみでな

く法令の解釈に関する見解も含まれるであろうか。昭和四〇（一九六五）年代に、〔13〕、〔23〕、〔59〕は肯定、〔15〕は「いわゆる表示による禁反言」であるから禁反言則は「単なる意見もしくは意向の表示では足りず」といいこれを否定する。(153) 同五〇年代には、〔91〕も肯定すると解され、〔174〕・〔184〕も「（この信頼の対象となる公の見解の表示には、事実の表示のみでなく、法令の解釈に関する見解も含まれると解される。）」といい明確にこれを肯定するが、〔173〕は修正申告の慫慂は「課税実務上の単なる意見若しくは意向の表明」にすぎないという。その後は、この点について明示する判例はないようであるが、〔168〕・〔181〕は、法人税調査において「役員報酬に関する法の規定について説明した」が、それは具体的に当該給与が事業経費から支出されるべき役員報酬に当たる旨の「判断」にはあたらないとする。同六〇年代に、〔202〕は一般に課税庁の「判断」が信頼対象適格性を認められることがある旨を判示して（前記一四四頁）、法的判断もこれに含まれうることを示唆するようにも解される。平成初期（一九八九〜一九九七）、〔260〕・〔268〕は「相談者の一方的な申立てに基づきその申立ての範囲内で税務署の判断を示すだけ」といい、〔328〕は「納税相談は行政のサービスの一環として税務署員が一応の判断を示すにすぎず」として、この「判断」の公的見解性を否認する。

租税法における信頼保護の主眼は、租税法令の大量複雑化のもとで税務行政庁側が示す法令の解釈に対する相手方の信頼保護にあると思われるから、法令の解釈に関する見解や判断も当然に信頼の対象適格性が認められよう。(154) 実際にも、判例の多くで法令の解釈に関する見解の信頼対象適格性が問題となっており、しかも前記のように判例は税務行政庁側の見解が確約に相当する場合にはその信頼対象適格性をほとんど承認するように解されることから、判例も結論的には私見とほぼ同旨であるように思う。ただ、右の判例は、〔13〕、〔23〕を除いて、いずれも当該事案で信義則違反を判示するものではない。

二　〔13〕は、禁反言則等の適用要件について、行政庁の言動が「一般的のものか特定の個人に対する具体的なものか、口頭によるものか書面によるものか、その行動を決定するに至った手続等」を考慮すべきとして問題提起をするとともに、当該事案において禁反言則等を適用する理由の一つとして、非課税の取扱が「正規の決裁手続を経て、公文書をもって」通知されたことを重視するようにみえる。〔101〕も指摘、〔186〕も示唆するように、税務行政庁側の言動の内容のほかに、言動の手続や形式の問題も考慮する必要がある。

第一に、税務行政庁側の言動が「一般的のもの」、たとえば通達について信頼対象適格性を承認する判例・学説も多いが、これには賛成しかねることはすでに述べた。

第二に、税務行政庁側の電話その他の口頭による表示の信頼対象適格性の問題がある。昭和四〇（一九六五）年代に、〔52〕は「大阪国税局長は、原告の不適法な再審査請求を受理し、調査期日は未定である旨電話回答」したことについて禁反言則等の適用を認める。しかし、〔59〕は保証債務の履行として出捐した金額は控除可能の雑損に当たる旨の税務署所得税課係官による口頭の指示、〔60〕は税務署法人課の課長補佐らの「回答は口頭による抽象的意見にとどま」ることをも重視して、いずれも信義則の適用を否認する。同五〇年代には、〔83〕は原判決〔60〕をそのまま引用する。審査請求裁決の調査を担当した東京国税不服審判所副審判官からの裁決取消訴訟の出訴期間に関する電話による教示については、〔90〕・〔107〕は結論が対立する。〔106〕はパチンコ営業権の評価方法等に関する税務署係官の回答は口頭であり具体的資料も検討していないこと、〔140〕は原告代理人である税理士の電話相談における東京国税局所得税課審理係の回答、〔174〕・〔184〕は東京都税事務所の不動産取得税係官による「一回限りの短時間の電話による問い合わせに対し即答」であることをも重視して、いずれも信義則の適用を否認する。平成初期には（一九八九〜一九九七）、〔257〕は税務署国税調査官が仮に「重課譲渡所得税の課税がされるこ

とはない旨の回答を電話でした」としても、「回答の方法……等に照らし、信頼の対象となるべき公的見解の表示であると認めることは到底できない」といい、〔279〕は「口頭で税務相談がされた場合にまで、買換え特例の認められる場合のすべてを過不足なく教示できる筋合のものでもない」といい、〔326〕は特別土地保有税の免除に関する指導は「単に口頭でされたに過ぎない」といい、いずれも信義則等の適用を否認する。

しかし、口頭による表示はすべて信頼の対象適格性がないとするのであれば疑問が残る。(155)

第三に、納税申告を課税庁が異議を唱えることなく受理をした場合、受理したこと自体は積極的行為のようにも解されるが、課税上の扱いに関しては積極的には何もいわず受理は不作為にとどまる。このような受理や非課税事実の継続状態については、一般に信頼対象適格性または公的見解性は否認されている（前記一六八、一七一頁参照）。〔86〕も処分理由の差替えの信義則違反を否認する理由として、税務署長が更正処分や不服申立手続で租税「特例要件を充足している旨を積極的に表示したことを窺わせる証拠はない」こと、〔190〕・〔198〕も所得税の青色申告承認取消処分の信義則違反を否認する理由として、税務署長が納税者の「帳簿組織及び記帳が青色申告要件に合致することを積極的に確認したことを認めるに足りる証拠はない」こと、〔240〕も認定利息の限度超過額について損金算入を否認する更正処分の信義則違反を否定する理由として、「税務署員の積極的な指導や助言によって会計処理をしたと認めるに足りる証拠は見当たらない」ことをあげている。〔312〕・〔335〕は一〇年以上も税務処理の是正を指示されなかったことは「およそ税務官庁の見解の表示そのものに当たらない」といい、より強く不作為状態の信頼対象適格性を否認する。〔331-6〕も「税務官庁の不作為ないし単に課税されていないという事実状態が継続したからといって、これをもって信義則が適用されるとすることは相当ではない」といい、〔340〕も税務調査で本件仮名仕入れ取引に「仕入税額控除に関する規定が適用されるという公的見解を積極的、明示的に表明した事実は存在

しない」といい、消費税更正処分等の信義則違反を否認した。わずかに、〔220〕が原告の株式売買により生じた損失は「税務署側の何らかの作為又は不作為を信頼したが故に生じたという性質のものではなく、専ら自己の才覚の然らしめた結果にほかならない」といい、税務行政庁側の不作為の信頼対象適格性を認めるようである。

判例が単なる不作為や非課税事実の継続状態の信頼対象適格性や公的見解性を否定する理由は、必ずしも明確ではなく単に積極的行為（作為）ではないからであるとするようにもみえる。この点、村井教授は、単なる不作為状態には課税庁の第一次的判断権の行使がみられないことを理由に、同一の結論をとる。[156] しかし、行政訴訟における行政と司法との権限境界に関する議論として生まれた第一次的判断権論を租税関係における信義則の適否に直ちに応用できるとしても、課税庁の不作為状態にもその第一次的判断権の行使がみられうることは、すでに不作為の違法確認訴訟（行訴三条五項）の導入に関する議論からも分かるであろう。判例・通説は行政庁側への失効の法理の適用可能性を承認するが、同法理の場合、信頼対象適格性は行政庁側の不作為についてまさに問題となることにも留意すべきである。不作為や非課税事実の継続状態にも信頼の対象適格性は認められる。[157] 失効の法理の適用要件としては、信頼対象適格性のある不作為と後行の課税処分等との間に相当期間が経過したことも必要となる（〔64〕。本書第七章三三一頁参照）。とりわけ〔42〕・〔72〕のケースでは、約一五年間も非課税取扱が継続したことや、昭和四〇年の地方税法の改正により新たに三年間の期限付で非課税品目として金属マンガンを付加、同四三年の同法の改正により合金鉄とともに金属マンガンも永久非課税品目に指定した経緯をみても、右の非課税取扱は租税慣行ともいうべき性格があり、その信頼対象適格性は強いものがある。

要するに、公的見解等の内容の場合と同じく、その形式・手続の側面についても、「納税者がその表示を信頼し」、かつ、このように信頼したことについて「納税者の責めに帰すべき事由」がなかったかどうかということが、むし

ろ重要であろう。ただ、税務行政庁側の口頭の表示や不作為(状態)の場合は、納税者の理解する税務行政庁側の見解についての立証負担・立証責任の遂行に困難な側面があり[158]、結局、信頼の対象適格性のある表示や信頼の正当性が認められないことも少なくないのではないかと思われる。

三　前記のように、中川博士、品川氏、金子教授などは、権限のない職員の表示の信頼対象適格性を否認した[159]。判例は、昭和四〇(一九六五)年代までは右の問題についてほとんど明確にしないようであるが、同五〇年代では、〔120〕は公の見解の表示は「租税行政庁」、同六〇年代では、〔210〕・〔220〕やとりわけ〔219〕が「税務官庁」によるべきといった後は、「判例の展開(2)」中に紹介の判例を中心に〔219〕に従うものが続出する。これらの判例によれば、典型的には税務署長がこれに相当することになろう。

必ずしも税務署長に限定しない判例もみられる。〔140〕は「責任ある税務当局の担当官として公式見解を表明」したことを求める[160]。〔174〕・〔184〕は「租税行政庁」のほか「一定の責任ある立場の者の正式見解の表示」であればよいともいい、必ずしも税務署長に限定するわけではないが、単なる税務署係官では足らないという。同六〇年代に、〔201〕、〔207〕も「課税庁の一定の責任ある立場の者が……公の見解を正式に表示」したこと、〔225〕・〔241〕は課税権を具体的に行使する者とか「課税当局の公式見解を表明」するものとかを求める。平成初期にも、〔257〕は「税務署長その他の責任ある立場の者の正式の見解の表示」であることを要求し、税務署国税調査官では足らないといい、〔268〕は「税務署長等の権限のある者の公式の見解の表明」、〔293〕・〔316〕は「権限のある者が公式の見解の表示」、〔309〕・〔321〕は「課税につき一定の責任ある立場の者が……公的見解を表示」したことを求める。〔326〕は区役所固定資産税課土地係の担当職員に「役職はな」いことを重視して「公的見解」要件の充足を否定した。そして、右の判例はいずれも信義則の適用を否認している。右の判例からは、一般に、税務署長等の税務行政庁には

限らないが、平の職員では不十分とするように解される。この点、佐藤氏は、いくつかの租税判例を分析して、「責任ある」者とは「副署長とか少なくとも統括官」であることが必要となるのではないかとしている。(161)

一般に、納税指導などについて、税務行政庁がこれをしたわけではないことを理由に信頼対象適格性を否定するのは疑問がある。行政庁概念は行政行為概念の要素ではあるが行政指導や非権力的事実行為概念の要素ではないからである。行政手続法二条六号は行政指導概念を定めるが、行政指導の主体としては「行政機関」を使っており、国税通則法七四条の二第二項・地方税法一八条の四第二項もこの行政指導概念に従っている。このため、税務署の係員でも行政指導権限をもつことはありうる。一般に、行政指導が信義則に基づいて法的拘束力を生じうることにも異論はない。要するに、公的見解等の内容の場合と同じく、権限の側面についても、納税者が税務職員はその役職などからみて当該表示をなしうる立場にあると「信頼」したかどうか、また、このように信頼したことについて「納税者の責めに帰すべき事由」がなかったかどうかが重要であると思う。(162)

(153)　なお、乙部・注（69）一三四頁。

(154)　同旨結論、須貝・注（8）三頁、山田・注（120）九三頁、金子・注（14）一一〇頁、碓井・注（28）五頁。なお、服部・注（40）四五頁によれば、この点については、もともと英米の禁反言則は消極的であるが、大陸法上の外観法理は積極的とのことである。

(155)　品川・注（38）二三頁、金子・注（14）一一一頁。山田・注（120）九三頁は、口頭・電話による教示等はその内容が確定的でないとして信頼対象適格性を否定する。

(156)　村井・注（10）一九四頁。同旨結論、松沢・注（13）一二七頁、堺沢・注（26）六七頁、吉良・注（61）六五頁、水野・注（21）五〇～五一頁。

(157)　金子・注（14）一一一頁、青木康「判批」ジュリ六一〇号（昭五一・一九七六）一二二頁、木ノ下・注（95）三

五八頁。なお、伊沢・注（32）五九頁以下、本城・注（69）二九頁以下によれば、もともと英米の禁反言則も不作為の信頼対象適格性を否定しないようである。

（158）乙部・注（69）一三四頁。行政手続法三五条二項は行政指導について要求があれば書面形式により交付すべきことを定め、相手方の書面交付請求権を保障すると解される。高橋滋『行政手続法』（ぎょうせい、平八・一九九六）三九〇頁、小早川光郎編『行政手続法逐条研究〔ジュリ増刊〕』（有斐閣、平八・一九九六）二八七頁〔塩野宏〕参照。ただし、国税通則法七四条の二第二項や地方税法一八条の四第二項は行政手続法三五条二項の適用を排除していることにも留意すべきである。

（159）同旨、松沢智「判批」税務事例六巻一二号（昭四九・一九七四）三〇頁。

（160）同旨、松沢・注（26）一四～一五頁、小山・注（26）一〇八頁、田中・注（23）五八頁。

（161）佐藤義行「最近の判例にみる税務署の指導・見解の表示効果と責任の程度」税理三七巻一〇号（平六・一九九四）四四頁。

（162）同旨、首藤・注（26）一三八～一三九頁、碓井・注（28）八頁、林・注（55）二一九頁、千葉・注（38）一一五頁。

五　信頼の正当性

一　〔219〕は、信義則適用の第二要件として、「納税者がその表示を信頼し」、かつ、このように信頼したことについて「納税者の責めに帰すべき事由がな」かったことをあげる。

昭和四〇（一九六五）年代に、〔13〕は納税者に「なんら責めらるべき点のない」ことや「信頼することが無理でないと認められるような事情にあった」ことを求め、かつ、このような事情があったといい、信頼の正当性を認める。〔42〕も同旨の結論であろう。〔59〕も「善意で信頼」したことを求め、かつ、この充足を認める点では同じ

であるが、後記の不利益要件の不備を理由に信義則の適用を否認、〔82〕も同旨である。同五〇年代に、税務行政庁側の表示を信頼したことについて、〔78〕、〔92〕は「一般的見地から無理からぬ」、〔101〕、〔186〕は「正当な理由」があるといい、〔107〕は「過失」のない、〔120〕は「主観的に信頼しても、右信頼は保護に値しない」、〔153〕・〔178〕は「一方的な思い込み」では駄目、〔156〕は「課税を生じないと速断」したのでは足らない、〔174〕・〔184〕は「やむを得ない」といい、いずれも信義則の適用を否認する。同六〇年代に、〔202〕が「無理からぬ」といい、〔209〕・〔231〕は「もっともな事情」があるといい、〔210〕・〔220〕、〔224〕は「納税者に何ら責に帰すべき事由がなく」といい、とりわけ**〔219〕**が同様の判示をした後は、「判例の展開(2)」中に紹介の判例のほとんどがこれに従っている。前記のように、中川博士、品川氏、金子教授なども同旨であると解される。

税務指導や教示・回答は法的拘束力がないから、納税者側はこれに拘束されるわけではない。そこで、納税者側が自己の識見・信念に基づいて独自の言動をとった場合は、納税者の正当な信頼は存しない。納税者側の言動およびそれに基づく不利益の発生が「税務署側の行為とは全く関わりなく、専ら原告自身の才覚に関わる事柄である場合」が（〔210〕・〔220〕）、その例である。

二　税務行政庁側の表示を信頼したことについて納税者に帰責事由がなく信頼したことが無理でなかったことを求める右の諸判旨に異論はないが、信頼の内容は税務行政庁側の言動は適法または存続するということにあろう。したがって、税務行政庁側の言動を得るにあたって、納税者側に、①詐欺・強迫・賄賂など不正な手段、②重要な関係において不当・不完全な申述、または、③当該言動の違法を知っていたか重大な過失によりこれを知らなかったときは、原則として信頼の正当性は認められない[163]。

まず、①の要件に関して、納税者側の詐欺・強迫・賄賂など不正な手段の存否が問われたケースは、判例ではほ

とんどみられないようである。

つぎに、②の要件に関して、正当な信頼の存否の判断基準として「(本件のような税務相談の場合、相談にあたり回答の前提となる具体的な事情を相談者がどこまで明らかにしたかを含む)」〔(101)〕ことに疑問はない。しかし、「納税相談において客観的な事実関係の全体について完全に説明」〔(20)〕・〔(48)〕したことを求めるのは、納税者にとって厳しすぎる。逆に、納税者が「自己に知れた事実を故意又は重大な過失により申告しなかった」ことを重視して禁反言則違反を否認するものがあるが〔(62)〕、納税者の故意・重過失を要件として、より容易に納税者の信頼の正当性を認めることになるのは疑問がある。パチンコ営業に係る売上の一部の脱漏や仕入額の過大計上をしていた場合〔(76)〕・〔(93)〕、「コーレス燃料そのものを表示又は提示せず、その分析結果も提示しておら」ない場合〔(120)〕、「事実と相違する原告の申出に基づき計算、指導」した場合〔(130)〕、原告の誤った説明に基づいて租税特別措置法三八条の六の適用を説明した場合〔(146)〕・〔(180)〕、不動産取得税に係る「本件建物の名称所在等の具体的事実を開示」しない場合や〔(174)〕・〔(184)〕、納税者側の「断片的な説明」に基づく場合は〔(306)〕、いずれも右の②の要件の充足は難しいであろう。(164) 納税者は転借地権であるとして納税相談に臨み、事実、その提示した資料や説明では転借地権ともみられうるし直ちに借地権であるとは判断できないという場合〔(222)〕もこれに近い。右の判例はすべて、当該事案で信義則の適用を否認している。勧奨に基づく修正申告の場合でも、修正申告時に納税者側になお所得の隠蔽などの事実があるときは、右の①または②の要件が欠け勧奨の内容と矛盾する増額更正処分は信義則に反しないであろう。

最後に、③の要件は、租税法令の増大・複雑化のもとでは課税庁側が公的言動中に表明した法令の解釈に寄せた相手方の信頼を保護すべきことに重点があることの端的な現れであるといってよい。したがって、「兼務監査役に

対する賞与の損金算入についてはその是非について従来から争いが存し」、本件事業年度から適用される改正法人税法によれば損金算入の認められる兼務役員の中から監査役は除外されることになった場合〔29〕・〔45〕、「被告担当官から、窒素製造分の電気に対しては課税される旨の告知を受けていた」場合〔154〕・〔179〕、いずれもこの要件は存しない。これらの判例もすべて信義則違反を否認する。**〔219〕**の場合も判例は言及しないが、納税者が元税務署員であり（その担当職務・勤続年数や退職後の経過年数なども問題ではあるが）、しかも自己名義による青色申告の直前まで自己が中心となって業務の運営を行い、青色申告の承認を受けてその養父・実兄名義で青色申告を続けてきたことから、青色申告承認の意味や手続等について知りえたことなどを考えると、右の要件の充足は難しかろう。その差戻後の判決である〔234〕も同旨である。なお、納税者に故意または重過失のあったことの立証責任は税務行政庁側にあるとみるべきであろう。[165]〔13〕もいうように、一般に税務行政庁側の言動は適法であると信頼してよいからである。

　納税者側が税務行政庁側の公的言動の違法を知っていたか重大な過失によりこれを知らなかった場合の重要な例として、当該職員の権限の知悉の問題がある。一般に、「当該課税庁としては職員全体が有機的に業務執行をなしているものと納税者は認識し、期待をしている」としても〔203〕、厚生省職員や知事が「医療法人に対する相続税等の課税を許容するような法改正はいっさい行わないことまでも保障」したと仮定しても〔68〕、〔69〕、または、自治省税務局府県税課の係官の言動から将来、法律改正はないと信頼しても〔120〕、これら官署のイニシアティブにより法律改正案の提出はしないということであればともかく、法律の制定・改廃は国会の権限であることは公知の事実であるから、本要件の充足は認められない。納税者が税務署「事務官が所得税の担当係であり、相続税に関する指導、回答についての担当係が資産税係であることを知っていた」場合は〔92〕、納税者の正当な信頼は

存しない。国税不服審判所審判官が直接の課税権限をもたないこと（〔131〕）。ただし、〔90〕・〔107〕、〔142〕の場合は別である）、地方税である不動産取得税については税務署長は課税権限をもたないことは（〔170〕）、いずれも納税者として知るべきであるから納税者の正当な信頼は存しない。右の判例中、〔107〕、〔203〕は当該事案で信義則を適用している。税務署長の土地管轄についても知るべきであり、その不知について納税者の責めは免れないであろう（国税通則法三〇条参照）。およそ課税機関にはあたらない公団職員の言明（〔95〕）、市農務課・農業委員会の担当職員の回答（〔207〕）、会社代表者による課税控除の説明（〔259〕・〔266〕）、市教育委員会の職員が国税上の取扱を記した副申書（〔281〕）については、より以上に納税者の正当な信頼は認められず、これらの判例もすべて信義則違反を否認する。

ただ、〔280〕や〔303〕は、固定資産税の賦課徴収権限を有する者と土地借受契約を締結する者とは別個の行政機関であることなどを理由に禁反言則の適用を否認するが、前者の行政機関が本件税務取扱に関する説明をしていたという実務もなく、契約書には市長の記名押印もあることから、納税者は市長が配下の行政機関の方針を統一して当該表示をなしうる立場にあると「信頼」し、このように信頼したことについて「責めに帰すべき事由」もなかったと解しうる余地がある。この点、〔289〕も同旨のところがあるが、結論的には信義則等の適用を否認する。

三　納税者の依頼人として税理士等が税務行政庁側と接触しているときは、信頼の正当性および次にみる信頼の法的保護の存否は納税者本人だけでなく税理士等についてもみるべきである。[166] 納税者が法人の場合は、信頼の正当性等の存否は法人代表者等についてみることが必須となり、これらの者から委託された税理士等についてもみるべきである。以下に列挙の判例も同旨であろうが、〔203〕を除いて、いずれも当該事案では信義則の適用を否認している。

昭和四〇（一九六五）年代に、〔44〕は原告依頼の税理士が「提出した資料だけに基礎をおいて相談がなされていること」、〔60〕は原告の関与税理士の質問は口頭であることなどを、信義則の適用否認の理由として考慮している。同五〇（一九七五）年代に、〔83〕も原判決（〔60〕）をそのまま引用、〔119〕・〔134〕は原告の関与税理士兼公認会計士の勧めもあって修正申告をしたのであり税務署側に修正申告の強要はなかったこと、〔140〕は原告の代理人である税理士は「自己の職業、身分は名のらず」、〔174〕・〔184〕は原告の代理人である公認会計士は「自己の住所氏名を名乗らず」相談に及んだことなどを、いずれも信義則の適用否認の理由として考慮している。同六〇（一九八五）年代に、〔192〕は税務調査をしなかったのは相続人の関与税理士の申出に基づくこと、〔203〕は原告の代理人である税理士が税務署事務官が不服申立ての利益を失わせるような指導をするはずがないと考えたのも無理からぬこと、〔224〕は「原告の代理人が税務相談に及んだのが、原告が本件立退料の負担行為をなした後のことである」ことなどを、いずれも信義則の適否の判断で考慮にいれている。〔225〕・〔241〕は原告の依頼を受けた税理士が納税相談の際に得た回答を原告が得た回答と同視する。平成初期に（一九八九～一九九七）、〔249〕は原告と同席した税理士も税務署統括官らに質問することなく損失金の繰越控除が認められると誤解したこと、〔292〕は租税特別措置法に所定の特定資産の買換えの場合における特別勘定の設定期間の再延長申請書は顧問税理士に相談のうえで作成・提出されていること、〔306〕は税務署担当官は原告の顧問弁護士らの断片的な説明に基づいて一般的な応答をしたこと、〔325〕・〔337〕は修正申告の慫慂の場には原告とともに公認会計士と税理士が同席していたことなどを、いずれも信義則の適用否認の理由として考慮にいれている。

以上に対して、〔334〕は、大阪国税局指導官や税務署担当官の指導を受けて譲渡所得の申告をしたのは原告の税理士であって、原告が「指導を受け、そこに示された見解に基づいて新たに何らかの私法上の取引行為を行ったと

いうものではない」として、法人税更正処分等は信義則違反ではないという。信頼の正当性やその法的保護の有無は納税者自身についてみるべきとするようにも解されるが、賛成できない。

(163) ドイツ連邦行政手続法四八条二項は授益的行政行為の職権取消の場合の信頼保護に関して、基本的に同旨の要件を定める。社会法典一〇編四五条二項、租税通則法一三〇条二項二～四号もほぼ同様であるが、前者は②の要件についても故意・重過失を求めることにより信頼の正当性をより緩やかに認め、逆に、後者は事物管轄権のない税務官庁が発した場合も取消事由に含めることにより信頼の正当性を認めることにより厳しいといえよう。これらの点については、さしあたり前注(103)に掲記の拙稿を参照されたい。なお、南＝原田＝田村編・注(45)一八一頁〔南〕。

(164) 納税者側の申述が不十分なときは正当な信頼は認められないとするものに、遠藤・注(55)三二頁、堺沢・注(26)六七頁。これに対し、水野・注(21)五一頁はこれを「公の見解」の存在要件とみるようである。

(165) 同旨、中川編・注(60)一四八頁〔中川〕。なお、表見代理は禁反言則に基づくものとか(伊沢・注(32)一五二、一三六頁)、信義則の特別の場合に相当するといわれるが(真柄・注(28)一五〇頁)、表見代理に関する民法一一二条は相手方の善意無過失を要件とし、外観法理は故意・重過失のあるときは信頼保護を認めないとするのが有力のようである(服部・注(40)四七～四八頁)。

(166) 同旨、伊沢・注(32)八四頁。なお、最決平九・一〇・七刑集五一巻九号七一六頁は、納税者に委託されて確定申告をした者が所得税ほ脱行為をした場合は所得税法二四四条一項にいう「代理人」に当たるとして、納税者本人にほ脱犯の成立を認めたことも参考になろう。

六　信頼の法的保護

一　〔219〕は、信義則適用の第三要件として、「納税者が……その信頼に基づいて行動したところ、のちに右表示に反する課税処分が行われ、そのために納税者が経済的不利益を受けることになった」こと、かつ、右のように

「行動したことについて納税者の責めに帰すべき事由がな」かったことを掲げる。

まず、納税者の「行動」には種々のものがありえ、必ずしも「何らかの私法上の取引行為」(〔334〕)に限定されない。作為のみでなく不作為も含まれうるかどうかについては、昭和四〇(一九六五)年代の〔13〕は肯定、〔15〕は結論的には否定するが、肯定説が妥当である。この事案では、納税者は非課税取扱の通知を信頼したがために非課税対象である準学校法人になるための手続に着手しなかったのであり、納税者の信頼は保護に値すると思う。同五〇年代に、〔101〕も「納税者が信頼して行為しあるいは行為しなかったことによる不利益の内容」等を考慮すべきという。これに対して、〔186〕は、「旧税と同種の税の新設または延長はないという信頼を前提として、資金や労力を投入するなどの積極的行動を行ったとの主張はない」といい、不作為では足らないかのように判示する点には疑問がある。もっとも、積極的行動に相当するものがまったくなかったかどうかは慎重な検討を要するところであろう。[167]

納税者の行動は、信頼に基づくものでなければならず(例、〔13〕・〔15〕、〔59〕、〔66〕)、「一般的見地から無理からぬ」ものでなければならない(〔78〕、〔92〕)。前記のように、中川博士、品川氏、金子教授なども、信義則の適用要件として納税者の信頼に基づく行動を明示している。課税庁側の言動を信頼して土地売却などをしたというのではなくて、土地売却後に税務署を訪れて指導を受けて納税申告をした(〔75〕・〔84〕)、受領した旅費等は「非課税所得である旨の自説に固執して」、「行政指導に応ぜず、自己の誤った見解に固執して」、自主申告をした場合(〔91〕)、「本件不動産の売却処分および遺産分割協議書の作成等、客観的事実はすべて終了しており、税務署の指導によって、売却処分等に及んだものと異なり」(〔130〕)、「原告の代理人が税務相談に及んだのが、原告が本件立退料の負担行為をなしたのちのことである……右相談の結果如何によって、原告の本件立退料の負担行為自体に変動が生ず

くとすべて当該事案では信義則の適用を否認している。

行動をとることなく」(〔329〕)といったような場合には、信頼に基づく行動はみられない。右の判例も、〔13〕を除であるから、右税務相談の結果本件譲渡を決定したという関係はなく」(〔225〕・〔241〕)、税務署との合意に「応じたる関係にはなく」(〔224〕)、「税務相談というのは、本件売却土地の譲渡があった昭和五四年一二月よりも後のこと

二　昭和三〇(一九五五)年代に、〔5〕は「相続税が賦課されないものと信じて本件寄附行為をした」が、「予期に反して課税されることになった者に対する救済方法は与えられており」として信義則の適用を否認する。同四〇年代に、同種事案において、〔68〕、〔69〕が信頼対象適格性の不備を理由に信義則違反を否認するのと比較して(前記一六〇頁参照)、差異がみられよう。〔13〕は、課税処分により「原告が被る不利益は無視できないものがある」ことをも理由として禁反言則等を適用する。「利害関係を変更」したことも(〔15〕、〔32〕・〔39〕、〔78〕)、右の行動や不利益の中に含まれうる。「不利益」(〔32〕・〔39〕)や「不測の損害」(〔15〕、〔32〕・〔39〕)が生じないか、「不利益は、さほど重大なものとはいえない」ときは(〔44〕)、いずれも右の要件を充足しない。〔59〕も、「期待が裏切られることになることは否定できないが、税法上格別不利益をうけるわけでもない」として、信義則の適用を否認する。同五〇年代にも、「不測の損害」(〔78〕、〔92〕、〔154〕・〔179〕)、「不当な犠牲」(〔165〕)が生じないときは右の要件を充足しないとしている。〔82〕は重加算税賦課決定により「原告の期待に反するとはいえ、格別税法上の不利益」をうけないとして、信義則の適用を否認する。同六〇年代以降にも、「格段(別)の不利益」(〔209〕・〔231〕、〔284〕)、「不当に経済的不利益」(〔211〕)、重大な(経済的)不利益(〔224〕、〔234〕、〔338〕)が生じないときは、いずれも右の要件を充足しない。先行の指導や申告是認通知等には反するが租税法規には適合する課税処分により「本来国民の義務として納むべき租税債務ないし負担」を負うことになったというだけでは、この要件は具備しない(〔101〕)。

同旨の判例は多い)。〔101〕もいうように、適法妥当な税務行政庁側の指導等が行われていれば適法合理的に節税しえたはずであるということが必要である。

格段・重大な不利益等という以上、税額の多寡も問題になろう。この点、〔331-5〕は、固定資産税の納税通知書には地方税法附則一八条に基づく負担調整率の算定根拠を記載した書面が添付されていたが、本件固定資産税の賦課処分はこれとは別個の数値により税額を算定した結果、四四一一四円となり一〇二五円余分に課税されるという程度の不利益では「経済的不利益」要件を充たさないと判示するが、適切であるように思う。

前記のように中川博士や品川氏なども経済的不利益を明示するが、必ずしも経済的・財産的性格のものに限定すべきではない。〔46〕・〔77〕は「手続的にしろ、実体的にしろ損害をうけたと言うことはできない」といって禁反言則の適用を否認する。訴訟上の主張と信義則に関わるケースでは、取消訴訟の訴えの利益の喪失(〔6〕)、取消訴訟の出訴期間の徒過(〔52〕、〔90〕・〔107〕)、納税者による反論・反証の機会の剝奪(〔53〕、〔56〕、〔71〕、〔238〕)など、修正申告の勧奨と更正請求に関わるケースでは、更正請求期間の徒過や取消訴訟の訴えの利益の喪失など、直接には手続的意味の損害が問題となる場合が多いであろう。

〔209〕・〔231〕は「他に適切な手段がない以上」信義則・禁反言則により信頼保護を図る必要があるといい、〔274〕や〔280〕は禁反言則が適用されず固定資産税が賦課徴収されることにより「土地所有者等の信頼が損なわれることがあるとしても、それは別途の手段によって処置すべき事柄」であるといい、いずれも信義則の適用を否認するが、信義則等の補完的性格を表明するものとも解される。そして、〔289〕は、公的見解性や信頼の正当性は認めたが、「市が遡って土地所有者に適切な対価を支払えば、財産的な迷惑をかけることはない」といい右の別途の手段の内容を明らかにして、不利益要件の充足を否認、信義則の適用を否定する。また、〔307〕は、修正申告の勧奨により

更正請求期間を徒過した場合に信義則の適用を否認する理由として、特段の事情がある場合には修正申告内容の錯誤を主張することにより救済を受けうることをあげるが[168]、やはり信義則の補完的性格を示すものとも解される。しかし、この錯誤の主張自体が更正請求制度があることを理由にほとんど許されず、相互に救済責任の押しつけ合いをしているのが現状であり、この救済の谷間を埋めるために信義則の適用を認めるべき場合があろう。

これに対して、金子教授や〔120〕、〔174〕・〔184〕は、信義則の適用要件について一般的見解を表明するが、経済的不利益とか不測の損害などを要件として明示していない。金子教授は、結局、不利益要件が必要と理解するものと考えられるが（前記一六六頁参照）、右の三判決は当該事案で公的見解要件の存否に焦点をおいてこれを否認、不利益要件の存否に立ち入ることなく信義則の適用を否定する。

三　この第三要件は、「信頼（期待）の法的保護」（〔269〕、〔276〕・〔286〕、〔285〕・〔294〕、〔304〕）のための顕著な例を示すものである。**〔219〕**を初めとして「信頼」の「保護」を明示する判例も多い。

〔283〕もいうように、公的見解の表示がなければこの「表示を信頼しその信頼に基づいて行動したということも認められない」が、その控訴判決である〔329〕は合意に応じた納税者の行動のないことから合意への信頼のないことを推認する。納税者の行動は、信頼の証明としての意味をもつだけでなく独自の要件としての役割を果たす。この意味で、「信頼が損なわれることによる納税者の苦痛」も一種の損失であり、この場合にも禁反言則が適用されうるという学説もあるが[169]、原則的には疑問である[170]。正当な信頼の存在も前提要件となる。したがって、第一・第二要件を具備しないときは第三要件も充足しない。〔154〕・〔179〕は「原告が、本件更正処分等により不測の損害を蒙ったとみることは困難である」ことも付加して信義則の適用を否認するが、前記のように本件はすでに第二要件を具備しないケースであった。**〔219〕**なども、第一・第二要件が具備されるのであれば、第三要件も充足するケース

であった。もし、青色申告としての効力を否認されることが分かっておれば、納税者は青色申告の承認申請の手続をとっていたであろうことは、原判決〔(195)〕が付加するところの認定事実からも推認することができ、白色申告を前提として行われた本件更正処分により納税額の増加を強いられる結果ともなるからである。[171] もっとも、この差戻後の判決である〔234〕は、不利益要件の充足をも否認する。

〔219〕があげる適用要件すべてが充足されない場合でも信義則の適用の可能性はあるという学説もある。[172] 逆に、例外的であれ、右の要件すべてが充足される場合でも、〔24〕、〔25〕や〔186〕が示唆するように、「公益上の必要」等の理由から納税者の信頼が法的保護に値しないこともありうるであろう。最高裁も「少なくとも」前記の適用要件の「考慮は不可欠のものである」といい、このような含みをもたせたと解しうる余地もある。

なお、税務行政庁側に責めに帰すべき事由があったことは、信義則の適用要件として必要であろうか。昭和四〇（一九六五）年代に、〔13〕は税務行政庁側の帰責事由は明示せず、「判例の展開(2)」中に紹介の判例もすべて同様である。同五〇年代に、〔104〕・〔117〕、〔105〕・〔118〕は、「行政指導によろしきを得なかった被告課税庁の側にも責められるべき点があった」といいながらも信義則違反を否認、同六〇年代に、〔222〕は税務相談官の説明に「責められるべき点はない」ことをあげて信義則の適用を否認する。両者の間に微妙な差異もあるが、いずれの判例でも、行政指導等の違法・不当性の意味で使われているようにも解され、本来の意味の帰責事由を適用要件とする趣旨であるかは必ずしも明確ではない。〔210〕・〔220〕、〔224〕は、信義則の適用要件に関する一般的見解として、「税務官庁がその責に帰すべき事由により……信頼の対象となる公的見解を表示」したことをあげる。〔219〕は、税務行政庁側の帰責事由は明示せず、これ以後の「判例の展開(2)」中に紹介の判例は〔219〕に従うことになる。ただし、〔234〕などは納税者側の帰責事由も税務行政庁側の帰責事由も明示しない。学説では、新井教授が課税要件の解釈適用や

課税要件事実の認定について税務行政庁に故意・過失がある場合に限って、信義則の適用を認める。(173)辻井氏も税務行政庁側の帰責事由を信義則の適用要件として付加する。(174)税務行政庁側の帰責事由は、失効の法理については独自の適用要件となりうるが、これ以外では信頼の対象適格性や信頼の正当性の要件としては不要であって、(175)(176)信頼が法的保護に値するかどうかという総合的判断の枠組みの中で一つの要素として捉えられるべきである。

(167)　乙部・注(115)二八一頁。ただし、畠山武道「京都市古都保存協力税について」ジュリ七八六号(昭五八・一九八三)三一頁。
(168)　前注(16)参照。
(169)　青木・注(157)一二二頁。同旨、大橋為宣「納税者の信頼保護と租税法律主義の相剋(下)」税理二九巻八号(昭六一・一九八六)一一五頁。なお、喜多了祐「禁反言則と法外観説」一論四五巻三号(昭三六・一九六一)二四六頁以下によれば、禁反言則は不利益要件を求めることにより過度の信頼主義を抑制するのに対して、外観法理は不利益要件を求めないところに禁反言則とくらべて救済効果が一応広いといえるが、結果的には救済効果に変わりはないという。
(170)　ドイツ行政法における信頼保護についても支配的見解である。乙部・注(103)神院八巻一号二四八頁参照。
(171)　堀・注(21)一九〇頁は、本件について不利益要件の充足も否定する。
(172)　宇賀・注(21)一二一頁、谷口・注(21)九～一〇頁。アメリカにおいて同旨の判例があることについては、乙部・注(69)一三四頁参照。
(173)　新井・注(10)九一頁以下。
(174)　辻井・注(20)三二一頁。
(175)　乙部・注(38)五頁。
(176)　ドイツ行政法における信頼保護に関しては、乙部・注(103)神院八巻一号一〇〇頁、同一二巻三号一二頁参照。

七　補　論

一　課税処分等は信義則違反としてその取消請求がされる事案が大多数を占めるが、この取消請求とその他の請求とで信義則の適用要件に差異があるのではないかが問題となりうる。たとえば、賠償請求の形で信頼保護を求める場合は[177]、税務行政庁側の有責性が必須の要件となるが、信義則自体の適用要件ではないであろう（なお、前記一五〇頁）。さらに、減額更正をすべきことの義務〔119〕・〔134〕、〔152〕・〔171〕）、税の新設等はしない旨の不作為義務（〔186〕）の履行・確認請求では、少なくとも公的見解の表示が確約に当たるときは右の請求が可能になりやすいであろう。〔217〕、〔226〕、〔229〕、〔313〕などは、税務指導等を信頼して行動したとしてもほ脱犯の故意は阻却しないという。刑事犯では法律規定の不知は免責事由にはならないという理解が一般的のようであるが、行政犯ではやや異なる理解が必要ではあるまいか。税務指導等を信頼して適法に節税できるものとして行動したことが無理からぬ場合もありうると思われるが、そうすると故意の成立を認めるのは疑問の余地もあろう[178]。この場合、納税者側の不利益要件は経済的というよりも処罰を受けることにあろう。

二　実定法修正機能を果たす場合と法律の解釈基準としての機能を果たす場合とで、信義則の適用要件に差異はあるのであろうか。国税通則法六五条四項にいう過少申告加算税等を課さない正当理由の解釈基準としてのみ信義則を活用するという考え方もあるが（前記一二四頁以下）、所得税法等に適合する更正処分は信義則違反として違法とする場合と違って、租税法律主義との抵触を避けつつ信義則を適用することにかぎっては有益である。実定法修正機能を果たす場合と法律の解釈基準としての機能を果たす場合とで、信義則の適用要件が必ずしも同一であるべきだとは思わないが[179]、信義則の適用要件の充足という側面からは、いわゆる平和事件でも以下のように問題の余地もある。

まず、第一審判決である〔333〕は、国税通則法六五条四項にいう正当の理由とは、「過少申告加算税を課すことが不当もしくは酷になる場合を指すものであって、納税者が税法を誤解したことに基づく場合は原則としてこれに当たらない」といい、本件解説書は税務官庁の公的見解ではなく「私的な著作物である上、個人から法人への無利息貸付けには常に本件規定の適用がない」旨の記載はないことを重視して、本件各過少申告加算税賦課決定も適法といいその取消請求をも棄却した。これに対して、第二審判決は（前掲注（23）参照）、「本件解説書は、正確にいえば私的な著作物であり、個人から法人に対する無利息貸付について本件規定の適用が一切ないことを保証する趣旨までは記載されていないが」、本件解説書の編者等として東京国税局勤務者が官職名を付して表示されていること、発行者が大蔵財務協会であることなどから、「税務関係者がその編者等や発行者から判断して、その記載内容が税務当局の見解を反映したものと認識し、すなわち、税務当局が個人から法人に対する無利息貸付については課税しないとの見解であると解することは無理からぬところである」として、「過少申告加算税を課することが酷と思料される事情があり、国税通則法六五条四項の正当の理由がある」と判示、本件各過少申告加算税賦課決定を取り消した。

更正処分と過少申告加算税賦課決定の双方の適法判断において、第一審判決は右の「私的な著作物」の評価が一貫しているが、第二審判決はそうではない。第一審判決の方がすっきりしているように思う。つぎに、第二審判決は、株主から同族会社に対する無利息貸付には課税される旨を記載する雑誌の存在も、国税通則法六五条四項にいう正当理由の該当性についての右の判断を左右するものではないとしている。しかし、納税者側がこの「私的な著作物」とともに同誌の内容を知っていた場合には、その信頼の正当性は認められないであろう。このようにみると、本件では、信頼保護の視点から国税通則法六五条四項にいう正当理由の該当性を認めるのは困難であるように解さ

れる。

三　納税者側への信義則の適用要件はどのように考えるべきであろうか。判例は、この問題についてまとまった一般的見解を提示するものは存しないようである。ただ、判例のほとんどで、納税者側の先行の言動に反する後行の言動を禁止すべきかどうかという意味で信義則の適否が争われている。この先行行為は当該納税者の支配下のもとで行われなければならず、たとえば、別人が作出した虚偽仮装行為により課税されるはめになった納税者がこの課税処分を争うことは信義則に違反しない（〔12〕）。失効の法理の適用要件としては、納税者側の先行の不作為についての信頼対象適格性のほか、後行の言動までの間に相当期間の経過が問題となるが、〔18〕は審査請求後一〇数年間、訴えを提起しなかった場合に「失効の原則」の適用を否認している。

納税者の訴訟上の主張に関する判例の中には、〔28〕、〔235〕、〔258〕のごとく、税務行政庁や国側の信頼保護の存否を明示するものがある。これらは信義則の適用要件の一つとして納税者側の言動について税務行政庁側の信頼の正当性を求めるものと解され、〔28〕は当該事案で信義則を適用する。〔138〕は譲渡所得税について更正可能期限後に初めて真実の課税所得発生時期を主張するのは信義則違反といい、〔185〕も同旨であるが、これらの判例は、納税者側への信義則の適用要件として税務行政庁側の不利益発生が必要であることを示唆するものと解される。いわゆる実額反証のケースにおいて、〔150〕・〔162〕は帳簿書類等の提出の遅れにより不利益を受けるのはもっぱら納税者であること、国家賠償訴訟において、〔235〕は納税者側の矛盾する主張により被告国が「訴訟の追行上不当に害されたとは認めがたい」ことを理由に、いずれも信義則の適用を否認するが、これも税務行政庁側の不利益の発生が必要であることを示すものであろう。

判例の中には、納税者側にその先行行為について帰責事由があったことが信義則の適用要件として必要になるか

どうかを争点とするケースもある。〔21〕は、納税者が更正処分・再更正処分の付記理由の不備を知っていながら不服申立ての段階では主張しないで、更正期間経過後、再更正処分の取消訴訟でこれを主張しても信義則に反しないという。〔27〕は、納税者が税務調査に協力せず審査手続で意見陳述をしないからといって、書類等の閲覧請求拒否の不当性を主張して審査請求棄却裁決の取消を訴求しても信義則に反しないといい、〔38〕・〔80〕もこれに近い。逆に、〔115〕は、会社側が調査要求にかかる帳簿書類等を故意に提出しなかった場合には、青色更正処分の要件である事前調査の欠如を理由に同処分の取消を訴求することは信義則に反するといい、〔164〕もこれに近い。

納税者側への信義則の適用に反対する学説は別としても（前記一二六頁）、信義則の適用要件について一般的見解を提示する学説はほとんど見当たらないようである。[180] ただ、中川博士は、①税務官庁に信義則が適用される場合であること、②税務行政処分に信義則が適用される場合に、税務官庁の言動に関して納税者側に背信行為があったことを掲げる。[181] 前者は、納税者の不実に対処するために税務行政庁側には法定の対抗措置が用意されているにもかかわらず、納税者側に信義則を適用するためには最低限、税務行政庁側への信義則の適用要件と同様のものが具わる必要があるとする趣旨であろうか。後者の場合、中川博士は、納税者の信頼の正当性が認められない場合が多いであろうといい、つまりは税務行政庁側への信義則の適用が否認されるとみるものと解されるが、この結論自体には異論はない。

おもうに、理論的には、税務行政庁側の信頼保護の視点からの法的構成が可能なケースも多いように思う。ただし、信頼の正当要件や信頼の法的保護要件の解釈でも、税務行政庁側への適用の場合とは差異がでてくるであろう。たとえば、信義則を理由に、納税者側の法律違反の先行行為の存続を主張する税務行政庁側の主張には厳しい制約が課されるべきである（前記一五〇頁）。納税者側のその先行行為についての帰責事由は、失効の法理については独

自の適用要件となりうるが、これ以外の場合には考慮するとしても、それは税務行政庁側の信頼の法的保護要件のところで総合的事情の中の一要因として評価すべき問題であろう。納税者側の訴訟上の主張については、「訴訟における禁反言」則の適用要件として確立したものが有益である。右のように、相手方当事者の「信頼」や「不利益」を明示する判例は、訴訟における禁反言則の適用要件の影響を受けているようにも思われる。ただ、訴訟における禁反言則の適用要件の内容そのものは、〔219〕などが税務行政庁側への信義則の適用要件として提示するものと基本的には変わらないように思う[182]。

(177)　公務員の任用拒否処分の取消請求等と賠償請求との関係については、本書第四章二四一頁。

(178)　和田・注(28)一六二頁以下は、信義則の適用を本税については否定するが付帯税については肯定する。これによれば、付帯税よりも制裁的色彩が強いほ脱犯処罰についても、信義則の適用により犯意の成立が阻却されうると考えるか、それとも犯罪構成要件の解釈はまた別であるとみるのであろうか。独占禁止法違反の犯罪行為ではあるが行政指導への協力行為であることを理由に故意成立の阻却を認めた判例として、東京高判昭五五・九・二六判時九八三号二二頁などがある。この問題については、さしあたり実方謙二『独占禁止法』(有斐閣、昭六二・一九八七)一九二頁以下参照。

(179)　谷口・注(21)六頁参照。

(180)　小沢・注(61)三二〇頁は、納税者側への信義則の適否の判断は当該事案における総合的事情の比較考量によるべきであって、抽象的一般的にこの適用要件を論定するのは困難であり適切でもないとしている。

(181)　中川編・注(60)一五〇〜一五一頁〔中川〕。中川博士は、同一の事案で同時的に税務行政庁側と納税者側に信義則の適用が問題となる事案(例、(138))を想定して、とりわけ第二の適用要件を掲げるのであろうか。ただ、租税判例のほとんどは、納税者側の背信行為により税務行政庁側に重大な不利益発生のおそれがあるかを問題にして、税務行政庁側への信義則の適否とは独立に、納税者側への信義則の適否がもっぱら争点となっている。

(182)　本書第六章二九〇頁以下。

八　信義則の適用範囲、効果

一　適用範囲

一　昭和四〇（一九六五）年代に、〔13〕は、過年度分の固定資産税賦課処分は信義則に反し違法ではあるが、租税法律主義の要請にかんがみ「原告の信頼利益を著しく害さない範囲においては、行政庁に違法是正の機会が与えられるべき」であって、税務事務所長は非課税通知の誤りであることを告げて次年度以降については課税することができ「その範囲において、禁反言の原則の適用が制限を受ける」という。〔29〕・〔45〕が申告是認通知は「異なる事業年度についてまで是認通知の対象となった事業年度と同様の処置をとることを明らかにしたものとはとうてい考えられず」というのも、理論的には同旨のところがある。同五〇年代に、〔91〕も「税務当局の処置に違法がある場合には、その違法是正の機会が与えらるべきこともまた当然の事理に属することであって、その非違を将来に向かって改善することが妨げられる理由はない」と明言、また、〔158〕が「過去の誤った税務処理に拘束されるいわれはなく、取扱いを是正し法律に従った課税を行うことこそ租税法律主義の理念に合致」するのであり信義則違反とはならないといい、〔165〕も同旨であるが、これらの判例も理論的には右と同様の趣旨であると解される。ただ、〔13〕を除くと、いずれも当該事案で信義則の適用を判示するわけではない。同六〇年代の〔219〕の事案でも、もし仮に信義則の適用を認めうるときは昭和四八（一九七三）・四九年分について青色申告としての効力を否認することはできないが、青色申告としての取扱が法律違反であることを告げたのちは納税者の信頼も失われるから、次年度以降も青色申告としての扱いを引き続いて望む場合には法律に従って改めて青色申告の承認申請をしな

ければならない[183]。そのかぎりで信義則の適用に限界があることになる。

これに対して、〔72〕は「従来の非課税の事実状態が法規の適正な解釈からして誤っていることに気付いたときは……速やかに法の命ずる状態を回復せしめること、すなわち課税処分を行うことこそ租税正義の理念に添うものというべきである」という。一見すると右の判例と同旨のようにみえるが、本件では時効のために当初の一五年前に遡及するわけではないが、数年前には遡及する電気ガス税賦課処分の信義則違反を否認する理由としており、違法行政の是正を将来的にではなく過去の一時期に遡及して行っていることに留意する必要がある。〔278〕が「非課税とすることが違法である以上これを是正すべきことは当然」というのも、信義則違反を否認して違法行政の遡及的是正は当然という意味で使っているように解される。

二　中川博士も、「一旦、信義誠実に反する税務行政処分がなされると、納税義務者は、税務官庁の言動を信頼すべきものでないことを知ったわけであるから、その後……同様の税務行政処分がなされても、もはや信義誠実の原則は適用されない」というほか、学説は一般に同旨の傾向にある[184]。碓井教授も原則的に同旨であるが、将来に向かっての違法是正が国家賠償請求を条件に許されるべき場合もありうるという[185]。

三　現代においては、信義則の観念の中核を成し禁反言則の本質的内容である信頼保護を認める意義は、行政法令の増大・複雑化のもとで各種の個別具体的言動中に表明された行政解釈の適法・存続に寄せた相手方の信頼を保護すべきことに重点がある。右の判例については、非課税取扱の通知が地方税法違反であることを告げられた時点で相手方の信頼は失われ、ことに課税処分が原則として歴年度ごとに行われることを考えると、翌年度以後にその効果を及ぼす租税法令に適合する課税処分は信義則に反しない。また、申告是認通知が法的拘束力をもつと仮定しても、納税者の信頼が保護に値するのは当該年度の申告に限定され次年度以降の申告にまでも及ぶわけではない。

ただし、非課税措置等は将来的にも続くとの信頼が正当であり法的保護にも値する場合には、非課税措置等の違法性が告げられた時点以後にその効果を及ぼす課税処分が信義則に反するときもないではない。将来に向かっての違法是正が国家賠償請求を条件に許されるべき場合もありうるという碓井教授の見解も、このような例としてみれば賛成できる。いずれにしても、納税者の信頼が法的保護に値する場合に課税処分等の効果が過年度に遡及するときは信義則が適用されたとはいえないであろう。(186)

(183) 水野・注(21)五一頁、宇賀・注(21)一二一頁。

(184) 中川編・注(60)一五〇頁〔中川〕。同旨、品川・注(38)三三頁、金子・注(14)一一二頁、北野・注(64)一六五頁、小林・注(38)一四九頁、田中・注(23)五七頁。

(185) 碓井・注(28)六頁。

(186) ドイツ連邦行政手続法四八条二項や社会法典一〇編四五条四項は、授益的行政行為の職権取消の場合の信頼保護について、同旨の定めをする。これらについては、さしあたり前注(103)の拙稿を参照されたい。

二　適用の効果

一　昭和三〇(一九五五)年代に、〔10〕は、租税滞納処分に基づく差押手続において国は民法一七七条の善意の第三者に含まれず公売処分は滞納者の所有に属しない目的物件を対象とする点で無効というが、必ずしも直ちに信義則違反の公売処分の無効を判示するわけではないと解される。同四〇年代に、〔13〕は、明確に禁反言則等のごとき「法の根本理念に背く」課税処分は「無効」という。これに対して、〔24〕は固定資産税の一定割合を助成金として交付する制度を工場の増設分について廃止する改正条例は「違法、無効としなければならない程に著しく信義則に反するものと解することはできない」といい、〔29〕・〔45〕も更正処分は「禁反言ないし信義則に反して

無効な行為であるとはいえない」という。同五〇年代には、〔78〕も「本件更正を信義則違反ないし課税権の濫用にわたるものとして無効であると断ずることはできない」といい、〔79〕も第二次「更正は信義誠実の原則または禁反言の法理に反し無効である」という納税者の主張は失当としている。これらの判例は、更正処分等の信義則違反を否認する点に重点があり、必ずしも信義則違反の更正処分等の無効原因性を否定したりその取消原因性をいう趣旨のものではないと解される。このほかの租税判例の多くは、信義則違反の課税処分等は違法であり、かつ、原則として取消原因となるとみるようである。〔219〕も「信義則の法理の適用により右課税処分を違法なものとして取り消すことができる」といい、以後、「判例の展開(2)」中に紹介の判例のほとんどもこのように明言する。

学説も、一般に信義則違反の課税処分等は取消原因に相当するとみるが(187)、無効原因にあたるとみるものもある(188)。

信義則違反の課税処分等の効力については、行政行為の無効と取消の区別の基準に関する通説的見解に従うべきであろう。そして、課税処分等が信義則に反するかどうかは当該事案の総合的事情の考慮に依存することから、その判断は必ずしも容易ではなく微妙な場合もありうることから瑕疵の明白性の要件に欠けることが多く、原則としては取消原因とみるべきであるように思う(189)。

納税者側への信義則の適用の場合も、信義則違反の言動が許されず違法となるという点では税務行政庁側への適用の場合と同じである。信義則違反の結果、納税者による後行の訴訟上の主張は無効として一律の取扱をすることには疑問の余地もある(190)。

二　信義則違反の課税処分等は無効とか取消といった思考方法になじまない場合もある。まず、信義則違反の直接の効果としては、訴訟上の主張が許されなくなり、たとえば〔173〕・〔203〕などのごとく行政訴訟の訴えの利益の有無に影響がでる場合もある。つぎに、当該の行政の行為形式や権利救済制度にてらして信義則違反＝違法という

ことから行政の義務・私人の請求権が導かれる可能性もある。[191]〔119〕・〔134〕は、修正申告の勧奨後に「更正の請求が法定の期間経過後にされた場合において税務署長が当該請求を適法なものとして処理すべき義務が信義則上生ずると解することはできない」という。〔152〕も同旨の判示であり、その控訴判決である〔171〕も法定期間経過後の更正請求に対応する「更正処分をすべき信義則上の義務」を否認する。これらの事案において、かりに信義則が適用されればその直接の効果としては、課税庁側が更正請求期間の徒過を主張できず適法な更正請求があったものとして本案について決定をすべき義務が導かれ、この結果として法定期間経過後の更正請求の却下処分は信義則違反のゆえに違法として取消を免れないことになろう。〔186〕の場合には、仮に信義則等が適用になれば、「契約（確約）」の取消・撤回が許されない結果、その履行義務・請求権が導かれ、新税の新設等の差止め請求が許されうるケースであった。

三　信義則違反が不法行為の成立要件の一つである違法性を構成、その結果、損害賠償責任が成立したり、または、ほ脱犯の成立が免れうることもある。

(187)　中川編・注（60）一四九頁〔中川〕、品川・注（38）三三頁、青木・注（157）一二二頁、堺沢・注（26）七〇頁、小山・注（26）一一〇〜一一一頁。

(188)　北野教授は、注（49）六二頁では取消原因説をとり、注（67）五三頁では無効原因説をとる。ほかに無効原因説をとるものとして、松沢・注（26）一三頁。

(189)　公務員の退職願の撤回と信義則に関して同旨の判例として、最判昭三七・七・一三民集一六巻八号一五二三頁、同三八・一一・二六民集一七巻一一号一四二九頁、同五五・一〇・二労判（付録）三五二号二三頁など。本書第五章二八一頁参照。

(190)　本書第六章三二三頁。

(191) 同旨、首藤・注(26)一三九頁。

九 おわりに

一 昭和四〇(一九六五)年代以降、行政法における信義則に関する判例としては、租税事件に関するものが最多を占めるようになる。その契機となったのは〔13〕であろう。同判決は、おそらく初めて、行政法令の増大・複雑化のもとでは行政側が示す行政法令の解釈(行政解釈)を信頼して行動せざるをえないとして禁反言則・信義則の現代的意義を明示し、その根拠・性格、限界、適用要件などの論点について一般的見解を提示し、禁反言則・信義則違反を理由に課税処分を無効とした点で画期的な意義がある。租税判例や学説に大きな影響を与えたという点では、同判決と〔219〕の二つがもっとも重要であるといえよう。そして、この最高裁判決が現れてからは、信義則に関する論点についてこの最高裁判決を明示的に援用するか、これとほとんど同旨の一般的見解を表明する租税判例が多くなった。租税判例の方向は定まってきたように解される。[192] なお、最高裁が示した一般的見解は、従来は民事訴訟における信義則・禁反言則が支配するとみられていた課税処分取消訴訟における処分理由の差替えとの関係(〔243〕)だけでなく、「条理等の一般条項」[193] や平等原則(〔331〕)の適否との関係でも他の租税判例によりほぼ踏襲されることもある。[194] ここで、右の租税判例にみられる二、三の顕著な特色についてまとめておこう。

第一に、近時、信義則とか禁反言則を明示することなく、直截に信頼保護を明示する判例が現れており、同旨の学説も増えてきている。この傾向は是認できるように思われる。しかし、租税法令の増大・複雑化のもとで行政解釈への相手方の信頼保護の必要性を明示する判例は、昭和四〇(一九六五)年代・五〇年代に数例みられる程度で

あり、六〇年代以降には皆無といってよいほどである。

第二に、租税法律主義との抵触の問題が生じる場合には、税務行政庁側への信義則の適用を抑制するという傾向が強くなっていく。他方、納税者側に信義則を適用した例は比較的多い。「税務署職員に誤指導があったとしても、納税者が課税減免規定の適用が受けられる実体的要件を具備していない」という原判決に同調して課税庁側には信義則等の適用を否認するが、更正可能期限後の課税所得発生時期についての主張変更は認められないとして納税者側にはこれを適用、しかも後者との関係でのみ信義則等が正義を基礎とすることを明示、法の一般原理であることも示唆するものがある〔138〕。租税法律主義の解釈についても、個人の権利保護よりも財政収入の確保に重点をおいて理解しているようにも解される。

第三に、信義則の適用要件については、信頼の対象適格性を具備すべき税務行政庁側の言動にしぼりをかけようとする傾向が強くなってきている。とりわけ〔219〕以降、「公的見解」をいう判例が支配的になっていく。そして、確約の成立を否認することと相まって、税務行政庁側の言動のほとんどについて信頼対象適格性を否定するかのようになっていく。信義則の適用要件中、第一要件である「公的見解」要件の不備を理由に、第二要件である信頼の正当性、第三要件である信頼の法的保護の存否の判断に立ち入ることなく、税務行政庁側への信義則の適用を否定するというのが、判例の支配的傾向になっていく。このような「公的見解」要件の卓越化の傾向には疑問がある。信頼の対象適格性は法令や通達、第三者の同種事案における税務取扱や私的著作物などを除けばほとんど認められるべきであり、むしろ信頼の正当性や信頼の法的保護の問題に重点がおかれるべきである。

租税判例は税務行政庁側への信義則の適用にきわめて抑制的であり、さきに「判例の展開(2)」中に四六件の判例を掲げたが、この中で当該事案で具体的に信義則を適用して課税処分等を違法と判示したものは、わずかに〔13〕

だけである。また、同一事案において信義則の適否や信義則の意義などの論点をめぐって鋭く対立する判例も少ない（〔13〕・〔15〕、〔42〕・〔72〕、〔90〕・〔107〕、〔147〕・〔195〕・〔219〕・〔234〕、〔173〕・〔203〕。これに近いものとして、〔225〕・〔241〕、〔280〕・〔289〕）。これらの事情により、信義則が実際には重要な意味をもたないとして、信義則の適否が争点の一つとなりこれについて判示していても有力な判例集の判示事項や判決要旨中に信義則の言葉をいれることをためらわせる理由の一つになっているのであろうか。税務署で大量的に行われる相談を通じて係官が短時間でしかも納税者の説明を前提とした指導助言を行わざるをえないというのが現状であるとすれば、これらの指導助言すべてについて一般に信頼の正当性が保障されるわけではなく、税務行政庁側への信義則の適用に抑制的な判例の傾向には理解できるところもある。他方、税務行政庁側としては、納税相談における指導・回答等すべてとまではいかなくてもその内容の確度を高めて確約の域までにもっていきこの確約を履行するという努力を怠るべきではない。

租税判例中、納税者側への信義則の適否が争点となっているものは少ないが、納税者側に信義則を適用する比率は税務行政庁側への適用例よりも大きいのが実情である。納税者側への信義則の適用については、本稿では関連するところで各別に付言している。これをまとめると、税務行政庁側の信頼保護の視点からの理論構成も可能であるが、納税者側の信頼保護とは質的に区別する必要があること、租税法律主義の遵守との関係でも、税務行政庁側への適否の場合と納税者側への適否の場合とで温度差があるように解されるが、これは疑問の余地があること、納税者側への信義則の適用要件については、訴訟上の主張に関するものには民事訴訟における信義則や禁反言則の適用要件が有益ではあるが、一見すると税務行政庁側への信義則の適用要件とほぼ同じであること、納税者側への信義則の適用の効果としては、納税者の後行の訴訟上の主張を許さないとすることでは税務行政庁側への信義則の適用の場合と同様であることなどとなろう。

二　前述のように、とりわけ通達について問題となるように、信義則によっては相手方の救済の不可能なところを平等原則・行政の自己拘束の法理[195]が担当すべきであり、両者はその適用の場面を分けるべきではないかと考える（前記一六二頁）。まず、公開通達のある種のものについては「租税法規の補充……規範的性格」が認められるとする租税判例もあるが[196]、通達の内部法的性格を軽視することとなって賛成できない。通達に基づいて慣行的に行われた税務取扱に慣習法・行政先例法としての地位が認められる可能性はあろう[197]。〔42〕は、通達に関わるものではないが、「約一五年間金属マンガンを非課税とした山形市の措置は、合金鉄は金属マンガンを含むとする一種の法的状態に類する事実状態を作出した」といい、必ずしも行政先例法の成立を認める趣旨ではないが、非課税取扱が地方税法違反であるだけにこの取扱について行政先例法の成立を認めることには慎重でなければならない[198]。通達との関係でも、〔276〕・〔286〕や〔319〕・〔323〕は法律違反の行政先例法の成立を否認している。つぎに、租税判例の中には、「通達によって示達された内容が税務執行において実施され、相手方である納税者においてその取扱いが異議なく受容されるとともに、当該通達がその内容において合理性を有している場合に、しかも右通達が定める要件を充たしているにもかかわらず、これの適用を受けないものとされた場合には、租税法の基礎原則の一つである公平負担の原則に違背し、当該通達を適用しないとしてなされた課税庁の処分は違法性を帯びる」といい[199]、右の平等原則・行政の自己拘束の法理を認めるものがある。

行政の自己拘束とは、行政庁が相手方に対しても第三者の同種事案においてなした決定等に拘束されることであり、別言すれば、この決定等において行政みずから定立した比較基準への拘束性であるといってよい[200]。ところで、〔33〕は、「通達に従い課税の対象とならないと信じて物品税を含まない価格で取引したにもかかわらず後に課税されることになって納税者に不測の損害を与えるばかりでなく、租税法の基本原則の一つである公平負担の原則にも

違背することになり違法な処分といわなければならない」という。原告は、公平負担原則違反というよりも、通達に基づいて同業者は非課税の取扱を受け原告も非課税の税務指導を受けてきたことを理由に、課税処分は信義則・禁反言則に違反すると主張、本判決は、原告への税務指導の存否には言及しないで「原告の通達違反ならびにこれに基く信義則違反および禁反言則適用の主張は理由がない」と判示するから、通達自身または通達に基づく同業者の非課税取扱を信頼して取引を行った結果、不測の損害を被る場合には課税処分は信義則・禁反言則違反とすることに判旨の主眼があるように解されるが、同時に、公平負担原則違反にも言及しているため、信義則・禁反言則と平等原則・公平負担原則との明確な区別は行われていない。

〔97〕は、更正処分等が民主商工会の組織破壊等の他事考慮に基づくものではないとして、同処分等が信義則や憲法一四条に違反するわけではないとするが、[201] この判旨についても同旨の批判が可能であろう。〔157〕でも、仮に改正通達を遡及適用すべきとしても、その法的根拠は信義則というよりも平等原則とか比例原則などに求めるのが適切であろう。[202]〔188〕も、「課・徴税平等の原則」を根拠に関税法に適合する関税賦課処分の違法をいう判例は[203]「その判旨の妥当性はともかくとして……本件とは事案を異にし、適切でない」として、結局、信義則を根拠に違法通達の拡大適用を求める原告の請求を棄却しているが、本件では信義則というよりも平等原則の適否が問題となるケースであった。

これに対して、信義則と平等原則・行政の自己拘束の法理とはその適用の場面を分けるべきではないかと考えるものもある。〔72〕、〔154〕・〔179〕などがその例であり、これらの論評はかつて試みたことがあった。[204] このほか、**〔109〕**も、信義則に関する判示とは別に、「課徴税平等の原則……は、別個の課税主体である他の市町村が租税法の規定の解釈適用を誤った結果非課税としている場合において、特定の市町村がその適正な解釈適用により課徴税を

することを許さないとの趣旨をも含むものであるとは解されない」といい、電気ガス税の賦課処分は適法とする原判決〔72〕は正当としたが、同判決についても原判決に対すると同様の論評が可能であろう。〔188〕の控訴判決も、信義則に言及することなく「控訴人に対し右通達と同様の取扱いをしないことをもって、公平の原則に反するものとして本件処分を違法ならしめるものではない」といい(205)、平等原則・行政の自己拘束の法理の問題として捉えている。

〔331－4〕・〔342〕は、税務署長が原告とその共同相続人に対して相続財産から逸脱している現金等があるはずとして修正申告を慫慂、原告らは修正申告をしたのに増額更正を受け、他方、修正申告をしなかった共同相続人はそのまま放置して更正期限を逸して増額更正をせずに脱税を見逃した事案において、増額更正の信義則違反を否認したのは適切であった。そして、「法の適用を免れる者が生じたが故に、他の者に対して法を適用することが平等に反することにはならない」、「共同相続人である正通が本来課税されるべき相続税の一部を課税されず」、税務署長も「合理的理由もないのに是正措置をとらなかったとすれば、社会一般における正義・公平の観念に反し、健全な納税者意識を害することになり、妥当でないことはいうまでもないが、そのことが正通と同じ取扱いを求める理由とはならないのであり、このような取扱いをしたときは、他の一般の納税者との間で法の適用の不平等を生ずる」といい、原告らに対する本件増額更正の平等原則違反をも否認した。なお、これらの判例はいわゆる「不法に平等なし」を認めるものであるが、いずれも結論的には適切であるように思う。

「不法に平等なし」の問題ではないが、信義則と平等原則・行政の自己拘束の法理とはその適用の場面を分けるべきではないかと考える判例は、他にもある。〔276〕・〔286〕も、特定の納税者または特定の相続財産についてのみ「相続税財産評価に関する基本通達」に定める以外の方式によりその評価を行うことは、この方式自体は相続税法

二二条の許容範囲内のものであったとしても、納税者間の実質的負担の公平を欠き原則として許されないといい、行政の自己拘束を承認している。もっとも、この二判決は、本件土地の評価を同通達の定める原則的方法ではなく客観的市場価格を基準に算定した更正処分について、「他の納税者との間での実質的な税負担の公平を図るという合理的な理由が存在しており、しかも……法二二条の規定に違反するものとは考えられないところである。そうすると、このような取扱いは、平等原則の観点からしても、是認されるものといわなければならない」といい、同処分の取消請求を棄却している。〔315〕、〔319〕・〔323〕の事実関係・判旨もほぼ同じである。右の基本通達は、原則的評価方法を定めるとともに、特別の事情があるときは例外的評価方法によることも可能と定めており、両者の評価方法が行われるべき事案は厳密には同種の事案とはいえず、別々の事案とみるべきであろう。本件ではこの例外的評価方法による場合に相当するというのであり、平等原則・行政の自己拘束の法理に違反するとはいえない。ただし、同原則・同法理の視点からは、以後のこの種の事案でも、原則的に右の例外的評価方法によるべきことが要請される。

そして、〔343〕も、前記のように、酒類販売業免許の「小売に限る」旨の条件解除申請の拒否処分の「禁反言の法理」違反を否認する（二六〇頁参照）とともに、同処分の「平等原則違反」をも否認した。他の業者は昭和四六（一九七一）年通達の定める基準に基づいて「小売に限る」旨の条件解除をうけたが、同通達の適用の結果、卸売業者の増加とともに、仙台市や福島県内の都市部では卸売業免許を得て酒類製造者と直接取引をすることにより廉売をする業者が出現したため酒類小売業者が営業不振や倒産に追い込まれる事態が発生、これを憂慮した仙台国税局は昭和四六年通達による運用を停止してより厳しい条件解除基準を定める昭和三八（一九六三）年通達の定める条件解除基準に復帰することとして、後者の基準に基づいて本件条件解除申請の拒否処分をしたのであった。この

ような事情を考慮すると、本件条件解除申請の拒否処分は平等原則違反ではないように思う。

(192) 租税法または行政法における信義則に論及する学説は、教科書等を除いて大体、本稿中に引用したのではないかと思うが、このほか、もっぱらドイツの判例を精力的に訳出・紹介する有益な論著があるので、これらも参照されたい。中川一郎『税法における信義誠実のRFH裁判例集』(三晃社、昭五七・一九八二)、同『信義誠実に関するBFH裁判例集Ⅰ』(三晃社、昭五八・一九八三)、同『信義誠実に関するBFH裁判例集Ⅱ』(三晃社、昭五八・一九八三)、同『税法における信義誠実の原則』(三晃社、昭五九・一九八四)。また、五十嵐清「行政法における事情変更の原則」北法二七巻三＝四号(昭五二・一九七七)四四一頁以下は、論題をめぐる旧西ドイツの判例学説を紹介し、論評を加えている。なお、記述の便宜上、拙稿を中心に引用したところもある。私法における信義則については、判例はまったく扱わず、学説も少数のものしかみることができなかった。

(193) 東京地判平七・六・三〇行集四六巻六＝七号六五九頁。

(194) 社会保障判例にも影響を及ぼしていることについては、前注(104)参照。

(195) 同法理に関する旧西ドイツの議論については、乙部哲郎「行政の自己拘束の法理」民商七一巻五号(昭五〇・一九七五)八一〇頁以下、平岡久「行政規則の法的拘束性(一)」法雑二六巻三・四号(昭五五・一九八〇)三六六頁以下、同『行政立法と行政基準』(有斐閣、平七・一九九五)二五三頁以下、大橋洋一『行政規則の法理と実態』(有斐閣、平一・一九八九)五四頁以下など。

(196) 福岡地判昭三二・二・四税資三九号二一九頁。

(197) 長崎地判昭三六・五・一九行集一二巻五号一〇一七頁や福岡高判昭三七・四・一九税資三六号四七三頁も同旨ではあるが、いずれも当該事案では慣習法・行政先例法の成立を否認している。

(198) 同旨、新井・注(10)九四頁。

(199) 大阪地判昭四四・五・二四行集二〇巻五＝六号六七五頁。

(200) 乙部哲郎「行政の自己拘束の観念と範囲」神院一三巻三号(昭五八・一九八三)二、一二頁。わが国における同

法理の概観として、乙部哲郎「西ドイツ『行政の自己拘束』論の動向」神院二〇巻三＝四号（平二・一九九〇）一一九頁以下。

(201) 更正処分等が民主商工会の組織破壊等を目的とするものではないとして、信義則を明示しないものの同処分等が憲法一四条等に違反するわけではないと判示するものとして、大阪地判昭五二・四・二八税資九四号四三二頁、京都地判昭五二・五・二〇行集二八巻五号五〇七頁、横浜地判昭五二・五・二五税資九四号五七七頁、東京地判昭五三・二・二八行集二九巻三号三八九頁など。

(202) 奈良地判昭六二・一・一四税資一五七号一頁は、納税者の有利に改正された相続税財産評価基本通達を遡及適用することは租税平等原則に反するという。

(203) 大阪高判昭四四・九・三〇判時六〇六号一九頁。本件信号用品と同一品種の輸入に対しては、同一時期に横浜・大阪の各税関は二〇％の税率による関税を賦課徴収したことを理由に、神戸税関が賦課した三〇％の税率による課税処分のうち一〇％に相当する部分は「課・徴税平等の原則」に違反すると判示した事案である。同種の事案で、神戸地判昭四一・四・一一訟月一三巻二号二五六頁は平等原則にふれることなく逆の結論を導く。

(204) 乙部哲郎「行政の自己拘束論における『不法に平等なし』の動向」神院二一巻四号（平四・一九九二）二六頁以下。

(205) 東京高判昭六〇・七・一〇東京都法務資料二五巻三号三三頁。この判決については、玉国文敏「医療費控除の範囲と限界―通達課税の一側面―」雄川一郎献呈『行政法の諸問題下』（有斐閣、平二・一九九〇）六八四頁を参照した。信義則を明示するわけではないが、租税特別措置法三五条の適用対象を通達により拡大することは課税に対する法的安定性や予測可能性を損ない、課税平等の原理にもとると判示するものとして、福岡高判昭六三・一二・一四判時一三二五号四一頁、最判平元・一〇・一三税資一七四号六三頁。

第四章　公務員法と信義則

一　はじめに

一　公務員法における信義則に関する判例は、公務員または公務員に準ずる者（以下、単に「公務員」という）の退職願の撤回、懲戒・分限免職処分（行為）の無効主張やそのための行政訴訟等の提起、国等の安全配慮義務をめぐって、多数、現れている。

二　これらの判例のうち、前二者については本書の第五章・第七章で扱うことにする。公務員法のこのほかの分野でも、信義則に関する判例は相当数みられる。本稿は、国等の安全配慮義務に関するもの[1]を除いて、公務員法における右の判例の紹介・寸評や信義則の意義などの論点をめぐる判例の分析を試みようと意図するものである。

（1）　この問題については、高橋真『安全配慮義務の研究』（成文堂、平四・一九九二）、白羽祐三『安全配慮義務法理とその背景』（中大出版部、平六・一九九四）など多数のすぐれた研究があるのでこれにゆずることにする。ただ、この場合の信義則は行政解釈など行政の先行の言動に対する相手方の信頼保護とは直接の関係をもたないように思われる。なお、乙部哲郎「判批」別冊ジュリ行政判例百選Ⅰ（昭五四・一九七九）六〇頁。

二　判例の展開

一　教職員の時間外勤務手当ての請求

昭和四三（一九六八）年を中心に、全国的に三〇〇件を越える公立学校教職員の時間外勤務手当て・休日手当てなどを請求する訴訟が行われたようである。昭和四六年に制定の「国立及び公立の義務教育諸学校等の教育職員の給与等に関する特別措置法」は、公立学校教育職員には教職調整額を支給することとし、時間外勤務手当ての支給を定める労働基準法三七条は適用しないことにして、この問題を立法的に解決した(2)。つぎの三判決は、労働基準法三七条の適用当時のものであるが、いずれも市や県を被告とする教員らの時間外勤務手当ての請求は信義則違反にも権利濫用にもあたらないといい、請求を認容している。

東京地判昭四三・一一・二八行集一九巻一一号一八二一頁〔2〕

津地判昭四九・六・六判時七四六号一九頁〔4〕

名古屋高判昭五二・一〇・二五行集二八巻一〇号一一四一頁〔7〕

後二者は第一審・第二審の関係にあり、〔7〕は原判決をほぼそのまま引用する。従来、教職員が時間外勤務をしながらその手当てを請求しなかった最大の理由は、労働基準法の制定後も支払義務者が時間外勤務手当てをまったく支給しようとせずその予算措置も講じなかったことに由来する（〔2〕参照）。したがって、〔4〕も示唆するように、教職員がこの手当てを請求しなかったとしても請求権の放棄とか手当てを支給しない旨の事実たる慣習が有効に成立したとみるのは適切ではない。また、〔2〕も示唆するように、各地の条例によれば時間外勤務の命令

権者は教育委員会であり、勤務時間外に職員会議に参加すべきことなどを命ずる学校長の職務命令は違法であるが、従来の職員会議の開催等の実態からみて教職員にとってはその違法性の認識は必ずしも容易ではなく違法な職務命令に従ったことに責めがあるというのも厳しすぎる。他方、行政側には、労働基準法に違反してまで時間外勤務手当てを支給しないことを正当づける保護に値する信頼や利益もなく、同手当ての請求は信義則違反にも権利濫用にもあたらず、判旨の結論はいずれも正当であると思う(3)。

静岡地判平八・六・二五行集四七巻六号四七五頁〔25〕

市長として在職中、市職員は職務上利害関係のある者と会食や旅行等をして住民の疑惑を招き市職員の信用を失墜させることを戒める通達を発しておき、自らはこのような行為をして警察の事情聴取を受けて辞職に追い込まれながら、約二五〇〇万円の「退職手当の請求をすることが権利の濫用であるとか信義則に違反するとかいうことはできない」といい、特別職給与条例に基づく退職手当ての支出も違法でも無効でもないといい、結局、住民による代位不当利得返還請求を棄却した。

特別職給与条例は、特別職への退職手当不支給事由として、在職中に禁固以上の刑に処せられて退職したときに限定して、原告らが主張するような一般職の市職員であれば懲戒免職処分の事由となるべき程度の非行により退職する場合を不支給事由としなかったという。市長と市との間に退職手当ての請求をしない旨の合意とか確約があったというわけでもないようであり、退職手当ての請求は権利濫用でもなく信義則違反にもあたらないであろう。

（2）富澤達「判解」曹時二五巻一〇号（昭四八・一九七三）一七五二頁参照。なお、次注（3）に掲記の最高裁判決がこの種の事件について最高裁として初めて実体に関する判断を示したという。

（3）最判昭四七・一二・二六民集二六巻一〇号二〇九六頁は、学校長の職務命令は違法であっても事実上の拘束力を

もつとして、請求を受けた県なども時間外勤務手当ての支給を拒否することは許されないと判示する。同判決は信義則等を明示しないものの、信義則を適用したとみるものもある。富澤・注（2）一七五四頁、宮崎良夫「判批」別冊ジュリ行政判例百選Ⅰ（昭五四・一九七九）一四四頁参照。

二　懲戒処分

公務員に懲戒事由がある場合に、懲戒処分をするかどうか、懲戒処分をするとしてどの種の処分をするかは、原則として任命権者の裁量に委ねられる。(4) 事実誤認や平等原則・比例原則などに違反するときは、懲戒処分は裁量の踰越濫用として違法となる。概観するかぎりでは、懲戒処分についてこれら法原則等違反が争われたケースは多いが信義則違反の有無が問われたケースはきわめて少なく、(5) これを広く理解しても以下のものがあるくらいである。

東京地判昭五〇・五・一三判時七九四号一一四頁〔5〕

農林大臣の戒告処分に対する農林省蚕糸試験場の研究官の取消請求を棄却したが、その理由として、海外出張期間の延長について「原告の意図ないしは希望に副ってやらなかったからといって、それが直ちに信義則違反となり裁量権の濫用となるものではない」と判示する。

信義則違反の有無は、懲戒処分ではなく海外出張期間の延長の取扱をしなかった行為について問われていると解しうる余地もある。いずれにせよ、少なくとも行政法令の解釈・適用の適法性など行政側の先行の言動（不作為をも含む）に対する相手方の信頼保護の適否のケースとみてよいかは疑問もある。

地方教育行政の組織及び運営に関する法律によれば、県費負担教職員の任命権は都道府県教育委員会、服務監督権は市町村教育委員会（地教委）にあり、都道府県教委がその任免等を行う場合は地教委の内申をまってする必要がある（同三八条一項）。つぎの二判決は、いずれも地教委が行うべき内申との関連で、〔8〕は教員側への信義則

の適否、〔9〕は地教委側への信義則の適否を扱う。

福岡地判昭五二・一二・二七判時八七七号一七頁〔8〕

「内申のないことが、地教委に内申権を留保せしめた趣旨に反して、その独自の判断、裁量に基くものではないという場合、例えば内申によって不利益をうける側の暴力脅迫又はこれに類する違法不当な圧力によって地教委が内申をしたくてもそれが出来ないという場合にあっては、民法一三〇条の趣旨を類推し、またそのような場合内申の欠缺の主張を許すことは信義則に反するという見地に照らしても、例外的に地教委の内申がなくとも都道府県教委は内申があったと見做してその任免権を有効に行使しうる」が、本件はこの例外的場合には当たらないといい、戒告・減給の懲戒処分の取消請求を認容した。

昭和四九（一九七四）年一〇月四日の文部省初等中等教育局長の通達では、都道府県教委が内申の督促など最大限の努力をしたにもかかわらず地教委が内申をしないという異常事態の場合は、都道府県教委は内申抜きで任免等を行うことができるという法解釈を示し、本件の県教委は全国で初めてこの通達に依拠して懲戒処分を行ったようである。(6) 本判決は、例外的な内申抜き任免等の要件を狭く理解しているようにみえる。(7) 信義則に関する判旨自体にはとくに異論はないように思う。

札幌地判昭五四・二・一六判時九二六号一二三頁〔9〕

村教委や教育長は「本件学力調査の採点をすれば処分内申をしない旨を組合砂原支部との間で合意したり、組合副委員長に対し処分内申をしないという意思統一をしている旨言明したりしたことによって、一旦は原告らにもはや村教委は処分内申をしないもの……懲戒処分を受けることはない旨確信させたにもかかわらず、右のような言質を取ったことについて組合（原告らではない。）が凱歌をあげたという風聞に基づき、これを一方

的に覆えして処分内申したのは明らかに信義則に反した不公正、不合理な措置というべきであ」るといい、戒告の懲戒処分の取消請求を認容した。

村教委による処分内申をしない旨の言明等は行政上の確約（一般的または具体的確約）に相当すると考えられる。本件ではこの確約の撤回の許否が争点となろう。確約の撤回の許否は相手方の信頼保護の視点から判断すべきである。相手方の信頼が法的保護に値するかどうかは、行政・相手方側の事情の比較考量に依拠することになるが、判旨はこのような比較考量をしていない。一般的確約の信頼対象適格性には疑問があるなど確約の撤回は許されうる可能性があり、そうすると本件戒告処分も適法・有効ということになろう。

東京地判昭五四・三・二二判時九三八号一一六頁〔10〕

「原告ら定員外職員は、雇用期間、身分保障、賃金、休日等の労働条件において定員内職員より若干不利益な取扱を受けていることは否めないが……信義誠実の原則に反するほどの不利益とは認められない」といい、四時間の職場放棄を理由とする「本件減給処分が信義誠実の原則に反するものないしは処分権の濫用」とはいえないとして、国を被告とする原告ら営林署定期作業員による超過減給部分の返還請求を棄却した。

定員外・定員内職員間の雇用期間などの相違は、平等原則との関係からは問題になりうるにしても、信義則または少なくとも行政側の先行の言動に対する相手方の信頼保護の問題とは関わらないように思われる。判旨の結論は適切であろう。(8)

東京高判昭五九・九・一三判時一一五五号二九九頁〔14〕

日本電信電話公社職員は、局舎外の反対闘争には参加したが、本件処分は局舎内に乱入した職員のそれと同じ六か月の停職処分であって「明らかに著しく均衡を失」するといい、つぎに、局舎内の行動にも加わってい

たとの「事実誤認に基づいてなされた……停職処分は、信義誠実の原則、衡平の法理に照らして考量しても、著しく合理性を欠くもの、すなわち社会観念上著しく妥当を欠き、懲戒権者の裁量権の範囲を超える」として、同処分の無効確認請求を認容した。

本件も端的に平等原則違反または事実誤認のゆえに停職処分は違法といえば足り、信義則または少なくとも公社側の先行の言動に対する相手方の信頼保護の問題とは関わらないように思う。(9)

東京地判平六・一二・一四判時一五三六号六九頁〔23〕

全逓が行ったいわゆるマル生闘争に参加したことを理由に懲戒免職処分を受けて提起した取消訴訟の取下げは無効として、口頭弁論期日の申立てをしたケースである。「原告は、郵政省は原告に対し試験を受験すれば再採用されると誤信させて本件取下げを図り、または、全逓が原告を欺網するのを知りつつ放置していたのであり……本件取下げに対する同意ないし取下げによる訴訟終了の主張はかかる従前の態度と矛盾して許されず、信義則に反する旨主張する」。しかし、「郵政省側が、原告が採用試験を受験すれば必ず合格させる旨の約束をして本件取下げをさせたと認めることは到底できないし、全逓内部の問題について郵政省側に作為義務があるわけでもないから、原告の右主張は失当」として、本件訴訟の取下げは有効でありこれにより本件訴訟は終了したと判示した。

判旨は、取消訴訟の取下げは錯誤により無効という原告の主張を退ける理由として、「受験者の一部の者を試験の結果にかかわらず合格させるという約束などできるはずがないことは、通常人であれば容易に理解し得るところであり、原告もこれを十分に認識していたはずであって、右認定の事実関係において原告が、受験をすれば成績に関係なく職場復帰できると信じていたと認めることは到底できない」という。この判旨は、原告の信義則違反の主

張を退ける理由ともなりうる。右のような約束の存在が否認されるのであれば、郵政省側は従前の態度と矛盾するとの原告の主張も容易には認められないであろう。

(4)　たとえば、最判昭五二・一二・二〇民集三一巻七号一一〇一頁。
(5)　裁量処分一般について同旨の指摘が可能であろう。
(6)　判時一一八七号（昭六一・一九八六）二四〜二五頁参照。
(7)　第二審判決・最高裁判決は、この要件をより緩やかに理解して、本件の場合はこの例外的場合にあたるとした（福岡高判昭五六・一一・二七判時一〇二六号三〇頁、最判昭六一・三・一三民集四〇巻二号二五八頁）。本件最高裁判決はこの問題についての初めての最高裁判決である。ただし、両判決はともに信義則を明示していない。
(8)　佐藤昭夫「判批」判評二五五号（昭五五・一九八〇）五二頁は、信義則違反・処分権濫用をいう原告の主張に好意的のようである。
(9)　なお、町警察懲戒委員会が懲戒事由の審査をする際には「『フェアプレイ』の法則」に従うべきとか（福岡地判昭二六・五・一八行集二巻七号一〇九八頁）、教育委員会による懲戒処分は「社会通念上著しく衡平を欠き、苛酷な処分と言うべきであって……懲戒権を濫用した結果である」（札幌地判昭五四・五・一〇判時九四五号一一七頁）などというものもある。

三　任用関係

前橋地判昭三一・八・二八行集七巻八号二〇五九頁〔1〕

「被告市長が原告の就職斡旋に努力することを約し、且つその際、当時、各方面からその建設が要望されていた市の公会堂……完成の暁にはその管理者にしてもよいとの趣旨の話を持ち出し、事実当時においてはその実現が殆んど確実視されたために被告市長の右の言を信頼して就職の見込がついたものとして退職申出をした

ものではあるが」、これは「原告を被告市の職員に再任用することを内容とする約束又は意思の表明」ではないといい、退職申出の無効を前提に市職員としての地位を有することの確認を求める主位的請求を棄却した。

判旨は、「約束」といい確約とはいわないが実質的に確約の存在を否認したものと解される。公会堂の管理者として再任用をするという確約があったものと思うが、この確約は公会堂建設を条件としており、公会堂が建設されなかったときは確約は発効しないと考えるべきであろう。判旨によれば、公会堂建設が条件であることについては原告の認識もあり、その退職申出は「再任用を条件としたものでなかった」というのであるから、そうであれば退職申出にも瑕疵はなく有効と思われる。

東京高判昭五一・九・三〇行集二七巻九号一六二八頁〔6〕

最判昭五七・五・二七判時一〇四六号二三頁〔12〕

東京都は、採用内定者が現任研修を妨害して不退去罪等の現行犯として逮捕されたことを重視して採用内定を取り消し、内定者が採用内定通知取消処分の取消、都職員としての地位を有することの確認を求め、さらに予備的請求として都職員として採用すべきことを求めて訴えに及んだ。〔6〕は、採用内定通知は職員の採用を支障なく行うための準備手続的行為にすぎず単なる事実行為であって採用に向けた法的効果はないといい、いずれの請求をも認めなかったが、「正当な理由がなくみだりに内定を取消したときは、内定通知を信頼し、都職員として採用されることを期待して、他の就職の機会を放棄するなど、東京都に就職するための準備を行った者に対し損害賠償の責任を負うべきことがある」と判示する。〔12〕はその上告審判決であるが原審と同旨の判示をしている。

採用内定通知の法的性格は採用する旨の確約に相当すると思われ、行政内部の準備手続的行為や事実行為にすぎ

ないとみるのは疑問がある。なお、〔6〕は「信義則上特段の事由がなければ内定どおりに採用の発令をなすべきものであ」るというが、〔12〕は信義則を明示せずかつ採用内定通知の採用に向けた法的拘束性はまったく問題にならないかのように判示しており、両判決間には微妙な違いもある。(10)

大阪地判昭五四・三・三〇判タ三八四号一四五頁〔11〕

原告は、国立大学の教官選考委員会委員長による四月一日には採用の予定であり現在勤務中の私立大学には退職願を提出するようにという「指示」等を信頼して、私立大学を退職して待機していたが、結局、採用されなかったため国家賠償請求をした。本判決は、国立大学側としては「信義則上」、採用の「遅滞を避けるための真摯な努力を重ねるべき義務を負う」として採用予定日から六か月以上の遅滞は相当期間内にあるとはいえないこと、国立大学側の「働きかけを信頼して、その指示に従った原告に対し、首肯するに足る理由を挙げるなら格別、その信頼した行動を逆手にとり、それを主たる根拠として、簡単に原告の採否を沙汰やみにしたのであるから、右の信頼に対する侵害」があるといい、結局、原告の請求を認容した。

選考委員長の「指示」等は国立大学に採用する旨の確約に相当すると解しうる余地がある。ただし、原告は採用権限のない同委員長の指示等にもとづいて採用を「確信」したこと、私立大学に退職願を提出する前に、同委員長や委員らから退職願の提出は思いとどまるようにという働きかけを受けていたことなど、責められるべき事情もある。したがって、必ずしも正当な信頼があったともいえず確約の取消は許されうるように思われ、判旨には疑問もある。

神戸地判昭五九・二・一行集三五巻二号一〇一頁〔13〕

大阪高判昭六二・七・八行集三八巻六＝七号五三二頁〔17〕

〔13〕は、被告県の任命権者等は原告が懲役一〇か月・執行猶予二年の確定判決を受けたことをそれから約二年半後に初めて知ったのであり、「現行法上、任命権者がこれを知りうる制度的保障のないことをも合わせ考えると、原告の失職事由の発生から本件失職通知までに三年近くの期間が経過しているという点を考慮しても、被告において原告の失職を主張することが信義則上許されないということはできない」といい、雇用契約（任用関係）上の権利を有することの確認等を求める原告の請求を棄却した。〔17〕はその控訴審判決であるが原審と同様の判旨である。

本件では、再任用の確約の存在を認めることはできず、また、原告・控訴人は、地方公務員であることも考慮すれば、地方公務員法二八条四項に所定の失職事由や（再）任用形式は知っておくべきであり、一般にこのことは期待可能であるともいいうる。再任用について原告・控訴人の正当な信頼は認められず、判旨の結論は適切であろう。

福井地判昭五九・一二・二一判時一一五一号一三〇頁〔15〕

本判決は、郵便局の臨時雇である「原告の雇用関係は公法関係であって、その任免に関して私法関係たる労基法の法理が適用される余地はない」として、労基法に所定の解雇予告等がなかったのは信義則違反であるという原告の主張および労働契約上の権利の確認請求等をしりぞけた。ただし、郵便局側は二か月単位で任命されるべき臨時雇の地位について明確な説明をしないで任命を繰り返すなど、原告に「自己の雇用が継続するという信頼」をもたせることになり、本件雇止めはこの信頼を破壊するものであるとして、賠償請求の方は認容した。

一般に期限付任用の場合には、継続任用する旨の確約などが存在しないかぎり、相手方は期限到来の時に失職することを知るべきであり、継続任用についての相手方の信頼は認められない。(11) 本件でも右のような確約は存在せず、

また、任命権者側が明確な説明をしないなどの不都合もあるが原告の保護に値する信頼の存在を認めうるかは疑問の余地がある。(12)

大阪地判平三・八・二二判タ七八三号一三四頁〔21〕

大阪高判平四・六・二五労判六二九号一三三頁〔22〕

地方公務員法二八条の三第一項および摂津市「職員の定年等に関する条例」四条一項は、定年後の勤務延長は定年者の退職により公務の運営に著しい支障が生じる場合に限っている。ところが、被告市長は、要綱を制定して共済年金資格を取得する勤続二〇年に達するまでの間は勤務延長をすると定めた。原告は、勤務延長の拒否処分の取消と勤務延長がされた場合の給与相当額等の国家賠償を求めて出訴した。〔21〕は、「原告は、摂津市職員間に、本件要綱にそった勤務延長がなされるとの強い信頼が確立しており、本件処分は信頼保護の原則に反すると主張する。しかし、被告市長は、本件条例四条一項が定める場合以外に、定年者の勤務延長をなし得る何らの権限を有していないのであるから、原告が主張する信頼は法的保護に値しない事実上の期待に過ぎない」として、いずれの請求をも棄却した。〔22〕は、その控訴審判決であるが、勤務延長をしないという行為の処分性を否認して取消訴訟は却下、信頼保護原則については国家賠償請求のところで原判決と同旨の判旨を展開して請求を棄却した。

一般に、要綱など行政規則自体についての信頼は認められないと解すべきである。(13)たとえ信頼の可能性を認めうるにしても、本件要綱は「地公法・本件条例に明白に違反する」(〔21〕)ということであり、原告・控訴人が公務員であることも考慮すれば、この要綱およびその適用行為の適法性については疑問を抱くべきであるともいいうる。いずれにしても、原告・控訴人側には正当な信頼は存しえないのではないかと思われる。(14)

(10) 両判決についてくわしくは、乙部哲郎「公務員の採用拒否と法的救済」神院一五巻三号（昭六〇・一九八五）一頁以下。

(11) 名古屋地判昭六三・一二・二一判時一三三〇号一四〇頁は、地方公務員法二二条二項に基づく臨時的任用の更新への「期待は事実上のもの」であるが、「右の期待が法的に何らの保護も受け得ないと解するのは相当でなく」といい、再任を拒否された教員の国家賠償請求を認めた。しかし、控訴審判決である名古屋高判平三・二・二六労判五八七号五七頁は、右の期待はあくまで事実上のものにすぎないとして原判決を取り消し、上告審判決である最判平四・一〇・六労判六一六号六頁も、簡単に原判決は正当であり是認できるといい、教員の上告を棄却している。また、大阪地判平二・一一・二六訟月三七巻五号九五〇頁は、国家公務員法附則一三条・人事院規則八—一四第一条などにもとづく期限付任用の継続への期待は事実上のものであり、任用を更新しなかったことは不法行為を意味しないといい、国立大学付属図書館に勤務する非常勤職員の国家賠償請求を棄却、控訴審判決である大阪高判平四・二・一九訟月三八巻一〇号一七八五頁も同旨である。

(12) もっとも、人事院規則八—一二第七四条二項は、期限付任用職員が「引き続き勤務していることを任命権者が知りながら別段の措置をしないときは、従前の任用は、同一の条件をもって更新されたものとする」と定める。

(13) さしあたり、乙部哲郎「『行政の自己拘束』論の一考察」神院二一巻二号（平三・一九九一）一八頁参照。

(14) なお、長崎地判昭二八・三・二〇行集四巻三号六八四頁は、市総務課長が市長に対する協力心を失い勤務に精励する熱意を欠いて、当事者間に「信頼関係」をなくしているときは分限免職をすることもやむをえないとする。

四　労働条件など

東京地判昭四六・八・一六判時六五一号一〇〇頁〔3〕

日本電信電話公社の勤務関係は私法上の雇用契約関係であり、「職員は、雇用契約上の義務ないしこれに伴う信義則上の義務」があって公社の「保有する有形、無形の利益を損わないようにすべき信義則上の義務を

負」い、国際反戦デーのデモに参加、凶器準備集合罪で逮捕・起訴されたことはこの義務に違反するなどとして、日本電信電話公社法三三条に基づく懲戒免職処分は権利濫用とはいえず有効とした。ただ、将来の団体交渉の結果次第では同処分は権利濫用と評価されうる余地もあるとして、仮処分申請そのものは認容している。判旨によれば、本件行為は信用失墜行為の禁止を定める同公社「就業規則第五九条七号に該当する」ということであり、本件懲戒事由としてはあえて信義則上の義務違反に言及する必要もなかったようにも解される。なお、この場合の信義則は抽象的包括的にすぎ、公社の先行の言動に対する相手方の信頼保護とは無縁のケースであった。

秋田地判昭六一・一・三一労判四七一号五一頁〔16〕

郵便局員である原告が年休の残余日数をすべて消化しており、新たに年休の成立を認めると年間年休日数を超過するとしても、郵便「局側で別途対応措置を取りえないわけでもないことや被告の信義則違反の主張は最終口頭弁論期日において初めてなされた」ことなどを考慮すると、「原告の本件年休時季指定に関する主張や賃金カット分の未払賃金の請求が信義則に反して失当であるとまではいえない」といい、国を被告とする年休不承認にもかかわらず欠勤したことに対するカット分の未払賃金の請求を認容した。

判旨もいうように、郵便局側の休暇経理簿では、三日間分について年休をとった旨の記載がないため原告が誤ってなお年休をとることが可能と判断したことも必ずしも責められるべき事由とはいえず、「他に原告が右三日間について年休として取得したことを自覚しながら敢えて二三日間もの年休を取得したことをことを認めるに足る証拠はない」というのであるから、信義則違反を否認する判旨の結論は妥当であろう。

東京高判平一・七・一七労判五四三号三七頁〔18〕

成田空港へのジェット燃料輸送業務に従事すべきことを命じる日本国有鉄道清算事業団の業務命令は、労働

契約の範囲を逸脱するものではなく、「労使間の信義則に反する」などの事情はないとして、公労法一八条に基づく解雇処分の無効を前提とする動労執行委員による雇用関係存在等の確認請求を棄却した。

判旨の結論は適切であるように思う。この場合の信義則についても、事業団側へのその適否が争点となっているとはいえ、〔3〕に対すると同様の指摘が可能であろう。

東京地判平二・一・三〇労判五五六号七頁〔19〕

被告品川区は学校警備特殊業務手当ての支給を定める規則の「廃止に至る事前協議、予告期間の設定等の手続きを尽くすべき信義則上の義務」に違反しないとして、原告ら警備員（地方公務員法五七条に所定の単純労務職員）の賠償請求を棄却した。

一般に、予告・経過措置を講じて将来に向かって授益的措置を廃止することは相手方の信頼を損なうことにはならない。予告等の手続を尽くすべき信義則上の義務があるとしても、判旨によれば「被告は、十分な協議、説明をしている」ことに留意すべきである。

東京地判平三・八・七判時一四〇三号一一三頁〔20〕

東京高判平七・六・二八労民四六巻三号九八六頁〔24〕

〔20〕は、慣行休息を認める労使間の合意が存在したがこの合意は不文の労働協約でも労働契約でもなく民法九二条の慣行でもないとして、国を被告とする原告ら郵便局員の休息の権利の確認請求を棄却し、ついで「東京都中郵局長が慣行休息を当局の責任において是正することは何ら違法ではなく、団体交渉を経ずにこれを廃止したことが不当労働行為に該当したり、信義則に違反したり、権利の濫用になるとはいえない」といい、その賠償請求をも棄却した。〔24〕も「信義」というほかは、この原判決とほとんど同旨である。

慣行休息を認める労使間の合意は確約（一般的確約）にあたると解しうる余地がある。ただ、一般的確約の信頼対象適格性は疑わしく、また、この慣行休息は郵政大臣が定める勤務時間規程、就業規則や労働協約に定める休息時間を上回るというのであるから、原告らはこの確約の適法性には疑問を抱くべきであり正当な信頼が存在しえたかは疑問である。たとえ正当な信頼があったとしても、将来に向かって確約を取り消して授益的措置を廃止することは原告らの信頼を損なうことにはならず、結論的には判旨は正当であろう。[15]

（15） なお、横浜地判昭五二・三・三〇判時八七三号七八頁は、国家公務員宿舎法に基づく宿舎の明渡請求は権利の濫用とはいえないと判示している。

三 補論

一 信義則の意義・性格など

一 公務員側への信義則の適否が争点となっているものとして〔2〕〜〔4〕、〔7〕、〔8〕、〔16〕、〔25〕があり、このほかは行政側への信義則の適否が争点となっている。公務員側の信義則違反を認めたものとしては〔3〕のみ、行政側の信義則等違反を認めたものとしては〔9〕、〔14〕のみである。このほか、〔11〕や〔15〕は、信義則を明示するもののおそらく信義則とは切り離して行政側の措置は原告の「信頼」を損ない違法として賠償請求を認容したものと解され、これらも含めると行政側の信義則違反を認めるものが公務員側の信義則違反を認めるものよりもかなり多いことが注目される。

前掲の判例中、信義則の意義・性格など信義則をめぐる論点について明示するものはきわめて少ない。まず、用

語法については、信義則違反・権利濫用の双方の存否をみようとするものが多い（〔2〕、〔4〕、〔7〕、〔20〕・〔24〕、〔25〕。なお、〔5〕）。信義則・衡平の法理の双方の存否をみようとするものもある（〔14〕）。必ずしも信義則や禁反言則を明示しないで端的に信頼保護（原則）に言及するものもある（〔1〕、〔6〕・〔12〕、〔11〕、〔15〕、〔21〕・〔22〕）。なお、〔13〕は、任命権者が地方公務員法二八条四項に定める失職事由のあることを知りながら「長期間にわたってこれを放置し、何らかの機会にいわば報復的な意図のもとに右の前科を理由として失職措置を取った場合……右措置が禁反言ないし信義則の法理」等に違反しうる旨を判示しており、〔17〕もこれを前提におくようである。この場合には、いわゆる失効の法理の適否が争点となるようにもみえる。

信義則の観念・機能として信頼保護が含まれることを明示するものは、「確信」という〔9〕、〔11〕のみのようである。「期待」の保護にも言及するものとして、〔10〕、〔21〕・〔22〕がある（なお、前記注（11）にあげた判例がある）。このほか、信義則を明示する判例のなかで信頼保護の視点からの理論構成になじむものもないではない（〔4〕・〔7〕、〔13〕・〔17〕、〔20〕・〔24〕、〔23〕など）。先行の言動に対する当事者の信頼保護の視点から相反する後行の言動を禁止することを禁反言則とか信頼保護原則とよぶことができるとすれば、信義則の観念・機能には禁反言則・信頼保護原則のそれをこえるものがあるといえよう。たとえば、〔3〕、〔5〕、〔10〕、〔14〕、〔18〕、〔19〕における信義則の用語法がこれに相当するであろう。

行政法における相手方の信頼保護では、法律による行政、行政法令の量的増大・質的複雑化のもとで行政側の示す法令の解釈（行政解釈）の適法性への信頼の保護という点が中心になるべきである[16]。この場合の相手方が行政法令の運用にあたる公務員であるときは、自己に示された行政解釈の適否の判断が一般に期待可能とみるべきであり、正当な信頼の存在を認めるのは難しいように思われる（ただし、〔2〕、〔4〕、〔7〕の場合を参照）。この意味でも、

〔13〕・〔17〕、〔21〕・〔22〕などが信義則・信頼保護原則の適用を否認したのは適切であった。

二　信義則の法的根拠・性格などについて明示するものはない。なお、〔3〕は日本電信電話公社の勤務関係は私法上の雇用関係であるといい[(17)]、〔15〕は郵便局員の勤務関係は公法上の雇用関係であるというから、そこで適否が問題となる信義則もそれぞれ同様の性格をもつとする趣旨であろう。信義則の限界についても明示するものはほとんどない。〔4〕・〔7〕、〔21〕・〔22〕は、法律による行政の原理に反する結果となる場合には信義則・信頼保護原則の適用は認められないのではないかを示唆するが、一律にこのようにいうことは適切ではない。

ところで、〔6〕・〔12〕は、公務員としての地位の確認請求や採用請求は否認しながら、賠償請求の可能性を承認することにより採用内定者の信頼保護を図ろうとするようにみえる。また、〔15〕は主位的請求である労働契約上の権利の確認請求は否認して信頼保護の視点から予備的請求である賠償請求を認容し、〔22〕は原告の信頼保護については勤務延長の拒否処分の取消請求ではなく国家賠償請求のところで判断してこれを否認している。これらの判例をみると、信頼保護の要件についても、公務員等の任用拒否処分の取消請求や地位確認請求の場合と賠償請求とでは差異があり、賠償請求では比較的容易に行政側の措置は原告の信頼を損ない違法として請求が認容される傾向があるように思われる[(18)]。もっとも、いったん付与した授益的取扱を将来に向かって廃止することは、一般に賠償請求の要件としての信頼毀損にもならず、この意味でも〔19〕、〔20〕・〔24〕の結論は適切であった。

(16)　なお、国家公務員法七九条二号・地方公務員法二八条二項二号の起訴休職制度は公務に対する国民の信頼を確保するためのものとか（例、最判昭六三・六・一六判時一三〇〇号四九頁、最判昭六三・六・一六訟月三五巻三号三七二頁）、地方公務員法三三条に所定の信用失墜行為は職務の公正に対する住民等の信頼を損なうもの（例、東京地判昭六〇・一一・二九労判四六五号一五頁、大阪地判平二・八・一〇判タ七九五号一六二頁）とする判例は少なくない。

このほか、前注（14）に掲記の判例もある。ただ、これらの判例にいう信頼は、行政解釈の適法性など行政側の先行の言動に対する相手方の信頼保護とは直接の関連性はない。なお、平成九（一九九七）年改正後の国家公務員退職手当法一二条の二第一項に定める「信頼」についても同旨の指摘が可能であろう。

（17）　このほか、日本国有鉄道などにおける労働（契約）関係上の信義則に言及する判例については、本書第七章三四八頁。

（18）　なお、前注（11）に掲記の名古屋地判昭六三・一二・二一参照。一般に抗告訴訟と国家賠償訴訟とで行政処分等の違法の観念・要件を統一して理解すべきかどうかが問題となり、国家賠償責任の違法要件の緩和や逆に加重をいうものもあるようである。さしあたり、久保茂樹「判批」別冊ジュリ行政判例百選II（第三版）（平五・一九九三）二八四頁および同所に掲記の文献参照。

二　確約の法理、自己拘束の法理・平等原則との関係

一

市長による公会堂の管理者に任用してもよいとの約束・言明（〔1〕）、村教育委員会による処分内申をしない旨の言明等（〔9〕）、公務員の採用内定通知（〔6〕・〔12〕）、国立大学教官選考委員長の指示等（〔11〕）、慣行休息を認める労使間の合意（〔20〕・〔24〕）は、いずれも確約に当たると解しうる余地がある。[19] 採用試験を受験すれば必ず合格させる旨の「約束」（〔23〕）が存在するのであれば、この約束も確約に相当する。

ところで、国家公務員法三九条は任用・昇給などの実現のために金銭等の授受や公の地位を「約束」することを禁止し、[20] 同法一一〇条は違反者を三年以下の懲役または一〇万円以下の罰金に処すとしているのが注目される。地方公務員法三六条三項は政治的行為の禁止との関係で類似の「約束」禁止を定めるが、同条違反について罰則には問わない。これらの法条にいう「約束」の法的性格に言及するものはほとんどないようであるが、[21] ここで、約束とは確約を意味すると考えられる。これによれば、〔1〕、〔6〕・〔12〕や〔9〕の確約は適法であるが、〔11〕の確約

はこの側面からみても違法となる。ただ、違法な確約も当然に無効となるわけではなく原則として有効とみるべきである。〔1〕の場合は停止条件の不成就により確約の効力は発生しなかったものと解されるが、このほかの確約は法的拘束力があると考えられる。〔9〕の場合は適法な確約の撤回、〔11〕や〔20〕・〔24〕の場合は違法な確約の取消の許否がそれぞれ問題となる。確約の取消・撤回の許否は相手方の信頼が法的保護に値するかどうかにより決められるべきであるが、その結論はすでに各判決の寸評にさいして述べたとおりである。

確約の拘束力・存続効が認められるときは確約の履行を求めるための義務づけ訴訟の提起が許されるべきであるが[22]、一般に義務づけ訴訟の許容性には争いがある。この点、〔1〕も、「たとい被告が原告を再任用する旨約していたとしても被告が現実に公法上の任命行為をなすかどうかは当該行政庁の専権に属するものであって、それをなすべきことを命ずる裁判を求めることは現行法制上許されない」といい、市職員として採用すべきことを求める予備的請求も棄却した[23]。

二　一般に、裁量処分の限界を画する法理として平等原則があることは承認されている[24]。また、国家公務員法二七条・地方公務員法一三条は平等取扱原則を定めているが、懲戒処分等について同原則の適否を扱う判例は多い[25]。他の公務員に対する懲戒処分と比較して均衡を欠き平等取扱原則に違反するとして懲戒処分を取り消したこともある[26]。前掲の判例中〔9〕では、北海道全体の三五％の学校で教職員が校長の職務命令に従わなかったために学力調査を実施できず、実施した学校でも一般教職員ではなく校長・教頭・教育委員会職員により実施したところも多数あり、砂原村をその管内とする渡島支庁内でも一〇〇校中、二〇校で類似の事情がみられ、砂原村でも、原告らの勤務する砂原小学校のほか二校は一般教職員ではなく校長・教頭により実施したというのであった。本判決は、信義則に関する判示のまえに、職務命令違反を理由に懲戒処分を受けたのは原告らだけであったことから、本件戒告

処分は「公正の原則、平等取扱の原則」に違反すると判示している。村教委による処分内申が信義則に違反しないとしても、道教委による戒告処分は自己拘束の法理[27]・平等原則に違反する疑いがあり、判旨は適切であろう。信義則と自己拘束の法理・平等原則の適用関係は分けて考察すべきことを示す好例ともいえる。

また、〔21〕は、本件処分は前市長支持派の原告を排除する目的で行われた恣意的・差別的処分であり憲法一四条・地方公務員法一三条に違反するという原告の主張をも簡単に斥けている。〔22〕は、「被控訴人市において、従前、本件要綱に従った定年者の勤務延長が行われ、それが是正される見込もないからといって、本件要綱の違法性が失われるものではなく、被控訴人市長がこれに従った勤務延長を義務づけられるものでもないから、本件要綱によることなく、控訴人の勤務延長をしなかった被控訴人市長の行為は、その裁量に委ねられた行為として何ら違法とされるものではない」といい、控訴人（原告）の国家賠償請求を棄却している。この控訴審判決は、信義則と自己拘束の法理・平等原則の適用関係は分けて考察すべきことを示す好例でもあり、また、いわゆる「不法に平等なし」[28]の原則を認めるものとして賛成できる。ただし、以後の同種の事案では一般的に控訴人と同様の扱いをすべきことになる。なお、同判決は、控訴人は多くの地方公共団体が本件要綱と同様に定年者の勤務延長について特別措置を講じていることを理由に市長が勤務延長をしなかったのは違法と主張しているといいながら、これについての判示を避けている。条例等により法状況を異にしうる他の地方公共団体の実務は原則として自己拘束の法理・平等原則にいう比較の対象適格をもたないことを示唆するのであれば、判旨には同調できる[29]。もっとも、〔9〕は、北海道内のほかの市町村の場合との比較もして懲戒処分の平等原則違反を判示するが、本件懲戒権者は北海道教育委員会であることでは共通し、適用すべき法令の規定も同一であることから特殊の事情が認められ、判旨の結論は妥当であろう。

(19)　確約の法理については、菊井康郎「西ドイツにおける行政法上の確約」(昭五二・一九七七)『行政行為の存在法』所収(有斐閣、昭五七・一九八二)一三一頁以下、乙部哲郎『行政上の確約の法理』(日本評論社、昭六三・一九八八)。確約の法的性質をめぐる論議については、高木光「行政上の事実行為と行政の行為形式論」(昭五七・五八、一九八二・一九八三)『事実行為と行政訴訟』所収(有斐閣、昭六三・一九八八)一八七頁以下、二一〇頁以下。

(20)　この点、ドイツと類似の状況がみられる。乙部・注(19)二四頁以下参照。

(21)　中村博『国家公務員法(特別法コンメンタール)』(第一法規、昭五一・一九七六)一九五頁以下、鹿児島＝森園＝北村編『逐条国家公務員法』(学陽書房、昭六三・一九八八)三四一頁以下〔高橋秀樹〕参照。

(22)　乙部哲郎「義務づけ訴訟の一考察」神院二三巻二号(平五・一九九三)二九頁。

(23)　信義則等を明示しない判例の中には、任用期間を一か年と定め、「爾後は更新しない旨確約された」うえで任用された村立小学校講師は右期間経過とともに当然に退職になると判示するものがある(山形地判昭三二・一・一六行集八巻一号一三八頁)。懲戒免職処分を取り消して依願免職処分を発するが、この間の俸給は実質的に支払いを求めないなどの「約束」に基づいて、この取消処分の適法有効性を認め俸給支払請求を棄却した例もある(福島地判昭三一・六・一一行集七巻六号一六〇一頁、仙台高判昭三二・七・一五行集八巻七号一三七五頁)。また、すでに配達済みの懲戒処分書を持参すれば預かるという係長による「約束」は、同人が本件懲戒処分につき権限を有しない以上なんらの効果も生じない(神戸地判昭三九・七・一五行集一五巻七号一四一五頁)とか、右のような係長による「通告」は懲戒処分の成立・発効を妨げるものではないと判示するものもある(大阪高判昭四六・一一・二五行集二二巻一一＝一二号一八六三頁)。非常勤職員の国家賠償請求を棄却した理由として、大学当局者がこの者にその任用は無期限に更新される旨を告知してはいなかったことを重視するものがあるが(前注(11)掲記の大阪高判平四・二・一九)、この告知も確約にあたるように思う。このほか、公務員法における確約に相当しうるものについては、乙部・注(19)二五一頁以下。

(24)　たとえば、最判昭三〇・六・二四民集九巻七号九三〇頁。

(25)　最大判昭三九・五・二七民集一八巻四号六七六頁など。

(26)　高松地判昭四一・六・二四訟月一二巻一〇号一四〇四頁、高松高判昭四六・一二・一三行集二二巻一一＝一二号一九〇三頁など。昇任・昇給に関する裁量行使について同旨、神戸地判平四・二・四訟月三八巻八号一三七一頁、大阪地判平四・九・二二判時一四四二号三頁。これに対して、同一の懲戒事由に当たる行為があった場合に、他の公務員には懲戒処分をしなかったのに相手方にはこれを行っても当該処分は平等取扱原則に違反しないとするものがある。このうち、大阪高判昭二八・八・六行集四巻八号一八五八頁では、他の警察職員中一人は収賄の事実が明白でなかったうえに依願免職に応じており、もう一人は市警察長の勧告に応じて転勤しており、いずれも判旨もいうように同種の事案性が存するかは問題がある。ところが、熊本地判昭三〇・六・七行集六巻六号一五〇二頁の場合には同種の事案性が認められ、京都地判昭三五・三・二五行集一一巻三号七三三頁の場合には他の公務員の情状の方が重いことから、それぞれ判旨の結論には疑問がある。なお、大阪高判昭三二・一二・二六行集八巻一二号二三九九頁は、情状のもっとも軽い者について懲戒免職処分にすることが社会観念上著しく過重とはいえない場合には、他の情状の重い者に対する懲戒免職処分との間に均衡を欠くとしても、これ以上の懲戒手段のない現行制度のもとでは違法ではないとしているが、判旨は適切であろう。

(27)　同法理については、乙部哲郎「行政の自己拘束の法理」民商七一巻五号（昭五〇・一九七五）、平岡久「行政規則の法的拘束性（一）、（二・完）」法雑二六巻三＝四号、二七巻一号（昭五五・一九八〇）、同「訓令・通達」（昭六〇・一九八五）『行政立法と行政基準』所収（有斐閣、平七・一九九五）二五三頁以下、大橋洋一『行政規則の法理と実態』（有斐閣、平一・一九八九）五四頁以下など。

(28)　乙部哲郎「行政の自己拘束論における『不法に平等なし』の動向」神院二一巻四号（平四・一九九二）一頁以下など。

(29)　乙部・注（28）三一頁。

四　結　語

一　前掲の判例の展開について少しばかり沿革的にまとめておくことにしよう。昭和三〇（一九五五）年代に最初の判例が現れているが、公務員の任用に関するものであり、かつ、信頼保護には触れるが信義則や禁反言則を明示するものではなかった。同四〇年代には教職員の時間外勤務手当ての請求、同五〇年代以降は懲戒処分や任用関係、平成初期には（一九八九〜一九九七）労働条件に関するものも多いといえよう。

二　公務員法における信義則に関する判例は、租税法領域のそれについで多い。冒頭でも述べたように、公務員の退職願の撤回、懲戒・分限免職処分（行為）の無効主張やそのための行政訴訟等の提起をめぐっては、相当数の判例の蓄積がある。(30)前者では信義則、後者では信義則の特別の場合といわれる失効の法理の適否が争点となっている。いずれも、公務員への信義則の適否が問題となっている。ただ、右の判例の出現は定年制の不存在や戦後のいわゆるレッドパージがその主な契機となっており、これらの状況の解消後は右の判例も衰退の傾向にあるようにみえる。前掲の判例の中にも、教職員の時間外勤務手当ての請求など同様の傾向にあるものもある。近時は、懲戒・任用行為、労働条件をめぐって現れる傾向にあるほか、国等の安全配慮義務に関しても多数の判例がある。そこでは、もっぱら行政側への信義則の適否が争点となっている。今後の判例の展開を注視することにしたい。

（30）　本書第五章二四八頁、第七章三四〇頁参照。

第五章　公務員の退職願の撤回と信義則

一　はじめに

一　私人の公法行為[1]に対する信義則の適用は、公務員または公務員に準ずる公社職員等の退職願の撤回の許否、免職処分（行為）の無効確認訴訟や処分の無効を前提とする地位確認訴訟の提起の許否、および、納税者の言動等をめぐって、裁判上、問題となることが多い。判例の特色としては、（税務）行政庁側への信義則の適用の場合と比べて、信義則の適用率が大きいことなどがあげられよう。

二　本稿は、判例を主な素材として、公務員の退職願の撤回と信義則について一考察を試みるものである。そのさい、この問題についての判例・学説の展開を概観したのち、第一に、撤回許容の時期根拠等について分析・検討すること（後記「判例・学説の検討」）、第二に、判例・学説が信義則の意義、根拠・性格、適用の限界、適用要件、適用の効果などの論点についてどのようにみているのか分析・検討すること（後記「信義則の法律問題」）を意図している。ただ、これらの論点に明及する判例はきわめて少ない。

（1）　私人の公法行為を対象とする包括的な研究として、田中二郎「私人の公法行為の観念に就て」（昭一三・一九三八）『行政行為論』所収（有斐閣、昭二九・一九五四）三〇四頁以下、南博方「私人の公法行為の観念と適用原理」

民商四二巻四号（昭三五・一九六〇）四七頁以下、新井隆一『行政法における私人の行為の理論〔第二版〕』（成文堂、昭五五・一九八〇）一頁以下などがある。近時、公法概念への疑念などを理由に「私人の公法行為」という観念をたてることに消極的な見解がある。広岡隆『行政法総論〔四訂版〕』（ミネルヴァ書房、昭六三・一九八八）四二頁、中川剛「判批」別冊ジュリ公務員判例百選（昭六一・一九八六）三〇頁など。また、今村成和『行政法入門〔第3版〕』（有斐閣、昭六三・一九八八）一五一頁、塩野宏『行政法Ⅰ』（有斐閣、平三・一九九一）二四三頁は、「行政過程」における私人の行為、新井・前掲書一頁以下、杉村編『行政法概説〔総論〕三訂版』（有斐閣、昭四四・一九六九）七九頁〔原野翹〕は、「行政法」における私人の行為、遠藤博也『実定行政法』（有斐閣、昭六四・一九八九）一七〇頁は、「行政手続」における私人の行為の名のもとに、それぞれ説明している。本稿では、いちおう、伝統的用語法に従って「私人の公法行為」ということばを使うことにする。

二　判例・学説の展開

一　はしがき

最高裁によれば、「公務員の退職願の撤回がいつまで許されるかは、この点につき明文の規定を欠く現行法の下では、一般法理上の見地からこれを決定せざるを得ない。この見地から考えれば、退職願の提出者に対し、免職辞令の交付があり、免職処分が提出者に対する関係で有効に成立した後においては、もはや、これを撤回する余地がないと解すべき」である（後掲の〔1〕）。そこで、退職発令（以下、国鉄職員等への免職行為をも含めてこのようにいう）までの間は撤回が許されるか否かを問題として大体、①撤回許容説、②撤回不許容説、例外的撤回不許容説の順序に展開してきた。右の例外的撤回不許容説というのは、退職願の撤回は退職発令までの間は自由であるのが原

則であるが、例外的に信義則にもとづきこの撤回が許されない場合があるとするものであり、この説はさらに、③撤回が信義則違反であるか否かを決める場合に、相手方と行政側との事情を比較考量すべきとする例外的撤回不許容・比較考量説、④もっぱら相手方側の事情のみを考慮して行政側の事情は考慮すべきではないとする例外的撤回不許容・相手側事情考慮説とに分かれる。⑤近時は、退職発令後も撤回許容とする説も現れている。

後掲のように、最高裁のリーディングケースは③説の立場から撤回の信義則違反を否認（〔1〕）、同旨の下級審判例が続く（〔2〕〜〔5〕）。まもなく、④説（〔6〕）または③説の立場（〔7〕）から、それぞれ撤回の信義則違反を否認する最高裁判決が現れる。その後は、ほとんどが③説をとり（ただし〔9〕）、しかも撤回の信義則違反を否認するものが比較的多い（〔10〕、〔21〕など）。学説も、通説的見解は③説である。

二　撤回許容説

一般に、私人の公法行為にもとづいて行政行為が発せられる場合、この行政行為が発せられるまでは私人の公法行為の撤回は可能とみられていた。たとえば、田中二郎博士はすでに昭和一二（一九三七）年にこのことを明言しており、[2] 判例の大勢も同様の傾向にある。[3]

公務員の退職願の撤回についても、右の私人の公法行為一般についての撤回法理が妥当していた。たとえば、昭和二〇（一九四五）年代に、村長が村会議長に提出した辞職届を村会が同意を与える前に撤回したことは適法であるなどと判示する下級審判例がある。[4] 最高裁も、衆議院議員選挙に立候補するため辞職願を提出した検事が病気を理由にこれを撤回した事件において、辞職願の撤回が任命権者である内閣総理大臣に到達する前に免職辞令が交付されたためにこの撤回は無効であると判示している。[5]

昭和三〇（一九五五）年代に入っても判例の大勢は同じである。〔1〕事件の第一審・仙台地裁判決のごとく撤回不許容説をとる判例もないことはないが、第二審・仙台高裁判決は逆に撤回許容説をとっている。この事件は、村立小学校教師が三月二〇日に退職願を提出、村教育委員会は同二二日、解職の発令日を同三一日と決定したところ、教師は同二六日に退職願を撤回したが、結局、四月二〇日に村教委が解職辞令を交付したので第一次的に解職処分の不存在確認、第二次的に同処分の取消を請求したものである。仙台高裁は、「私人の公法上の行為はそれに基いて有効な行政行為がなされるまでは一般にこれを撤回することができる」とし、同様の観点から解職発令までの間は退職願の撤回は適法に許されると簡単に判示して、解職処分はその前提要件である退職願を欠くから違法となることを理由に、結局、第一次請求は棄却して第二次請求を認容したが[6]、第一審判決からの批判に正面から答えるものではなかった。

撤回許容説の立場から右の批判に正面から答えようとしたのが翌年の松山地裁判決（後掲の〔3〕・〔6〕の第一審判決）であった。この事件は、市立小学校教師が、退職勧奨に基づいて三月二六日に退職願を提出、同二九日にこれを撤回したが、県教育委員会は四月一日に免職辞令を交付したので、第一次的に免職処分の無効確認請求、第二次的に同処分の取消請求をしたものである。松山地裁は、依願「免職処分が本人の意思にもとづいてなさるべしとする以上」、免職処分前の退職願の「撤回を許されないものとすれば、実質において本人の意思に反する免職処分となる」としたのち、「民法第五二一条第一項……は、承諾の期間を定めた契約の申込を受けたものは、所定の期間内に調査その他の準備をするのが普通であって、申込者が任意にその撤回ができるものとすると、相手方に不測の損害を蒙らせる虞れがあることを理由とするものであり、公務員の免職処分は……退職者の同意を要件とする任免権者の一方的行政行為であり、退職願は、右の同意をたしかめるための一手続に過ぎない、と解すべきであるか

ら、公務員の退職願と期間の定めある私法上の契約の申込とは、これを同視できない」と判示して民法五二一条一項の類推適用を否認し、撤回は適法・有効であり免職処分は重大明白な瑕疵があるから無効であるとした。(7)

（2）田中・注（1）三一九、三三一頁。田中二郎『行政法総論』（有斐閣、昭三二・一九五七）二四六、二四八頁は同様の見解を述べているが、同『新版行政法上（全訂第二版）』（弘文堂、昭五一・一九七六）一一一～一一二頁は〔1〕を援用して例外的撤回不許容説をとることを明確にしている。

（3）最高裁判所事務総局編『行政事件訴訟十年史』（法曹会、昭三六・一九六一）二五四頁以下、同『続行政事件訴訟十年史』（法曹会、昭四七・一九七二）三九四頁以下、同『続々行政事件訴訟十年史』（法曹会、昭五六・一九八一）三四五頁以下、南・注（1）六五頁以下、新井・注（1）一八三頁以下。

（4）広島地判昭二三・一二・二八行月九号一四一頁。

（5）最判昭二九・八・二四刑集八巻八号一三七二頁。

（6）仙台高判昭三三・二・二六行集九巻二号三四八頁。

（7）松山地判昭三四・一・二二行集一〇巻一号一一三頁。

三　撤回不許容説

これに対して、公務員が退職願を提出した以上、その撤回はおよそ不可能であるとする判例もないではない。この種の判例は戦前の行政裁判所の判決中にも一、二、散見されるようであるが、(8)戦後も、右の仙台地裁判決は、「私法上の相手方のある単独行為、契約の申込について、その意思表示は意思表示者に対し一定の拘束力を生じ、一方的に自由に撤回することはできないところ、（民法第五百二十一条、第五百二十四条等）、地方公務員の辞職の意思表示が単独行為であるか契約の申込であるかはともかくとして、任命権者は、辞職願に基いて辞職願出人の退職に伴う職員の異動計画等をたて人事異動を行い、退職によって事務に支障を生じないようにするのが普通であり、

かつ、退職発令のためには所定の手続決裁を経ることを要するから、そのために日時を要し退職の発令までには手間どることが通常であるが、もし、辞職の意思表示に拘束力を認めず、退職の発令までは何時でも一方的に辞職願を撤回できるものとすれば、退職を前提としてなされた退職発令のための手続、職員の異動、その計画等はすべて無駄になるばかりでなく、時には種々の行き違いや混乱が生ずることとなる。そういうことは私法関係よりも一層組織秩序を重んじなければならない公法関係においては許されないことであるから、任命権者の承諾その他特別の事情がなければ、辞職願は撤回することができないものと解するのが相当である」と判示して、結局、本件解職処分の不存在確認請求（第一次請求）も同処分の取消請求（第二次請求）も棄却した。(9)

（8）　渡部吉隆「判解」曹時一六巻一号（昭三九・一九六四）一三七頁以下、阿部泰隆「判批」法協八五巻一二号（昭四三・一九六八）一七〇六頁。

（9）　仙台地判昭三一・一二・一七行集七巻一二号三二三七頁。

四　例外的撤回不許容・比較考量説

一　その後、右の撤回許容説と撤回不許容説との中間的見解が表明されるにいたった。その最初が右の仙台地裁・高裁判決の上告審判決である次の最高裁判決であり、同判決は退職発令前の撤回許否を信義則との関係で捉える最初の判決でもあった。これにより、同一事件において三者三様の判決が現れたことになる。

最判昭三四・六・二六民集一三巻六号八四六頁〔1〕

最高裁は、まず、「免職辞令の交付前において、無制限に撤回の自由が認められるとすれば、場合により、信義に反する退職願の撤回によって、退職願の提出を前提として進められた爾後の手続がすべて徒労に帰し、

個人の恣意により行政秩序が犠牲に供される結果となるので、免職辞令の交付前においても、退職願を撤回することが信義に反すると認められるような特段の事情がある場合には、その撤回は許されないものと解するのが相当である」という一般的見解を表明する。ついで、「本件において、原審の認定する事情によれば、退職願の提出は、被上告人の都合に基き進んでなされたものではなく五五歳以上の者に勇退を求めるという任免権者の側の都合に基く勧告に応じてなされたものであり、撤回の動機も、五五歳以上の者で残存者があることを聞き及んだことによるもので、あながちとがめ得ない性質のものである。しかも、撤回の意思表示は、右聞知後遅怠なく、かつ退職願の提出後一週間足らずの間になされており、その時には、すでに任免権者である村教育委員会において内部的に退職承認の決議がなされていたとはいえ、被上告人が退職願の提出前に右事情を知っていた形跡はないのみならず、任免権者の側で、本人の自由意思を尊重する建前から撤回の意思表示につき考慮し善処したとすれば、爾後の手続の進行による任免権者の側の不都合は十分避け得べき状況にあったものと認められる。かような事情の下では、退職願を撤回することが信義に反すると認むべき特段の事情があるものとは解されないから、被上告人の退職願の撤回は有効になされたものと解すべきである」といい、解職処分の取消請求を認容した原判決を是認し教育委員会による上告を棄却した。

二　以下に紹介するように、その後の判例の多くもこの判決を踏襲するようになり、〔1〕は公務員の退職願の撤回の許否に関するリーディング・ケースとなった。ここでは、まず、〔1〕と同旨の観点にたって、しかも結論的にも撤回の信義則違反を否認した判例を紹介することにする。

山口地決昭三四・九・八判時二〇六号二七頁〔2〕

公務員の退職願は私人の公法行為であり「それはそれに基いて有効な行政行為がなされるまでは後段説示の

信義則に反しない限り一般に自由に撤回され得る」。退職辞令の「発令前においても、すでに任免権者側において遅滞なく退任の申出を受理しそれに伴う後任人事移動計画を完了し或はこれと一環する多数人事移動計画の樹立後、一律に後任者（転任者）発令の直前になっているごとき場合には折角、行政庁においてなされた計画を徒労に帰しこれがため迅速になされていた個々の移動準備を犠牲にされることとなり惹いては行政事務を遅延させることになる。このような退職願の撤回は信義則に反する」。本件では、市立商業高校事務職員は、同昭和三二（一九五七）年三月中旬頃、同三四年三月三一日をもって退職する旨の退職願を提出しているが、同二月二三日に退職願を撤回する旨の文書を提出、同三月三一日にも退職願の撤回の意思表示を最終的に表明しており、退職願の撤回は信義に反しないといい、免職処分は重大明白な瑕疵があり無効といい、同処分の執行停止の申立てを認容した。

高松高判昭三五・三・三一行集一一巻三号七九六頁〔3〕

撤回許容説にたつ前記の松山地裁判決の控訴審判決である。本判決は、まず、撤回不許容説に対しては松山地裁判決とほとんど同一の反論を展開し、ついで、退職願の撤回の信義則違反について〔1〕のごとく一般論を展開することなく、直ちに、扶養家族があり退職による収入減はこれに影響を及ぼすこと、撤回は人事異動闘争の一環として市教組からそそのかされたわけではないことなど、教師側の事情のみから「本件退職願の撤回が信義に違反すると認められるような特別の事情ありとはいえない」と判示したのち、教委側の事情をも比較考量した結果、「退職願の撤回が信義違反の行為に該るとはいえない」として、結局、退職願の撤回は有効であり、免職処分はその前提要件を欠く重大明白な瑕疵があり無効であるといい、無効確認請求を認容した。

青森地判昭三六・一・二〇行集一三巻三号三九五頁〔4〕

仙台高判昭三七・三・二二行集一三巻三号三八七頁〔5〕

最判昭三八・一一・二六民集一七巻一一号一四二九頁〔7〕

町支所長が九月五日に退職願を提出、町長は同日中に免職辞令書を郵送、支所長には同七日に到達している。他方、支所長は、同六日に町職員に辞職願を撤回する旨の封書を渡し、これは同日中に町長の知りうべき状態におかれた。支所長は、第一次的に免職処分の無効確認、第二次的にその取消を訴求した。この事件において、右の三つの判決はいずれも、支所長・町長側の双方の事情を比較考量して撤回の信義則違反を否認し免職処分は違法であるとしている。〔7〕は、退職願の撤回の信義則違反について一般論を展開することなく、「原判決が被上告人の辞職願の撤回を信義に反するものでないと判断したことは正当」であると判示する。ただし、退職願の撤回の信義違反および依願免職処分の違法は「必ずしも明白であるとはいえない。されば、本件依願免職処分を当然無効であるとした第一審判決および原判決は失当」であり破棄を免れないとするが、支所長の第二次請求の方は認容して同処分を取り消した。

仙台高判昭三九・二・一八行集一五巻二号一九七頁〔8〕

最判昭三九・九・一八民集一八巻七号一四七八頁〔10〕

市の選挙管理委員会は、七月二一日、市長の任期満了による選挙を八月三一日に告示し、翌月一〇日に選挙を行うことを決定した。ところが、市長は、八月一七日、同三一日をもって退職する旨を申し出て、同二〇日に市議会がこれに同意したにもかかわらず、同三〇日に退職申出を撤回した。結局、右の選挙は当初の予定どおり執行されたのであるが、原告ら選挙人は、市議会の同意があった以上、退職申出の撤回は許されないから、右の選挙は任期満了による選挙ではなく退職申出による選挙として行われるべきであったとして、選挙無効確

認を訴求した。右の両判決とも結論的には選挙無効確認請求を棄却している。〔10〕は、「一旦退職の申出をした長が、その退職の効果の発生前において、右申出を撤回して在職することも、また原則として許される」が、「一たんなされた長の退職申出を基礎として新たな公的秩序が形成されるに至ったときは、たとえその退職の効果発生時期の以前においても、その申出の撤回は許されない」とし、「そのいわゆる公的秩序の形成とは、公職選挙法一一二条二項により繰り上げ当選人の決定、同法一一四条及び三四条一項による選挙期日の告示などのように、みだりにその効果の動かしがたいものが行われるに至った場合と解する……選挙管理委員会が長の退職に関し法定の通知を受け長の退職による選挙の告示準備等の手続を進めなければならない状態を生じたという程度をもってしては、いまだこれにあたるということはできない。本件市長の退職申出の撤回について、原判決が、それが右申出に基づく新たな公的秩序の形成以前のことに属し、かつ市長個人についても信義則上その撤回を咎むべき事由はないものと認め、これを有効と判断したのは正当であって……撤回は右公的秩序形成の面からも、また信義則の上からも、これを許さないとする理由はないことを判示しているのであって、その判断」は正当であるとしている。

水戸地決昭四〇・一二・二三教職員人事関係裁判例集四集一六一頁〔11〕

県教育委員会（被申請人）による退職勧奨にもとづいて二月下旬に退職願を提出した県立高校教師（申請人）が、三月二七日、退職願の撤回届を郵送、この届は同二九日に県教委に到達したが、県教委は四月一日に免職処分を発したため、同処分の取消訴訟を提起するとともにその執行停止を求めた。本決定は、撤回の許否について〔1〕と同旨の一般論を展開したのち、申請人が「自己より高年令者が退職しないですむことを知り、退職撤回の考えに変ったことは無理からぬことである。被申請人は本件退職撤回を認めると行政秩序が混乱す

ると強調するが、一般的抽象的には」その可能性はあるが、本件では「大きい混乱を生ぜしめる程度のものではないし、又……申請人がことさらにその後任人事を覆えす目的で撤回をしたものと認め得ないのであるから、申請人の退職届の撤回が信義に反するとまでは言うことができない」と判示して、執行停止の申立てを認容した。

大阪高判昭四三・一・三〇訟月一四巻三号二八四頁〔13〕

後掲の〔9〕の控訴審判決であるが、辞職願の撤回の信義則違反の問題について【1】と同旨の判旨を展開したのち、結論的には原判決を維持し原告らによる控訴を棄却した。

高知地判昭四五・一二・二六訟月一七巻三号四四九頁〔14〕

函館地判昭四七・一二・二一判タ二九五号三四四頁〔16〕

長崎地判昭五〇・五・九行集二六巻五号七三二頁〔18〕

〔14〕は厚生省の国民年金担当の地方事務官が窃盗犯として、〔16〕は旧国鉄職員が暴行傷害事件により、いずれも現行犯逮捕され上司などの説得により辞職願を提出したが後にこれを撤回し、前者は辞職承認処分の取消訴訟、後者は国鉄職員としての地位保全のための仮処分申請をしたものである。〔18〕は、市の教育委員が同市立中学校教員である長男のスト参加等を理由に退職願を提出、後にこれを撤回したが免職処分を発せられ、結局、教育委員に復職できなかったために市に国家賠償請求をした事案である。裁判所はいずれも、撤回の信義則違反を否認して、原告の請求または申請を認容した。

広島高岡山支判昭五三・一・三一労判三五二号（付録）二三頁〔20〕

最判昭五五・一〇・二労判（付録）三五二号二三頁【21】

市立保育所の保母が、保育所に視察にきた監査委員であり市議会議員でもある者と口論し、翌日退職願を作成、迷いつつも結局、これを提出、同日中にその撤回を申し入れたが、結局、免職が発令されたため、第一次的に同処分の無効確認、第二次的にその取消を求めて出訴した。第一審・岡山地裁判決は、右の撤回申入れを撤回とは認めず、結局、免職発令までの間に撤回が行われていないことを理由にいずれの請求も棄却した。(10)〔20〕は、右の撤回申入れを撤回行為に当たるとして、「退職願撤回の意思表示は免職辞令の交付があるまでの間は信義に反しない限り自由にこれをなしうる」として、本件撤回は信義に反しないため免職処分は違法となるが、この違法は無効原因ではないとして第二次請求の方を認容した。〔21〕は、簡単にこの原判決は「正当として是認することができ」ると判示している。

三　以下においては、〔1〕と同旨の観点にたちながら、結論的には撤回の信義則違反を認めた判例を紹介することにする。

水戸地判昭四二・一二・一一行集一八巻一二号一五八四頁(12)

前記〔11〕事件の本案訴訟である。本判決は、撤回の許否についての一般論には触れないままに、「自己の意思に反する退職勧奨を拒絶し得ることは過去の体験に鑑み知悉して」いながら、退職勧奨を受けて退職願を提出したのち「一箇月余も経過し、免職発令の三日前になって退職願を撤回して退職勧奨拒否の態度に出るというようなことは、高校教諭の地位に在る者の態度として理解に苦しむところである。……他方被告としては……原告は自発的に退職勧奨に応ずる意思のあることを表明しており、また原告の家族関係、家計の状態、退職勧奨に対する態度等から考えて、原告の勧奨応諾の意思に変動はないものと考え、日を重ねるに従いその期待ないし信頼はその度を加え、原告の退職を前提として後任人事の手続を進めた……原告のした前記撤回の意

思表示は信義に悖り許され」ず、「依願免職処分には……違法は存在しない」といい、同処分の取消請求を棄却した。

宮崎地決昭四七・九・二五判時六八一号三五頁〔15〕

県立水産高校用務員であり実習船の甲板員として勤務する者が、航行中に他の船員とけんかし、同高校長らの説得に応じて七月一六日に退職願を提出、同二三日にこれを撤回したが、同二八日に県教育委員会が依願免職処分を発したのでその取消訴訟を提起するとともに、同処分の執行停止を申し立てた事件である。本決定は、まず、信義則により退職願の撤回の方式は確実・明確であることを要し、たとえば、代理人による撤回や使者の口頭による撤回は認められないと明示したのち、「退職願の撤回は退職発令が効力を生ずるまでの間なら何時でもなしうるのが原則であるけれども右退職願の有効なことを前提にして新たな関係が形成されその撤回を認めたのでは相手方もしくは第三者に不測の損害を与えるような段階になってからの撤回は信義に反し無効」と判示する。そして、「被申立人側においては、申立人の退職願が確定的なものであると信じて申立人が退職願撤回を決意する以前に申立人に代る乗組員を乗船せしめている」とし、結局、「退職願撤回の意思表示はその表示行為において確実性・明確性を欠き、また時期的にも申立人に代る乗組員を乗船させた後であって信義に反するものであるから無効というべきであ」り「本件依願免職処分は適法である」と判示し、執行停止の申立てを却下した。

宮崎地判昭四九・一二・六行集二五巻一二号一五二七頁〔17〕

福岡高宮崎支判昭五一・三・一〇行集二七巻三号三〇一頁〔19〕

〔15〕事件の本案訴訟における第一審・第二審判決である。両判決とも、退職願の撤回の方式の確実・明確

性を信義則に基礎づけることはしていないが、撤回の許否に関して〔1〕とほとんど同旨の文言からなる一般論を展開して撤回の信義則違反を認め、依願免職処分は適法であるとして同処分の取消請求を棄却している。

東京地判昭五六・四・一六行集三二巻四号五四四頁〔22〕

宮崎地判昭六一・二・二四判タ六〇九号四八頁〔23〕

〔22〕は脅迫罪等により罰金刑を受けた郵便局員が懲戒免職処分をさけるために退職願を提出、後にこれを撤回して退職処分の取消訴訟を提起したものである。〔23〕は工事終了後の事務量減少による土地改良区側の解職の動きを知った従業員が退職願を提出、後にこれを撤回して雇用契約上の仮の地位の保全を申請した事案である。裁判所はいずれも、撤回の信義則違反を認めて原告の請求または申請を斥けている。

四　他方、学説も、〔1〕が現れたのちはこれに同調するものが多い。たとえば、南教授も、同判決は妥当な見解であるとしたのち、「信義に反する撤回であるかどうかは、結局、具体的場合において、当該個人の利益と、撤回を認めることによって失われる行政の利益とを比較考量して決するほかはないであろう」といい[11]、金子教授も同旨の結論である[12]。また、金子教授のほか、阿部氏も、後掲の〔6〕も当該事案で撤回者側・行政側の双方の事情の比較考量をしているとして、〔1〕や右の学説に同調するほか[13]、同旨の結論をとるものは多い[14]。

(10)　岡山地判昭五二・三・三一労判三五二号（付録）二三頁。
(11)　南博方「判批」民商四一巻五号（昭三五・一九六〇）一四五頁、同・注（1）六九〜七〇頁。なお、同「判批」別冊ジュリ行政判例百選II（第二版）（昭六二・一九八七）二七五頁参照。
(12)　金子芳雄「判批」別冊ジュリ行政判例百選I（昭五四・一九七九）九三頁。
(13)　阿部・注（8）一七〇三頁。ただし、阿部氏は、この考え方をおし進めて退職発令後でも撤回の許される場合がありうるという説（「退職発令後撤回許容説」）に同調する。

(14)　たとえば、青木康「私人の公法行為に対する行政手続法的考察」司法研修所創立二〇周年記念第二巻二八〇頁、室井＝塩野編『行政法を学ぶ1』(有斐閣、昭五三・一九七八)二九三頁(碓井光明)、兼子仁『行政法総論』(筑摩書房、昭五八・一九八三)一三一頁、田中館照橘『セミナー公務員法I』(有斐閣、昭五六・一九八一)四二六～四二七頁、鹿児島重治『逐条地方公務員法〔第三次改訂版〕』(学陽書房、昭六一・一九八六)四四三頁。

五　例外的撤回不許容・相手側事情考量説

一　前掲の〔3〕は、全体としては例外的撤回不許容・比較考量説に属すると思われるが、教師側の事情のみからも退職願の撤回の信義則違反を否定しており、このかぎりでは撤回の信義違反の認否は撤回者側の事情のみを考慮して決すべきとする例外的撤回不許容・相手側事情考慮説にたつとみる余地もないではない。その上告審判決は、次のように、明確に後説をとるものと解される。前記のようにこの事件の第一審・松山地裁判決は撤回許容説をとるから、同一事件において三者三様の判決が現れたことになる。なお、上告審判決は、それまでの〔3〕、〔4〕、〔5〕が退職願が信義則に違反し無効である場合の退職処分は重大明白な瑕疵があるから無効とするのに対して、これを取消原因とみる点でも、従来の判例とくらべて差異がある。

最判昭三七・七・一三民集一六巻八号一五二三頁〔6〕

〔3〕の上告判決であるが、撤回の許否と信義則に関して〔1〕を踏襲することを前提としたうえで、「元来、退職願の撤回が信義に反するかどうかは撤回者自身の行為について勘案すべきであって、本件の場合のように、被上告人が退職願提出の当日、撤回を決意し、その翌日直ちに撤回に着手したような場合は、その上告委員会への到達が多少遅延したからといって、被上告人の行為が信義に反するものとはいえない」と判示する。そして、「退職願の撤回が信義に反するかどうか、従って、依願退職処分が違法であるかどうかは必ずしも明白で

はなく、本件の場合、上告人がした免職処分は違法ではあるが、その違法は重大かつ明白な違法ということはできず……これを無効とした原判決は破棄を免れない」といい、第二次的請求である同処分の取消請求の方を認容した。

奈良地判昭三九・六・二二行集一五巻六号一一二七頁〔9〕

原告ら郵政省職員十数名が、昭和三五（一九六〇）年一一月から翌年一月にかけて辞職願を提出、二月から三月初めにかけてこれを撤回したが、三月一八日に免職が発令されたので、第一次的には免職処分の無効を前提とする同省職員としての地位確認請求、第二次的に同処分の取消請求をした。本判決は、撤回の許否について〔1〕と同旨の一般論を展開したのち、「しかも右辞職願の撤回が信義に反するかどうかは撤回者自身の行為について勘案すべき」といい、本件辞職願の撤回の信義違反を否認した。その理由として、本判決は、「原告らの退職願の提出は、原告らの都合に基づいてすゝんでなされたものではなく、公社の施設直営化という当局側の都合に基づく勧告に応じてされた」こと、「撤回の意思表示は遅くとも三月初頃までになされており直営化までには二〇日の日数を残していたこと、原告らの多くは全逓の方針が動機となって辞職願の撤回に出たものであるとはいえ、原告らは自らいわゆる合理化反対闘争の企画にあたったものではなく、組織の構成員として組合の決定に従ったものにすぎ……ないこと、当局側の準備の進捗状況は原告ら各自には知らされていなかったこと」などのほか、原告らの辞職願の撤回の動機として、家族との同居の必要、家族に病人がいること、公社の採用条件に適合しないとの危惧を抱いたことなどの事情を認定している。なお、本判決は、辞職願の撤回の信義違反および免職処分の違法性は明白ではなく「右の違法は本件依願免職処分の取消事由となる」と判示して、原告らの第一次的請求を棄却し、訴願前置の要件を充足していないことを理由に第二次的請

求も却下した。なお、本判決の控訴審判決として〔13〕がある。

二　他方、学説の中にも、右の判例に同調するものがある。田村教授は、〔6〕に賛同するとし、「信義則は、撤回者個人の利益と、撤回を認めることにより失われる行政の内部的な利益という異質な利益との比較衡量からではなく、撤回者自身の立場から判断すべきであろう。撤回が恣意により、あるいは行政庁を混乱させようという悪意によって行われるなど、撤回者自身に問題のないかぎりは、撤回は許されるべきである」という。(15) その後、森教授も、「辞職願を出して後、相当の期間を経て、後任の人事異動の準備が完成したあとで辞職願を撤回する如きは、信義に反する撤回といえるが、それは行政の利益を害するからではなくして、撤回者について行政秩序を乱そうとする恣意ないし悪意が推定されるからである」として〔6〕は正当といい、(16) 保木本教授、新井教授も同旨のようである。(17)

(15)　田村悦一「判批」民商四八巻四号（昭三八・一九六三）六〇三頁。
(16)　森順次「判批」民商五一巻一号（昭三九・一九六四）一五九頁。
(17)　保木本一郎「行政法関係と信義誠実の原則」別冊ジュリ続判例展望（昭四八・一九七三）四一頁、新井・注（1）一八八頁。

六　退職発令後撤回許容説

かつて、雄川博士は、「退職の発令があった後でも、退職願を撤回し、もとの職に復することを認めても、不都合を生じない場合があれば、発令がなされているという一事をもって退職願の撤回を認めないのは、いささか形式論にすぎる」と述べ、〔7〕のケースでも、「撤回書と免職辞令書とが相前後して送付された場合に、たまたま撤回書の方が時間的に早く到達したために」〔1〕などの「判例の理論にうまく乗ることになった訳であるが、もし逆

に辞令書の方が早く送達されたとした場合には、その時に退職処分の効果が生ずるから、その時以後に到達した撤回は効力を生じないと直ちに考えてよいかはどうかはかなり疑問がある」と説き[18]、その後、阿部氏もこれに同調している[19]。両氏の考え方は、基本的には〔1〕と同旨の視点にたち、かつ、この視点をより進展させたものと思われる。

(18) 雄川一郎「退職願の撤回と俸給請求権の放棄」自セ四巻一号(昭四〇・一九六五)三八頁。
(19) 阿部・注(8)一七〇九頁。なお、遠藤・注(1)一七二頁。

三　判例・学説の検討

一　撤回許容の時期根拠

一　前掲の松山地裁判決がいうように、依願「免職処分が本人の意思にもとづいてなさるべ」きことなどを考えると、退職が発令されるまでは退職願の撤回はいつでも可能というのが原則であるべきである。このかぎりでは、撤回許容説が正しい。ただし、この原則をあらゆる場合に貫きとおすときは、任免権者側の利益保護に欠けることがある。たとえば、退職願の提出により相手方の退職の意思が確定的なものと信頼して、後任者を内定し当人にも就任の準備をするように伝えるなどの一連の人事・機構上の措置をとったところ、相手方が正当な理由もなく退職願を撤回することによって、任免権者側が不測の損失を被るような場合にまで、撤回を許すべきではなかろう[20]。

二　撤回不許容説、とりわけ前掲の仙台地裁判決は(二五二頁参照)、撤回許容説のもつ右の不備を鋭く指摘するものとして注目される。もとより、すべて撤回により右のような事態が当然に発生するというのであれば、撤回不

許容説は正しい。しかし、例外的であれ、右のような事態が発生しないか、発生しても撤回を許さないとするほどのものではない場合にまで、退職願を提出した以上、撤回はすべて不可能とするのは、逆に撤回者側の利益保護に欠けるうらみがある。右の仙台地裁判決がその論拠として援用する民法五二一条・五二四条は契約の申込みの拘束性を定める規定であるが、公務員の免職処分は同意を要件とする行政行為であると解せられること、仮に公務員の勤務関係を労働契約関係として民間企業の従業員の勤務関係と同じように捉えるとすれば、(21)〔16〕がいうように「辞職願は継続的身分関係についての合意解約の申込」または〔23〕がいうごとく「退職願の提出は、雇傭契約終了の合意に対する申し込み」と解する余地があるが、ただし、右の民法規定は私的取引社会の利害調整のための規定であることなどを考えると、これをそのまま公務員の退職願について類推適用するのは疑問があるように思われる。(22)

右の松山地裁判決およびその控訴審判決であり例外的撤回不許容説に属する〔3〕もほとんど同じ判示をしている。〔16〕も右のような法的性格をもつ辞職願は「売買契約の申込等とは著しくその性質を異にし、しかも殆んどの場合辞職願をなすに至った動機・経緯が重要な問題とされるべきなのであるから、結局その撤回についても一応」民法五二一条・五二四条「と離れて考察すべき」であると判示しており、〔23〕も結論的には同旨である（なお、〔5〕参照）。

三　例外的撤回不許容・比較考量説は、退職発令前までは撤回は許されるのが原則であるが、例外として、撤回者側・任免権者側の事情を比較考量して発令前の撤回が信義に反するときは撤回は許されないとする。おもうに、退職発令により公務員関係は消滅するから、退職願がまったくその真意によらないことを理由にその無効等を主張するのであればともかく、退職発令後の撤回を許すというのはほとんど考えられない。(23)しかし、ほんらい信義則（信頼の法的保護）の肯否は当該の具体的事情の如何にかかる以上、退職発令後に撤回を認めても信義に違反せず、

また、撤回者側の利益を保護すべき必要がある場合にも例外的に撤回は許されるべきではないかと思われる。たとえば、雄川教授・阿部氏が〔7〕に関して指摘する前記のケースは、この場合に相当するであろう。

ところで、〔8〕は「公的秩序が犠牲に供せられる」など「撤回が信義に反するような特段の事情の存する場合には、退職の効果の発生前においても、退職申立の撤回は許されない」と判示するのであるが、このかぎりでは〔1〕と同旨であろう。これに対して、その上告審判決である〔10〕は、退職の効果の発生前であっても選挙期日の告示のごとく公的秩序が形成されている場合には退職申出の撤回は許されないと判示するが、この意味は必ずしも明確ではない。もし、これを信義則に基づいてそうなるというのであれば、〔1〕や〔8〕などと異なるものではない。他方、退職の効果の発生前においても例外的に退職申出の撤回が許されないケースとして、信義則違反のほか、公的秩序形成の二つの場合を考えていると解しうることもでき[24]、この二つの場合を区別するために、信義則違反の認否の判断は撤回者自身の事情のみを考慮して行うべきとする例外的撤回不許容・相手側事情考慮説に傾くことになると捉える余地もある。しかし、これらのように理解する場合には、〔10〕が原判決の判示はこれこれであり正当であると明言していることとの整合性が問われることになろう。なお、〔11〕が「又……申請人がことさらにその後任人事を覆えす目的で撤回をしたものと認め得ない」として撤回の信義則違反を否認するかぎりでは、例外的撤回不許容・相手側事情考慮説に属するとみる余地もあるように思われる。このように、〔10〕、〔11〕は、それにさきだつ〔6〕の影響も多少、受けているように解される。

四　例外的撤回不許容・相手側事情考慮説によれば、実際に行政秩序等が混乱したか否かを問わず、撤回者に行政秩序等を混乱させようという恣意や悪意があればそれだけで撤回の信義則違反を認めようとするのであろうが[25]、この点は是認できないこともない。他方、実際に撤回により行政秩序等に大きな混乱を与える場合であっても撤回

者に恣意や悪意がなければ、撤回の信義則違反を否認して撤回は有効とするのであれば[26]、この説にも従うことはできないように思われる。

五　要するに、退職願の撤回は退職発令前までは許されるのが原則であるが、これには二つの例外があり、第一に発令前でも撤回が許されないことがあり、第二に発令後でも撤回が許される場合も皆無ではないということになる。そして、この例外的場合に相当するかどうかは、いずれも信義則に基づいて個別事案における撤回者・行政側の事情の比較考量により判断すべきである。

(20)　白石健三「判解」曹時一一巻八号（昭三四・一九五九）一一六一頁以下、矢野勝久「判批」名城九巻二＝三＝四号（昭三五・一九六〇）五〇頁以下。

(21)　公務員の勤務関係や任用行為の法的性格をどのように捉えるかは、かねてより議論がある。たとえば、田村浩一「公務員の勤務関係」『現代行政法大系9』（有斐閣、昭五九・一九八四）八四頁以下および同所に掲記の文献など。

(22)　前注（20）掲記の文献参照。

(23)　塩野＝原田『演習行政法（新版）』（有斐閣、平一・一九八九）九八頁以下〔塩野宏〕、原田尚彦『行政法要論〔全訂第二版〕』（学陽書房、平一・一九八九）一三九頁、兼子・注（14）一三二頁。

(24)　判時三九〇号（平三・一九九一）二八頁のコメント参照。

(25)　行政訴訟の提起の許否事件においても、東京高判昭四九・四・二六判時七四一号一一一頁は、訴権「の行使が信義則違反などの理由で許されないものとするには、いたずらに公共機関である裁判の機能をもてあそび、ことさらに相手方に応訴のための不当な負担を負わせる意図に出でたと思われる出訴に限られるべきであり」と判示するかぎりでは、本文にあげた見解と共通するところがあろう。なお、右判決と同旨の学説として、中島士元也「判批」ジュリ六九九号（昭五四・一九七九）一五九頁。

(26)　中川・注（1）三一頁は〔1〕も同旨とみるようであるが、疑問の余地がある。

二　その他諸相

一　公務員の退職願の撤回と信義則の問題が発生する背景事情としては、どのようなものがあるのであろうか。第一に、近時まで公務員については定年制がなく、他方、法定の事由以外にはその意に反して免職されないという保障があったことから、人事の刷新を図るため五五才前後の公務員に対して退職勧奨が行われ、いったんは勧奨に応じて退職願を提出したものの子女の養育その他退職後の家計への不安などからこれを撤回するというケースが少なくない。(27)〔1〕～〔3〕・〔6〕、〔11〕・〔12〕は、いずれも、この場合に該当する。第二に、〔4〕、〔5〕、〔7〕のごとく、前町長の片腕として働き、現町長とかつて合併前の村長選挙を争ったため現町長から退職を求められるなど、もっぱら政治的意味あいの退職勧奨にもとづいて退職願を提出し、後にこれを撤回するというケースもある。第三に、〔8〕・〔10〕のごとく、任期満了による市長選挙に一市民として望みたいというやはり政治的目的から、しかし退職勧奨によらずに退職を申し出たのちにこれを撤回するということもある。第四に、〔9〕・〔13〕のごとく旧電電公社と郵便局の組織編成の都合による退職勧奨により、あるいは、〔23〕のごとく事業規模の縮小に伴う人員整理の動きを知って退職勧奨によらずに、退職願を提出、のちに撤回を行うこともある。第五に、〔14〕～〔19〕、〔22〕のごとく、本人またはその家族の不祥事を理由に退職勧奨にもとづきまたは退職勧奨によらずに退職願を提出し、後にこれを撤回するというケースも少なくなく、とりわけ、近時は、この種のケースが比較的多くなってきているように思われる。

二　前掲の判例における訴訟形態としては、第一次的には退職処分の無効を前提とする地位確認訴訟（〔9〕・〔13〕）または同処分の不存在確認訴訟（〔1〕）か無効確認訴訟（〔3〕～〔7〕、〔20〕・〔21〕）を提起するとともに、第二次的に同処分の取消訴訟を提起するという場合がもっとも多い。また、直ちに退職処分の取消訴訟（〔12〕、

〔14〕、〔17〕・〔19〕、〔22〕）が提起される場合も少なくなく、このほか、執行停止の申立て（〔2〕、〔11〕、〔15〕）や地位保全のための仮処分申請（〔16〕、〔23〕）の場合もある。なお、〔8〕・〔10〕は民衆訴訟である選挙無効確認訴訟、〔18〕は国家賠償請求訴訟であった。

これらの訴訟においては、まず、公務員が、退職願の提出が任免権者側の強迫により退職の意思をまったく欠く状況のもとで行われたから無効（〔3〕～〔5〕、〔9〕・〔13〕、〔18〕）または強迫によるものとして取り消したから（〔23〕）、退職処分はその前提を欠き違法であり無効または取消を免れないと主張するケースが多い。退職願に捺印がないとか（〔4〕・〔5〕）、退職願の提出は不当労働行為（〔9〕・〔13〕）または錯誤・心裡留保（〔23〕）によるとの主張が加わることもある。このほか、心裡留保・錯誤を直接の理由として退職願は無効という主張もみられる（〔16〕）。右の判例はいずれもこれらの主張をすべて斥けるのであるが、そこで、公務員は、退職願が適法かつ有効であるとしても、退職願を撤回したから退職処分はやはりその前提を欠き違法であり無効または取消を免れないと主張するのに対して、任免権者側が撤回は承認していないとか信義則に違反し無効であるから退職処分は適法かつ有効であると反論するかたちをとる。このほかのケースでは、いきなり退職願の撤回の信義則違反の問題がもっぱら争点になる。

三　右のように、退職発令までは退職願の撤回は自由であるのが原則であり、例外的に退職発令前であっても信義則に違反するときは撤回は許されないとみるのが判例・通説である（「例外的撤回不許容説」）。

判例は、右の撤回法理は、国家公務員（〔9〕・〔13〕、〔14〕、〔22〕）と地方公務員とを問わず、また、特別職職員（〔2〕、〔8〕・〔10〕、〔18〕）と一般職職員を問わず、同じように妥当するとする。このほか、旧国鉄職員（〔16〕）、土地改良区の職員（〔23〕）にも、基本的には同一の法理が妥当するものと考えている。[28] その理由について明示する判

例は皆無に近いが、ただ、〔16〕は、〔1〕および〔7〕「判決の趣旨も結局のところ、当事者間の法的利益の均衡公平にあると言えるので、公務員以外の者の辞職願の撤回についても同様に解すべき」と判示している。

撤回と信義則との関係について、〔1〕は初めて一般的見解を表明する。〔4〕、〔6〕、〔16〕は同判決を援用し、〔13〕、〔17〕・〔19〕、〔18〕は同判旨とほとんど同一の文言からなる判旨を展開するほか、同旨の内容の判示をするものが多い。これに対して、〔3〕、〔7〕、〔10〕、〔12〕は右のごとき一般論を展開することなく、直ちに撤回の信義則違反の認否のための比較考量に入っている。

右の判例において、結論的に退職願の撤回が信義則に違反するとして撤回は無効であると判示したものは、〔12〕、〔15〕、〔17〕、〔19〕、〔22〕、〔23〕の少数にとどまるが、いずれも例外的撤回不許容・比較考量説に属する。この中では、不祥事を理由とする退職願の撤回のケースが多い。〔11〕・〔12〕のように、同一事件において撤回の信義則違反の認否の結論が異なるものもある。なお、昭和四〇（一九六五）年代以降は、撤回の信義則違反の認否の判断が相拮抗しているのが注目される。

（27）この点については、たとえば、室井力「定年制と退職勧奨」（昭五一・一九七六）『公務員の権利と法』所収（勁草書房、昭五三・一九七八）一五三頁以下。
（28）労判四四七号（昭六〇・一九八五）五一頁のコメントによれば、民間企業の従業員についても同様の法理が妥当するという。

四　信義則の法律問題

一　信義則の意義

一　〔10〕は退職願の撤回の「信義則」違反の問題に明言し、〔12〕、〔18〕、〔22〕は撤回の「信義」違反と同時にその「信義則」違反の問題にも明言していることから、これらの判例が信義則の適用問題に関するものであることは疑いはない。このほかの判例は撤回の信義違反の認否に言及するのみであるが、〔12〕、〔18〕、〔22〕の用例から推測しても、この種の判例もまた信義則の適用問題に関するものとみてよいであろう。学説のほとんども、結論的には同じようにみている。ちなみに、「禁反言」則の用語を使う判例は皆無といってよいほどである。

二　判例の中には、信義則を定義づけるものはほとんどなく、信義則の観念や機能を明示するものもきわめて少ない。かつて、首藤教授は、信義則の使われ方として、信頼保護、利益衡量および方法論の三つがあるとし、公務員の退職願の撤回との関係では「信義則の内容がほとんど『利益衡量』の言い換えにすぎない」と述べているが[29]、前記の判例をみれば、ほとんどこの指摘は正しいようにみえる。退職願の「撤回が信義に反するかどうかは撤回者自身の行為について勘案すべき」と判示する〔6〕および〔9〕も、論者が指摘するように（前記二六一頁参照）、撤回者・行政側の双方の事情を比較考量してその信義違反を否認していることから、実際には右の判例の大勢からそれるものではないと解される。

ところで、前掲の判例の中にも、行政訴訟の提起の許否事件における判例とくらべて多少その数は少ないとはいえ、信義則の観念として信頼保護を含むことを明示するものが一、二みられることが注目される。すなわち、〔12〕は「原告の勧奨応諾の意思に変動はないものと考え、日を重ねるに従いその期待ないし信頼はその度を加え、原告の退職を前提として後任人事を進めた」といい、〔15〕は「申立人の退職願が確定的なものであると信じて……申立人に代わる乗組員を乗船せしめている」といって、いずれも任免権者側の信頼保護の観点から、しかも撤回者と任免権者側の事情の比較考量にもとづいて退職願の撤回の信義則違反を肯定している。この二判決にも示されてい

るように、後任人事の推進などの新たな「行政秩序」(〔1〕、〔11〕、〔13〕、〔17〕・〔19〕、〔18〕、〔22〕)、「行政事務」(〔2〕)、「公的秩序」(〔8〕・〔10〕)、「新たな関係」(〔15〕)の形成等は、退職願の真正・存続に対する任免権者側の信頼に起因する行動であると捉えることもできなくはなく、この任免権者側の事情と撤回者側の事情との比較考量により右の信頼が法的保護に値するか否かが決められると解する余地もある。そうすると、信頼保護に明言しないままに双方の事情の比較考量により撤回の信義則違反の認否を判断する前記の判例の大勢も、これを信頼保護の観点から理論構成しうる余地があろう(30)。

他方、学説の中にも、撤回の許容性との関係で「禁反言」則の用語を使用するものや信義則の概念規定をしたり、信義則の観念として信頼保護の要素が含まれることを明示するものはほとんどないようである(31)。

三　右のように退職願の撤回の許否について信頼保護の観点からの理論構成が可能であるにしても、この場合の信頼保護は、行政庁側の言動への相手方の信頼保護とくらべると顕著な差異もみられる。後者にあっては、とりわけ現代における行政法令の大量複雑化のもとで示される行政解釈の適法または存続に対する相手方の信頼を保護することに主眼があるからである。

(29)　首藤重幸「行政法における信義則の展開の一性格」早大院法研論集一六号(昭五二・一九七七)五五〜五六頁。

(30)　なお、鹿児島・注(14)四四三頁。行政訴訟の提起の許否事件についても、信頼保護の観点からの理論構成が可能である。

(31)　ただし、新井・注(1)一八八頁は、この場合の信義則の概念規定をするとともに、信義則の観念の中に信頼保護を含むことを示している。なお、成田頼明「行政上の法律関係と信義則」自治研修六八号(昭四一・一九六六)五二頁は、公務員の退職願の撤回の許否との関係で「禁反言」則のことばも使っている。

二　信義則の根拠・性格、適用の限界

一　前掲の判例・学説の中には、信義則の根拠や性格について明示するものはほとんどないようである（ただし〔16〕）。前記二七一頁参照）。ただ、これらの判例学説といえども、信義則が正義や衡平、条理にもとづくものであり、法の一般原理としてのその性格から公務員の退職願の撤回の許否事件においても適用されるべきことを否定する趣旨ではないと推測される。

二　行政庁側への信義則等の適用の限界については、法律による行政との抵触が生じるときは信義則等の適用は否認されるべきではないかが重要な問題となるが、退職願の撤回の場合には、この問題はほとんど意識されないようである。そのかわりに、とりわけ例外的撤回不許容・比較考量説は、「行政秩序」、「行政事務」、「公的秩序」、「新たな関係」の形成が進めば進むほど信義則にもとづき退職願の撤回は許されないとする反面、「行政秩序」等が未形成のときは撤回の信義則違反はおよそ否認すべきとみるようにも解される（なお、前記二六七〜二六八頁参照）[32]。

（32）　行政訴訟の提起の許否事件でも、信義則・失効原則の適用の限界としてほぼ同様の事情がみられる。

三　信義則の適用要件

前掲の判例の多くは、退職願の撤回が信義則に違反するか否かを撤回者側・任免権者側の事情の比較考量によって決めようとしている。この場合、〔1〕を初めとして多数の判例は、撤回が信義則違反になるための要件というよりも、信義則違反にならないための要件を模索しようとする傾向にある。以下、〔1〕が撤回が信義に違反しない要件とみると解されるものを各別に掲げて、まず信義則違反を否認した判例、ついで信義則違反を肯定した判例を紹介したのち、簡単に私見を付すことにしよう。

一　「退職願の提出は、（撤回者）の都合に基き進んでなされたものではなく……任免権者の側の都合に基く勧告に応じてなされた」こと

(1)　退職願の撤回の信義則違反を否認した判例の中で、事実として右の要件を具備すると解されるものとしては、〔3〕〜〔7〕、〔9〕・〔13〕、〔11〕、〔14〕、〔16〕があり、〔18〕もこれに近いものがある。しかし、〔9〕・〔13〕、〔11〕を除いては、撤回の信義則違反を否認する理由としてとくに右要件の充足を考慮したことは、判旨中には明示されていないように解される。逆に、〔8〕・〔10〕はこの要件を充足しないにもかかわらず撤回の信義則違反を否認したが、その大きな理由は「公的秩序」の形成がなかったことにあるように思われる。

(2)　〔12〕、〔15〕、〔17〕、〔19〕や〔22〕は、右の要件を備えるにもかかわらず、撤回の信義則違反を認めている。これに対して、〔23〕は、この要件を具備しないが、撤回の信義則違反を認めた理由は、むしろ、土地改良区側の「大きな混乱と不測の損害」防止等にあったようである。

(3)　以上のように、判例上、右の要件が撤回の信義則違反を否認するための必須の要件となっているとは必ずしもいいがたいが、私見もこれに賛成したい。

二　「撤回の動機も……あながちとがめ得ない」こと

(1)　撤回の信義則違反を否認した判例の中で、〔11〕はほとんど同旨の観点にたっている。〔3〕・〔6〕、〔4〕、〔5〕、〔7〕、〔9〕・〔13〕も、判文上からも右の要件充足をも考慮して撤回の信義則違反を否認したと解される。なお、撤回が所属組合の指導のもとに行われたことが右の要件を充足するか否かについて、〔3〕と〔9〕とでは微妙な差異もあるようにみえる。〔2〕では、市教委は退職後も事務補佐として勤務しうる旨を明示して退職勧奨をし、高校事務職員はあと二年間このまま勤務させてくれればその間に他の職を探すことを申し入れて二年後に発

効する退職願を提出、相互間にこの旨の「約束」が成立したとされている。この発効まじかに行われた退職願の撤回は約束違反でもあり、判旨がこの点に言及しないで撤回の信義則違反を否認したのは疑問の余地がある。〔8〕・〔10〕、〔14〕、〔20〕・〔21〕は、事実として右の要件を充足すると解されるが、撤回の信義則違反の否認理由としてとくにこれを考慮したことは判旨中に明示されていないように思われる。また、〔18〕は、この要件を充足したことは判旨からはうかがわれず、新たな「行政秩序」の形成はみられないことを重視して撤回の信義則違反を否認している。

(2)　〔12〕は、〔1〕と同じく、撤回者と同一条件下で退職勧奨をうけた者の中でこれを拒否して残留したものがあることを聞き及んだことが撤回の動機となっているにもかかわらず、〔11〕と異なり撤回の信義則違反を認めている。〔23〕は右要件を充足しうると考えられるにもかかわらず、撤回を認めれば土地改良区側に「大きな混乱と不測の損害を与える」ことなどを重視して撤回は信義則に違反するとしている。

(3)　以上のように、判例においては、右の要件が撤回の信義則違反を否認するためのかなり有力な理由になっているように解されるが、必須の要件とされているとは必ずしもいい難い。おもうに、撤回の動機としては、第一に、「行政秩序」等を混乱させようという恣意・悪意があるとき、第二に、〔1〕がいうように「あながちとがめ得ない」とき、第三に、撤回すべき積極的理由があるときの三つのケースがありうるように思われる。第一の場合は、撤回の信義則違反を否認するための要件とはなりえず、逆に、「行政秩序」等に実害が生じなくても撤回の信義則違反を肯定するための必須の要件であるかどうかが問われることになる（前記二六七頁参照）。これに対して、退職願の提出に基づいて「行政秩序」等が形成され、しかも任免権者側がこれを避けることができなかったときに、撤回の信義則違反を否認するためには、少なくとも第二の場合に相当する必要があり、「行政秩序」等の内容が重要

となれば第三の場合に相当する必要もあると考えるべきであろう。そうすると、〔8〕・〔10〕、〔14〕、〔18〕、〔20〕・〔21〕は「公的秩序」等は未形成のようであり、〔4〕、〔5〕、〔7〕は後任人事の内定などの不都合は避けえたというのであるから、いずれも撤回の信義則違反を否認したのは正当であろう。〔2〕については前記のように疑問の余地がある。

三 「撤回の意思表示は……遅怠なく、かつ退職願の提出後一週間足らずの間になされて」いること

(1) 退職願の提出日から起算して撤回は、〔3〕の場合は三日後、〔4〕、〔5〕、〔7〕、〔14〕の場合は翌日、〔20〕・〔21〕の場合は同日というように、いずれも短期間内に行われているが、判旨中にこのことが信義則違反の否認の理由として重視されたという形跡はうかがわれない。逆に、〔2〕では撤回は約二年後、〔8〕・〔10〕では一三日後であったが、「行政事務」の遅延や「公的秩序」の形成はなかったことを重視して撤回の信義則違反を否認している。〔9〕・〔13〕の場合も、撤回者各自により異なるが大体、二～三か月後に撤回が行われているが、「直営化までには二〇日の日数を残していたこと」、〔16〕は、一か月後に撤回をしているが、撤回が遅れたのは被処分者が「なるべく穏便に解決しよう」としたためであることなどを考慮して、ともに撤回の信義則違反を否認している。〔11〕も、約一か月後の撤回の信義則違反を否認する。

ただし、〔6〕は退職願日と同日に撤回を決意してその翌日に撤回したこと、〔18〕は退職願の撤回が「辞職申出からわずか六日後であ」ることをも考慮して、いずれも撤回の信義則違反を否認している。

(2) 〔12〕は、〔11〕とは逆に、撤回が約一か月後であったことをも考慮して撤回の信義則違反を認める。〔22〕は撤回が一〇日後、〔23〕は撤回が三か月以上後であったが、ともに撤回の信義則違反を認める理由としてこの事情をどの程度考量したかは判旨中からはうかがわれない。

(3)　以上のように、退職願の撤回が信義則違反とならないためには撤回が退職願の提出後どの程度の期間内に行われるべきかについては、判例の態度は統一的ではなく、それどころか、遅滞なく撤回が行われるべきことは必須の要件とは必ずしも捉えていないようにも解される（とりわけ〔2〕参照）。同義反復的になるが、撤回を許さないほどの「行政秩序」等が形成されるまではいつでも撤回は可能と解すべきであり、撤回が遅滞なく行われるべきこと自体はその信義則違反を否認するための必須の要件とはいえないように思う。ただ、撤回の意思表示が遅れれば遅れるほど、一般に行政秩序等の形成が進むであろう。

四　「任免権者……において内部的に退職承認の決議がなされていたとはいえ」、撤回者が「撤回前に右事情を知っていた形跡はない」こと

(1)　このことを考量して撤回の信義則違反を否認した判例は、ほとんど〔9〕のみである。逆に、〔16〕は、免職発令の動きが徐々に進行することを知って退職願を撤回したにもかかわらず、撤回の信義則違反を否認している。

(2)　〔2〕、〔12〕、〔15〕、〔17〕、〔19〕は撤回の信義則違反を認めているが、その理由として、とくに右の要件の不備を認定かつこれを考慮した形跡はうかがわれない。これに対して、〔22〕や〔23〕の場合は右の要件は欠いていたと解され、結論的にも両判決とも撤回の信義則違反を肯定している。

(3)　以上のように、判例の大勢は、任免権者側の内部手続の進行についての撤回者側の不知を撤回の信義則違反を否認するための必須の要件とは必ずしも捉えていないが、私見もこれに同調することにしたい。

五　「任免権者の側で、本人の自由意思を尊重する建前から撤回の意思表示につき考慮し善処したとすれば、爾後の手続の進行による任免権者の側の不都合は十分避け得べき状況にあった」こと

(1)　〔4〕、〔5〕、**〔7〕**は右の要件の具備を認めて撤回の信義則違反を否認している。これに対して、〔9〕、〔11〕、

〔16〕はこの要件の存否には触れないままに撤回の信義則違反を否認する。また、〔2〕、〔8〕・〔10〕、〔18〕も、「行政事務」の遅延や「公的秩序」等の形成がなかったことを理由に撤回の信義則違反を否認し、〔3〕・〔6〕もこれに近いものがある。

(2)　〔12〕は任免権者が「後任人事の手続を進めた」こと、〔15〕、〔17〕、〔19〕も撤回者「に代る乗組員を乗船せしめている」こと、〔22〕も退職願の提出を考慮していわば懲戒免職処分に代えて発せられた懲戒停職「処分の効力が発生した」こと、〔23〕も「解職を前提として進めていた手続」その他を重視して、いずれも、撤回の信義則違反を認めている。これらの場合に任免権者側が右の手続等を避けえたかどうかには明言していないが、おそらく、消極に解するものと推測される。

(3)　以上のように、判例の大勢は、退職願の撤回に対抗すべきほどの「公的秩序」等が形成されていないとき、または、これが形成されていても任免権者側がこれを避けえたときは、撤回は信義則に違反しないと考えるものと解される。私見もこれに賛成したい。

六　結局、判例の大勢は、免職発令前の撤回の許否を信義則により判断しようとする点では〔1〕と共通するにもかかわらず、〔1〕が撤回の信義則違反の否認要件としてあげるものについては見解が分かれ、なお、〔14〕のごとく、具体的にどのような事情を考慮して撤回の信義則違反を否認したのか判明しないものもある。判例の大勢としては、右の否認要件を各別に孤立的にみるかぎり必須の要件といえるものは少ない。せいぜい「撤回の動機も……あながちとがめ得ない」こと、「公的秩序」等の形成がないか、これが形成されていても任免権者側がこの形成を「十分避け得べき状況にあった」ことぐらいが右の必須要件と捉える余地があるとされてきたように思われるが、(33) 私見もこれに同調したいと思う。ところで、任免権者側の信頼保護の視点からは（前記二七二頁参照）、退職願

の撤回を許さないものとする信頼保護原則または信義則の適用要件は、第一に、退職願の提出があったこと、第二に、任免権者側がこの退職願の真正・存続を信頼したこと、第三に、任免権者側の信頼が法的保護に値することというように示すことも可能であろう。

第一・第二要件の存否の判断は一体的または密接に関連づけて行うべきであって、客観的にみて退職願の提出があったかどうかというよりも、むしろ任免権者側が撤回者側の言動から真正な退職願の提出があったと信頼したかどうか、また、このように信頼したことについてその責めに帰すべき事由がなかったかどうかを重視する必要があるように思われる。したがって、退職願の提出を求めるさいに、任免権者側が詐欺・強迫などの不正な手段、重要な関係において不当・不完全な説明、または、真正に退職願が提出されなかったことを知りもしくは知ることができたときは、右の信頼は存しないであろう。たとえば、撤回者側の不祥事を理由に懲戒免職処分を行うことをほのめかして退職願を提出させる場合、懲戒免職事由が存在しないか、存在していても懲戒免職処分を行うつもりがまったくないときは、右の信頼を欠く場合に相当する可能性がある。この意味で、〔16〕が「本件暴行傷害事件は……懲戒免職事由に該当するほど悪質とは言い難い」ことも考慮して撤回の信義則違反を否認したのは、正当であったように思う。

第三要件の存否は、個別の事案における諸利害・諸事情との比較考量により決めるべきであるが、任免権者側が信頼に基づいて積極・消極の行動をおこし、その結果、退職願の撤回への対処が不可能または期待不可能な損失のもとでのみこの対処が可能であるときは、原則として任免権者側の信頼は法的保護に値すると考えることができよう。(34)〔1〕がいう「撤回の動機も……あながちとがめ得ない」とか、「公的秩序」等の形成またはこの形成を任免権者側が「十分避け得べき状況にあった」かどうかは、右の第三要件の存否の判断のために重要な意味をもつことに

なろう。

（33）　ただし、金子・注（12）九三頁。

（34）　このかぎりでは、退職願の撤回の許否の場合の信頼保護原則または信義則の適用要件も、行政庁側へのその適用要件と、大体、同じように考えてよいことになる。

四　信義則の適用の効果

一　〔15〕、〔17〕、〔19〕も判示するように、撤回が信義則違反のために違法となれば直ちに無効となると解される。したがって、先に提出された退職願は有効に存続するから、〔2〕、〔12〕、〔15〕、〔17〕、〔19〕、〔22〕も判示するように、依願免職処分は適法であり当然に有効という結果になる。〔23〕も、退職願・退職発令の法的性質の捉え方に差異はあるが、実質的には同じである。以上の点については、判例学説にほとんど異論はないように解される。

二　信義則の適用の効果というわけではないが、次の問題については見解は分かれる。すなわち、右とは逆に、退職願の撤回が信義則に違反せず適法かつ有効となるとき、依願免職処分はその前提要件である退職願を欠くから当然に違法となるが、この違法は同処分の取消原因かそれとも無効原因かということである。第一に、この違法は重大明白であるなどを理由に免職処分は無効と判示したものは、〔2〕～〔5〕のみである。〔16〕も、前記のように退職願・退職発令の法的性質の捉え方に差異はあるが、やはり退職の発令は無効とみるようである。第二に、前三者の上告審判決である〔6〕および〔7〕は、ともに右の違法は明白とまではいえないとして免職処分の無効を否認し、その後、〔9〕・〔13〕、〔18〕もまた同じであり、〔20〕・〔21〕も結論的には同じである。第三に、撤回の

信義則違反を否認するこのほかの判例は、直接には右の違法が免職処分の無効原因かそれとも取消原因かには触れていないように思われる。学説も、無効原因説[35]、取消原因説[36]に分かれている。

この問題については、瑕疵ある行政行為の無効と取消の区別の一般理論によるべきである。そうすると、依願免職処分は取り消しうべき場合にとどまることもあると解すべきであるように思われる[37]。

（35）田村・注（15）六〇九頁、今村・注（1）一五三頁、成田＝園部＝南編『行政法講義上』（青林書院新社、昭四四・一九六九）一五八頁〔尾上実〕、杉村編・注（1）八〇頁〔原野〕、兼子・注（14）一三二頁。

（36）森・注（16）一六六〜一六七頁、中川・注（1）三一頁。

（37）阿部・注（8）一七一〇頁、成田頼明ほか『現代行政法』（有斐閣、昭四三・一九六八）九八頁、塩野・注（1）二五二頁。

五　おわりに

一　私人の公法行為と信義則・禁反言則に関する判例は、公務員の退職願の撤回の許否、行政訴訟の提起の許否、納税者の言動およびその他をめぐって現れている。第一に、昭和五六（一九八一）年に改正、同六〇年から施行の国家公務員法・地方公務員法の定年制規定により、従来のような大量的な退職勧奨を行うことができなくなれば、公務員の退職願の撤回の許否をめぐって信義則の適用が問題となるケースもかなり減少するようにも考えられる。第二に、行政訴訟の提起の許否事件における信義則・失効の原則の適用に関する判例の多くも、戦後間もなく行われたいわゆるレッド・パージによる免職処分（行為）の効力を争うという特殊のケースであり、今後はあまりみられなくなるのではないかとも予想される。第三に、納税者の言動と信義則等に関する判例は、税務行政庁側への信

義則等の適用に関する判例とくらべるときわめて少ないが、納税者側に信義則等を適用する判例は比率的にはむしろ多いことは注目される。[38]

二　このように、私人の公法行為と信義則・禁反言則の問題は、実際上、(税務)行政庁側の言動と信義則等の問題よりも、かなり重要性は劣ることは否めない。ただ、行政法における信頼保護原則または信義則・禁反言則の全容の解明を試みる場合には、私人の公法行為と信義則等の問題をその考察の対象から外すわけにはいかない。本稿では、いちおう、公務員の退職願の撤回の許否事件についても信頼保護の観点からの理論構成が可能であり、ベターでもあるという立場からこれについて一つの考察を試みたつもりである。もっとも、このような観点からの理論構成が可能であるにしても、行政訴訟の提起の許否事件の場合の信頼保護とはその内容は異なる。また、行政庁側の言動に対する信頼保護とくらべても内容は異なるが、信頼の法的保護の要件は抽象的レベルでは変わりはないようにも思われる。

(38)　本書第三章八六頁以下参照。

第六章　行政訴訟と信義則

一　はじめに

一　民事訴訟と信義則に関する判例は多数みられるようであり、民事訴訟と信義則をテーマとする学説も多い。民事訴訟における信義則の適用の是非については、かつては否定説が優勢であったが、その後、肯定説が台頭し、現在では信義則が適用されうることに異論はない。(1) 平成八（一九九六）年制定、同一〇年より施行の新民事訴訟法は、当事者は信義に従い誠実に民事訴訟を追行すべきことを定めるにいたった（同二条）。

二　昭和三七（一九六二）年に制定の行政事件訴訟法は、行政事件に関して同法に定めのない事項については民事訴訟の例によるというから（同七条）、同法も行政訴訟における信義則の適用可能性を許容するものであると解される。実際にも、行政訴訟における行政庁・行政主体や私人の訴訟上の主張と信義則に関する判例も現れており、その数は決して少なくない。ただ、行政訴訟と信義則をテーマとする学説は、これまでほとんどみられなかった。本章は、もっぱら右の判例等の紹介・寸評を行うとともに、信義則の意義・根拠・限界・適用要件などの論点について分析・検討を試みることを意図している。なお、行政訴訟の提起は行政訴訟上の主張の一環をなすものでもあるが、行政訴訟の提起と信義則を基礎とする失効の法理に関する判例等は後に扱うから、(2) ここではいっさい取り上

げない。また、本章にはすでに別稿で扱った判例も一部、含まれているが、[3] 判例番号は本章に独自の番号を付することにする。

（1）ドイツにおける展開も含めて、中野貞一郎「民事訴訟における信義誠実の原則」民商四三巻六号（昭三六・一九六一）五五頁以下、山本卓『民事訴訟における信義誠実の原則〔司法研究報告書一四輯一号〕』（司法研修所、昭三七・一九六二）九頁以下など参照。ちなみに、刑事訴訟における信義則の適用については、支配的見解は否定的のようである。鴨良弼「刑事手続と信義則」新報六六巻五号（昭三四・一九五九）四一頁以下は、刑事訴訟規則一条二項の存在などを理由に右の支配的見解には批判的であり、なお、刑事訴訟における信義則の機能として、①詐術的態度に対する防衛機能、②相手方の態度を前提として行為した者の信頼保護機能、③訴訟行為の法的評価の判断基準としての機能をあげるなどしている。

（2）本書第七章三四〇頁以下。

（3）本書第一章一三頁、第三章七一頁以下。本章では判例番号のみを掲げた判例もあるが、裁判所名等については巻末の「判例索引」を参照されたい。

二　予備的考察

一　民事訴訟と信義則

一　後に紹介する行政訴訟上の主張と信義則に関する判例等からも分かるように、行政訴訟や租税訴訟における信義則の意義・適用要件などについて固有のものは確立されていない。そこで、この判例等を検討するには、あらかじめ民事訴訟における信義則に関して概観しておく必要があろう。

民事訴訟における信義則の適用の是非については、かつては否定説が優勢であったが、その後、肯定説が台頭し、

現在では信義則が適用されうることに異論はない。信義則の類型としては、一般に、訴訟状態の不当形成の排除、訴訟上の禁反言、訴訟上の権能の失効、訴訟上の権能の濫用禁止の四種があげられ[4]、また、当事者相互間の適用と裁判所・当事者間の適用の二つに分けて考察される[5]。

民事訴訟における信義則適用の根拠・理由としては、信義則はもともと債権法上の原則であったが、その後、普遍的に妥当する法理として、すべての法分野を支配するようになったことにある[6]。もっとも、訴訟行為の形式・効果などは法律により厳格に規定されていることなどを理由に、債権法における信義則ほどの重要性はもたないともいわれている[7]。民事訴訟における信義則適用の根拠・理由として、民事訴訟が裁判所と両当事者の三主体間の協働関係[8]または特別の結合（交渉）関係[9]にあることや、法令の形式的適用によっては訴訟上妥当な結果が得られないこと[10]を指摘するものもある。

民事訴訟における信義則の適用の限界として、訴訟手続の確実性・安定性を害することになる場合は信義則の適用は許されないことがあげられる[11]。強行法規性は必ずしも信義則の適用を妨げるものではないが、信義則が制定法の修正的機能を発揮することは実際には少ないという[12]。

二　民事訴訟法は、口頭弁論一体性の視点に基づき攻撃防御方法は口頭弁論の終結時までは随時提出が可能とし（旧一三七条・現一五六条）、例外的に時機に後れた攻撃防御方法は提出することができない（旧一三九条・現一五七条）などとしている。この制限規定は一定の役割は果たすが、訴訟前・訴訟外または別件訴訟における先行行為に対する信頼保護の視点から、矛盾する訴訟上の主張を制限するのは、おもに「訴訟上の禁反言」である[13]。訴訟上の禁反言則を定義づけるものはほとんどいない[14]。その適用要件としては、第一に、当事者が訴訟上または訴訟外で一定の態度をとり、後にこれと矛盾する訴訟上の行為をすること（行為矛盾）、第二に、相手方が先行の態度を信頼

し、これに基づいてすでに自己の法的地位を決めたこと（相手方の信頼）、第三に、矛盾した後行行為の効力をそのまま認めたのでは、先行行為を信頼した相手方の利益を不当に害する結果となること（相手方の不利益）があげられる。ただ、この三要件を形式的に充足すれば直ちに禁反言則が適用されるというわけではなく、結局は、個別具体的事案における総合的な事情の考量によりその適否を判断することになる。訴訟上の禁反言則の適用の効果として、後行行為は不適法または無効となる。(15)

「訴訟上の権能の失効」は、従前の言動に対する信頼保護の視点から矛盾する訴訟上の主張を禁止するという点では、訴訟上の禁反言則と同じである。両者の適用要件は基本的には同じであるが、訴訟上の権能の失効の場合は、信頼が寄せられる先行行為が常に不作為であること、(16)後行行為が行われるまでに相当期間が経過することという要件が付加される点に特色があろう。

「訴訟状態の不当形成の排除」および「訴訟上の権能の濫用禁止」の適用要件として、どのようなものがあるかはまとまった形では示されていない。ただ、いずれも、具体的な先行行為に対する信頼保護の視点から矛盾する訴訟上の主張を禁止するというようには捉えられていないようである。たとえば、訴訟上の権能の濫用禁止の場合は、右の信頼保護という視点よりも、もっぱら一方当事者自身の意図・言動のみを考慮して、この者による訴訟上の主張を許すことが正義・衡平等にかなうかどうかを判断する傾向にあろう。山本判事が、先行行為に矛盾する言動の禁止（venire contra factum proprium）すなわち訴訟上の禁反言則の適用は、「訴訟外における先行的態度があくまでも正当かつ適法に行われている場合に限られるのであって、当初から背信的・不誠実な意図・方法の下に行われる術策の一環として先行的態度がとられた場合には、信義誠実の原則がそのままの形で——すなわち、venire contra factum proprium の禁止の原則という変形的形態をとらずに——適用されるべきであ」ると述べている

のは、[17] まさに右の意味で理解しうるであろう。[18] ただ、先行的態度の「正当かつ適法」性は、必ずしもその字義どおりにではなく、当事者の背信的意図などがないものとして理解すべきとしているように思う。先行行為が客観的には不当・違法である場合でも、相手方が正当・適法と信頼しうるときはこの信頼は保護に値することもありうるからである。先行行為に背信的意図などがなく、または、先行行為が存在しない場合でも、訴訟上の主張がもっぱら悪意などを動機としているときも、訴訟上の権能の濫用にあたりうる。このほか、訴訟上の権能の濫用禁止を認めなければ、相手方等に不利益が発生するということも、必須の要件となるであろう。

結局、民事訴訟における信義則は、禁反言則を包括し、かつ、信頼保護を越えるものを含むと考えられているように思われる。

（4）たとえば、中野貞一郎「民事訴訟における信義則および禁反言」ジュリ増刊民事訴訟法の争点（昭五四・一九七九）四三頁、栂善夫「民事訴訟における信義則」ジュリ増刊民事訴訟法の争点（新版）（昭六三・一九八八）四四〜四五頁。旧西ドイツでも一般にこの四種に分けられることについては、G・バウムゲルテル（石川明訳）「民事訴訟における信義誠実」立教別冊（昭四八・一九七三）四〜五頁参照。

（5）山本・注（1）九〇頁以下、林屋礼二「民事訴訟における権利濫用と信義則の関係」『新実務民事訴訟講座1』（日本評論社、昭五六・一九八一）一九一頁。両者の区別の実益については、中野・注（4）四二頁、林屋・同一七三頁以下参照。ただし、山木戸克己「民事訴訟と信義則」末川博古稀記念『権利の濫用中』（有斐閣、昭三八・一九六三）二七〇頁以下は、このような区別法に反対して、民事訴訟の局面や経過に則してみるべきであるという。

（6）中野・注（1）六五、七二頁、山本・注（1）二四頁以下、山木戸・注（5）二六六頁。

（7）山木戸・注（5）八四頁、福永有利「民事訴訟における信義則」別冊ジュリ続学説展望（昭四〇・一九六五）一三一頁。

（8）中野・注（1）七四頁以下、山本・注（1）二八〜二九、九〇〜九一頁。

(9)　山本・注（1）三五頁、山木戸・注（5）二六五〜二六六頁。
(10)　山木戸・注（5）二六六頁、栂・注（4）四四頁。
(11)　中野・注（1）七八頁、山本・注（1）七二頁以下。
(12)　山木戸・注（5）二六六、二八六頁。
(13)　山本・注（1）一七〇頁、中野貞一郎「民事訴訟における禁反言」司研五七号（昭五一・一九七六）五頁。
(14)　中野・注（13）四頁は、この定義づけよりも適用要件の把握が重要であるという。
(15)　中野・注（4）四三頁。同旨、栂・注（4）四五頁、長谷部由起子「判批」別冊ジュリ民事訴訟判例百選Ⅰ（平四・一九九二）二九頁。
(16)　竹下守夫「判決理由中の判断と信義則」山木戸克己還暦記念『実体法と手続法の交錯下』（有斐閣、昭五三・一九七八）八三頁。栂・注（4）四五頁は、訴訟上の権能の失効は「禁反言の一種」であるという。
(17)　山本・注（1）一七二頁。なお、同九四頁以下、一二四頁以下参照。
(18)　訴訟上の禁反言則や訴訟上の権能の失効の法理に違反する権利行使は、つまりは権利の濫用であると考える場合には、両者の区別は明確でないときもある。なお、林屋・注（5）一七三頁以下参照。

二　行政訴訟と信義則

一

租税法における信義則の意義、法的根拠・性格、限界、適用要件などをめぐる判例学説の分析や論評などは、すでに試みた。概して、信義則の意義、法的根拠・性格などは民事訴訟におけるそれとかなり共通する。なお、税務行政庁に対する信義則の適用要件についてはほぼ確立されたものがある。すなわち、最高裁によれば、税務行政庁に対する信義則の適用は、租税法律主義、租税法規の適用の平等・公平等との比較考量において納税者の信頼が保護に値すべき必要があるが、信義則を適用するためには、①「税務官庁が納税者に対し信頼の対象となる公的見

解を表示したこと」、②「納税者がその表示を信頼し」、かつ、このように信頼したことについて「納税者の責めに帰すべき事由がな」かったこと、③「納税者が……その信頼に基づいて行動し」、かつ、このように行動したことについて「納税者の責めに帰すべき事由がな」かったこと、④「のちに右表示に反する課税処分が行われ、そのために納税者が経済的不利益を受けることになった」ことが、最低限、不可欠である。[19]

二　行政訴訟においては、一般に、行政庁・行政主体も私人も、行訴法一〇条や民訴法旧一三九条・現一五七条などの規定に違反しないかぎり、自由に新たな事実を主張することができると解されている[20]（後記三〇四頁の〔23〕や〔41〕なども、同旨の観点にたっている）。また、民事訴訟と同様に、例外的であれ行政庁等や私人の訴訟上の主張が信義則に基づいて許されない場合があることも承認されている。ただ、判例・学説は、この場合の信義則の適用要件を一般的でまとまった形では提示しておらず、したがって、また、この適用要件に則して当該事案における信義則の適否を具体的に検討するということもしていない。信義則違反を主張する行政庁側・私人側の弁論にも同様の傾向がみられる。信義則の適否の検討にとって重要な事実関係も明確にされていない判例も少なくない。

先行行為に対する相手方の信頼保護のために矛盾する訴訟上の主張を制限するという視点からは、「訴訟上の禁反言」則の適用要件を準用しうるが、とりわけ税務行政庁の主張には税務行政庁に対する信義則の適用要件を準用してよいであろう。租税判例の中にも、課税処分取消訴訟における処分理由の差替えとの関係で、民事訴訟における信義則や禁反言則の適用要件ではなくこの最高裁と同旨の適用要件によるべきことを明示したものがある（後記二九七頁の〔34〕・〔43〕、とりわけ〔67〕）。訴訟上の禁反言則の適用要件と税務行政庁に対する信義則の適用要件とを比較すると、全般的にはほとんど変わりはない。すなわち、前者の第一要件は後者の①・②に近く、前者の第二要件は後者では②・③、第三要件は④に近い。前者の適用要件には、信頼および信頼に基づく言動の双方に帰責事

由がない旨の明示がないが、[21]第三要件中「不当に害する」という部分にこれも含まれていると解することも不可能ではない。このほか、「訴訟上の権能の失効」法理の適用要件が重要である場合もあるが、行政訴訟の訴権の失効に関する判例等については、いちおう別稿で扱ったことがあるため、[22]本稿ではこの紹介・論評は行わない。なお、「訴訟上の権能の濫用禁止」や「訴訟状態の不当形成の排除」の場合に相当すると考えられるときもあろう。

いずれにしても、行政訴訟上の主張の場合にも、信義則の適否の判断は、当該事案における総合的事情の比較考量が必要となる。たとえば、税務行政庁に対する信義則・訴訟上の禁反言則の適用要件を準用するにしても、先行行為と矛盾する訴訟上の主張を行う当事者側の利益の顧慮はこれらの適用要件中には明示されていないが、この利益も右の比較考量のなかで考慮すべきである。また、行政訴訟上の主張に対する信義則の適用の結果は行政実体法に影響を及ぼすことが多く、この比較考量においては、行政実体法レベルの特色が反映され、法律による行政、租税法律主義、個別実体法規定の順守、平等原則なども考慮しなければならない。したがって、両当事者が私人である純粋の民事訴訟における信義則の場合とは異なる要因も登場してくるから、訴訟上の禁反言則の適用要件にしてもこれを直ちにそのままあてはめることには注意が必要である。

(19)　最判昭六二・一〇・三〇判時一二六二号九一頁。本書第三章一〇〇～一〇一頁参照。
(20)　このことを明言する判例もある。たとえば、東京高判昭三九・四・八行集一五巻四号五六一頁。
(21)　石川明＝石渡哲「判批」判タ三〇三号（昭四九・一九七四）八八頁は、訴訟上の禁反言則の適用要件として、「相手方が信頼するにつき過失なきこと」を加えている。
(22)　乙部哲郎「行政訴訟の提起と失効の法理」神院一一巻一号（昭五五・一九八〇）一頁以下。

三　判例の展開(1)

一　信義則の適用要件

一　まず、行政庁・行政主体の訴訟上の主張と信義則の適否に関する判例を紹介し若干の検討を試みることにするが、あらかじめ、この場合の信義則の適用要件について付言しておく必要があろう。

私人の信頼保護のための信義則の適用要件としては、訴訟上の禁反言則の適用要件も準用しうるが、とりわけ税務行政庁の訴訟上の主張については、前記の最高裁等がいう税務行政庁への信義則の適用要件も準用可能であろう。これにより、租税（実体）法における信義則の成果がかなりのていど利用可能にもなる。この適用要件を税務行政庁に及ぼす場合には「課税処分」は訴訟上の主張に、行政庁・行政主体にこれを及ぼす場合は、このほか、「税務官庁」は行政庁・行政主体に、「納税者」は相手方（当事者）に、それぞれ、読み替える必要があろう。なお、原則として、訴訟上の主張の内容自体が適法・適正でなければならない。もし、これが違法・不当であれば、結局、この主張は退けられることになり、相手方に「不利益」は発生しないことになるからである。(23)この不利益は「経済」上のものに限定すべきではない。

以下、課税処分取消訴訟における処分理由の差替えを例にとり、右の適用要件について多少、付言しておくことにする。

二　まず、右の最高裁を初め判例や学説の多くは①の充足を容易には認めないが、行政訴訟上の主張と信義則においても、この充足は比較的容易に認められる。

重要なのは、むしろ②の充足であろう。処分理由の不変更に対する納税者の信頼（の正当性）が認められるためには、納税申告等において、詐欺・強迫・賄賂など不正な手段がなく、重要な関係において誤った申述や不完全な申述もないことが必要となる。また、処分理由が違法であることを知っていたか重大な過失によりこれを知らなかったときは、正当な信頼は存在しない。これらの事由がなくても、一般的にみて納税者の信頼を導くことに無理がある場合でも、正当な信頼は存在しない。訴訟では実体的真実の追求のために攻撃防御が尽くされるという側面が現れ、少なくとも課税要件事実の同一性の範囲内では処分理由の差替えが広く許容されるという一般的状況のもとでは、処分理由の不変更に対する納税者の信頼は容易には認められないであろう。納税者が税理士などから助言を受け、代理されている場合には、信頼の有無は、納税者自身だけでなく税理士などについてもみる必要がある。

納税者に信頼が存するとしても、この信頼が法的保護に値する場合でなければ信義則の適用は認められない。信頼が法的保護に値するかどうかは、課税庁側の事情その他との比較考量により判断しなければならない。訴訟上の禁反言則の適用要件では第二・第三要件、最高裁がいう適用要件では③・④が充足されるときは、信頼は法的保護に値するのが通例であろう。しかし、納税者の「不利益」要件の充足は容易ではない。この不利益を課税上または実体上のものと理解するときは、従前の処分理由において適正な法的判断が示されておれば、納税者はこれを考慮して適法に節税をはかりえたというような特別の事情が存在する必要がある。処分理由が付される段階では、当該年度の課税要件事実はすでに実現済であるから、実際には、右の特別の事情が存在する例はまれであろう。ただし、翌年度に行うべき課税要件事実の実現には影響を及ぼしうる。この不利益を訴訟上のものと理解するときは、とりわけ行政法令の解釈適用に関する事項（法律問題）については、従前の処分理由との関係から処分は違法であり勝訴できるとして取消訴訟を提起したのに、理由の差替えにより処分の適法性が維持されて敗訴となる結果、訴訟費

用の負担を強いられることにはなり、この要件は充足されるとみることもできる。(24) ただ、この場合でも、取消訴訟の提起は納税者の信頼に基づくものでなくてはならず、右のように信頼そのものが容易には認められない状況のもとでは、信頼に基づく行動と相当因果関係のある不利益要件の充足も難しいものがあろう。

(23) 訴訟上の主張の内容自体が違法・不当である場合でも、相手方等が不当にくりかえし応訴や審理を強いられるときは、不利益が発生することもある。このような場合には、「訴訟上の権能の濫用禁止」に相当するときもあろう。

(24) なお、乙部哲郎「課税処分取消訴訟における処分理由の差替え」神院二三巻三号（平五・一九九三）八〇頁以下。

二　訴えの利益

一　課税庁が更正処分等の取消訴訟を提起する訴えの利益がないと主張することが、信義則に違反しないかどうかが争われたケースがある。

東京地判昭三一・一二・二二行集七巻一二号三〇九八頁〔3〕

被告国税局長は、審査請求期間経過後、更正処分の審査請求を受理して棄却決定を行い、棄却決定の取消訴訟において、原告は、棄却決定を信頼してその取消手続をとった後に、被告が同決定はその真意によるものではなかったと主張することは、禁反言の原則により許されないと述べた。本判決は、所得税法によれば、「国税局長がその自由な裁量によって期間経過後の不適法な審査の請求を受理し実体上の判断をすることは許されない」、「禁反言の原則は専ら当事者が任意に処分又は放棄しうる権利もしくは利益に関する行為についてのみ適用或いは類推さるべきものであるから、前記のような行為についてはその適用或いは類推の余地はない」という。そして、原告の主張は採用できず、棄却決定の取消判決をしてみてもすでに確定した更正処分の効力に

なんらの影響を及ぼさないから、本訴は法律上の利益がないとして訴えを却下した。

軽々に国税局長が期間経過後の審査請求を受理して実体的判断を示したことには責められるべき点もあるが、審査請求期間の徒過自体について国税局長側に帰責事由があるということでもない。原告は在日米国人であるが、代理人として弁護士が審査請求をしているから審査請求期間は知っておくべきであり、国税局長側による積極的な誘導行為などがないかぎり、原告側の「信頼」は認められないであろう。そうなると、取消訴訟の提起も信頼に基づく行動とはいえず却下判決により訴訟上の不利益を受けたとみることも難しい。なお、判旨は、禁反言則を適用すれば違法な結果をもたらす場合には禁反言則は適用されないかのようにも述べており、この点には疑問がある。

同旨の事案で、〔12〕は禁反言則を適用、〔14〕・〔17〕は信義則を適用せず、〔25〕・〔29〕は信頼保護の適否について判断は分かれる。[25] 〔7〕・〔8〕は、東京国税局協議団本部職員の言辞は行政事件訴訟法一四条四項にいう教示にはあたらず、納税者の「信頼」は保護に値しないとして、取消訴訟は不適法であるとした。〔28〕は、更正処分の取消訴訟から再更正処分の取消訴訟への訴えの変更について、税務署長が後訴の出訴期間の徒過を主張するのは禁反言の法理に反するという納税者側の主張を斥けた。〔48〕・〔59〕は信義則の適否の判断は分かれるが、後者が認定する事実のもとでは信頼要件は充足、不服申立ての利益が失われる結果、取消訴訟の提起を妨げられることも、納税者の「不利益」にあたるから、〔59〕の結論の方が妥当であろう。[26] このほか、〔52〕は「信義則違反ないし権利濫用」を否認、〔57〕は「信義則」違反を否認する。[27] 後者では、事案として類似する〔3〕の場合と同様の理由から納税者の「信頼」・「不利益」要件は欠くことになり、信義則の適用は否定されるべきである。〔87〕も「信義則」違反を否認する。

二　〔80〕は、被告市長が道路の完成を理由に道路指定処分・建築確認処分の取消訴訟の訴えの利益の消滅を主

張しても信義則違反とはならないと判示する。

(25)　本書第三章七七頁の〔52〕、八〇頁の〔90〕・〔107〕がこれに相当する判例であり、事案の一端については同所を参照されたい。

(26)　本書第三章八三頁の〔173〕・〔203〕がこれに相当する。榎本恒男「判批」『昭和六一年行政関係判例解説』(ぎょうせい、昭六三・一九八八)二五〇頁以下は、「訴訟法上の信義則の問題といえども本来訴訟上許されるべき権利の行使(訴訟法上の主張)を抑制するものであるから、その適用は租税法の課税処分の場合と同様、厳格、慎重になさるべきである」といい、〔48〕に賛成する。これに対して、林仲宣「判批」シュト三〇六号(昭六二・一九八七)一頁以下、小川=松沢編『租税争訟法〔裁判実務大系20〕』(青林書院新社、昭六三・一九八八)四八八〜四八九頁(岡光民雄)は、〔59〕に賛成する。

(27)　乙部哲郎「租税判例における信義則の展開」神院二七巻三号(平一〇・一九九八)六六頁の〔187〕、七七頁の〔197〕がこれに相当する。

三　処分理由の差替え

一　課税処分取消訴訟における処分理由の差替えと信義則を扱う裁判例も少なくないが、信義則を適用して処分理由の差替えは許されないとしたものはない。つぎの判例は、おそらくこの問題に関する最初の判例である。

大阪地判昭四六・五・二四行集二二巻八＝九号一二一七頁〔10〕

原告は、白色更正の審査請求に対する棄却裁決の取消訴訟において、白色更正が違法である理由として、被告国税局長は棄却裁決において売上額に占める減価償却費について同業者の平均比率(〇・七%)を越える部分の一部の所得控除を認めていたのに、被告税務署長が本訴においてこれを認めないのは信義則に違反すると主張した。本判決は、「行政不服に関する行政手続と訴訟手続とは各別個の手続であり続審としての構造を成

さず手続関係人のなしうべき不服の資料と訴訟資料の提出の間には当然の更新が認められているものと解せられるからかりに原告主張のような事実があるとしてもこれを根拠として信義則の適用を問題とする余地はない」といい、[28]税務署長は、売上額に占める一般経費についての同業者の平均比率（三八％）にもとづき本件推計課税をしたのであり、一般経費を構成する個々の経費の比率が同業者の平均比率とくらべた増減を考慮しないのもやむをえず、原告の主張は失当であると判示した。

本訴において税務署長が主張した白色更正の理由は、白色更正時の理由？と相違するかどうかは必ずしも明確ではない。だが、白色更正を維持した国税局長の棄却裁決の理由と異なるかぎりでも、処分理由の差替えと信義則に関する判例とみることもできるように思う。信頼の対象となる先行行為は、必ずしも同一訴訟手続における行為である必要はなく、むしろ当該訴訟外の行為であってもよく、また、実際にも後者の例が多い[29]ことを考えれば、右の判旨は信義則違反を否認する理由としては適切ではない。本件でも「信頼」要件の有無が重要である。とりわけ白色更正については処分理由の差替えが広く許されているという一般的状況を考えると、この要件の充足は難しいであろう。そうすると、原告には訴訟上の「不利益」すら発生しない。

その後、〔11〕、〔25〕、〔26〕、〔32〕、〔69〕、〔71〕・〔75〕、〔76〕、〔85〕、〔89〕、〔90〕など、課税処分取消訴訟において処分理由の差替えの信義則違反を否認するものが続く。[30][31][32]このほか、〔34〕・〔43〕は、「信義則ないし禁反言の法則」の適用要件について一般的見解を示したのち、[33]処分理由の差替えは「課税標準を本来の形で提示しようとすること以上に出ないのであるから、納税者が更正処分の取消訴訟においても従前の認定、判断が不利益に変更されることはないであろうと信頼したとしても、右信頼は、租税法律関係の合法性の要請を犠牲にしてまで保護しなければならないような利害にかかわることとはいえない」といい、とりわけ〔67〕は、前記の著名な最高裁判決とほぼ

同旨の一般的見解を表明したのち、「更正、異議決定において示された見解は、更正の取消訴訟を提起する関係においては、納税者の信頼の対象となる公的見解には当たらない」といい、いずれも信義則等違反を否認する。〔72〕は、「行政不服申立手続と訴訟手続きとは独立した別個の手続であって続審としての構造を持たないものであるから、被告が異議決定の段階において容認していた事実を訴訟段階において否定することが禁反言ないし信義則違反に当たるか否かを問題にする余地はない」といい、前掲の〔10〕と同旨のところがある。

二　農地賃貸借解除許可処分の取消訴訟において、処分理由の差替えは信義則に違反しないという判例もある。

和歌山地判昭五八・四・二七行集三四巻四号六九二頁〔47〕

大阪高判昭五九・一・二五行集三五巻一号三二頁〔49〕

知事（被告・被控訴人）は、本件農地の所有者の申請に基づいて、賃借人（原告・控訴人）には農地法二〇条二項一号にいう「信義に反した行為」があったとして、農地賃貸借解除許可処分を行った。同処分の取消訴訟において、知事は、許可の理由として、①賃借人と所有者との間の別件訴訟の確定判決により、本件農地の所有者は賃借人ではなく本件許可の申請者であることが認められた後も、賃借人は無断で用途変更をした八朔畑を水田に復旧しなかったこと、②賃借人は、所有者の意思確認をしないまま、農地売買の前前日まで所有者が承服しかねていた価格で、同人の代理人としての資格があるか疑わしい者との間で売買契約を締結したこと、③所有者が別件訴訟において五年間も応訴を強いられたことを主張したが、処分時には②・③は処分理由とされておらず、審査手続中に提出した弁明書でも同様であったようである。そこで、賃借人は、知事は本訴において②・③を主張することは信義則・禁反言則により許されないと主張した。〔47〕は、「一種の信義則ないし禁反言の法理から被告の右主張は許されないとの原告の主張を採用すべき事情も見出されない」といい、被告

主張の事実を認めて本件処分は適法であるとして、原告の取消請求を棄却した。〔49〕は、その控訴審判決であるが、簡単に原判決は相当であるといい、控訴を棄却した。

行政処分取消訴訟における訴訟物は処分の違法性一般であり、本件処分については農地法は理由付記を義務づけていない。したがって、処分理由の差替えは広く認められるという一般的状況のもとでは、賃借人の「信頼」要件の充足は難しいであろう。なお、〔49〕は、右の①の事由だけからでも「信義に反した行為」を認定しうるとしており、そうすると賃借人には実体上の「不利益」も発生しないことになる。

三　処分理由の差替えの許否は、個別具体的事案において判断する必要があるが、前述のように、最高裁がいう適用要件、そして訴訟上の禁反言則の適用要件に則して検討するだけでもその充足に欠ける。信義則の適用が認められるためには、このほか、法律による行政、個別行政法規定の順守、訴訟経済、納税者の主張変更との関係等もみる必要がある。信義則の適用を否認した右の判例は、大体、適切であったように思う。

(28)　最判昭二九・一〇・一四民集八巻一〇号一八五八頁は、公職選挙法に基づく選挙無効裁決の取消訴訟において、信義則には言及しないものの、訴訟手続と訴願手続は「同一手続における続審的段階をなすものではない」ことを根拠に、訴願手続中に主張されなかった事実でも訴訟において考慮することができるとしている。

(29)　「訴訟上の禁反言」則についても同旨のことが指摘されている。松浦馨「判批」別冊ジュリ民事訴訟判例百選（第二版）（昭五七・一九八二）一四二頁、奈良次郎「判批」別冊ジュリ民事訴訟判例百選Ⅰ（平四・一九九二）二七頁参照。

(30)　判旨〔11〕賛成、波多野弘「判批」シュト一二七号（昭四七・一九七二）一四頁以下。なお、乙部・注(24)六一頁に掲記の京都地裁のケースでは納税者が土地建物の売却価格を偽って申告しており、同七三頁に掲記の千葉地裁のケースでは納税者が架空会社への出費を隠して申告していることからみて、いずれも正当な「信頼」は存在しないと考えられる。同六五頁に掲記の東京地裁や静岡地裁のケースでは、納税者に誤った申述や不完全な申述はないよう

であるが、少なくとも課税要件事実等の同一性の範囲内では処分理由の差替えが広く許容されるという一般的状況のもとでは、納税者に正当な信頼があったといえるかは難しいであろう。

(31) 乙部・注(27)六二頁の〔87〕、六五頁の〔86〕、七一頁の〔243〕、八七頁の〔332〕、九〇頁の〔251〕、〔256〕・〔275〕、〔317〕など相当する判例もあるので、事案の一端についても同所を参照されたい。

(32) 学説は、この問題に言及するものは少なく、しかも抽象的かつ簡潔にのみふれるものが多い。裁判官研究会「税務訴訟における諸問題」司研四一号(昭四三・一九六八)一七七頁〔雄川一郎〕は、処分理由の差替えの制限の法的根拠を「信義則」または「信義の原則」に求めることには、どちらかといえば消極的である。これに対して、高田敏「判批」別冊ジュリ租税判例百選(昭四三・一九六八)二二二頁は、処分理由の差替えの制限の法的根拠として実質的法治主義およびその具体化としての「信頼保護原則」をあげ、竹下重人「理由が明示された処分に対する不服審査及び訴訟」杉村章三郎古稀記念『税法学論文集』(三晃社、昭四五・一九七〇)一六五、一六七、一七〇頁も、これに同調する。訟務座談会「昭和五十三年の回顧」訟月二四巻一号別冊(昭五四・一九七九)一六五～一六六頁〔仙田〕も、処分理由の差替えの制限の法的根拠として「訴訟上の信義則」を考えている。佐藤茂「課税処分取消訴訟の審理」『新実務民事訴訟講座10』(日本評論社、昭五九・一九八四)六三頁は、実務上、処分理由の差替えは原則として抑制すべきであるといい、その論拠として税務行政に対する「信頼」の確保をもあげている。園部編『注解行政事件訴訟法』(有斐閣、平一・一九八九)九八頁〔春日偉知郎〕も、「信義則」を根拠に処分理由の差替えに否定的である。松沢智「青色申告の法理(三・完)」判時一〇七四号(昭五八・一九八三)一六頁は、青色申告者に不誠実な行為があった場合に、青色申告の承認を取り消さずに更正処分にとどめたときは、青色申告者にまだ信頼性の欠如がないとみたわけであるから、課税庁としては「信義則(禁反言)の法理」にもとづき処分理由に拘束されると考えても背理ではないといい、比較的具体的に述べる。しかし、青色申告承認の取消要件を充足する場合でも取り消すかどうかは課税庁の裁量であり、取り消さないことが処分理由の差替えをしないことを意味するわけではない。このことは一般に納税者も知りうべきところであり、「信頼」要件は充足しないと解される。

(33) 本書第三章一六四頁の〔132-2〕・〔160-2〕がこれに相当する。

四　主張・立証方法など

一　更正処分等の取消訴訟において、税務署長が、推計の基礎とした同業者の住所・氏名等を明らかにしないで、納税者の経営規模や事業実績等を主張・立証することが、信義則に違反するかどうかについては争いがある。おそらく、つぎの判決はこの問題に関する最初の判例であるが、信義則違反を肯定する。

大阪地判昭四七・一〇・三一行集二三巻一〇＝一一号七八三頁〔13〕

いわゆる総額主義の見地から処分理由の差替えの自由をいうが、被告税務署長による右のような主張・立証方法は原告納税者による反論・反証の提出を不可能または極めて困難にするため、「衡平の見地からみても、また訴訟における信義則から考えても、到底これを是認することができない」という。そして、所得税法二四三条に定める税務署長の守秘義務も原告に訴訟上の不利益を甘受させるべき理由とはならず、これを原告の所得推計の基礎資料とすることは許されないとして、更正処分による過大認定額の部分を取り消した。

その後、〔15〕は総額主義をとることは明示しないが〔13〕を援用してほぼ同旨の判示であり、〔31〕・〔38〕・〔58〕、〔33〕・〔35〕も同旨の結論を導く。

これに対して、信義則違反の否定例としては、つぎのものがある。

東京地判昭四九・一一・六訟月二〇巻一三号一六〇頁〔18〕

右の場合でも、原告は必ずしも反証を行うことは不可能ではなく、被告税務署長による右のごとき立証方法は、所得税法二四三条の守秘義務の要請でもあるなどの理由から「信義則」に違反せず、これを原告の所得推計の根拠とすることは許されるとして、更正処分等の取消請求を棄却した。(34)

大阪高決昭六三・九・一税資一六五号六七九頁〔65〕

原決定（奈良地決。未確認）を引用してこれに対する即時抗告を棄却したが、原決定によれば、税務署長は推計課税の基礎として住所・氏名が秘匿されている同業者報告書のみを提出したとしても、納税者は関係者に対する反対尋問等により右報告書の証明力を争うことができるから、「訴訟における信義誠実の理念」に悖るとはいえないといい、所得税更正処分取消訴訟における住所・氏名を掲記した文書の提出命令の申立てを却下したようである。

〔64〕、〔77〕、〔86〕、〔88〕も「信義則」違反を否認する。

以上の判例によれば、信義則の適否は、税務署長の右のような主張・立証方法により、納税者による反論・反証の提出が不可能または著しく困難となるかどうかにある。信義則の適用要件でいえば、納税者の「不利益」の有無ということになろう。他方、法律の命ずる守秘義務（例、国公一〇〇条一項・一〇九条一二号、法税一六三条など）との比較考量も必要となる。かりに、納税者による反論・反証の提出が不可能または著しく困難となる場合でも、裁判官の自由な心証形成等の問題として処理することにより、(35) 納税者の不利益を和らげるという方法も考えられよう。一般に、信義則の適用は否認すべきである。(36)

二　このほか、課税庁側の訴訟上の主張が信義則違反かどうかが争われたケースがある。

富山地判昭四九・五・三一行集二五巻五号六五五頁〔17〕

原告は、本件所有地の売却のさい税金対策から原告らが所有する会社の株式の全部譲渡の形式をとれば課税を免れうると考え、税務相談を受けて税務署に対し同社の営業再開届を提出し、それに添付の貸借対照表に初めて同社資産として本件土地を掲げ、その後、相手方との間に同社株式の売買契約を締結した。被告税務署長は、当初、本件土地の所有者は同社と誤認してその譲渡所得について課税処分をしたところ、同社によるその

取消訴訟（別件訴訟）において実質上の所有者は原告であるとして取消判決が行われ、いったん控訴したもののこれを取り下げて、改めて、原告に課税処分を行い、原告はその取消訴訟を提起した。本判決は、禁反言則等の意義・性格などについて一般的見解を表明したのち（本書第三章九二頁参照）、「原告は別件訴訟において被告申請の証人として、証言」するなど協力していたが、被告は、別件訴訟の「取消判決を正当と判断し、これに従って改めて原告に対し本件課税処分をなしたものであり、別件訴訟と本件訴訟における被告の主張の相違等……の事実をもって、直ちに信義則違反の事実があったとするのは当らない」と判示して、原告の取消請求を棄却した。

税務署長が、別件訴訟における課税処分の取消判決の趣旨に従い、改めて適法な課税処分を行い、その取消訴訟において、別件訴訟の主張とは異なる主張をなしうることは当然である。原告は、別件訴訟の審理や取消判決をつうじて少なくとも納税義務は自己にあるのではないかという疑いをもつべきであり、別件訴訟における税務署長の誤った主張への正当な「信頼」があるとはいえない。したがって、課税上の「不利益」はもとより訴訟上の不利益も発生しないであろう。信義則の適用は否認すべきである。

その後、〔36〕は信義則違反を否認、〔39〕は禁反言則違反を否認するが[37]、後者の事案は〔17〕に類似するところがある。

大阪高判昭五六・八・四税資一二〇号二九五頁〔41〕

最判昭五九・一〇・九税資一四〇号二七頁〔53〕

被控訴人（被告）税務署長は、所得税更正処分取消訴訟の原審において、控訴人（原告）納税者の売上帳には工事売上代金三五二件の記帳漏れがあると主張したが、控訴人の反証に応じてこれを撤回して、別の記帳漏

れの売上代金を主張・立証したところ、原審はこれを認容した。控訴審において、控訴人は反証を行ったが、この反証は原審における被控訴人の当初の主張が正確で信用できることを前提とするものであったため、被控訴人は原審における当初の主張に変更した。〔41〕は、被控訴人の主張の変更は「本件訴訟を遅延させるものとは認められ」ず、「なんら信義則に反するものではなく、民訴法一三九条により許されないものでもない」といい、かつ、売上代金三五二件の記帳漏れがあることも認めて、結局、更正処分の取消請求を棄却した原判決は相当であるとした。〔53〕は、信義則を明示しつつ簡単にこの原判決は正当であるという。

原審で撤回した主張を上級審で再度もちだすことの許否が争点となっているという点では、次掲の〔23〕に類似する。ただ、本件では、税務署長は、原処分の適法性を維持するために、原審・控訴審において相異なる主張をしており、一見、処分理由の差替えと信義則の問題に関する判例であるようにもみえる。(38) 一般に、原審で撤回した主張を上級審で再度もちだすことは相手方の「信頼」を損なうものではない。ことに本件では、税務署長による再度の主張は納税者の主張・立証の変化に起因するものであり、納税者に正当な信頼があったとはいえない。「不利益」要件の充足も難しい。信義則違反は認められないであろう。

類似のケースで、〔55〕、〔78〕・〔82〕、〔79〕はいずれも信義則違反を否認するが、(39)〔79〕の事案は前掲の〔57〕と同旨のところがある（二九五頁参照）。

三　このほか、取消訴訟における行政庁側の訴訟上の主張が信義則違反かどうかが争われたケースがある。

高松高判昭五一・一・二八行集二七巻一号五一頁〔23〕

船舶所有者が被保険者である被傭者の同意を得てその報酬月額を真実よりも低額に届け出ていた場合に、被控訴人（原告）である被傭者の遺族が、右届出にかかる報酬月額を基準として行われた知事の標準報酬の決定

は船員保険法に違反し、この違法な標準報酬を前提に行われた控訴人（被告）社会保険庁長官による遺族年金支給裁定も同法に違反するとして、社会保険審査官への審査請求、社会保険審査会への再審査請求をへて同裁定の取消訴訟を提起した。同長官は、第一審において、虚偽の報酬月額の届出により低額の保険料のみを負担しながら届出額にみあう標準報酬決定を違法として争うのは信義則に違反すると主張したが、その後、これを撤回し、第二審において再びこの主張をした。本判決は、被控訴人は同長官による再度の主張は「訴訟法上の信義則に反し、時機に遅れた攻撃防禦方法であるから却下さるべきである、との主張をしているが、民事訴訟で、当事者が当初一定の主張をしながらその後これを撤回し、さらに再び同一の主張をしたからといって、そのことのみから右攻撃防禦方法の提出の仕方が民事訴訟法上の信義則に反するものとは解し難い」といい、被控訴人の主張をしりぞけた。

判旨は、「民事訴訟」といっているが、取消訴訟でも攻撃防禦方法の随時提出主義が妥当する旨を述べているものと解される。そうすると、一般に、原審における主張の撤回から上級審ではこの主張を再びもちだすことはないであろうという「信頼」に正当性はない。判旨は、遺族が本件訴訟を提起して支給裁定の違法を主張することも信義則に違反しないといい、結局、支給裁定は違法として取り消した原判決を支持して控訴を棄却しているから、遺族側に実体上の「不利益」も生じない。信義則の適用は否認すべきであろう。

(34)　判旨〔18〕賛成、小川＝松沢編・注（25）四八七頁〔岡光〕。信義則には言及しないが、同一の理由から、税務署長によるこのような主張・立証方法も許されるとするものがある。たとえば、東京地判昭四九・七・一九行集二五巻七号九一一頁、京都地判昭五〇・六・二〇行集二六巻六号八〇二頁、静岡地判昭六三・九・三〇判時一二九九号六二頁など。

（35）大阪高判昭四九・一二・二五行集二五巻一二号一六二七頁は、〔13〕の控訴審判決であるが、税務署長の守秘義務のために原告が反証不可能となるのはやむをえず、税務署長の主張・立証は形式的証拠能力がないという原告の主張は採用できず、裁判所はこの主張・立証の信用性を判断すれば足りると判示する。なお、山木戸・注（5）二八四頁参照。

（36）前記の民事訴訟における信義則の類型でいえば、〔13〕や〔18〕などは、むしろ「訴訟上の権能の濫用禁止」の存否の場合に相当するであろうか。

（37）乙部・注（27）六五頁の〔137〕、〔143〕が相当する判例であり、事案の一端については同所を参照されたい。

（38）原審における税務署長の当初の処分理由の主張は、租税実体規定の命ずるものではないことを別にしても、この処分理由の主張からは、納税者は、上訴するかどうかの判断についての便宜は与えられているともいえ、理由付記の行政争訟的機能は認められないでもない。しかし、税務署長の処分理由の主張は裁判手続の中で行われており、時間的にも更正処分とはかなり隔絶しており、原審での主張が更正処分についてその理由付記の行政手続的機能を発揮することはない。そうすると、本件は、理由付記の趣旨目的の尊重の視点からの処分理由の差替えの許否に関する事例とは解されない。

（39）乙部・注（27）七〇頁の〔192〕、八八頁の〔295〕・〔305〕、九〇頁の〔296〕が相当する判例であり、事案の一端については同所を参照されたい。

四　判例の展開(2)

一　信義則の適用要件

一　私人の訴訟上の主張と信義則に関する判例を紹介して若干の検討を試みることにする。行政庁側の信頼保護のための私人への信義則の適用要件については、いちおう、「訴訟上の禁反言」則や「訴訟上の権能の失効」法理

が重要であるが、適用要件自体は行政庁側への適用の場合とくらべて、それほどの差異があるわけでもない。(40)

二　まず、信頼対象適格のある私人の先行行為の存在が必要となるが、この要件は容易に認められよう。ここでも、やはり「信頼」要件の充足が重要である。基本的には、行政庁等の主張についてみたような前記の事由の有無が問題となる。ただ、行政の人的組織的能力は強大であるから、一般に、行政庁側の信頼要件は容易には充足しないであろう。とくに行政法令の解釈適用に関する事項（法律問題）についての私人の主張への信頼は認められないと思う。

行政庁側の信頼が法的保護に値するかどうかは、行政庁側・私人側の事情等を比較考量して判断しなければならないが、とりわけ、行政庁側の「不利益」要件の充足は難しい。原則として、信義則違反を理由に私人の訴訟上の主張を許さないとしなければ、単に違法な行政処分について取消判決や無効確認判決等が行われるというだけでは、この不利益とみるわけにはいかず、租税実体規定に所定の税収などを不当に妨げられる結果になるなどの場合でなければならない。私人の訴訟上の主張を許しても、これに対応して処分理由の差替えを認めるなどにより、不利益が生じないようにしうることもあろう。原則として、私人の訴訟上の主張の内容自体が適法・適正であることが必要なのは、行政庁側の主張の場合と同じである。信義則を適用すれば違法な行政処分の存続を認める結果となる場合でも、私人がこれを求めるときと違って、法律による拘束を強く受けるべき行政がこれを要求することにはより強い抵抗があろう。

(40)　前記二九〇頁参照。なお、小沢一郎「判批」『昭和五四年行政関係判例解説』（ぎょうせい、昭五五・一九八〇）三二〇頁は、納税者への信義則の適否の判断は当該事案における総合的事情の比較考量によるべきであって、抽象的一般的にこの適用要件を論定するのは困難であり、適切でもないとしている。

二　無効確認訴訟等・争点訴訟・国家賠償訴訟

一

行政処分の無効確認訴訟等の提起は信義則に違反しないという一連の判例がある。

東京地判昭二四・四・六行月二三号二七五頁〔1〕

昭和一七（一九四二）年、父親が原告の名においてした申請に基づき、内務大臣が行った日本国籍の回復許可処分を知りながら、これを否定することなく、むしろ、これを利用して戸籍上の行為をしたり日本人として長く行動してきた事実があっても、「反対の態度に出ることを期待」しえない事情があるかぎり、原告が「本訴におけるような主張」すなわち日本国籍回復許可処分の無効を主張することは「信義」に反しない。本判決は、このように判示して、原告の申請は真意に基づくものではないから無効であり、申請の有効を前提とすべき許可処分もまた無効であるとして、国を被告とする同処分の無効確認請求を認容した。

宇都宮地判昭二六・二・一行集二巻二号一四八頁〔2〕

大阪高判昭三五・九・三〇判タ一一八号七九頁〔4〕

東京高判昭五〇・一二・二〇行集二六巻一二号一四四六頁〔22〕

〔22〕は、控訴人（被告）文部大臣が教科用図書検定基準・学習指導要領（いずれも文部省告示）等にもとづき行った教科書検定不合格処分の取消訴訟において、従前の改訂のさいに被控訴人（原告）著作者は、文部大臣が示した「B意見に不本意ながらしたがって修正したものの、自己の信念にもとづき右修正前の原稿内容を復活しようとの意図をもち、重ねて同一原稿内容による改訂検定の申請……をもって信義則に反するものとすることはできない。また……右復活改定を期して本件各改訂検定不合格処分の取消を求める本件訴の提起もまた信義則に違反するといえない」といい、結局、本件処分は違法であり取消を免れないとして控訴を棄却した。

右の四つのケースとも、訴訟上の禁反言則の適用要件は充足しえず、信義則・禁反言則の適用を否認する判例の結論は、いずれも適切であったように思う。〔1〕では、国籍回復許可の性格が本人の真意を尊重すべきものであり、[41] 本人が国籍回復に「反対の態度に出ることを期待」しえなかったことも考慮しなければならない。〔2〕および〔4〕の事案や判旨についてはすでに紹介した（本書第一章一三、一四頁）。前者では、一般に、訴願の取下げは「訴願と同一内容の主張一切を抛棄したものと見るのは無理であって」、行政庁の「信頼」ということも認めえない。後者では、農地買収の対価受領は行政庁側の言動に帰因することなどから、行政庁側の「信頼」は認めえない。[42]〔22〕では、過去、不合格処分を受けた本件教科書の検定申請について、検定基準や学習指導要領にとくに変更もないのに合格処分を受けたり、文部大臣による修正意見が著作者側の説明などにより撤回・変更された例もあったという。著作者側が合格処分の期待を抱いて本件改訂検定の申請をしたり、不合格処分の取消訴訟を提起するのも理由があり、行政側の「信頼」要件の充足は難しいであろう。このほか、裁判を受ける権利の尊重ということも考慮しなければならない。また、これらの訴えの提起や処分の違法・無効の主張が信義則・禁反言則にもとづき許されないことになれば、違法・無効と解すべき行政処分が存続する結果となり、法律による行政、個別行政法規定の順守の要請からみても問題があろう。

二　国家賠償訴訟の提起または同訴訟における主張について、信義則の適否が争われたケースがある。

千葉地判昭六三・三・二三判時一二九〇号一一五頁〔62〕
東京高判昭六三・一〇・一七税資一六六号一六三頁〔66〕
最判平一・九・二一税資一七三号七七四頁〔68〕

〔62〕は、相続税の滞納に基づく差押処分の取消訴訟における棄却判決により同処分の違法が否認された以

上、後の国家賠償訴訟で差押処分の違法を主張することは前訴の既判力により許されないが、相続税債務不存在確認訴訟と国家賠償訴訟とでは訴訟物を異にするから、前訴の棄却判決の理由中で違法ではないと判断された税務署長の行為を、同じ原告納税者が国を被告とする国家賠償訴訟において、再度、不法行為にあたると主張することは、前訴の既判力により妨げられることはないものの「信義則に照し、到底許されない」という。〔66〕もこの原判決をそのまま引用、〔68〕も簡単に原判決を承認する。

民事訴訟では、判決の既判力の及ばないところを信義則に基づく争点効理論によりカバーして訴訟審理のむしかえしを防ぐという考え方も、有力のようである。[43] この考え方によれば、判旨は適切である。これに対して、つぎの判決は信義則の適用を否認する。

大阪地判昭六三・六・二四判タ六七九号二四〇頁〔63〕

原告は、滞納処分に基づく差押財産の競落人であり、競落後、同財産の転売をしたが、執行裁判所や税務署長が差押登記抹消の手続をとらなかったせいで安く売らざるをえず損害を受けたとして、国を被告に国家賠償訴訟を提起した。訴状では執行裁判所の係官の過失を主張していたが、本訴の口頭弁論の第一二回目（昭和六〇〔一九八五〕年四月一一日）にこれを撤回し、第一五回目（同年九月五日）にこの主張を復活したことの禁反言則違反が問題となった。本判決は、「民事訴訟手続においても、一方の当事者が従前の主張と相反する主張をしたとき、それが他方の当事者に対し従前の主張と相反する主張はしないものとの信頼を生ぜしめる言動に出ていたのに、後にこれを主張するに至り、かつそのために右他方の当事者が訴訟の追行上不当な不利益を受ける場合には信義則上承認されるべき禁反言の原則に反してその主張は許されないといわなければならない」が、本件では「被告が訴訟の追行上不当に害されたとは認めがたい」として、禁反言則の適用を否認した。

本判決は、国家賠償訴訟において、国側の信頼保護の視点から同一訴訟手続の先行行為と矛盾する後行行為について、「訴訟上の禁反言」則の適用の可能性を明示する点で重要である。[44] 一般に、別件訴訟（前記三〇二頁の〔17〕、三〇九頁の〔62〕）や原審（前記三〇四頁の〔23〕、〔41〕。なお、後記三一三～三一四頁の〔37〕・〔56〕、〔51〕・〔54〕）での主張とは異なる訴訟上の主張をすることが他方当事者の「信頼」を損なうものでないのと同じく、同一訴訟手続（後記三一六頁の〔50〕・〔73〕）中の後行の矛盾する訴訟上の主張についても信頼要件の充足は認められないであろう。本判決は、結論的には、国には訴訟上の「不利益」要件を欠くとしてこの禁反言則の適用を否認しているが、執行裁判所の係官には故意・過失はないとして請求を棄却しているから、実体上の不利益要件をも欠くことになろう。

(41)　婚姻関係のような身分関係訴訟では実体的真実の追求が重視されるため、「訴訟上の禁反言」則の適用は制限されるという。栂・注（4）四五頁参照。前記の民事訴訟における信義則の類型との関連でいえば、〔1〕は「訴訟上の権能の失効」の存否の場合にあたると解しうる余地もある。

(42)　この〔4〕事件の第一審・大阪地判昭三四・一・一三判タ一一八号八八頁は、買収処分の無効等を主張しても「権利の濫用とはいえない」と判示している。

(43)　たとえば、原強「判批」別冊ジュリ民事訴訟判例百選Ｉ（平四・一九九二）三二～三三頁および同所に掲記の文献参照。竹下・注（16）八五頁以下は、これを判決理由中の判断の拘束力として、「訴訟上の禁反言」則および「訴訟上の権能の失効」法理から導いている。判決の既判力自体も信義則の現れとみる判例学説も有力であることについては、新堂幸司『民事訴訟法〔第二版補正版〕』（筑摩書房、平二・一九九〇）四二九頁など参照。ただし、三ケ月章『民事訴訟法』（弘文堂、昭五四・一九七九）一五一頁など参照。

(44)　同一訴訟手続の先行行為と矛盾する後行行為に対しても、「訴訟上の禁反言」則の適用の余地がありうることについては、中野・注（13）四～五頁、同・注（4）四三頁参照。

三　課税処分取消訴訟

一　更正処分等の取消訴訟において、更正期間等（国税通則法七〇条以下参照）経過後の納税者による訴訟上の主張の適否についても争われている。まず、つぎの判決は信義則の適用を否認する。

東京地判昭四三・六・二七行集一九巻六号一一〇三頁〔5〕

原告納税者が、更正処分・再更正処分の付記理由の不備を知っていながら不服申立ての段階では主張しないで、更正期間経過後、再更正処分の取消訴訟の第一六回口頭弁論でこれを主張しても、「他に特段の事情がないかぎり、それだけで直ちに……信義則に反する」とはいえない[45]。本判決は、このように判示して、本件処分には交際費の損金算入を否認する具体的根拠が記載されていない不備があり、原告が真実の処分理由を知っていたかどうかを問わず、法人税法三二条の青色更正の理由付記規定に違反するとして、本件再更正を取り消した。

納税者の秘匿により所得の把握漏れがあったなどの場合とは違って、本件理由付記の不備の責めは課税庁側にあるように思われる。そうすると、更正期間の経過後は処分理由の不備を主張できないという一般的状況でもないかぎり、納税者が単に付記理由の不備を主張しないという不作為について課税庁側に正当な「信頼」は認められないであろう。課税庁側には、租税法令に所定の税収を確保できないという「不利益」が発生するが、これだけでは信義則の適用を認めるわけにはいかない。ただし、納税者が真実の処分理由を知り、かつ、これに納得して処分を争わないという姿勢を課税庁に示していた場合には、右の信頼を認めえないでもない。この場合、信義則の適用により、納税者は処分理由の不備を主張することができないという考え方もあるが、納税者による理由不備の主張を許しながら、課税庁側にも処分理由の差替えを認めるという方法も考えられる[46]。これにより、課税上の不利益も発生

しないことにもなる。

その後も、信義則の適用を否認するものが続く。〔14〕は、被控訴人（原告）会社は確定申告書や異議申立て・審査請求でも本件土地の使用関係は賃貸借であるとしており、控訴人（被告）税務署長もなんら疑念をもたなかったにもかかわらず、更正処分等の取消訴訟では第一審以来、これを使用貸借であると「訴訟上主張することが信義則に反するものとして許されなくなるということはできない」と判示する。[47] 本件では、税務署長側の「信頼」要件は充足する可能性がある。判旨によれば、通常、賃貸借の解除のさいには借地権価額相当額の対価の受領があるが、使用貸借の解除の場合はこの対価の収受はないという。[48] そうすると、本件借地の終了については租税の賦課徴収もできないことになって課税上の「不利益」要件の充足は疑問がある。税務署長の主張を容認するときは、違法な更正処分の存続を認める結果ともなる。信義則の適用は否認すべきであろう。類似の事案で、〔20〕・〔24〕は信義則違反を否認、〔30〕・〔40〕は「信義則、禁反言の原則」違反を否認、〔43〕は「信義則」違反を否認する。[49]

これに対して、以下の判決は信義則の適用を肯定する。

大阪高判昭五五・一〇・二九税資一一五号四一八頁〔37〕

最判昭六〇・四・五税資一四五号五頁〔56〕

譲渡所得税の課税時期は、農地については、譲渡契約締結日、譲渡について知事の許可があった日または知事への届出の日、農地引渡日の三つのうちいずれかを納税者が選択しうることになっていた。納税者（原告・控訴人・上告人）は、昭和四七（一九七二）年三月以来、一貫して、譲渡契約締結日である同四四年一二月三〇日を課税時期として選び、租税特別措置法三五条・三八条の六の適用を求めてきたが、更正処分・棄却裁決・第一審判決のいずれも同法条の適用を否認してきた。〔37〕は、同四六年分の税についての更正可能期限後の

「昭和五四年一二月四日の本件第四回口頭弁論において、これを急遽撤回して昭和四六年分の譲渡所得であると主張することは、正義に反し、かつ租税の公平負担に著るしく悖る行為であって、租税法の分野においても認められる信義則ないし禁反言の原則に照らし許されない」といい、同四四年度課税処分である本件更正等の取消請求を棄却した。〔56〕は、信義則等を明示しつつ簡単にこの原判決は正当であるとしている。

判旨は、本件課税時期は実際にも昭和四四（一九六九）年とみるべきであり、本件更正等は適法であるとしているが、この見方は正しいように思う。そうであれば、更正等の取消請求を棄却するためにあえて信義則等違反をいう必要はなかったともいえよう。かりに、課税時期の選択について納税者による変更が可能であるとしても、課税庁に帰責事由もなければ、課税庁側にも正当な「信頼」が存する。また、課税年度が違えば処分の同一性は保たれないから、処分理由の差替えにより本件更正等の適法性を維持するということもできず、税額の徴収が不可能となるという点では、課税上の「不利益」も存在する。そうすると、訴訟上の禁反言則の適用要件は充足され、納税者による課税時期の選択の変更は許されないであろう。更正期間経過後の納税者の訴訟上の主張という点では共通しても、〔5〕では、信頼の対象となるのが私人の不行為であり、なかんずく課税庁側に理由付記の不備という帰責事由があるのに対して、〔37〕・〔56〕では、信頼の対象となるのは私人の積極的行為であり、とりわけ課税庁側には帰責事由もない。両者の判例の差異は理解できるように思う。

同様の事案で、〔51〕・〔54〕も同旨の判示であるから、(50) この二判決についても同じ指摘が妥当するであろう。

二　審査請求手続における閲覧請求の不当な拒否（行審三三条二項参照）などを理由に、棄却裁決の違法等を主張しても信義則に違反しないとする判例がある。

大阪地判昭四四・六・二六行集二〇巻五＝六号七六九頁〔6〕

原告納税者は、税務職員の調査に協力せず、更正処分の審査手続中に意見陳述の機会を与えられながらこれに応じなかった。棄却裁決の取消訴訟において、被告国税局長は、仮に審査手続に書類等の閲覧請求の不当な拒否などの瑕疵があっても、原告がこれを争うことは信義則上許されないと主張した。本判決は、「本件審査手続の違法を主張することが信義に反するというようなことは到底いえないから、被告の右主張もまた採用できない」といい、閲覧請求を不当に拒否した違法があることを理由に棄却裁決の取消請求を認容した。

納税者が税務調査に協力せず審査手続で意見陳述をしないからといって、閲覧請求の不当な拒否が免責されるものでもない。閲覧請求の不当な拒否を争わないことについて、国税局長に正当な「信頼」は認められないであろう。国税局長側に「不利益」が発生しうるかも疑問がある。納税者の訴えの利益を否定するのは酷でもある。信義則の適用は否認すべきであろう。

同様の事案で、〔9〕・〔21〕も同旨の判示であるから、この二判決についても基本的には同じ指摘があてはまるであろう。(51)

三　税務調査についての納税者の非協力により帳簿書類等を確認できず所得を実額により算定できなかったため、税務署長が推計によりこれを算出して更正等を行い、その取消訴訟において、納税者が初めて帳簿書類等を提出して更正等による認定額を上回る経費額等を主張するという、いわゆる実額反証と信義則については、つぎの判決が最初の判例のようである。

大阪地判昭五六・一〇・九行集三二巻一〇号一七七一頁〔42〕

大阪高判昭五七・一二・二三行集三三巻一二号二六七一頁〔45〕

本訴提起から四年後に実額反証が行われている。〔42〕は、司法的救済の保障、帳簿書類等の提出の遅れに

より不利益を受けるのはもっぱら原告であることなどを理由に「信義則」違反を否認し、時機に後れた攻撃防御方法にもあたらないと判示する。〔45〕は簡単にこの原判決は正当としている。

その後、〔46〕、〔60〕・〔70〕、〔61〕、〔74〕・〔84〕、〔77〕、〔81〕なども実額反証の信義則違反を否認する。推計課税の原因を招来した納税者に実額反証を許すことにはすっきりしない点も残る。しかし、総額主義に基づいて処分理由の差替えが許される以上、処分理由の差替えに匹敵すべき実額反証も許されるべきであり、このような一般的状況のもとでは、課税庁側の「信頼」は認められないであろう。納税者の実額反証を参考に経費や所得額を算定する方が、真実の課税に近づくことにもなり、租税法律主義や租税法規定の順守、課税の公平の観点からも適切である。信義則違反は原則的に否認すべきであろう。[52] 判例の多くも、実額反証の提出自体は許容しながら、立証基準を厳しく検討して、信ぴょう性に欠けるとしてこれを排斥する。[53] そうすると、課税上の「不利益」も容易には認められない。なお、昭和五九（一九八四）年改正後の国税通則法一一六条は、時機に後れないかぎり実額反証等を原則的に認める趣旨であると解される。[54] これに関連して、〔83〕も、更正処分当時に存在しなかった帳簿書類に基づき所得金額を推計することも許されるわけであるから、納税者が別の推計方法によるべきと主張すること自体は信義則に反しないという。

四　つぎの判決は、同一訴訟手続の先行行為と矛盾する後行行為の信義則違反が問われているという点では、〔63〕（前記三一〇頁参照）と同じである。

熊本地判昭五九・二・二七訟月三〇巻七号一二七〇頁〔50〕

福岡高判平二・七・一八訟月三七巻六号一〇九二頁〔73〕

税務署長（被告・控訴人）は、ねずみ講事業の主宰者が違法な講事業の隠蔽目的で作った「天下一家の会・

第一相互経済研究所」の基本財産目録に記載の資産は主宰者から贈与を受けたものとして、第一相研には贈与税決定処分、主宰者にはみなし譲渡所得があったものとして所得税更正処分を、それぞれ賦課した。そこで、主宰者が所得税更正処分の取消訴訟を提起したが、第一審係属中に同人が破産宣告を受けたため、破産管財人がこの訴訟を受け継いだ。〔50〕は、従来、破産者がこの訴訟で第一相研が人格なき社団であると主張しながら、破産管財人が破産者の右主張を否定して第一相研は人格なき社団ではないから贈与の事実もなく、したがってみなし譲渡所得も生じないと主張しても、「信義則」に反しないといい、破産管財人のこの主張を認容して更正処分を取り消した。〔73〕は、この原判決を支持して控訴を棄却したが[55]、そのさい、「信義則ないし禁反言の法理は、あらゆる分野における法に内在する条理の表現であり、租税法の分野においてのみこれを否定する根拠は見い出し難」いこと、「信義則等の適用にあたっても、法の定める租税法律主義のもとにおける納税者間の公平、平等との要請を十分尊重、重視すべきであり、これらを犠牲にしてもなお、申告制度に伴って課税対象主体がなした申告、申述等を信頼した課税庁を保護するのを相当とする程度の特段の事情が存する場合に初めて、その適用が論じられるべきものである」ことなどを判示している。

人格なき社団にあたるかどうかは両判決引用の最高裁判決などにてらして判断すべき法律問題であり、これについて税務署長側の「信頼」を認めるのは難しい。〔73〕によれば、破産者にこそ実質上の所得があることを看過して、第一相研は人格なき社団であるから財産の無償譲渡があったとして本件更正処分を行うことは、破産者による違法な講事業の隠蔽目的という不正な意図に手を貸すことになり、租税法律主義や実質課税の原則にも反することになる。信頼が法的保護に値するかは疑問がある。

(45)　判旨〔5〕賛成、清永敬次「判批」シュト八一号（昭四三・一九六八）一〇頁。

(46) 乙部・注 (24) 八四～八五頁。
(47) 判旨〔14〕賛成、中川一郎「判批」シュト一三一号 (昭四八・一九七三) 三頁。
(48) ただし、戸島利夫「判批」税経通信三二巻一一号 (昭五二・一九七七) 八一頁。
(49) 乙部・注 (27) 五三頁の〔74〕・〔85〕がこれに相当するが、事案の一端については同所を参照されたい。
(50) 本書第三章八一頁の〔185〕・〔191〕がこれに相当するが、事案の一端については同所を参照されたい。
(51) 前記の民事訴訟における信義則の類型でいえば、〔6〕、〔9〕・〔21〕は、むしろ「訴訟上の権能の濫用禁止」の存否の場合に相当するであろうが、本件事情のもとではこの濫用にもあたらないであろう。
(52) 実額反証の信義則違反を否認する理由として、松沢智「判批」判評二八七号 (昭五七・一九八二) 一六頁、片山博仁「判批」ひろば三五巻四号 (昭五七・一九八二) 七三頁は、攻撃防御方法の随時提出主義をあげ、水野忠恒「判批」ジュリ一〇一二号 (平四・一九九二) 一一五頁、山田二郎「判批」自研六九巻九号 (平五・一九九三) 一二二頁は、税務調査の段階で納税者は非協力の態度をとっているから、もともと納税者・税務署長間の信頼関係は失われていることを指摘する。これに対して、品川芳宣「判批」税経通信三七巻三号 (昭五七・一九八二) 二二五頁は、推計課税の原因は納税者側にあることを理由に実額反証は信義則違反とみるようである。なお、〔42〕・〔45〕などは「訴訟上の権能の濫用禁止」の存否の場合に相当する余地もある。
(53) 田川博「判批」税経通信四二巻一二号 (昭六二・一九八七) 二〇八頁以下参照。
(54) 〔42〕・〔45〕などからもうかがいうるように、実額反証が時機に後れたものと認定する判例もきわめて少ない。岩崎政明「租税訴訟における納税者の証拠提出責任」判タ五八一号 (昭六一・一九八六) 四七頁は、課税処分取消訴訟における審理の遅延防止の視点から、実額反証などへの国税通則法一一六条・民訴法旧一三九条・現一五七条の活用を説いている。
(55) 判旨〔73〕賛成、藤原淳一郎「判批」ジュリ九八八号 (平三・一九九一) 一〇五頁。

五　補　論

一　信義則の意義・根拠など

一　訴訟上の主張と信義則に関する前記の諸判例における事案は、多くが行政訴訟である。なかには、争点訴訟（〔4〕）、国家賠償訴訟（〔62〕・〔66〕・〔68〕、〔63〕）に関係するものもある。行政訴訟の多くは取消訴訟であるが、無効確認訴訟もある（〔1〕、〔2〕、〔4〕）。行政領域別でみれば、租税訴訟それも課税処分取消訴訟が圧倒的に多い。

民事訴訟における信義則の類型に準じてみれば、「訴訟上の禁反言」則に関する判例が多いが、「訴訟上の権能の失効」、「訴訟上の権能の濫用禁止」の認否の場合に相当するのではないかと考えられるものもあった(56)。

前掲の判例のうち、行政庁側に信義則を適用して主張を排斥したものは一〇件にとどまり、そのほとんどは税務署長による取消訴訟の訴えの利益の喪失の主張、推計の基礎とした同業者の住所・氏名等を明らかにしないで納税者の経営規模や事業実績等を主張・立証する事案に関わる。しかも、同種事案において逆に信義則の適用を否認するものもある。〔13〕、〔15〕等が信義則の適用を肯定し、逆に〔48〕が信義則の適用を否認したことには、疑問の余地もあった。なお、〔13〕、〔15〕、〔18〕等は先行行為に対する信頼保護の視点から信義則の適否を扱うという事例ではないであろう。これに対して、私人側に信義則を適用して主張を排斥したものは七件ある。私人への信義則の適否に関する事例が多く、しかも信義則違反の肯定例が比較的多いのが注目される。ただし、このなかには、当該事案の解決のために特別に信義則を援用する必要にやや欠けるものもあった。

前掲の判例中、信義則の適否に関する最初の判例は昭和二四（一九四九）年に現れている（〔1〕）。同六三（一九

八八）年には、課税処分取消訴訟における処分理由の差替えとの関係で、民事訴訟における信義則や禁反言則の適用要件ではなく前記の最高裁判決と同旨の適用要件によるべきことを明示する判例が現れた（〔67〕）。この判決は信義則の意義などの論点についても最高裁と同旨の一般的見解を示している。このほかは、信義則の意義などの論点についてある程度包括的に言及するものは、せいぜい〔17〕、〔34〕・〔43〕、〔73〕を除けば皆無に近い。これら少数の判例にしても、信義則（とりわけ訴訟上の信義則に固有）の意義などの論点について注目すべき見解は示していないように思われる。〔22〕のごとく、簡単に行政庁に対する実体法上の信義則・訴訟上の信義則の双方の適用を否認したものもある。

以下、訴訟上の主張と信義則に関する判例や学説の分析をつうじて、信義則の意義、法的根拠・性格、適用の限界、適用要件・効果などについて付言する。[57]

二　用語法については、**〔56〕**を初めとして「信義則」というものが多い。「訴訟における信義則」（〔13〕、〔15〕、〔32〕、〔64〕。同旨、〔23〕、〔61〕）、「訴訟における信義誠実の理念」（〔65〕）というものもある。「信義」というものもあるが（〔1〕、〔6〕、〔74〕、〔77〕）、これも信義則を意味するとみてよいであろう（〔60〕参照）。「信義則違反ないし権利濫用」（〔52〕）、「恣意的とはいえず信義則に反するともいえない」〔78〕・〔82〕）というものもある。これに対して、もっぱら「禁反言の原則」とか（〔2〕、〔3〕、〔12〕、〔76〕）、「禁反言の法理」（〔11〕、〔28〕）というものもないではない（このほか、〔26〕、〔39〕、〔85〕）。また、信義則と禁反言則とを並列的にあげるものがある（〔17〕、〔30〕、〔34〕、〔37〕、〔47〕・〔49〕、〔51〕、〔72〕、〔73〕、〔89〕、〔90〕）。「信義則上承認されるべき禁反言の原則」といい、禁反言則は信義則を具体化するものであることを示唆するものもある（〔63〕）。信義則・禁反言則を明示することなく信頼保護の認否をいうものもある（〔27〕・〔29〕）。

学説にも、判例と同様の状況がみられる。すなわち、「訴訟（法）上の信義則」（仙田検事、榎本検事）、「信義則」・「信義則の原則」（雄川博士）、「信義則（禁反言）の法理」（松沢教授）というものがある。信義則・禁反言則を明示することなく「信頼保護の原則」というものもある（高田教授。なお、竹下氏、佐藤氏）。

前掲の判例や学説のなかには、禁反言則の概念規定をするものもないではない（〔2〕。なお、〔63〕）。この二判決によれば、禁反言則の観念または機能として、信頼保護を含むことが分かる。このほか、信義則または禁反言則の観念・機能として、私人の信頼保護（〔17〕、〔34〕・〔43〕、〔55〕、〔67〕）、行政庁側の信頼保護（〔73〕）を含むことを明示するものもある。学説の中にも、行政庁側の信頼保護をいうものもある（水野教授・山田教授）。私人の「期待」の保護（〔12〕）や「期待ないし信頼」の保護（〔59〕）をいうものもある。このなかには、信義則と禁反言則とが信頼保護を目的とする点で共通することを明示するものがある（〔17〕、〔73〕。なお、〔63〕）。信頼保護を明示しない判例においても、この観点からの理論構成が可能であるものもある（例、〔10〕、〔11〕、〔25〕、〔47〕・〔49〕）。ところで、信頼保護を明示する右の判例は、民事訴訟における信義則の類型でいえば、〔73〕を除いてもいずれも訴訟上の禁反言則に関する事例であった。民事訴訟の場合と同様に、行政訴訟においても、先行行為に対する信頼保護の見地から矛盾する後行行為を禁止制限するというかぎりでは信義則・禁反言則は共通するが、信義則の観念・内容は禁反言則のそれを越える広いものであると理解されているように思われる。

前掲の判例や学説は明示しないが、私人の信頼保護の場合は、行政法規定の解釈の適法または存続に対する信頼保護にその主眼があるとみてよいものもあるが（〔3〕、〔10〕、〔11〕、〔17〕、〔25〕、〔47〕・〔49〕、〔48〕・〔59〕、〔57〕）、そうではないものもある。これに対して、行政庁側の信頼保護の場合は、行政法規定の解釈の適法または存続に対する信頼保護ということは考えられない。

三　信義則等の法的根拠・性格に関しては、信義則・禁反言則は、衡平（〔13〕、〔15〕）、正義（〔37〕、〔67〕）、条理（〔17〕、〔73〕）と密接な関係をもち、さらには、信義則・禁反言則の基礎には衡平、正義、条理があるとすることを示唆または明示する判例もある。禁反言則の基礎には信義則があるとすることを示唆するものもある（〔63〕）。

右のように、信義則・禁反言則は、正義、条理を基礎とすることから、法の一般原理としての性格を有し、したがって、租税訴訟の分野においても適用されうることを明示する判例もないではない（〔17〕、〔37〕、〔67〕、〔73〕）。

右の判例の考え方はいずれも適切であろう。

四　信義則等の適用の限界に関しては、信義則・禁反言則の適用を認めれば法律による行政、租税法律主義や行政実体法規定に違反する結果となる場合には、その適用は否認されるべきとするもの（〔3〕、〔23〕もこれに近い）や、この場合でも、信頼保護との比較考量により信義則等の適否を決めようとするものがある（〔17〕、〔34〕・〔43〕、〔67〕、〔73〕）。後者の方が適切であろう。租税平等の原則は信頼保護に対立する要因と捉えるものがある（〔17〕、〔67〕、〔73〕）。これに対して、信義則等を適用することがつまりは租税平等原則にも適合する結果となるとみるものもある（〔37〕）。

五　信義則等の適用要件については、一般論としても、また、代表的な各判決に則しても、いちおう「信頼」要件、「不利益」要件の有無を中心にすでに述べた。ここでは、信頼の寄せられるべき先行行為に関して、一、二付言するにとどめる。まず、前記の最高裁判決がいう①の要件については、課税庁による税務相談上の指導（〔48〕。〔17〕もこれに近い）や不作為（〔25〕）には、信頼の対象適格はないかのようにも判示するものがあるが、これらは妥当ではない。つぎに、私人への信義則の適用要件として、私人にその先行行為について帰責事由があったことを付加すべきかをめぐっては、争いもあるようである。〔1〕、〔4〕、〔21〕は肯定例、〔6〕、〔42〕・〔45〕、〔46〕、

〔60〕、〔61〕、〔74〕は否定例であるようにも解しうる。ただ、〔4〕、〔6〕では課税庁側にも帰責事由があったことに注意すべきであろう。

六　信義則等の適用の効果に関しては、私人の主張に対する信義則適用の結果、後行行為である訴訟上の主張は違法または無効と解されている（前記二八七頁参照）。しかし、必ずしもこのような一律の取扱だけでなく、たとえば、本来の税種についての課税期間は経過していないものとみて、この税種の課税処分をする余地も認めうるように考える。

(56)　前注(36)、(41)、(51)参照。
(57)　前注(26)、(32)に掲記のものを参照。

二　行政訴訟上の主張と信義則とは

一　「行政訴訟上の主張と信義則」の観念のもとに、どのようなものが含まれるかは必ずしも明確ではない。行政実体法における信義則の典型的な例は、課税庁が租税法令の解釈を誤り、納税義務は発生しないと回答した後に、租税法令に適合する課税処分を行い、相手方がこの課税処分は信義則に反すると主張する場合である。この場合、相手方が信頼を寄せる課税庁の先行行為も後行の課税処分も実体法における行為である。これに対して、訴訟上の主張と信義則の場合は、後行行為が訴えの提起や処分理由の差替え、実額反証など、訴訟上の主張である点に特色がある。〔13〕、〔15〕、〔18〕のごとく、いわば先行行為に相当するものがなく訴訟上の主張のみがあるときや、訴訟当事者が信頼を寄せる先行行為も訴訟上の行為であるとき（前記三一一頁に掲記の判例を参照）、両種の信義則の区別は明瞭になる。しかし、このような例は、実際には少ない。前記の判例をみても、信頼の対象となる先行行為

は、訴訟上の行為や、不服審査における行為（〔3〕、〔10〕、〔11〕、〔21〕）を除けば、実体法における行為であることが多い。

しかも、行政実体法における信義則の適否も、最終的・有権的にその解決を図るときは、訴えの提起を含めた訴訟上の主張として現れることになる。右の典型例でいえば、課税処分は適法・有効であるという主張、および、課税処分は適法・有効であるとするのは信義則に違反するという主張は、行政実体法でも行政訴訟でも同一の内容として現れうる。いわば、行政実体法における信義則の適否が、ほとんどそのまま行政訴訟上の主張と信義則の適否として現れうることにもなる。

二　ある民訴学者は、民事訴訟手続における信義則の適用事例として、①「訴えの提起自体ないし訴訟追行の方法自体が信義則に反する場合」、②「訴訟において当事者がなす実体法上の内容が信義則により是認されえない場合」の二つをあげ、前者は「純粋の意味での訴訟上の信義則」であり、後者は「訴訟における実体法上の主張に関する信義則」であるとしている。[58] 前掲の判例の中にも、それぞれ相当数ある。

たしかに、〔1〕を例にとれば、国籍回復許可処分は違法・無効という主張自体は、行政実体法でも行政訴訟でも同一の内容として現れうる。右の民訴学者に従えば、このようなケースは②に属することになろうか。しかし、この場合、信義則の適否が問題となる訴訟上の主張が同処分の取消訴訟・無効確認訴訟の提起として現れるときは①、この取消訴訟・無効確認訴訟の審理において同処分の違法・無効の主張として現れるときは②に属するとみることも不可能ではない。そうすると、②の場合でも、少なくとも論理的に前提となる訴えの提起に関するかぎりでは、「純粋の意味での訴訟上の信義則」の問題として扱うことも許されうるようにも思われる（〔22〕参照）。このかぎりでは、右の①と②の区別も実際にはそれほど明確でも有益でもないときもありうることになろう。[59]

(58) 石川＝石渡・注（21）八八〜八九頁。厳密には、②のなかには、〔3〕、〔21〕のごとく、「訴訟における手続（または不服審査）上の主張に関する信義則」とでもいいうる例もある。

(59) 以上のようなこともあり、本稿で扱うべき判例の選択は必ずしも容易ではない。ここでとりあげた判例は、『行政判例集成・行政争訟法編7』（ぎょうせい）、『判例体系（第二期）・行政争訟編(5)』（第一法規）、『行政事件裁判例索引』（法曹会）の少なくともいずれかに、訴訟上の主張の制限などの項目のもとで紹介されているものが多い。このほか、同種の事案についての判例でありながらこれらには登載されていないものや、別の事案についての判例であるが本稿のテーマに関するものとみてよいものも、かなりとりあげている。逆に、右の項目のもとで扱われている判例であっても、あえて取り上げなかったものもある。しかし、訴訟上の主張と信義則の意味を広く理解するときは、関係の判例は予想以上に多数にのぼる可能性がある。これらを網羅的にとりあげる必要はないであろうが、筆者の気づかない重要判例もあるかと思われる。この点、ご容赦をお願いしたい。

六 結　語

一　行政不服審査においても、行政庁・私人の主張と信義則の問題は生じうる。たとえば、処分理由の差替えと信義則の適否など。[60] この場合の信義則の適用要件などについては、行政訴訟上の主張の場合に準じた扱いをしてよいであろう。

もとより、租税不服審査においても課税庁・私人の主張と信義則の問題は生じうる。たとえば、〔61〕も、「実額反証とは、原処分時において納税者が実額を算定するに足りる帳簿書類等の直接資料を提出せず、税務調査に協力しないため、やむを得ずなされた推計課税に対し、審査請求時または訴訟の段階になって実額によって所得を認定すべきであると主張し、推計によって算定された所得金額が実額に比べて過大であるとして、その推計課税の違法

性を主張することをいい」として、実額反証と信義則の適否が租税不服審査段階でも問題となりうることを示唆している。なお、納税者が所得税更正処分についての審査請求後一〇数年間も放置して訴えも提起しなかったとしても、「右審査請求が黙示の意思表示により取下られたとか、失効の原則により失効したものと認めることはできない」として、近畿財務局長または大阪国税局長は速やかに審査請求に対して何らかの応答をすべきであるという判例などもある。(61)

二　租税関係事件以外でも、不服審査における当事者の主張と信義則の適否を検討する判例がある。たとえば、公正取引委員会の審判手続において審判開始決定書に記載されていなかった事実につき審理、判断したことは信義則に反しないというもの(62)や、原告漁業協同組合は、長崎県知事が訴外漁業協同組合に対しておこなった漁業権免許処分について公示をしなかったせいで審査請求期間を徒過したのであり、被告農林大臣がこの徒過を主張するのは信義則に反するとして、同大臣による却下裁決の取消訴訟を提起したが、「信義則上の問題が生ずべきいわれはない」として原告の請求を棄却したものがある。(63)

また、実用新案登録出願について、結局、丙引用例からも拒絶の理由を発見しえないとして出願公告の決定をしたが（新案四一条、特許一五九条二項・三項参照）、出願公告後、第三者からの甲引用例を理由とする登録異議の申立てを考慮して実用新案登録出願を拒否した審決の取消訴訟において、「本件審決において採用された拒絶理由（甲引用例）が審査段階で示されながら、審判段階においては一旦解消したかにみえるものであるというだけで、右審決を、原告主張のように、信義則、禁反言の原則に反し、もしくは法的安定性を著しく損」うなどということはできないと判示するものもある。(64)特許庁長官が、第三者の意見も参考にして拒絶査定または出願公告決定に誤りのあることを発見した場合には、これを改めて適正な審決を行うべきことは当然であり、このことは出願人も予期しう

べきところである。拒絶理由の不変更について正当な「信頼」があるとはいえず、信義則違反を否認する判旨は適切であると考える。その後、特許庁長官の審決は「禁反言及び信義誠実の原則」に反しないとしたものがある。(65)

(60) たとえば、東京地判平二・一・二三税資一七五号一七頁。なお、乙部・注（24）九二頁参照。
(61) 大阪地判昭四二・五・一二税資四八号一頁。このほか、租税不服審査における主張と信義則に関する判例としては、最判昭三三・五・二四民集一二巻八号一一一五頁、広島地判昭三三・五・二九行集九巻五号九八六頁があり、本書第三章七二〜七三頁の〔8〕、〔9〕がこれに相当する。
(62) 東京高判昭四六・七・一七行集二二巻七号一〇二二頁。
(63) 長崎地判昭五一・六・二八行集二七巻六号九五〇頁。信義則にもとづき、農林大臣は本訴において審査請求期間の徒過を主張することができないかどうかを争点とみる場合には、本件も訴訟上の主張と信義則の問題にもなる。
(64) 東京高判昭五二・一・二六日無体例集九巻一号一頁。
(65) 東京高判昭六一・一二・二無体例集一八巻三号五〇七頁。

第七章　行政法における失効の法理

一　はじめに

一　周知のように、ドイツにおいて、失効（Verwirkung）の法理は、まず、私法において判例等が容認、ジーベルトにより体系化され、その後、行政法においても判例学説の認めるところとなった。わが国では、成富博士が初めてジーベルトの学説などをもとに私法における同法理について詳細な研究を行い、その適用を説く[1]。最高裁も、成富博士の影響を受けて、かつて、民法五四〇条の「解除権を有するものが、久しきに亘りこれを行使せず、相手方においてその権利はもはや行使せられないものと信頼すべき正当の事由を有するに至ったため、その後にこれを行使することが信義誠実に反すると認められるような特段の事由がある場合には、もはや右解除は許されない」といい、かつ、原判決は「失効の原則」適用の主張を斥けており判断遺脱はないとして上告を棄却[2]、最高裁として初めて失効の法理を認知した。その後、私法学者も一般に同法理の適用の可能性を認めるようになった[3]。

行政法の分野でも、比較的早くから簡潔に、瑕疵ある授益的行政行為の職権取消の制限一般とともに取消権の「失権」の可能性を説く学説が現れ[4]、判例にも公社職員（であった者）の免職行為の無効主張との関係で「失効の原則」を明認するものがでている（後掲〔14〕参照）。その後、同種の判例も多数現れ、学説の中にも、ドイツの判例

学説の紹介・検討を中心に[5]、あるいは、後掲〔6〕等を素材に青色申告の承認取消について[6]、失効の法理の適用の可能性を主張するものが現れた。

二　私見によれば、理論的にも同法理の適用領域は一般に考えられているよりも狭く、多くは授益的行政行為など積極的行為に対する信頼保護すなわち信義則一般の適用領域に属すると考えられる[7]。本稿は、この視点から、また、行政法における信義則に関する判例の総合的検討の一環として、行政法における失効の法理をとりあげる。この点で方法論的にも右の学説とくらべて差異があろう。判例の全体的分析よりも個別判例の紹介・寸評の方が先行することがあるため、あらかじめ失効の法理の観念や適用要件をここにあげておく必要があろう。失効とは、時機に遅れた権利（権限）の行使が信義則に違反するために許されなくなることといってよい。失効の法理の適用要件としては、第一に、権利の不行使の状態があること、第二に、権利が行使されるまでに相当の期間が経過したこと、第三に、相手方がもはや権利の行使はないものと信頼したこと、第四に、相手方の信頼が法的保護に値することをあげることができよう。信頼が法的保護に値するかどうかは、相手方・行政側等の事情の比較考量に依存することになる[8]。

（1）　成富信夫『権利の自壊による失効の原則』（有斐閣、昭三二・一九五七）。
（2）　最判昭三〇・一一・二二民集九巻一二号一七八一頁。なお、成富・注（1）四一一頁参照。
（3）　我妻栄「行使を怠ることによる権利の失効（Verwirkung）」ジュリ九九号（昭三一・一九五六）二頁以下、染野義信「法範疇としての信義則とVerwirkung」日法二二巻一号（昭三一・一九五六）四七頁以下など。これに対して、川島武宜『民法総則』（有斐閣、昭四〇・一九六五）四三五頁以下は失効の法理を承認することに消極的である。近時、加藤一郎「権利失効の原則をめぐって」法教一四号（昭五六・一九八一）八五頁以下も、民事判例の分析やドイツ法との差異などを理由に、信義則や権利濫用法理のほかにとくに失効の法理の適用を説く必要はないのではないか

としている。

（4）田中二郎『行政法総論』（有斐閣、昭三二・一九五七）二四二、三五七頁、原龍之助「行政法における信義誠実の原則」法雑六巻三号（昭三五・一九六〇）一八頁など。

（5）波多野弘「行政法における失効の原則」名城一一巻二＝三号（昭三六・一九六一）七七頁以下、保木本一郎「ドイツ行政法における信義則―失権を中心として―（一）、（二）」国学院七巻一号、二号（昭四四・一九六九）、同「ドイツ行政法における信義則―失権を中心として―」田中二郎古稀記念『公法の理論上』（有斐閣、昭五一・一九七六）二八三頁以下、茂呂実「失権の法理について―瑕疵ある行政行為の取消権の制限との関連において―」金沢二三巻一＝二号（昭五六・一九八一）五二頁以下。

（6）南博方「青色申告の承認の取消しと失効の法理」（昭五二・一九七七）『行政手続と行政処分』所収（弘文堂、昭五五・一九八〇）二一七頁以下。なお、茂呂・注（5）六八〜六九頁。

（7）乙部哲郎「行政訴訟の提起と失効の法理」神院一一巻一号（昭五五・一九八〇）四頁以下。

（8）乙部・注（7）四頁以下。

二　判例の展開(1)

一　行政行為の職権取消・撤回と失効

一　瑕疵ある行政行為の職権取消権の失効の適否を扱う判例は、概観するかぎりでは以下のように少ない。なお、〔6〕は撤回権の失効の適否の場合に相当するであろう。訴えの類型は、〔1〕、〔5〕を除くと、職権取消・撤回処分の取消訴訟であった。

東京地判昭三七・一〇・三行集一三巻一〇号一六四九頁〔1〕

東京高判昭三八・三・三〇行集一四巻三号四三三頁〔2〕
大阪高判昭三八・八・二〇行集一四巻八号一三五六頁〔3〕
最判昭四一・四・二六訟月一二巻八号一一九四頁〔4〕
松山地宇和島支判昭四三・一二・一〇行集一九巻一二号一八九六頁〔5〕
大津地判昭四九・四・一〇行集二五巻四号二四九頁〔6〕
東京地判昭五七・九・二二行集三三巻九号一八一四頁〔7〕
東京地判昭五七・九・二二行集三三巻九号一八四六頁〔8〕
最判平六・二・八民集四八巻二号一二三頁〔9〕

〔1〕、〔5〕、〔7〕、〔8〕については、すでに別稿で紹介・寸評を試みたこともある。(9) ところで、通説・判例は、受益者の既得権その他の利益の尊重または法的安定性の観点から、職権取消にはこれらを犠牲に供してまで行うに足るだけの公益上の必要がなくてはならないとしており、職権取消の制限の法的根拠を信義則や信頼保護に求めるものは少ない。田中博士は、このような職権取消の制限一般とともに信義則や法的安定の要請に基づく取消権の「失権」を説き、(10) その後もこれに従うものが少なくなく、(11)〔8〕も同様である。職権取消の制限一般と取消権の失権の根拠をともに信義則(12)または相手方の信頼保護(13)に求めるものもある。〔5〕は、「信頼保護の原理」に基づき授益的行政行為の職権取消には制限があり、「又法的安定のためには右取消権の行使は条理上相当の期間を経過した後には許されない」といい、恩給法に基づく遺族扶助料の支給裁定から約八年後の厚生大臣によるその職権取消はいずれの制限をも越え違法として、国による支給済みの遺族扶助料総額の返還請求を棄却している。

〔9〕は、国が恩給局長による恩給の支給裁定の職権取消を主張して国民金融公庫に約一三年前等に行われた払

渡金の返還請求をすることは、「恩給裁定の有効性を信頼して義務的に恩給担保貸付を実行し、かつ、弁済された旨の処理をしている」国民金融公庫に著しい不利益を与えるものであり許されないとして国の返還請求を棄却する。やや特異な事案ではあるが、授益的行政行為の職権取消制限の法的根拠を信頼保護原則に求めるようにも解しうる数少ない判例の一つであり、初めての最高裁判決としても注目されよう。本件では、第一審・第二審判決は国の返還請求は信義則違反・権利濫用にはあたらないと判示、上告理由のなかで国民金融公庫はその信頼を損ない信義則違反・権利濫用にあたると主張、最高裁はこの主張は理由があるとはいうものの信義則違反・権利濫用を明示することなく信頼保護を前面に出してこれを認容したことなどの点でも注目される。

しかし、いずれにしても職権取消の制限一般と取消権の失権との適用関係・区別を明示する学説や判例はない。なお、授益的行政行為の職権取消の「失権」は比較的容易に認められるとする学説もある。[14]

二　前記のように、理論上、失効の法理の適用領域は一般に考えられているよりも狭く、多くは授益的行政行為などの積極的行為に対する相手方の信頼保護のため職権取消が当初からできない場合とみるべきかどうかにあるが、この理由は次の点に求められよう。第一に、失効の法理の適用要件との関係でいえば、取消権の不行使の状態が継続して、相手方がもはや取消権の行使はないものと信頼したことが必要である。このためには、相手方が行政行為に取消原因があると早期に知ることが前提となるが、この要件の充足は一般には難しい。むしろ、行政法令の量的増大・質的複雑化、法律による行政などを考慮すれば、相手方としては行政行為（積極的行為）は当初から適法であると信頼する方が先であろう。

前掲の判例中、〔1〕や〔6〕ではこの要件の充足を認めることができ、その他の事情次第では取消権や撤回権の失効を認めうる余地もあった。しかし、〔1〕は、農地買収・売渡処分から九年余または一三年余後に行われた

職権取消の適法性を認めた。〔6〕は、所得税法施行規則六三条一項に所定の五年の帳簿保存期間、国税通則法七〇条二項四号に所定の五年の更正期間の経過後でも、青色申告承認の取消は可能とするのは「衡平の原則上検討を要すべき」であり、この取消に「除斥期間のないことと、青色申告承認を受けた者の地位の法的安定性との調和は、立法上の解決を観るまでは、やはり権利濫用ないし信義則など一般条項の適用による処理に期待せざるを得ない」が、税務署長による本件取消処分は八年前に遡及する程度であるからこの一般条項に違反せず裁量権の濫用にはならないといい、取消処分の取消請求を棄却した。(15) そのほかの事情をも比較考量して撤回権の不行使への信頼の存否やその法的保護の有無を判断すべきであったように思う。

この二判決以外はほんらいの失効の法理の適否を扱った判例といえるか疑問の余地がある。〔7〕は、国民年金法の解釈を誤って原告・在日韓国朝鮮人による被保険者資格取得の届出を受理、約一六年後にこれを取り消す旨の知事の通知は、被保険者資格がないことを念のために通知したものにすぎず行政処分ではなく、「本件受理が取り消しえない旨及び取消権が失権している旨の原告の主張はすべて前提を欠き理由がない」といい、老齢年金支給裁定の申請却下処分の取消請求を棄却したが、判旨もいうように行政行為の職権取消のケースと解しうるかは疑問もある。〔8〕は、被告・社会保険庁長官による老齢年金支給裁定の職権取消処分の取消訴訟であるが、「仮に信義則ないし法的安定の要請から違法な処分が特に長期間放置されたことにより取消権が消滅したと同様に取り扱うべき場合があり得るとしても」、本件取消処分は「本件裁定後二年弱の間にされたものであることを考慮すると被告が取消権を失権し、本件裁定を取り消すことが許されないと解することはできない」といい請求を棄却した。〔9〕は、国民金融公庫への「最初の払渡しが行われてから一二年八か月後、最終の払渡しが行われてからでも七年二か月後であって……もはや弁済の効果が覆されることはないと考えても無理からぬ期間が経過した後である」こと、

同公庫の「貸付関係の書類の保管期間は完済後五年間であり、そのため……貸付けは完済されたものとして関係書類を廃棄して」いることなどを重視して、本件支給裁定の取消の効果を主張して払渡しにかかる金銭の返還を求めることはできないとしている。

〔5〕、〔8〕、〔9〕は取消権の失効というよりも職権取消の制限一般の問題であり、〔7〕も含めていずれも失効の法理というよりも信頼保護原則一般の適否が問われているとみるべきである。

三　第二に、職権取消が長期間経過後に行われたことを考慮しても、失効の法理の適用要件の一つとして重視するというよりも、右のような職権取消の制限一般の思考枠組みにたって諸事情の比較考量の中に一つの要因として組み込んで信義則・信頼保護・失効（失権）を明示しないものが多いことにある。たとえば、最高裁は、「売渡処分と取消処分との間に約三年の年月の経過があるとはいえ」、「売渡処分を放置することによる公益上の不利益は、処分の取消により関係人に及ぼす不利益に比してはるかに重大であり、本件売渡処分を取り消すべき公益上の必要がある」として、取消処分は違法ではないとする。(16)

前掲の判例の中にも、〔2〕は、同旨の思考枠組みにたち、かつ、相手方はその主張の中に信義則違反・失権を明示しているのに知事が未墾地買収処分から一〇年という「期間の経過により取消権を失ったという原告の主張は採用し難い」といい、職権取消処分の取消請求を棄却して、〔7〕と同様に信義則・信頼保護を明示しない。(17)〔3〕は、知事は、A土地の約半分の賃借権は相手方にはなく第三者にあることを知りながら買収・売渡処分をしたわけではなく、「売渡処分の瑕疵は重大であるから、これを取消すべき公益上の必要がある」といい、売渡から八年後の取消処分は「禁反言の法則に反し許されない旨の主張」は失当としてこれを斥け、その上告審判決である〔4〕も、取消処分が「禁反言の原則に違背する旨の論旨は採用できない」としたのち、取消処分が売渡後八年経過した

点に言及するが、原判決と同旨の判示をして違法ではないといい、相当期間経過後の職権取消の適否を禁反言則との関係で検討すらしていないことなども、右の最高裁判決にやや近いところもあるように思う。(18) もっとも、〔6〕は帳簿保存期間の五年経過後の青色申告承認の取消の信義則違反の可能性に言及、〔9〕は本件裁定の取消が信頼保護違反とする理由として貸付関係書類の保管期間である完済後五年間経過後の取消であることを考慮にいれている。

(9) 乙部哲郎「行政行為の取消しと社会保障法」神院一二巻四号（昭五七・一九八二）一頁以下、同「老齢年金の支給拒否と法的救済」神院一五巻二号（昭五九・一九八四）一頁以下、本書第一章一七頁以下。
(10) 田中・注（4）三五六〜三五七頁。
(11) 和田英夫『行政法講義上』（学陽書房、昭五七・一九八二）一三四頁、遠藤＝阿部編『講義行政法Ⅰ（総論）』（青林書院新社、昭五九・一九八四）二一六頁〔寺田友子〕、小高剛『行政法総論』（ぎょうせい、平六・一九九四）一一〇頁。
(12) 原・注（4）一八頁。
(13) 成田頼明ほか『現代行政法』（有斐閣、昭四三・一九六八）一五五頁、成田＝南＝園部編『行政法講義下』（青林書院新社、昭四五・一九七〇）二八〇頁〔遠藤博也〕、南博方『行政法』（有斐閣、平二・一九九〇）六九頁以下。
(14) 茂呂・注（5）六八頁。
(15) 控訴審判決である大阪高判昭五〇・六・一一行集二六巻六号七九五頁も、明示的には失効法理・信義則・信頼保護ではなく権利濫用の問題として扱っている。上告審判決である最判昭五一・二・二〇判時八一〇号一八頁は明示的には失効法理・信義則・信頼保護や権利濫用の問題としてもみてはいない。この最高裁判決を論評する山内一夫「判批」ジュリ六二三号（昭五一・一九七六）一六四頁は信義則の適否の問題として扱うべきとするが、清永敬次「判批」シュト一六〇号（昭五一・一九七六）一四頁以下はこれに反対のようである。なお、熊本地判昭三三・二・一八行集九巻二号一八六頁は、法人税を完納してから一年二か月後に青色申告承認取消処分が行われたとしても、その間、

調査が続けられておりこの期間もさして長いとはいえないから、取消処分は違法とはいえないとして、失効法理・信義則・信頼保護を明示しない。

(16)　最判昭三一・三・二民集一〇巻三号一四七頁。同旨の観点にたちながらも、最判昭三三・九・九民集一二巻一三号一九四九頁は農地買収処分から三年四か月後の職権取消処分を違法といい、最判昭四三・一一・七民集二二巻一二号二四二一頁は農地売渡処分から五年後に行われた買収・売渡計画の職権取消を適法とした。

(17)　福岡地判昭五三・四・一四訟月二四巻六号一二六七頁でも、原告は永住許可から六年後の職権取消は信義則に違反し失権したと主張するが、裁判所は信義則・失権には明示しないで職権取消制限一般の思考枠組みにたって永住許可を取り消すべき公益上の必要はないとしている。

(18)　前注（16）、(17）に掲記の判例のほか、信義則・信頼保護・失効（失権）法理を明示しないで、職権取消制限一般の思考枠組みにたって原処分からの経過期間の長短をも考慮して職権取消の適否を決めようとする判例として、以下の例がある（かっこ内はこの経過期間を概算で示す)。職権取消は許されるとした事例として、①金沢地判昭二五・二・一六行集一巻二号二八六頁（一年三か月)、②岡山地判昭二七・八・二七行集三巻八号一六五六頁（三年)、③仙台高判昭二九・一一・二五行集五巻一一号二五三二頁（八か月)、④仙台高判昭三四・一〇・二九行集一〇巻一〇号一九〇三頁（一年二か月)、⑤京都地判昭三六・一〇・七行集一二巻一〇号一九五八頁（六年)、⑥札幌地判昭五六・一〇・二二訟月二八巻一号一二八頁（三年)、⑦水戸地判平二・七・一〇訟月三六巻一〇号一八八一頁（八年)、⑧大阪地判平三・一一・二七判時一四四八号一二五頁（一七年)。これに対して、職権取消は許されないとした事例として、⑨最判昭三一・六・一民集一〇巻六号五九三頁（三年)、⑩神戸地判昭三五・五・二六行集一一巻五号一二八二頁（一一年)、⑪仙台高判昭三六・五・二二行集一二巻五号一一〇一頁（四年)、⑫東京高判昭三六・一二・二七行集一二巻一二号二三七二頁（四年)、⑬名古屋地判昭三八・四・二七行集一四巻四号七五七頁（一〇年)、⑭福島地判昭三九・九・一一行集一五巻九号一六五五頁（七年)。

右の判例のほとんどは原処分が農地等の買収・売渡処分であるが、①は農地の権利移転承認処分、⑪は議員の退職手当て支給の議決、⑥は銃砲刀剣類所持許可、⑦は仮換地指定処分がそれぞれ原処分であった。なお、白井晧喜「行

政処分無効の主張制限について」(昭五五・一九八〇)『行政訴訟と国家賠償』所収(法律文化社、平一・一九八九)一七一頁は、⑨を相手方の信頼保護の視点から行政庁による処分無効の主張がしりぞけられたケースとみる。

二　農地売渡処分等の無効主張と失効

一　行政処分の無効の主張や退去強制処分の執行等が信義則・失効の法理に違反するかどうかが争われたものとして、以下の四判決がある。行政側・私人への信義則等の適否が相拮抗する。

大阪地判昭四二・五・一二税資四八号一頁〔10〕

審査請求後一〇数年間もこれを放置していたとしても、大阪国税局長等は「すみやかに何らかの応答をなすべき立場にあったのであるから、その後原告が前記請求に対する応答を要求する意思を失ったものと推認すべき特段の事情があれば格別、そのような事情の認められない本件においては、たとえ、原告が、右審査請求とは別個の法的救済手段たる訴訟を提起しなかったとしても、直ちに、右審査請求が黙示の意思表示により取下げられたとか、失効の原則により失効したものと認めることはできない」としたが、原告は別に納付税額の返還請求訴訟を提起していることなどを考慮して不作為の違法確認訴訟そのものは却下した。

鳥取地判昭四六・四・八行集二二巻四号四五六頁〔11〕

自創法に基づく知事の農地買収・売渡処分は無効であるとして、売渡処分後一〇数年をへて国が被売渡人の遺族を被告に所有権取得登記の抹消登記を訴求するのは「禁反言の原則に違背するものということはできない」といい、国の請求を認容した。

東京地判昭四七・四・一三訟月一八巻七号一〇五一頁〔12〕

明治一二（一八七九）年頃、地租改正にともない行われた官民有区分処分の無効を昭和三六（一九六一）年にいたって主張する山林所有権確認・山林引渡訴訟において、被告・国は「本件処分の効力が争われることはないものと信頼しても無理からぬ状況にあったということができるから、本訴の提起がその内容および性質からみてかなりの準備を要するものであることを斟酌しても、原告らが今に至って本件処分の無効を主張することは信義に反しもはや許されない……原告らまたはその祖先が昭和一七年から数回にわたり被告に対して本件土地に関し陳情をなしたことが認められるが、右事実をもってしても前記の信義則違反の判断を妨げることはできない」といい、請求を棄却した。

福岡地決昭四九・九・二四訟月二〇巻一二号九四頁〔13〕

申立人・韓国朝鮮人の失踪のために、同人の不法入国を理由とする退去強制令書発付処分の執行が九年余り遅れた。同処分の執行停止申立て事件において、「私法上、時効や除斥期間の適用のない権利についても、これを長期間不誠実に行使しなかったときは、不行使という状態の上に築き上げられた相手方その他の関係者の期待や信頼を保護するため、その権利は権利としての存在を失うとするのが相当である」が、「本件においては申立人側にこそ信義則違反の行為があるとはいえても、被申立人側には信義則違反となるような事実は一切うかがわれないのであるから、本件に私法上の失効の原則を適用するときは本件令書の効力はすでに失なわれている旨の申立人の主張も採用できない」といい、事情変更による「本件令書の失効」をも否認して、結局、申立てを却下した。

二　〔10〕については、所得税更正処分に対して本件審査請求をした当時は、審査請求から三か月を経過しても応答がないときは直ちに訴えを提起することができることを定めた行政事件訴訟特例法の制定前であることを考え

ると、納税者の権利保護の視点からみて判旨は妥当であったように思う。〔11〕や〔12〕は「失効（失権）」を明示するわけではないが、内容的に失効の法理の適否を扱ったものとも解しうる。〔11〕は、直接には訴訟上の主張の失効を否認するものであるが、実体法レベルにおける行政処分の無効主張の失効をも否認する判示と解しうる余地もある。本件についてはすでに紹介・寸評を試みたことがある。[19]〔12〕では、国側の正当な信頼を認めうる。ただ、この信頼が法的保護に値するかどうかは諸事情を比較考量する必要があるが、本判決によるこの考量は不充分であるように思う。判旨によれば処分は無効ではないということであり、国側に応訴の負担が生じるほかは格別の不利益も発生しないから、訴えの提起・処分無効の主張自体は許して信義則・失効法理の適用は否認する方法もあろう。〔13〕では、退去強制処分の不執行について申立人の正当な信頼は存在せず、失効法理の適用は否認すべきであり、判旨の結論は正当である。[20]

(19)　本書第一章二一頁。なお、同第一章注（12）掲記の東京地判昭三七・一〇・三一行集一三巻一〇号一七一二頁参照。

(20)　相当期間経過後に行政処分の無効を主張することは私人間の関係でもみられる。最判昭五一・九・三〇民集三〇巻八号七九九頁は、自創法に基づく買収処分を受けた者の相続人がその売渡を受けた者の承継人を被告に買収処分の無効を主張して農地所有権移転登記等を請求したケースで、「本訴提起時にすでに右買収処分後約二〇年も経過」したことをも重視して本訴請求は信義則に違反し許されないと判示している。ただ、同判決は失効の法理を適用したと解しうるかは疑問もある。谷口＝石田編『新版注釈民法(1)総則(1)』（有斐閣、昭六三・一九八八）一一四頁〔安永正昭〕、原強「判批」別冊ジュリ民事訴訟判例百選Ⅰ（平四・一九九二）三三頁など参照。

三　判例の展開(2)

一　免職処分（行為）の無効主張と失効(1)

一　行政法における失効の法理の適否は、公社職員・公務員（公務員等であった者を含む意味で用いることもある）が免職（処分）等から長期間経過後に無効確認請求や雇用関係存在・地位確認請求を訴求することが許されないかどうかをめぐっても問題となる。なお、日本電信電話公社職員としての地位を有することの確認等を求める訴えを提起している場合もあるが、免職処分（行為）当時は原告は電気通信省職員であった。判例のなかには、訴えの提起自体が信義則・失効の法理に違反して訴えは不適法（訴権の失効）となるかどうかを扱うものもある。免職処分（行為）のほとんどは、連合国最高司令官の指示（いわゆるレッドパージ）に基づいて、日本専売公社法二二条・日本国有鉄道法二九条・国家公務員法七八条等の定める懲戒・分限免職事由や、行政機関職員定員法の定める過員に相当するとして行われている（ただし、〔19〕、〔20〕参照）。

概観するかぎりでは、判例の多くは昭和四〇（一九六五）年代に集中しており、当初は、信義則等違反を肯定するものが多いが、その後は、否認例・肯定例がほぼ交錯して現れる傾向にある。ただ、事案としては特殊のケースであり、昭和五〇年代に入ってからは減少をみせており、昭和六〇年代以降は見当たらない[21]。つぎの判決は、おそらく最初の判例とみられるが、信義則等違反を否認している。

広島地判昭三八・五・七訟月九巻五号六四一頁〔14〕

原告は、昭和二五（一九五〇）年一一月に免職、翌年八月には法務局に供託の退職手当金も受領したが、昭

和三二年一一月、免職は無効であり被告・日本専売公社の職員としての地位を有することの確認を求めて出訴した。本判決は、「権利失効の原則とは、権利を有するものが長い間これを行使せず、そのため相手方においてその権利はもはや行使されないものと信頼すべき正当な事由を有するに至った場合において、その遅延した権利の行使が信義誠実の原則に反すると認められるような特別の事情があるときはそのような権利を行使することは許されないことをいう」といい、原告・被告の利害を比較考量すると本訴提起による権利行使は「労働契約関係を支配する信義誠実の原則に照して不誠実であるとはいえない」といい、結局、免職行為は違法無効として原告の請求を認容した。

本判決は、右の比較考量において、退職手当金の受領は生活費に困っていたなどのためであり免職行為の効力を承認したものではなく、被免職者が紛争解決のために訴えを提起するには相応の準備を必要とすることなどを明示、他方、被告は後任者の採用・配置転換等をした事実はなく、原告は復職すれば得られるべき程度の給与を現に勤務する民間企業で得ているという事実もないとするようにみえる点が注目される。本判決はその後の判例に重要な影響を及ぼし、以後の判例はその比較考量において同判決が明示または示唆する要件事実を中心に信義則等違反の適否を判断することになる。信義則等違反をいう最初の判決はおそらくつぎの判決であろうが、真正の意味の失効の法理の適否が問題となるケースであったかは疑問もある。

水戸地判昭三九・二・一八行集一五巻二号二八九頁〔15〕

原告らは、県費負担教職員であるが、被告・県教育委員会より懲戒免職処分または休職処分を受けたのでその取消訴訟を提起した。その後、地方労働委員会において和解が成立、その結果、原告らは取消訴訟を取り下げて実質的な依願退職を承認または休職処分の効力を争わない代わりに、依願退職の場合と同額の金銭を懲戒

免職処分を前提とする解雇手当ての名目で受領、または、休職期間満了とともに退職手当てなどを受領した。和解成立時から九年余たった昭和三四（一九五九）年一一月、原告らは、懲戒免職・休職処分の無効確認等を訴求したが、本判決は、右の事情のもとでは「原告らは、もはや本件各処分に対してその効力を争い無効を主張することは信義則上許されない」といい、請求を棄却した。

和解・合意内容には、依願退職処分とすることはできないという県教委側の意思が明示されていたようである。本件は和解・合意という積極的行為に対する行政側の信頼保護の問題であり、したがって失効の法理ではなくまずは信義則・信頼保護原則一般の適否の問題と解すべきように思う。

二　「失効（失権）」を明示しないがより真正の意味の失効の法理違反をいう最初の判決は、昭和四〇（一九六五）年代初めのつぎの判決ということになろうか。

熊本地判昭四〇・九・二二行集一六巻九号一五六三頁〔16〕

本判決は、「仮りに原告等の内心の意図が有効適切な訴訟提起の時期の到来を待って本件免職処分の効力を争うつもりであったとしても、その内心の意図は……退職金受領の際にも又その後本訴提起に至る迄の間の如何なる時期においても、当局に対する関係では何ら表示されていないのであるから、被告国が退職金の異議をとどめぬ受領という雇傭関係の終了を前提とする手続やその後の原告等の本件処分の効力を争うことをやめたと受けとれるような態度を信頼して、原告等との雇傭関係は終了したものと信じて新たな組織と規模のもとに事業を運営し、新しい事実関係並びに法律関係を形成していったとしてもそれは至極当然のことであって、右の如き一切の関係を約一〇年間という長年月を経過したのちに、本件処分の無効を主張して一挙に覆そうとするのは、たとえ本件免職処分に原告等主張の如き瑕疵があったとしても、それは権利行使の方法が余りに恣意

的であり信義則に反する」といい、原告ら郵政省職員や電気通信省職員による免職処分の無効確認請求等を棄却した。

〔14〕とくらべて、信義則等違反の認否の結論が異なる。免職処分の無効主張の失効の要件事実としても、退職金受領の解釈が異なり、行政側の新しい事実関係・法律関係の形成を認定していることでも差異がある。〔14〕や〔16〕が提示した要件事実はその後の判例において信義則・失効の法理の適否をめぐる重要な争点となっていく。その後、以下の五判決が連続して信義則等違反を認めるが、いずれの判旨にもとりわけ〔16〕の影響がうかがわれる（ただし〔20〕のX2の場合を除く）。

長野地判昭四〇・一〇・五判時四四一号二七頁〔17〕
熊本地判昭四〇・一〇・二〇訟月一一巻一二号一七七四頁〔18〕
大阪地判昭四〇・一二・二七判時四四四号九四頁〔19〕

〔17〕では、原告が懲戒免職処分から一五年後に県を被告として同処分は無効であり警察官としての地位を有することの確認を求めたが、県警察は「原告が退職したものと確信し……同人の退職を前提とする社会秩序が安定をみるに至った」ことなどから、原告の請求は「信義則に反し許されない」といい、これを棄却した。同処分は依願退職処分であるかのような外観がないでもなく、もし原告がこのように理解したことについて責めがなければ、判旨とは逆に信義則違反を否認する余地もある。〔18〕は、郵政省職員が国を被告として免職処分から一一年後に同処分の無効を主張するのは「（権利）失効の原則」に反するとするほかは、〔16〕とほとんど同様の判示をして無効確認請求を棄却した。三名の裁判官中、二名は同一人でもあった。〔19〕は訴権の失効を扱うおそらく最初の判例とも解しうる。原告は依願退職処分から九年後に府知事を被告として雇用契約存続の確認を求めて出訴したが、本

判決は、「労使間の法的紛争の早期解明の要請と相まって信義則に照して考慮するときは……該処分の効力を争う意思を被告に対して放棄していたもの」であり、本訴の提起は「不起訴の合意ある場合と同様、権利保護の利益を欠く」といい、訴えは不適法として却下した。直接の理由を訴えの利益論に求めるかのようにみえるが[22]、信義則・失効の法理違反に求めたとも解しうる。信義則等違反を認めるための要件事実としては、「府の人事および機構にも相当の変動を生じていること」を重視しているのが留意されるべきである。

静岡地判昭四一・九・二〇行集一七巻九号一〇六〇頁〔20〕

教員が県教育委員会を被告として免職処分後一〇年を経て同処分の無効確認等を求めて出訴した。本判決は、原告X１については、「任意に辞表を提出し、異議なく退職金も受領……教職員の配置、組織機構などの諸点においてかなりの変容を遂げていること」から、「退職処分の効力を争う権利を放棄したものと認められても、けだし止むを得ないものがあり、今更これを争って本訴を提起することは右の法的安定性を破壊することになり、信義則上も許され得ない」といい、無効確認請求を棄却した。これに対して、原告X２については、本訴提起の遅延の理由は、同人自身、本件分限免職「処分が占領軍当局の指示によるものと信じ、これに抵抗しても徒労に終わるものと断念し」、退職手当ては生活費に充てるためにやむなく受領したことなどを考えると、「本訴提起が信義則ないし権利失効の原則により許されないと非難するのは当らない」といい、無効確認請求を認容した[23]。

原告X１・X２とで判旨の結論に差異がある。その主な理由は、X１の場合は、依願退職処分であり異議なく退職金も受領、教職員の配置等にもかなりの変化があるが、X２の場合は、分限免職処分であり退職金も生活維持のためやむをえず受領、当初から同処分を争うという意図もあったことなどにあるようである。判旨には、X１につ

いては〔16〕と一部〔19〕の影響が、X2については〔14〕の影響がそれぞれ現れているように解される。〔19〕や〔20〕のX1の場合は、依願退職処分の効力が争われているケースであり辞表提出がその任意に基づくなどその過程にとくに問題がなければ、信義則等違反となるように思う。

広島高判昭四二・四・一九訟月一三巻七号八六四頁〔21〕

本判決は、〔16〕とほぼ同旨の理由をあげて、免職無効を前提とする権利行使は「雇傭関係の特殊性に鑑み、民法第一条に照らし、信義則に反する」といい、原判決（〔14〕）とは異なり、被控訴人（原告）の請求を棄却した。ただ、〔16〕や〔18〕では、原告側が「有効適切な訴訟提起の時期の到来を待」つ必要がある理由として、免職処分等が米国の占領政策により支持されていたので情勢の変化を待つ必要があったことなどを主張したが、両判決ともこの時期を特定しなかったのに、本判決は昭和二七（一九五二）年四月の講和条約の発効はこれに相当すると明示して、この時期から起算しても本訴の提起は時期に遅れたとみるようである。

(21)　民間企業の従業員が解雇から相当期間経過後にその無効等を主張することが信義則・失効の法理に違反しないかどうかを扱う判例も多い。この点については、小西国友「解雇無効の主張と失効の原則」『実務民事訴訟講座9』（日本評論社、昭四五・一九七〇）三四三頁以下、中島士元也「判批」ジュリ六九九号（昭五四・一九七九）一五七〜一五八頁など参照。

(22)　本判決登載文献のコメント参照。

(23)　判旨〔20〕賛成、保木本一郎「行政法における信義誠実の原則」別冊ジュリ続判例展望（昭四八・一九七三）四二頁。

二　免職処分（行為）の無効主張と失効(2)

一　その後、信義則・失効の法理の適否を扱うものとして以下の判例がある。かっこ内は、免職（処分）からそ

の無効主張までのおおよその経過年数を示す。まず、以下の三判決は信義則等違反を否認する。

東京地判昭四四・六・五判時五六一号三一頁〔22〕（九年）

東京地判昭四四・八・一二訟月一六巻一号五四頁〔23〕（一〇年）

東京地判昭四四・一一・一五訟月一六巻二号一八〇頁〔24〕（一〇年）

ついで、信義則等違反を肯定するつぎの二判決が現れる。

東京地判昭四五・六・三〇判時六〇六号九二頁〔25〕（一〇年）

名古屋地判昭四六・五・二六判タ二六五号一九七頁〔26〕（一一年）

その後、信義則等違反の否認例、肯定例が交錯して現れる。

東京高判昭四九・四・二六判時七四一号一一一頁〔27〕（〔25〕の控訴審判決）

長野地伊那支判昭四九・七・二二労経速八六一号三頁〔28〕（八年）

名古屋高判昭五三・三・一四判時八八八号一一六頁〔29〕（〔26〕の控訴審判決）

東京高判昭五三・六・六判時九〇〇号一〇八頁〔30〕（〔28〕の控訴審判決）

山口地判昭五三・一〇・二六労判カード三〇八号一五頁〔31〕（七年〜八年）

福岡地判昭五六・一二・二一訟月二八巻五号八六九頁〔32〕（一〇年）

二　右の判例中、まず、信義則・失効の法理違反の否認例をまとめると以下のようである。〔22〕は「右期間の経過から直ちに……信義則の適用である『権利失効の原則』を本件に適用する余地はない」といい、〔23〕は判旨の文言上もほとんど〔22〕と同じであり、三名の裁判官のうち二名は同一人でもあった。両判決とも、行政側の人事・機構などの新秩序の形成には言及しないで、日本電信電話公社の職員としての権利を有することの確認請求を

認容している。原告・被告側のその他の事情を比較考量して信頼の存否やその法的保護の可否の判断をすべきであったように思う。〔30〕は、控訴人ら国鉄職員は生計の維持に追われるなどやむをえず退職金を受領、被控訴人国鉄もこのことを推知しえたから退職金の受領は解雇の効力を争わない旨の意思を表示したものではないこと、一般に、解雇無効の確定により企業側の後任人事の決定・配置などの秩序が一部、覆されることもやむをえないこと、控訴人らは、社会政治的情勢の変化に伴って改めて当初の不服意思を貫いたわけであり、責めに帰すべき事由による権利行使の懈怠とはいえないことなどを理由に、解雇無効の主張は「信義則」に反するとはいえないとした。ただ、免職処分は無効とはいえず控訴は失当としてこれを棄却している。

〔24〕は「失効の原則」、〔32〕は「信義則の一適用である『権利失効の原則』」違反をそれぞれ否認して訴権の失効を認めず、かつ、その理由として憲法三二条の裁判を受ける権利を重視すること、退職金等の受領も訴権失効の要件事実とはならないとすることなどの点では共通する。そして、免職処分は無効とはいえないとして、前者は郵政省職員による国との間の雇傭関係存在確認請求、後者は日本電信電話公社・郵政省の職員としての地位確認請求をそれぞれ棄却した。〔27〕も右の両判決と同旨であるが、ただし、「訴権は……憲法に保障された基本的人権に属するものであるから、その行使が信義則違反などの理由で許されないものとするには、いたずらに公共機関である裁判の機能をもてあそび、ことさらに相手方に応訴のための不当な負担を負わせる意図に出でたと思われる出訴に限られるべきであ」るといい、訴訟上の権能の失効ではなくその濫用禁止の問題として扱うようなところもある。そして、〔27〕は、控訴人ら国鉄職員は本訴提起の一、二年前からようやく相互の連絡もとれ、支援団体の協力を得ることができるようになったことなどの事情のもとでは、たとえ実体上の権利は失効しても本訴の提起自体が信義則に反するとはいえないといい、原判決を取り消し、事件を原審に差し戻した。〔24〕、〔32〕はいずれも行政側

の人事・機構などの新秩序の形成には言及しないのに対して、〔27〕は、この点に言及して行政側に同情的ではあるが、控訴人らの右の事情がより重視されるべきとするようである。

三　逆に、右の判例中、信義則・失効の法理違反の肯定例をまとめると以下のようである。いずれも基本的には〔16〕の影響をかなり受けているように解される。

被告・国鉄は、原告ら国鉄職員の異議をとどめない退職金の受領等により労働関係の消滅等を「信じ」て、新たな企業組織の形成・活動の展開をしたことなどを共通の理由として、〔25〕は「労働関係上の権利の行使としてはもとより訴権の行使としてもあまりにし意的であり、信義にもとる行為」であり免職処分の無効確認訴訟は不適法として却下し、〔28〕は「雇傭契約上の権利を主張することは信義則に反し許されない」として解雇無効確認請求等を棄却した。前者が訴権の失効の理由として新たな企業組織の形成・活動の展開をあげるのは、〔19〕と同じである。〔26〕は、〔16〕とほぼ同旨の理由をあげたのち、「労働関係上の権利の行使として恣意的にすぎるとのそしりを免れず信義誠実の原則に反する」といい、県職員による免職処分の無効確認請求・地位確認請求を棄却した。(24)〔29〕も、退職手当等を異議なく受領したわけではないというが、この点を除くとほぼ原判決と同様の判示を行い、(25)そのさい、「信義則の法理」、「信義誠実の原則は公法、私法に共通する法の一般原理であるから、権力関係についても適用のあることは疑問の余地がない」としている。〔31〕は、退職金の受領は生活維持のためにやむをえず免職を争わない旨の合意とみるべきではないというが、〔21〕にならって昭和二七年四月の講和条約の発効を「有効適切な訴訟提起の時期の到来」とみて、それから四年八か月後の本訴の提起により免職処分の効力を争うのは、被告・国鉄が新たに形成した「事実関係及び法律関係に大幅に修正を強いるものであって被告の信頼に反することとなり、雇傭関係の存否を早期に確定することを要請される労働契約上の権利の行使としては恣意的にすぎ、信義則

に反して許されない」といい、国鉄職員による同処分の無効確認請求を棄却した。

（24）住吉博「判批」別冊ジュリ労働判例百選（第三版）（昭四九・一九七四）三三七頁は、本件は訴え却下の判決をすべきであったとするようである。

（25）中島・注（21）一五七頁以下は判旨の結論に賛成する。

四　補　論

一　概　況

一　「判例の展開(1)」中に掲げた判例は、〔12〕を除くとすべて行政側への信義則・失効法理の適否を扱ったものであり、このうち、信義則等違反を認定したものは〔5〕、〔12〕、〔9〕のみにすぎない。同一事件についての判例としては、〔3〕・〔4〕があるがいずれも禁反言則違反を否認する。

二　「判例の展開(2)」中に掲げた判例は、信義則・失効法理違反を肯定するものがやや多いが、訴権の失効については少し逆の傾向になっている（〔19〕、〔25〕と〔24〕、〔27〕、〔32〕参照）。このほかにも、訴訟上の主張の失効の適否を扱ったと解しうる余地のあるものもあるが、いずれも本案についての判断を示しており、訴権の失効を認めたものはないと考えられる。同一事件についてのものとしては、〔14〕・〔21〕、〔25〕・〔27〕、〔28〕・〔30〕、〔26〕・〔29〕の四組があるが、前三組はいずれも信義則等の適否の判断が対立しており、この問題についての判断が容易ではないことを示している。

前掲の判例中、〔14〕や〔13〕は、失効法理の意義・法的根拠・適用要件などの論点に簡潔に言及するが、その

内容は本稿冒頭にみた最高裁判決や私見とほぼ同旨であると解される。[26]このほかには、同法理の論点について明示する判例はない。行政法における失効の法理を直接の対象とする論文等の数も少ない。以下、これらの数少ない判例・学説の分析を通して、同法理の意義・根拠などの論点にふれることにする。

(26) 前記三二八、三二九頁参照。

二　信義則・失効法理の意義

一　成富博士は「失効」の原則といい、[27]最高裁も前記のようにこの用語を使い、我妻博士もこの用語法を支持する。[28]行政法学者はむしろ「失権」の原則というものが多く、[29]〔7〕、〔8〕も原告・被告の用語法にひきづられるように失権の方を使っている。これに対して、〔14〕が初めて「権利失効の原則」といい、〔18〕、〔20〕、〔22〕、〔23〕、〔32〕がこれに続いている。〔24〕や〔13〕は単に「失効の原則」といい、〔27〕も実体上の権利の「失効」をいう。このほかは、〔3〕・〔4〕、〔11〕が禁反言則をいうほかは、信義則のみに明言するが（なお、〔1〕参照）、いずれも内容的には失効の法理を扱う趣旨であるかが問題となる。

ところで、「権利失効の原則」という用語法は失権よりも失効の方に近いといえようか。失効の法理は権利の行使を許さないことであり、失権が権利自体の消滅を意味するとすれば用語としては適切ではないであろう。[30]この意味で、〔2〕が「取消権を失った」といい、〔13〕が「権利としての存在を失う」というのも、問題のある表現といえよう。また、すでに権利を放棄するなどして権利自体が存在しない場合は、権利行使の許否を考える余地もないことになり、〔20〕のほか、〔19〕やこれと同旨の〔32〕の表現にも一部、適切を欠くところがある。ただ、相手方の死亡、目的物の滅失、解除条件の成就など一定の事実の発生により当然に行政行為の効力が失われる失効や、事

情変更による失効（〔13〕）もある。失効の法理にいう失効はこの意味の失効とも異なるから、失効という用語法にも必ずしも一義的でないものがある。

二　失効の法理（〔14〕、〔18〕、〔24〕、〔13〕）、信義則（〔16〕～〔18〕、〔25〕、〔28〕、〔12〕、〔29〕、〔31〕）の観念・機能には、（行政側の）信頼保護、禁反言則（〔11〕）は（相手方の）信頼保護を含む旨を明示するものもある。なお、「期待や信頼」（〔13〕）、「確信」（〔17〕）の保護に言及するものもある。このほか、〔5〕は「信頼保護の原理」といい、〔9〕は「信頼」保護のみをいい、いずれも信義則や禁反言則には言及しない。学説も一般に信義則を基礎とする失効の法理の観念・機能には信頼保護があるとみる。(31) ただし、訴訟上の権能濫用の禁止の視点から、訴権行使の成否をみると解しうる余地のあるものもあった（〔27〕）。

行政法における相手方の信頼保護は、行政法令の量的増大・質的複雑化のもとで行政側の示す法解釈（行政解釈）の適法性への信頼の保護という点が中心となるべきである。〔6〕に関連して、南教授は、国税通則法が租税徴収権（同七二条）や更正（同七〇条）について五年の時効・除斥期間を定めていることから、青色申告承認の撤回権は五年を経過すると失効するのではないかと提言する。(32)〔9〕の判旨中にもこの提言に沿う部分がある。ただ、この提言には、行政解釈の適法性への信頼保護という側面が欠けるように思われる。職権取消権の失効の場合は、〔1〕のように、相手方は原処分は違法であり取り消しうることを知っていることが前提になっていると理解するときは、右の指摘は妥当しない。(33) この場合、端的に取消権は行使されず原処分は存続することへの信頼が保護に値するとみるべきであろうか。また、私人・公務員等への信義則・失効の法理の適否が争点となっているケースでは、行政解釈の適法性への信頼保護ということは問題にならない。

(27)　成富・注（1）三、三三四頁以下。

(28) 我妻・注（3）七頁。なお、染野・注（3）四七頁以下、川島・注（3）四三五頁以下、加藤・注（3）八五頁以下。
(29) 田中・注（4）二四二、三五七頁、原・注（4）一八頁、保木本・注（5）田中古稀上二五七頁以下、茂呂・注（5）四一頁以下。
(30) 同旨結論、波多野・注（5）九八頁注（2）、南・注（6）二一四頁以下、茂呂・注（5）五八頁注(2)。
(31) 波多野・注（5）九四頁、保木本・注（5）田中古稀上二九八頁、南・注（6）二二二頁、茂呂・注（5）六四頁。
(32) 南・注（6）二二二頁。
(33) 茂呂・注（5）六五頁。

三　信義則・失効法理の根拠、性格

一　失効の法理は信義則を基礎とすると明言するものもあり（〔13〕、〔14〕、〔22〕、〔23〕、〔32〕）、信義則と恣意禁止を基礎とするかのように見るものもある（〔16〕、〔18〕、〔25〕、〔26〕・〔29〕、〔31〕）。信義則または法的安定性（〔20〕、〔8〕）、信義則や衡平の原則（〔6〕）、禁反言則（〔11〕）を基礎とするとみるものもある。失効の法理のみをいい信義則にふれないもの（〔2〕、〔7〕）や、信義則と失効の原則とを選択的に明示するものもある（〔20〕）。学説も一般に失効の法理が信義則または信義則・法的安定性を基礎とすることは認めるところである。[34] 信義則は法の一般原理であると明示するものもある（〔29〕）。

ただし、前掲の判例の中でも、〔1〕や〔9〕は必ずしもそうではなく、失効の法理は条理や法的安定原理（〔5〕）、条理（〔24〕）に基づくことを示唆するものもある。[35] 本稿では、失効の法理が信義則・信頼保護原則から派生するとみることではドイツ・わが国でもほとんど異論がないことを重視して、失効（失権）のほか、信義則または信頼保護（原則）を明示する判例のみを本文中に番号を付して掲げることにしている。〔1〕や〔9〕は信頼保護を明示

することと、〔5〕は職権取消の制限一般の根拠として信頼保護原理を明示することにも関連しうること、〔24〕は信義則・信頼保護を明示しないが「失効の原則」を明示することから、いずれも失効の法理に関する判例として扱うことにした。

二　行政側への信義則・失効法理の適否が問題となっている場合は、すべていわゆる公法関係における信義則等の適否が扱われていると解される（なお、〔13〕参照）。私人側への信義則等の適否を扱った判例の中では、〔12〕を除くと、すべて免職処分等の無効の主張が信義則等に違反するかどうかが問題となっている。ところで、最高裁は、国鉄職員の勤務関係は基本的には私法関係でありその懲戒行為は私法行為であるというが[36]、行政機関職員定員法に基づく免職行為は例外的に行政処分と解している[37]（〔25〕・〔27〕、〔28〕・〔30〕、〔31〕は後者のケースであった）。専売公社職員についても、国鉄職員と同様の指摘が可能であろう。これに対して、郵便職員など公務員の勤務関係の法的性質は公法関係と捉えるのが最高裁の立場である[38]。以上の点については、通説も最高裁と同旨のようである[39]。そうすると、一般に、公社職員の場合には私法関係における信義則・失効の法理（〔14〕・〔21〕も同旨、なお、〔28〕、〔31〕）、公務員の場合は公法関係における信義則等（〔29〕参照）の適否が問われているということになろう。ただ、信義則等の適否について私法関係と公法関係とでとくに区別した取扱いは、前掲の判例中にはみられない。

（34）　前注（4）以下に掲記の文献参照。なお、成富・注（1）三一九頁以下、染野・注（3）五二頁、小西・注（21）三四四頁以下および同所に掲記の文献参照。

（35）　前注（18）掲記の⑩も、瑕疵ある行政行為の「取消権は相当の期間内に行使されなければならず、特にその取消により人民の既得の権利、利益を侵害する場合にはこれを正当化するだけの強い公益上の必要がなくてはならない」と判示して、取消権の相当期間内の行使の根拠として信義則・信頼保護を明示しない。

（36）　最判昭四九・二・二八民集二八巻一号六六頁。

（37）最大判昭二九・九・一五民集八巻九号一六〇六頁。
（38）最判昭四九・七・一九民集二八巻五号八九七頁。
（39）成田頼明「判批」別冊ジュリ行政判例百選Ⅰ（昭五四・一九七九）一三頁など。

四　信義則・失効法理の適用要件

一　失効の法理の適用要件として、まず、権利（権限）不行使の状態が存在しなければならない。職権取消・撤回権の失効に関してはすでに述べた。

公社職員・公務員による免職処分等の無効主張の場合、まず、分限免職等の場合の退職金受領のもつ意味が問題となる。この問題については、①退職金は生活維持のためにやむをえず受領したのであり、免職行為の効力を争わないという趣旨ではないとか（〔14〕、〔20〕、〔30〕、〔31〕）、「退職の効果を否定し本件」訴えの提起を妨げず（〔24〕）、「免職処分に対する不服意思を放棄したものではない」（〔32〕）として、いずれも信義則・失効の法理の適用を否認するもの、②逆に、異議をとどめぬ退職金の受領は免職行為の効力を争わない趣旨であるとして、信義則等の適用を肯定するもの（〔16〕、〔21〕、〔25〕、〔26〕、〔28〕）に分かれる。退職金受領の意味は必ずしも一様ではなく、具体的ケースで異なりうるであろう。右の①の場合は、免職行為の効力を争うという権利を留保したとみることができ、せいぜいこの時から権利の不行使状態が開始することを示し、その後の事情の如何により失効の法理の適否が決まることになる。退職金受領は免職行為の効力を争わないという趣旨ではないということは、積極的行為に対する信頼保護すなわち信義則・信頼保護原則一般の適用可能性はないことをいうにすぎず、このことだけを重視して失効の法理の適用を否認するのは誤っていることになろう。これに対して、右の②の場合には、私人の積極的行為に対する行政側の信頼保護の問題となり、したがって、免職処分等の無効主張が長期間経過後に行われていることを考

慮していても、まずは失効の法理というよりも信義則・信頼保護原則一般の適否の問題となるように思う。

依願退職の承認などを含む和解・合意や退職願の提出も私人の積極的行為と解することができるため、〔15〕や〔19〕、〔20〕のX1の場合もまずは信義則・信頼保護原則一般の問題として扱うべきであろう。

有効適切な時期の到来を待って免職（処分）の効力を争う旨の内心の意図を行政側に表明していた場合も（〔16〕、〔18〕、〔26〕、〔29〕）、右の①の場合に近いが、権利の不行使という不作為状態の開始は有効適切な時期の到来までずれ込むことになろう（〔21〕、〔31〕参照）。したがって、この場合、退職金の受領は経済的困窮のためにやむをえず免職処分の効力を争わないことを意味するわけではないとしても、このこと自体は右の時期の到来後の失効の法理の適用を否認する論拠としてはほとんど重要ではないことになる（〔31〕参照）。

二　失効の法理の適用要件の一つとして、相当期間の経過が必要であるが、この期間を数字的に確定することは困難である。取消・撤回権の失効に関しては、〔5〕は八年後、〔9〕は一二年八か月または七年後にそれぞれ取消処分が行われていることを重視して取消権の失効をいうが、ほぼ同年数が経過していても〔1〕や〔6〕は取消権や撤回権の失効を否認する。[40] ただ、〔8〕は、処分後二年弱が経過した程度では取消権の失効はないとしている。関連法規が定める期間から推論して右の期間を特定するという方法もありうるが（〔6〕、〔9〕や前記の南教授の提言参照）、決め手には欠けるであろう（なお、前記三三四頁参照）。私人による処分無効等の主張に関しては、〔10〕は納税者が一〇数年間放置されていた審査請求の失効を否認したのに対して、〔12〕は長期間経過後の官民有区分処分の無効主張の信義則違反を認容した。免職処分等の無効主張に関しては、〔18〕は、民法一二六条が取消権の除斥期間として二〇年を定めることをも考えれば本件の一一年という権利不行使の程度では権利失効に値しないとする郵政職員の主張を斥ける。[41] 〔19〕、〔25〕、〔28〕は、不当労働行為の申立期限を一年とする労働組合法二七条二

項等を援用して労働関係の早期安定の要請をいい、信義則等違反を認めるが（なお、〔31〕参照）、逆に、〔30〕、〔32〕は、同条項等を類推して免職処分の無効主張に期限を設定することは相当でないといい、信義則等違反を否認している。

三　重要なのは、期間経過の長短自体ではなく、相当期間にわたる権利（権限）の不行使状態から相手方がもはや権利の行使はないものと信頼したかどうか、また、この信頼が諸事情の比較考量によれば法的保護に値するかどうかにある。前掲の判例の多くも基本的にはこのような発想にたっているように思われる。

取消・撤回権の失効に関しては、右の比較考量において原処分の違法の軽重を重視するものがある。たとえば、〔3〕・〔4〕がそうであり、〔6〕も「例えば、わずかの一時期の法一五〇条一項各号の所為があってもその後誠実に青色申告が続けられている場合」の青色申告承認の撤回権の失効の可能性を示唆している。(42) 免職処分等の無効主張に関しては、違法の程度が軽微であることを重視するものはみられないが、公務員の退職願の撤回の場合と類似する取扱いが行われる場合もある。(43) とりわけ、〔16〕を初めとして、免職処分等の効力を争わないことを信頼して行政側が人事・機構などの新秩序を形成したことが信義則・失効法理違反を決める重要な理由となっている〔17〕～〔21〕、〔25〕、〔26〕)。逆に、信義則等違反を否認する判例は、この事実にはほとんど言及しない。ただし、否認例であっても、〔14〕は当該事案ではこの事実の存在を否定するのに対して、〔27〕、〔30〕はたとえこの事実が存在したとしてもそれだけでは信義則等違反の決定的理由とはならないとするのが注目される。行政側の信頼が法的保護に値するかどうかの判断では、免職を無効とすることにより実際に新秩序が覆されるとしてもそれが相手方の利益との考量において行政側の受忍しがたい不利益となるかどうかの判断が必須のものとなろう。このかぎりでは、〔27〕、〔30〕の判示には適切なものがある。なお、〔14〕も示唆するように、相手方が再就職して相当の地位・収入

を得ているかどうかなどの事情も右の考量に入れられるべきことになろう。

失効の法理の適用要件の一つとして、権利をもつ者がその不行使について責められるべき（帰責）事由がないことをあげうるかについては争いもある。(44) 〔30〕のほか、〔14〕、〔16〕、〔18〕、〔20〕、〔12〕なども、信義則・失効の法理の適否の判断において、この帰責事由を考慮しているように解されるが、独立の適用要件として扱う趣旨であるかは必ずしも明確ではない。帰責の有無は、独立の適用要件としてではなく、信頼が法的保護に値するかどうかの比較考量の中で一つの要因として取り入れられるべきであるように思う。

(40) 前注（16）、（18）掲記の判例をみても、失効法理の適否を分ける期間を数字的に確定するのは難しいことが推測できるであろう。

(41) 中島・注（21）一五九頁は、企業側の人事・機構などの新秩序の形成の有無を問わず、免職（処分）から一〇年を経過すればもはやこれを争うことは信義則・失効法理に違反し許されないと解すべきであるという。

(42) 前注（17）掲記の判例も、職権取消は許されないとした主な理由を違法が軽微であることに求めている。同（18）掲記の判例の中にも、職権取消は許されないとした事例で、期間のほか、原処分の違法が治癒されたこと（⑨）、買収農地の四分の一（⑬）が買収要件を具備しないなど違法が軽微であることを重視するものがある。

(43) 本書第五章二七四頁以下参照。

(44) 否定説として、南・注（6）二一七頁や成富・注（1）三三四頁、小西・注（21）三五一〜三五二頁など。帰責の要件をも必要とするものとして、波多野・注（5）八一頁、保木本・注（5）田中古稀上二八六頁、茂呂・注（5）六五頁。

五　信義則・失効法理の適用の限界、効果

一　〔24〕、〔32〕は、憲法三二条の裁判を受ける権利との関係から失効の法理の訴権への適用は慎重であるべき

といい、〔27〕もほぼ同旨であると思われる。学説は、訴権の失効を肯定[45]、否定[46]するものに分かれる。このほか、〔16〕や〔20〕のように、信義則・失効法理違反を認める結果、違法無効の免職行為が存続する場合もあり法律による行政の観点からは問題もあるが、行政側の事情等との比較考量の結果、このことも忍ばれなければならないこともあろう。[47][48]

二　失効の法理の適用の効果としては、権利の行使ができなくなるだけで権利自体が消滅をきたすわけではない。このことは、〔14〕をはじめ前掲の判例の多くも示唆しており、学説も一般に承認している。

(45)　小西・注(21)三四六頁注(3)、三六五頁。
(46)　波多野・注(5)一〇七頁、乙部・注(7)一頁以下。
(47)　なお、南・注(6)二一九頁以下参照。
(48)　なお、波多野・注(5)九六頁、茂呂・注(5)六八頁のほか、小西・注(21)三四八〜三四九頁参照。

五　結　語

一　前掲の判例中、「失効(失権)」を明示するものは半数程度にとどまる。また、厳密には、失効の法理ではなく信義則・信頼保護原則一般の適否が争点となっていると解しうるものもある。このように、行政法における失効の法理を扱った判例の数はきわめて少ないとみる余地もある。その主な理由は、第一に、信頼の対象適格は不作為ではなく積極的行為とみるべき場合が少なくないことである。第二に、職権取消や免職(処分)の無効主張が長期間経過後というこの年数を数字的に確定できず、かつ、この期間を考慮しても、失効の法理の適用要件の一つとし

て重視するというよりも、職権取消の制限一般や信頼の法的保護の問題として諸事情の比較考量の中に一つの要因として組み込むというものが多いことである。

二　筆者は、かつて、公務員・公社職員（であった者）が長期間経過後に免職処分等の無効を主張して無効確認訴訟や地位確認訴訟を提起することが信義則・失効の法理に違反し許されないかどうかについて言及したことがあった。(49) そこでは、旧西ドイツの文献等を参考に訴権の失効の問題に関する私見の提示が中心となっているが、長期間経過後の免職処分等の無効主張が信義則等に違反するかどうかは、右の訴訟の本案主張や実体法レベルでも問題となりうる。また、判例の総合的検討という視点からは、個別判例の紹介・検討や信義則・信頼保護の論点をめぐる判例全体の分析に欠けるところがあり、行政法における失効の法理を扱う判例は右以外の分野でも存在する。本稿は、このような反省にたって、信義則・信頼保護に関する判例の総合的検討という視点から、旧稿との重複をできるだけ避けながら失効の法理等について若干の考察を試みようと意図したものである。

(49)　乙部・注（7）一頁以下。旧稿もまた本稿とは別個の視点に基づくものとしてそれなりに存在意義をもつのではないかと考える。

第八章　行政法における信義則の展開

一　はじめに

一　筆者は、これまで、行政法における信義則に関する判例の総合的検討という視点から、いくつかの拙稿を公表してきた。(1) これらは、いわば横断的に行政法の各領域における信義則の展開をみるとともに、信義則の意義、根拠・性格、限界、適用要件などの論点について判例を中心に分析・検討することを主眼としていた。

二　本稿は、行政法における信義則に関する判例等の分析・検討のまとめとして、右の諸拙稿をベースに判例等の展開をいわば縦断的・総合的に、しかし簡潔に概観することを意図するものである。

(1)　本書第一章から第七章までの原論文がこれに相当する。以下では明確を期す必要がある場合にのみ、本書第一章一頁のごとく引用表示をすることにする。

二　明治憲法下の展開

一　大正時代（一九一二～一九二六年）には、私法における信義則の適用をいうものが現れ、鳩山博士のように

「信義誠実の原則の適用範囲は私法のみに限るものではない」として、[2] 行政法における信義則の適用可能性を示唆するものもあった。昭和六（一九三一）年、田中博士は、瑕疵ある行政行為の効力の判断基準として、信義則・禁反言則を明示するわけではないが、行政側の特別の利益か「善意の相手方又は第三者の信頼を保護」すべきかを考量のうえむしろ後者に軍配をあげるべきことを主張していた。[3]

行政法における「信義則（信義誠実そのほかの類似の用語法を含む）」について行政法学者が直接に論議するようになったのは、昭和一一（一九三六）年に入ってからのようである。その契機は、おもにドイツ行政法における信義則（Treu und Glauben）論等を契機として法解釈の方法を模索することにあったが、信義則と法実証主義との関係については見方が分かれた。すなわち、同年、杉村博士は、信義則は法実証主義の放棄ではなく法規の解釈基準を提供することを目的とするが、同時に、行政法規の指導精神である権力性・公益性などは信義則の適用を妨げる重要な要因となるという。[4] これに対して、田中博士は、簡潔にではあるが、法律の形式的確実性の尊重とともに、法律適用の具体的妥当性の追求、法実証主義を修正・補充するものとして信義則は重要であり、私法のみでなく全法を支配すべき根本原理であると述べている。[5] 昭和一三（一九三八）年には、右と同様に法解釈の方法の模索という視点から、ドイツの学説の紹介・論評を中心に信義則自体をテーマとして扱う論文が現れることになるが、信義則の制定法修正機能については、高橋博士は否定的、[6] 原博士は信義則が正義と公平の理想を実現する法の一般原理であるという視点から肯定的である。[7] 同一五（一九四〇）年には、大石博士は、信義則は国法の解釈基準として国法の枠内でのみ認められ国法に優越すべきものではないといい、[8] 制定法修正機能については否定的である。

二　行政法における信義則の適否について正面から扱った判例は、行政裁判所・司法裁判所を通じて見当たらないといわれる。[9] 制定法には少しばかり動きがみられる。昭和一三年、農地調整法九条一項は、賃借人が「小作料ヲ

滞納スル等信義ニ反シタル行為」をしたときは、賃貸人は農地賃貸借の解約をすることができると定めていた。[10] 信義則の実定法化はまず農地関係法令により開始されることになったのである。ただ、同法条の定める信義則は純粋に民事上の性格をもつものであった。

（2）鳩山秀夫「債権法における信義誠実の原則」（大一三・一九二四）『債権法における信義誠実の原則』所収（有斐閣、昭三〇・一九五五）二六一頁。

（3）田中二郎「行政行為の瑕疵」（昭六・一九三一）『行政行為論』所収（有斐閣、昭二九・一九五四）二七頁以下。なお、牧野英一「刑法における信義誠実の原則」『法学協会五十周年記念論文集1』（有斐閣、昭八・一九三三）二七九頁以下は、刑法分野での信義則の適用を説く。

（4）杉村章三郎「行政法規解釈論」法協五四巻四号（昭一一・一九三六）六五〇頁以下。

（5）田中二郎「シュミット『行政法に於ける信義誠実』」国家五〇巻四号（昭一一・一九三六）一二七頁以下。

（6）高橋貞三「行政法における信義誠実の問題」佐佐木惣一還暦記念『憲法及行政法の諸問題』（有斐閣、昭一三・一九三八）三四五頁以下。

（7）原龍之助「行政法における信義誠実の原則序説」佐佐木惣一還暦記念『憲法及行政法の諸問題』（有斐閣、昭一三・一九三八）三七五頁以下。なお、同「シュミット『行政法における信義誠実』」公法雑誌三巻四号（昭一二・一九三七）五一頁以下。

（8）大石義雄「我国行政法理論に於ける信義誠実の原則について（一）、（二・完）」論叢六巻五号一頁以下、六号四二頁以下（昭一五・一九四〇）。

（9）高橋・注（6）三四六頁、菊井康郎「判批」自研三八巻七号（昭三七・一九六二）一一七頁。

（10）農地調整法九条一項は従来の通例の慣行を法文化したものとも解しうることについては、広中俊雄『不動産賃貸借法の研究』（創文社、平四・一九九二）三七頁以下。

三　現行憲法下の展開(1)―判例等

一　戦後も、農地調整法九条一項の「信義」規定は存続した。そして、昭和二〇(一九四五)年の改正により右の規定はそのままに、農地賃貸借の解約や更新拒否をするときは市町村農地委員会の承認を得なければならないと改めた。これにより、市町村農委がこの承認をするかどうかの判断のさいには賃借人の「信義」違反を考慮すべきこととなり、実定法上で信義則が行政活動に関連してくる。同二一年に制定の自作農創設特別措置法は、翌年の改正により六条の二を新設、同条第二項は、市町村農委は小作農またはその相続人の遡及買収「請求が信義に反すると認めた場合」(同二号)には買収計画において小作地を買収すべき旨を定めることができないといい、同項の規定は市町村農委がその職権により遡及買収計画をたてるさいにも準用された(同六条の五第二項)。ちなみに、同二二年には、民法一条二項も「信義」「誠実」を定め、従来の判例学説を基本的に確認することになるが、法の一般原理を表明するものとして行政法における信義則の適用を推進する契機ともなった。

戦後の行政法の理論は農地関係の判例により生成・展開されたという側面もある。信義則についても、現実具体的な事件の解決を直接の動機として、しかもその多くは右の農地関係法律が明規する「信義」違反の判断をめぐって展開された点で、昭和一〇(一九三五)年代の信義則論と比較して特色がある。概観するかぎりでは、昭和二〇(一九四五)年代には、農地の遡及・附帯買収請求を中心として、自創法に所定の「信義」に関する判例が多く生まれている。広島高判昭二四・五・九行月二二号七七頁はおそらくその最初の判例であり、小作人の遡及買収請求の信義違反を否認するが、同年代にこのケースについて信義違反の否認例と肯定例とはほぼ均衡する。農調法に所

定の農地の賃貸借解約等許可事件では、広島高松江支判昭二六・八・一やその上告判決である最判昭二七・一一・六民集六巻一〇号九六三頁が発端となるが、いずれも賃借人の信義違反を否認する。これらのケースでは、市町村農委はもっぱら小作人・貸借人の行為が地主・賃貸人との関係で信義に反するかどうかを判断するのではあるが、この場合に適用されるべき信義則はおもに民事上の信義則である。一般に、信義則を適用すれば法律による行政や個別法規定に違反するという問題もでてこない。

そのほかの行政事件との関係でも、信義則に関する判例は散見されるが、農地関係の判例とくらべるとその数はかなり少ない。東京地判昭二四・四・六行月二三号二七五頁は、本人が不知の間に父親の申請に基づき発られた国籍回復許可処分について本人が許可申請はその真意に基づくものではなく許可は無効と主張することは「信義」に反しないといい、結局、同処分の無効確認請求を認容した（本書第六章三〇八頁）。この判決は私人側への信義則の適否のケースであるが、行政法における信義則に関する最初の判例でもあろうか。租税事件では、福岡地判昭二五・四・一八行集一巻四号五八一頁がその最初であろうか。同判決は、税務行政処分や合意が違法である場合に、租税法律主義を理由に後行の税務行政処分の「信義誠実の原則、禁反言の原則」違反を否認する。

法律としては、昭和二七（一九五二）年に制定の農地法はその二〇条二項において従来の農調法や自創法の「信義」規定を継承する。同年に改正後の地方自治法一三八条の二は地方公共団体の執行機関は法令等に基づく事務を「誠実」に管理執行する義務を負うと定め、(11)旧日本国有鉄道法三二条一項・旧日本電信電話公社法三四条一項も同旨の規定をおくが、これらの「誠実」に関する判例は概観するかぎりではあまり見当たらないようである。

二　昭和三〇（一九五五）年代になると、右の農地賃貸借解約等許可事件を中心として農地関係法律の定める「信義」に関する判例が多く生まれているが、賃借人の信義違反の肯定例がその否認例の二倍にのぼる。賃借人の

信義違反の有無を賃貸人との信頼関係・信頼保護の視点から判断しようとするものも半数程度ある。

租税事件に関しては、まず、重要な最高裁判決が現れている。最判昭三一・四・二四民集一〇巻四号四一七頁は国税滞納処分に基づく差押手続において国が民法一七七条の第三者に該当するかどうかの判断に国の「信義」違反の有無を考慮すべきといい、再度の上告審で最判昭三五・三・三一民集一四巻四号六六三頁は右の視点に基づいて国の第三者該当性を否認した。最判昭三三・五・二四民集一二巻八号一一一五頁は、国税局長がその受理した再調査請求を本来の不服審査機関である税務署長に回送すべき義務を「誠実信義」から導くが、租税法令の増大・複雑化のもとでの納税者の権利保護の必要性を示唆しているのも軽視できない。もっとも、今日では行政不服審査法一八条・一九条の適用により解決されるべき問題ではあろう。昭和二〇年代・同三〇年代をつうじて租税判例の数はまだ少なく、信義則の意義、根拠・性格、限界、適用要件などの論点についてある程度に包括的な見解を提示するものは皆無といってよい。

公務員法の分野でも、判例が相当数みられるようになった。いずれも公務員（これに準ずる公社職員等も含む意味で用いる）側への信義則の適否が焦点となっている。まず、公務員の退職願の撤回については、退職処分の発令時を基準に撤回許容説と撤回不許容説とが対立していたが、最判昭三四・六・二六民集一三巻六号八四六頁は、退職処分の発令前でも撤回が「信義」に反する場合には退職願の撤回は許されないと初めて判示、リーディングケースとしてその後の判例・学説に重要な影響を及ぼした。同判決は結論的には信義則の適用を否認して退職願の撤回は有効としたが、その後も同旨の判例が多い。ここでは、信義則はもっぱら利益考量を要請する機能をもつものとして捉えられ、信義則を適用しても法律による行政との対立の問題も生じないケースであったと解される。つぎに、いわゆるレッドパージなどによる公務員の免職処分の無効確認訴訟等の提起と失効（失権）の法理に関する判例も

現れ始める。広島地判昭三八・五・七訟月九巻五号六四一頁がその最初であろうか。同判決は、旧日本専売公社職員の地位確認訴訟において、結論的には「権利失効の原則」の適用を否認したが、同原則の概念づけを行いその適否の判断で考慮すべき要因を掲げ、その後の同種の判例に重要な影響を及ぼした。

両事案の差異は、第一に、退職願の提出という積極的行為（作為）からその撤回に至るまでの時間が比較的短いのに対して、後者では、免職処分の効力を争わないという消極的行為（不作為）が相当期間、継続した後に同処分の無効確認訴訟を提起したり処分の無効を前提に公務員の地位確認等を訴求していること、第二に、前者では信義則、後者では信義則の特別の場合とされる失効の法理の適否が問題とされることである。ただし、後者の判例では、信頼の対象適格性が問われているのは不作為ではなくもっぱら作為とみるべき場合が多いことから、厳密な意味の失効の法理ではなく信義則一般の適否が争点とみるべきケースが多いように解される。信義則とは別に独自の失効の法理の存在を認める意義は乏しいようにも思われる。

公営・公団住宅など公共住宅の明渡請求等と信義則に関しては、第一に、入居者は、家賃滞納・無断増改築などの債務不履行があっても事業主体との信頼関係を破壊するまでには至っていないことを理由に、明渡請求は信頼関係の法理に反し許されないと主張するケース、第二に、入居者は、入居時に将来、入居住宅を払い下げるとか明渡請求をしないという確約等を受けたことを理由に、建替えや所得高額化などに基づく明渡請求は信義則や確約の法理等に反すると主張するケースが多い。大阪地判昭三六・四・八下民一二巻四号七二五頁は最初の判例のようであるが、どちらかといえば前者の系列に属するものであった。同判決は、家賃不払いに基づく公団住宅の明渡請求を「信頼関係」の法理、「信義則」違反を理由に棄却するが、その後の判例のほとんどは、明渡請求を認容、かつ、信頼関係の法理のみに触れて信義則には言及しない。これに対して、後者の系列に属する判例は、ほとんど信義則

違反を否認して明渡請求を認容する。

三　昭和四〇（一九六五）年代以降、行政法における信義則に関する判例としては、租税事件に関するものが最多を占めるようになる。その契機は、東京地判昭四〇・五・二六行集一六巻六号一〇三三頁であろう。同判決は、ほとんど初めて、行政法令の増大・複雑化のもとで国民は行政側が示す行政法令の解釈（行政解釈）を信頼して行動せざるをえないとして禁反言則・信義則の現代的意義を明示し、その根拠・性格、限界、適用要件などの論点について一般的見解を提示し、禁反言則・信義則違反を理由に課税処分を無効とした点で画期的な意義がある。租税判例や学説に大きな影響を与えたという点では、同判決と後にみる昭和六二年最高裁判決の二つがもっとも重要であるといえよう。このほか、最判昭四八・四・二六民集二七巻三号六二九頁は、課税処分の無効原因として瑕疵の明白性は不要とする理由として、「処分の存在を信頼する第三者の保護を考慮する必要のない」ことなどを指摘する。

公務員関係でも、判例が引き続き相当数みられる。公務員の退職願の撤回の信義則違反については、昭和四〇（一九六五）年代以降は肯定例と否定例とがほぼ均衡する。免職処分の無効確認訴訟等の提起に関する判例は昭和四〇年代に集中しており、当初は信義則違反を肯定するものが多いが、その後は肯定例・否定例が交錯して現れる傾向にある。

いわゆる計画保障・計画担保責任の法的根拠は多様なものがありうるが[12]、当該ケースでこれを信義則に求めるかのような判例も現れる。札幌高判昭四四・四・一七判時五五四号一五頁、熊本地玉名支判昭四四・四・三〇判時五七四号六〇頁が著名である。前者は工場を増設すれば奨励金を交付する旨の「確約」もないことなどを理由に、改正条例の信義則違反を否認、後者は市住宅団地建設計画の実現は間違いない旨の「確言」をも考慮して、同計画の

廃止は「信義則ないし公序良俗」や「禁反言の法理」違反として市の賠償責任を認めた。後者の考え方は、のちにみる昭和五六年の最高裁判決によっても基本的に是認されることになる。

昭和四六（一九七一）年改正後の建設業法一八条、建築士法一八条、宅地建物取引業法三一条、廃棄物処理法七条二項四号ハなどは、当該業者は取引行為などに関して「信義」「誠実」に違反すべきでないことを定めるが、これについての判例もみられる。(13)

四　昭和五〇（一九七五）年代、租税法における信義則に関する判例が急増する。公共住宅の明渡請求等と信義則に関する判例も、この時期がもっとも多いようである。公務員の退職願の撤回や免職処分の無効確認訴訟等の提起などとの関連でも判例がみられるが、社会状況が落ちついていき、あるいは、昭和五六（一九八一）年の定年制の導入（国公八一条の二、地公二八条の二）などにより、後半以降には急減する。公務員法では、近時は、懲戒・任用行為、労働条件などをめぐって現れる傾向にあるほか、国等の安全配慮義務に関して多数の判例が出ている。

最高裁も信義則を活用するようになる。公務員法における信義則に関する判例は、租税法領域におけるそれについで多いのであるが、公務員法で信義則の適否が問題となる三大分野のうち残るケースでも、「信義則」を根拠に国等の安全配慮義務違反に基づく賠償責任を認め（最判昭五〇・二・二五民集二九巻二号一四三頁）、(14)工場誘致施策変更事件では「信義衡平の原則」を適用して地方自治体の賠償責任を認める（最判昭五六・一・二七民集三五巻一号三五頁）。前者は信義則の観念・機能のなかに信頼保護を含むことを明示しないが、後者はこれを明示して計画保障・計画担保責任も承認した。(15)いずれも、信義則を適用しても法律による行政との対立の問題は生じない場合であったと思う。両最高裁判決ともその後の当該ケースにおける判例・学説に重要な影響を及ぼした。(16)その後、最高裁は、公務員採用内定通知の正当理由のない取消は同通知を「信頼」した内定者に対して損害賠償責任を生じさせ

ることもあるといい（最判昭五七・五・二七判時一〇四六号二三頁）、公営住宅の明渡請求との関係でも「信頼関係理論」、「信頼関係の法理」を導入するが結論的には明渡請求は認容した（最判昭五九・一二・一三判時一一四一号五八頁）。

五　昭和六〇（一九八五）年代にも、租税法における信義則に関する判例が増大する。結論的には税務行政庁側への「信義則の法理」の適用を否認するが、この場合の同法理の意義、根拠・性格、限界、適用要件などの論点について一般的見解を提示する初めての最高裁判決も現れた（最判昭六二・一〇・三〇判時一二六二号九一頁）。その後の租税判例は、この最高裁判決を明示的に援用するか、明示的に援用しないまでもほとんど同旨の一般的見解を表明するものが続き、判例の傾向は定まってきたように思われる。

六　平成初期も（一九八九〜一九九七）、相変わらず租税判例を中心に信義則に言及するものが多数現れるが、やはり右の最高裁判決の影響を強く受けている。注目に値するのは、住民訴訟（代位賠償訴訟）において、市側が自己の行動を弁護する理由として信義則の適用を主張するというケースが現れてきたことである。まず、固定資産税等を賦課徴収しないと述べて土地を無償で借りあげているから、改めて同税等を賦課徴収することは禁反言則等に反するから許されず、固定資産税を賦課徴収しない行為は違法とはいえず賠償責任も発生しないと反論する事案が数例、現れている。いずれも禁反言則等違反を結論づけるものではなかったが、図式的には、抗告訴訟において、納税者が課税処分は先行の納税相談における指導等に反するから信義則違反として違法であると主張、課税庁側がこれを否認するのがほとんどであるなどの場合と比べると、その特異性が分かるであろう。(17)

重要な最高裁判決も現れている。国が恩給局長による恩給の支給裁定の職権取消を主張して国民金融公庫に払渡金の返還請求をすることは、「恩給裁定の有効性を信頼して義務的に恩給担保貸付けを実行し、かつ、弁済された

旨の処理をしている」国民金融公庫に著しい不利益を与えるものであり許されないとして国の返還請求を棄却する（最判平六・二・八民集四八巻二号一二三頁）。[18] やや特異な事案ではあるが、授益的行政行為の職権取消制限の法的根拠を信頼保護原則に求めるようにも解しうる数少ない判例の一つであり、[19] 初めての最高裁判決としても注目されよう。法務大臣は「信義則」上、短期滞在の在留資格による期間の更新をしたうえで、日本人の配偶者等の在留資格への変更の理由の存否についての判断をすべきであり、短期滞在の在留期間更新の不許可処分は裁量権の範囲を逸脱・濫用したとするものもある（最判平八・七・二判時一五七八号五一頁）。[20]

平成八（一九九六）年制定の新民事訴訟法二条は、当事者は「信義に従い誠実に民事訴訟を追行」すべきことを定めた。同条は従来の判例学説を基本的に確認するものであるが、行政訴訟上の主張との関連でも有益であろう。

情報公開条例の中には、非開示事由として「関係当事者間の信頼関係」が損なわれる場合をあげるものもあり、この解釈に関わる判例が集積しつつある。[21] 平成一一（一九九九）年制定の情報公開法五条三号は「他国若しくは国際機関との信頼関係」が損なわれる場合を非開示事由として定めるが、情報公開条例に定める信頼関係とは違って、行政解釈の適法・存続に対する相手方の信頼保護とは無縁であろう。

（11）　同法条違反を否認する判例として、仙台高秋田支判昭四九・一二・一〇刑集三二巻四号六三九頁。

（12）　手島孝「計画担保責任・再論」（昭六二・一九八七）『計画担保責任論』所収（有斐閣、昭六三・一九八八）二二四頁以下。

（13）　最判平五・九・二一判時一四七三号四八頁、松山地判平六・九・三〇行集四五巻八＝九号一八二八頁など。

（14）　国等の安全配慮義務と信義則に関する判例は多いが、高橋真『安全配慮義務の研究』（成文堂、平四・一九九二）、白羽祐三『安全配慮義務法理とその背景』（中大出版部、平六・一九九四）などのすぐれた研究があるのでこれに譲ることにする。

(15) 計画保障・計画担保責任に関する判例については、手島・注(12)一八一頁以下など。ほかにも、浦和地判昭六〇・二・一八行集三六巻二号一二九頁、福島地郡山支判平元・六・一五判タ七一三号一一六頁、福島地判平四・六・二二判タ七九九号一六八頁、仙台高判平六・一〇・一七判時一五二一号五三頁、広島高判平八・八・九行集四七巻七＝八号六七三頁などが信義則に言及する。

(16) 後者の判例は、老齢年金の支給拒否処分は「信義衡平の原則」違反とした東京高判昭五八・一〇・二〇行集三四巻一〇号一七七七頁や、古都保存協力税事件の京都地判昭五九・三・三〇行集三五巻三号三五三頁にも影響を及ぼしている。

(17) 住民訴訟（代位賠償訴訟）において、市側がその設立・運営に参画した第三セクターの日韓高速船就航事業が失敗に終わった場合の債務処理として補助金を支出することは、同市を含めて地方自治体等に対する「信頼の維持」のために必要であると主張したが、裁判所がこれを認容しなかった例もある。山口地判平一〇・六・九判時一六四八号二八頁参照。

(18) 社会保障行政と信義則に関するこのほかの判例については簡潔に列挙したことがある（本書第二章六五頁以下）。最近の例として、東京地判平九・二・二七判時一六〇七号三〇頁があるが、同判旨には、租税事案についての前掲の最判昭六二・一〇・三〇判時一二六二号九一頁の影響がみられる。

(19) 授益的行政行為の職権取消制限の法的根拠を信頼保護原則や信義則に求めるようにも解しうる他の少数の判例については、本書第一章一七頁、第二章四一頁、第七章三三〇頁参照。なお、大津地判平九・一二・八判自一七四号四七頁は、補助金等に係る予算の執行の適正化に関する法律一五条に所定の確定の取消、再確定、返還命令は信義則・禁反言則違反には当たらないとする。授益的行政行為の職権取消の許否を信義則の視点からみようとする判例と解しうる。

(20) 出入国管理行政における信義則に関しては、福岡地決昭四九・九・二四訟月二〇巻一二号九四頁、福岡高判平六・五・一三行集四五巻五＝六号一二〇二頁もある。

(21) 例、徳島地判平七・六・二行集四六巻六＝七号六三一頁、大阪高判平八・六・一八判タ九一八号一一九頁、東京地判平八・六・一八判時一六五九号五三頁、東京地判平九・二・四行集四八巻一＝二号三一頁など。同系統の判例と

して、仙台地判平九・一二・二五判時一六七一号五五頁。

四　現行憲法下の展開(2)――学説

一　現行憲法下になってからも学説の取組みは遅れた。昭和二八（一九五三）年に、中川博士が旧西ドイツの連邦財政裁判所（ＢＦＨ）の信義則判例の紹介・検討をしたのがほとんど最初といえようか。同博士は、信義則が信頼保護を目的とすること、私法よりも租税法でこそ国民と国家との信頼関係がきわめて自然に認められるべきことなどを述べている。(22)

二　昭和三三（一九五八）年、下山教授は、いわゆる通達行政のもとで通達に善意に依拠した相手方の救済の視点から英米行政法における禁反言則の紹介・検討を行う。(23)単に法学方法論としてのみでなく現実具体的に善意の国民の救済の視点に禁反言則の意義を求めるものとして特色があろう。通達自体に信頼の対象適格性を認める点でもその後の判例・学説に影響を及ぼしたが、一般抽象的性格をもつ通達の信頼対象適格性を認めるのは疑問がある（本書第三章一二一頁）。禁反言則・信義則と平等原則の適用関係の区別も意識されていないようである。昭和三五（一九六〇）年には、原博士がドイツの学説やわが国の判例を対象に信義則について検討するが、(24)戦前の同博士の考え方を基本的に踏襲するものであるといえよう。同三六（一九六一）年には、波多野教授が信義則の特別の場合といわれる失効の法理についてドイツ行政法の論議の模様を紹介・検討して、同法理の適用可能性を主張する。(25)

三　昭和四〇（一九六五）年代に入ると、ドイツ租税法における信義則を中心とする中川博士の研究が本格化する。(26)同博士の信義則論には、とりわけ、租税法律主義との競合・対立を避けるために信義誠実の法的根拠は制定法

に求めるべきであるといい、信義則は同一納税者に対する後行処分は先行行為に違反してはならないという「形式的租税平等主義の顕現であり、従ってその法的根拠は、憲法一四条一項にある」とする点に特色がある。しかし、信義誠実の法的根拠を平等原則に求めることには賛成できない（本書第三章一三二頁）。このほか、信義則の適用要件として「公的見解」要件を提示するなど判例・学説にも影響を与えた品川氏や[27]、行政法における信義則については、成田博士の判例分析や[28]、保木本教授によるドイツにおける失効の法理の生成・展開についての分析なども[29]ある。

四　昭和五〇（一九七五）年代には、租税法における信義則についての研究も増え、とりわけドイツ租税法における信義則を中心とする中川博士の研究が注目される。[30]このほか、青色申告制度を中心に信義則を構成すべきという松沢教授、[31]信義則の適用要件を中心に検討する首藤教授、[32]信義則適用の否定要因を分析・検討する碓井教授、[33]納税相談における指導等との関係で相当数の判例を扱う遠藤氏[34]などの研究がある。行政法における信義則については、おもに外国法を対象とするものが多い。保木本教授・南教授・茂呂教授によるおもにドイツ行政法における失効の法理を対象とする研究がある。[35]なお、南教授は、下級審判例を参考に国税通則法の定める租税徴収権や更正の時効・除斥期間から青色申告承認の撤回権の失効期間を類推するが、前掲の最判平六・二・八民集四八巻二号一二二頁にはこのような提言に従うところがある。このほか、首藤氏による信義則の機能の分析、[36]五十嵐教授によるドイツ行政法における事情変更の原則の紹介なども[37]現れる。千葉教授は、行政法令の増大・複雑化のもとで示される行政解釈への信頼という視点から、イギリス行政法における禁反言則を紹介・検討する。[38]

五　昭和六〇（一九八五）年代には、信義則・禁反言則は私法上の概念であるとしてこれに代えて「納税者の信頼保護」概念を提唱する大橋氏や、信頼保護の視点からイギリス行政法における禁反言則を紹介・検討する畑氏の研究などがある。[39]

六　平成初期にも（一九八九〜一九九七）、信義則の適用を本税については否認、付帯税については肯定する和田教授や、ドイツ社会法典における信頼保護を中心に扱う上田氏の研究などが現れている。(40)

(22)　中川一郎「税法における信義誠実の原則（一）〜（六）」税法二五号二二頁以下、二七号二九頁以下、三一号三七頁以下、三二号二九頁以下、三三号三四頁以下（昭二八・一九五三）、四六号五頁以下（昭二九・一九五四）。

(23)　下山瑛二「英米行政法における Estoppel」法雑四巻三＝四号（昭三三・一九五八）一四六頁以下。なお、山田幸男『行政法の展開と市民法』（有斐閣、昭三六・一九六一）二三頁。禁反言則についても私法学者の研究が先行していた。とりわけ、伊沢孝平『表示行為の公信力』（有斐閣、昭一一・一九三六）。ほかに、わが国の租税判例を対象とする中川一郎「裁判例に現れた税法上の信義誠実の原則」税法一〇〇号（昭三四・一九五九）一一七頁以下もある。

(24)　原龍之助「行政法における信義誠実の原則」法雑六巻三号（昭三五・一九六〇）一頁以下。

(25)　波多野弘「行政法における失効の原則」名城一一巻二＝三号（昭三六・一九六一）七七頁以下。

(26)　中川一郎「ブンエスの『税法における信義誠実の原則』について（1）、（2・完）」税法一七八号一五頁以下、一七九号三五頁以下（昭四〇・一九六五）、同「シュピタ－ラの『税法における信義誠実の原則』について（1）〜（3・完）」税法一八一号一頁以下、一八二号一頁以下、一八四号一頁以下（昭四一・一九六六）、同「税法における信義誠実の法的根拠」福岡大創立三五周年記念論集（法学篇）（昭四四・一九六九）一〇七頁以下、同「シュパンナ－『税法における信義誠実の原則の意義について』の批判」税法二六五号（昭四八・一九七三）三頁以下、同「一九七三年AO草案の納税者信頼保護の規定」税法二七八号（昭四九・一九七四）一頁以下など。ほかに、わが国の租税判例を対象とする同「税法における信義誠実の原則」シュト一〇〇号（昭四五・一九七〇）一五二頁以下や、原龍之助「租税法と信義則の適用」法雑一六巻二＝三＝四号（昭四五・一九七〇）二四六頁以下もある。

(27)　品川芳宣「税法における信義則の適用について」税大論叢八号（昭四九・一九七四）一頁以下。ほかに、松沢智「判例に表れた税法上の禁反言の法理（信義則）をめぐる課題」税務事例六巻一二号（昭四九・一九七四）二五頁以下など。

(28)　成田頼明「行政上の法律関係と信義則」自治研修六八号（昭四一・一九六六）四二頁以下。

(29) 保木本一郎「ドイツ行政法における信義則―失権を中心として― (一)、(二)」国学院七巻一号二八頁以下、二号九九頁以下（昭四四・一九六九)。ほかに、同「行政法関係と信義誠実の原則」別冊ジュリ続判例展望（昭四八・一九七三）三七頁以下、大塚隆志「行政法における信義誠実の原則」名城法学論集第一集（昭四九・一九七四）一頁以下。

(30) 中川博士は、昭和四二（一九六七）年頃からドイツの帝国財政裁判所（RFH）やBFHの信義則判例を精力的に訳出・紹介してきたが、これを単行本にまとめている。中川一郎『税法における信義誠実のRFH裁判例集』（三晃社、昭五七・一九八二)、同『信義誠実に関するBFH裁判例集I』（三晃社、昭五八・一九八三)、同『信義誠実に関するBFH裁判例集II』（三晃社、昭五八・一九八三)、同『税法における信義誠実の原則』（三晃社、昭五九・一九八四)。ほかに、藤原雄三「租税判例における禁反言の法理」北園一一巻二号（昭五〇・一九七五）二九〇頁以下。

(31) 松沢智「租税法律主義と信義則の法理」税理二一巻四号（昭五三・一九七八）九頁以下。同旨、小山威倫「租税法における信義誠実原則の法的根拠」広島経大研究論集五巻一号（人文・自然・社会科学篇）（昭五九・一九八四）六五頁以下。

(32) 首藤重幸「税法における信義則」北野編『判例研究日本税法体系1』（学陽書房、昭五三・一九七八）一二七頁以下。

(33) 碓井光明「租税法における信義誠実の原則とそのジレンマ」税理二三巻一二号（昭五五・一九八〇）二頁以下。

(34) 遠藤武和「税務相談における指導、回答と禁反言の法理」税経通信三八巻一五号（昭五八・一九八三）二八頁以下。なお、林仲宣「税法判例における禁反言の法理」東洋大院紀要二〇集（昭五八・一九八三）五九頁以下。

(35) 保木本一郎「ドイツ行政法における信義則―失権を中心として―」田中二郎古稀記念『公法の理論上』（有斐閣、昭五一・一九七六）二五七頁以下、南博方「青色申告の承認の取消しと失効の法理」（昭五二・一九七七）『行政手続と行政処分』所収（弘文堂、昭五五・一九八〇）二一四頁以下、茂呂実「失権の法理について」金沢二三巻一＝二号（昭五六・一九八一）五二頁以下。

(36) 首藤重幸「行政法における信義則の展開の一性格」早大院法研論集一六号（昭五二・一九七七）五五頁以下。

(37) 五十嵐清「行政法における事情変更の原則」北法二七巻三＝四号（昭五二・一九七七）四四一頁以下。
(38) 千葉勇夫「行政上の表示と禁反言の法理」大阪経大論集一四五＝一四六号（昭五七・一九八二）三四七頁以下。
(39) 大橋為宣「納税者の信頼保護と租税法律主義の相剋（上）、（下）」税理二九巻六号七七頁以下、八号一一二頁以下（昭六一・一九八六）、畑雅弘「行政機関（職員）の表明と相手方の信頼保護（一）、（二・完）―イギリス行政法におけるエストッペルを参考として―」関法三七巻四号（昭六二・一九八七）八五頁以下、三八巻四号（昭六三・一九八八）七四頁以下。
(40) 和田正明「税法における信義則」関東学園九号（平六・一九九四）一五九頁以下、上田真理「社会保障における返還手続過程と信頼保護」福島九巻二号（平九・一九九七）一頁以下。

五　信義則の意義、根拠など(41)

一　法律用語としては、もっぱら「信義則」（信義誠実の原則その他の類似の用語法を含む）が使われる。判例学説も信義則を多用するが、その表現方法は最高裁を初めとして必ずしも一様ではない。なお、「失効（失権）の法理」や「信頼関係の法理」もある。宇都宮地判昭二六・二・一行集二巻二号一四八頁や仙台地判昭二六・六・一一下民二巻六号七五五頁は英米法上の禁反言則（estoppel）に言及、結論的にはいずれも私人側への禁反言則の適用を否認するが、前者はその適用可能性の余地を示唆、後者はこの点は留保しつつ禁反言則のいちおうの概念規定をして同原則が信頼保護の機能をもつことを認めている。昭和三三（一九五八）年の下山論文を経て、前掲の東京地判昭四〇・五・二六行集一六巻六号一〇三三頁は信頼保護を中心に禁反言則と信義則との概念的融合化を図るようにみえ、その後、租税法分野では禁反言則を信義則と同義に捉えることも多い。ところで、信義則の観念・機能は

包括的であり信頼保護以外のものを含む（本書第一章二五頁、第三章一一四頁、第六章二八七頁）。信義則によることが「一般条項への逃避」などと批判されることがあるが[42]、逆に、「開かれた原理」として特定の法理を具体化することもできる。そこで、信義則の観念・機能の重要な構成部分である信頼保護を抽出し、より直截に信頼保護（原則）の名のもとに信義則を具体化するとともに禁反言則をそこに吸収させることを検討する必要があるように思う。

前記のように戦前の田中博士や、昭和三〇年代以降の農地関係処分（本書第一章一七頁以下）、公営住宅の明渡請求や社会保障関係処分（同第二章四一、五四、六五頁）、租税関係（同三章一一五頁）、公務員関係（同第四章二四〇頁）に関する下級審判例の中には、相手方の信頼（保護）のみを明示して信義則・禁反言則を明示しないものも少数はあった。最高裁も、課税処分の無効原因として瑕疵の明白性は不要とする理由として「処分の存在を信頼する第三者の保護を考慮する必要のない」ことなどをいい（前掲の最判昭四八・四・二六民集二七巻三号六二九頁）、国民金融公庫の信頼保護の視点から恩給の支給裁定の職権取消や国の返還請求は許されないとする（前掲の最判平六・二・八民集四八巻二号一二三頁）。後者では、第一審・第二審判決は国の返還請求は信義則違反・権利濫用にはあたらないと判示、上告理由のなかで国民金融公庫はその信頼を損ない信義則違反・権利濫用にあたると主張、最高裁はこの主張は理由があるとはいうものの信義則違反・権利濫用を明示することなく信頼保護を前面に出してこれを認容したことなどの点で注目される。税関出張所長による食糧管理法違反のひき割り小麦の輸入許可が作出した「違法な外観を信頼した」相手方の国家賠償請求を認容した判例も（東京地判平八・一・二三判タ九一〇号一〇七頁）、信義則・禁反言則を明示しない。学説の中にも、法の一般原則として信義則・禁反言則などのほか「信頼保護の原則」があるというもの[43]、旧西ドイツ行政法における信頼保護（Vertrauensschutz）原則に言及するもの[44]、信義則・禁反言則ではなく信頼保護を正面にすえた研究[45]などが現れてくる。

二　昭和一一（一九三六）年頃、行政法における信義則についての論議が始まったとき、信義則の意義・機能は法実証主義の緩和、具体的妥当性の追求などに求められた。現代においては、信義則の観念の中核を成し禁反言則の本質的内容でもある信頼保護を認める意義は、法律による行政、行政法令の増大・複雑化のもとで行政の個別具体的行為形式の中で示された行政解釈の適法・存続についての相手方の信頼を保護することに主眼がある。[46]このことを示唆するものは、昭和三〇（一九五五）年代の判例学説の中にも一、二みられるが、これを明示したのは前掲の東京地判昭四〇・五・二六行集一六巻六号一〇三三頁がおそらく初めてであろう。同旨の判例は同四〇年代・五〇年代の租税判例中に数例みられる程度であるが、同旨の学説は増えつつある。公共住宅の明渡請求等における信頼関係の法理はやや異なる側面があるように思われる。[47]公務員の退職願の撤回や免職処分の無効確認訴訟等の提起など私人側への信義則の適用についても、行政側の信頼保護の視点からの構成が可能なものもあるが、この場合の信頼保護の機能は右とは自ずから異なる。なお、信義則の制定法修正機能も肯定されよう。

信義則は、法令の解釈基準としての機能を果たすこともある（本書第三章一二三頁以下参照）。いわば法令の空白域で法令の補完機能や行政の裁量統制としての機能を果たすこともあり、このことは、たとえば計画保障・計画担保責任に関する前掲の判例等も暗に示すところであるが、この点をより明示する判例もある（東京地判昭五四・九・一三判時九六三号二〇頁。本書第二章六五頁参照。なお、前掲の最判平八・七・二判時一五七八号五一頁）。

三　信義則の法的根拠は、公序良俗に求められることもあるが、[48]正義・衡平・条理に求められることが多い。信義則の法的性格は法の一般原理であるとして、行政法における信義則の適用をいうのが支配的見解であるが、妥当な見解であろう。信義則の適用の限界については、租税判例の多くは、税務行政庁側への信義則の適否に関するものであるが、租税法律主義との抵触の問題が生ずる場合でも、一般論としては信義則の適用可能性を承認しながら

結論的には信義則の適用をほとんど否認する。信義則適用の比率からいえば、納税者側への適用例がかなり大きいのが実情である。租税法律主義の遵守に関しても、個人の権利保護よりも財政収入の確保に重点をおいて理解しているようであり、反省すべき点があると思われる。他方、信義則を適用しても法律による行政との抵触の問題が生じない場合には、判例等も行政庁側への信義則の適用を比較的容易に認めるようである。

四　信頼保護を中核とする信義則の適用要件については、第一に、行政庁側の公的言動があったこと（信頼の対象適格性）、第二に、相手方がこの公的言動は適法または存続すると正当に信頼したこと（信頼の正当性）、第三に、相手方の信頼が法的保護に値すること（信頼の法的保護）というようにまとめることも可能であろう。最後の要件の存否は具体的事案で総合的事情を比較考量して判断すべきであるが、相手方が信頼に基づいて行動または行動せず、その結果、後行の行政処分等への対処が不可能または期待不可能な損失のもとでのみ可能であるときは、原則として相手方の信頼は法的保護に値する。[49] 租税判例をみると、前掲の昭和六二年最高裁判決以降、第一要件として「公的見解」の表示性を求め、しかもこの意味を確約とほとんど同義に捉えるように解されるものも多く、公的見解要件の不備を理由に第二要件や第三要件の存否の検討に立ち入ることなく、信義則の適用を否認するという傾向がより強くなる。しかし、公的見解要件の卓越性をいう判例の支配的傾向には疑問がある（本書第三章一七七頁）。

失効の法理では、信頼の対象適格性は不作為について問題となり、しかもこれが相当期間、継続するという要件が付加されることになろう。公務員の退職願の撤回や免職処分の無効確認訴訟等の提起に関しては、適用要件としてほぼ確立したものがありその内容は概ね適切であると考える。行政訴訟等における私人の主張については、民事訴訟における信義則・禁反言則の適用要件が有益であろう。

（41）　信義則の意義・根拠などの論点の分析検討については、本書第三章一〇六頁以下がもっとも詳しい。

(42) 佐藤荘一郎訳「ヘーデマン『一般條項への逃避』」司法資料二四六号（昭一三・一九三八）一頁以下。同旨、広中・注（10）二四二頁以下。反論として、林信雄『法律における信義誠実の原則』（評論社、昭二四・一九四九）三四〜三五頁。

(43) 田中二郎『租税法』（有斐閣、昭四三・一九六八）九七頁、南＝原田＝田村編『行政法(1)』（有斐閣、昭五一・一九七六）一六四、一六九、一七五、一八〇頁以下〔南博方〕、兼子仁『行政法総論』（筑摩書房、昭和五八・一九八三）三三三頁以下。とりわけ、芝池義一『行政法総論講義』（有斐閣、平四・一九九二）五八頁以下は、法の一般原則としての信頼保護を重視する。

(44) 乙部哲郎「行政法における信頼保護」公法三九号（昭五二・一九七七）一六六頁以下、鍋沢幸雄「行政法における信頼保護の諸問題（一）〜（五）」立正一一巻三＝四号二五頁以下、一二巻三＝四号一頁以下、一三巻三＝四号一頁以下、一五巻一〜四号九三頁以下、一九巻一＝二号一頁以下（昭五三〜昭六一・一九七八〜一九八六）。

(45) 中川・注（26）税法二七八号一頁以下、前掲注（39）、（44）に掲げたものや（40）の上田論文もある。

(46) ただし、検討課題もある。憲法前文や国家公務員退職手当法一二条の二第一項は「信頼」を明示する。判例中にも、住民等や納税者の「信頼」を明示するものがある（本書第三章一二七頁、第四章二四一頁）。これらの場合、「信頼」の観念はかなり広く捉えられ、その機能も行政解釈の適法性への相手方の信頼保護とは直接の関係をもたないように思われる。ただし、情報公開条例に所定の「関係当事者間の信頼関係」については、必ずしも同じ見方はできない。

(47) 本書第二章四二頁。

(48) 牧野・注（3）四〜五頁。

(49) ドイツ連邦行政手続法四八条二項や社会法典一〇編四五条二項は、授益的行政行為の職権取消の場合の信頼の法的保護要件について、これに近い定めをしている。

六　おわりに

一　本稿は、行政法における信義則に関する拙稿（本書第一章〜第七章）をベースに、判例・学説の展開をいわば縦断的・総合的に、しかし簡潔に概観することを意図している。信義則の意義、根拠・性格、限界、適用要件などの論点や、信義則と平等原則・行政の自己拘束の法理の適用関係の区別には詳論することはできなかったが、これらについては右の拙稿を参照していただければ幸いである。

二　行政法における信義則に関して相当数の判例が現れている各領域については、右の拙稿でそれぞれ大体のところは扱っているつもりである。行政法における信義則に関する判例は、そのほかの領域でも散見され、その一部については前章[50]や本稿でも記した[51]。

(50)　国等による時効の援用と信義則については本書第一章二九頁、道路関係処分および社会保障と信義則については本書第二章六四頁以下参照。

(51)　このほかにも、たとえば、つぎのようなものがある。土地関係行政処分では、大阪地判昭三九・五・一四下民一五巻五号一〇六五頁、福島地判昭六三・二・二九判自四九号六二頁、神戸地判平六・一〇・一六判タ八七九号一三七頁、神戸地判平八・八・七判時一五九六号五五頁など。教育行政では、東京高判昭五〇・一二・二〇行集二六巻一二号一四四六頁、岐阜地判昭五八・一二・一二判時一一二〇号一〇〇頁、旭川地判平五・一〇・二六判タ八五三号九〇頁、札幌高判平六・五・二四判タ八五四号一〇二頁など。医療・薬事行政では、東京地判昭五七・二・一判時一〇四四号一九頁、札幌高判昭六一・三・一九判時一一九七号一頁、長野地判昭六一・六・二七判時一一九八号四二三頁など。廃棄物処理行政では、宇都宮地判平三・二・二八行集四二巻二号三五五頁、東京地判平三・三・二七行集四二巻三号四七四頁、神戸地判平三・四・二二判自九一号六四頁、同六九頁など。

〔15〕水戸地判昭39・2・18行集15巻2号289頁 …………………………… 341, 355
〔16〕熊本地判昭40・9・22行集16巻9号1563頁 ……………………… 342, 343, 345, 348, 351, 352, 354～358
〔17〕長野地判昭40・10・5判時441号27頁 …………………………… 343, 351, 356
〔18〕熊本地判昭40・10・20訟月11巻12号1774頁 …… 343, 345, 350～352, 355～357
〔19〕大阪地判昭40・12・27判時444号94頁 ……… 340, 343, 345, 349, 350, 355, 356
〔20〕静岡地判昭41・9・20行集17巻9号1060頁 ……………… 340, 343～345, 350, 352, 354～358
〔21〕広島高判昭42・4・19訟月13巻7号864頁 …………… 345, 348, 349, 353～356
〔22〕東京地判昭44・6・5判時561号31頁 …………………………… 346, 350, 352
〔23〕東京地判昭44・8・12訟月16巻1号54頁 ………………………… 346, 350, 352
〔24〕東京地判昭44・11・15訟月16巻2号180頁 …………… 346, 347, 349～354, 357
〔25〕東京地判昭45・6・30判時606号92頁 ………………… 346, 348, 349, 351～356
〔26〕名古屋地判昭46・5・26判タ265号197頁 ……… 346, 348, 349, 352, 354～356
〔27〕東京高判昭49・4・26判時741号111頁（〔25〕の控訴審判決）…… 346～353, 356, 358
〔28〕長野地伊那支判昭49・7・22労経速861号3頁 … 346, 348, 349, 351, 353～355
〔29〕名古屋高判昭53・3・14判時888号116頁（〔26〕の控訴審判決）…… 346, 348, 349, 351～353, 355
〔30〕東京高判昭53・6・6判時900号108頁（〔28〕の控訴審判決）……… 346, 347, 349, 353, 354, 356, 357
〔31〕山口地判昭53・10・26労判カード308号15頁 ……………… 346, 348, 351～356
〔32〕福岡地判昭56・12・21訟月28巻5号869頁 …………… 346, 347, 349, 350, 352, 354, 356, 357

〔73〕福岡高判平2・7・18訟月37巻6号1092頁（〔50〕の控訴審判決）… 311,316,317,320～322
〔74〕東京地判平3・12・19行集42巻11＝12号1968頁 ………………… 316,320,323
〔75〕東京高判平4・4・27税資189号360頁（〔71〕の控訴審判決）…………… 297
〔76〕東京地判平5・2・16税資194号375頁 ……………………………… 297,320
〔77〕仙台地判平5・5・25税資195号458頁 ………………………… 302,316,320
〔78〕千葉地判平5・12・20税資199号1208頁 ………………………… 304,320
〔79〕札幌高判平6・1・27税資200号332頁 ……………………………… 304
〔80〕仙台地判平6・6・30判自139号85頁 ……………………………… 295
〔81〕大阪高判平6・7・15税資205号65頁 ……………………………… 316
〔82〕東京高判平6・9・26税資205号645頁（〔78〕の控訴審判決）……… 304,320
〔83〕松山地判平6・11・18税資206号273頁 …………………………… 316
〔84〕東京高判平7・3・16行集46巻2＝3号280頁 ……………………… 316
〔85〕東京地判平7・5・24税資209号893頁 ………………………… 297,320
〔86〕名古屋地判平7・7・24税資213号225頁 ………………………… 302
〔87〕横浜地判平8・3・25税資215号1036頁 ………………………… 295
〔88〕札幌地判平8・11・28税資221号579頁 ………………………… 302
〔89〕東京地判平9・3・21行集48巻3号159頁 ……………………… 297,320
〔90〕横浜地判平9・8・27税資228号327頁 ……………………… 297,320

第7章　行政法における失効の法理

行政行為の取消撤回と失効

〔1〕東京地判昭37・10・3行集13巻10号1649頁 ………… 330～332,350～352,355
〔2〕東京高判昭38・3・30行集14巻3号433頁 ………………… 331,334,350,352
〔3〕大阪高判昭38・8・20行集14巻8号1356頁 …………… 331,334,349,350,356
〔4〕最判昭41・4・26訟月12巻8号1194頁 ……………… 331,334,349,350,356
〔5〕松山地宇和島支判昭43・12・10行集19巻12号1896頁 …………… 330,331,334,349,351～353,355
〔6〕大津地判昭49・4・10行集25巻4号249頁 … 329～333,335,351,352,355,356
〔7〕東京地判昭57・9・22行集33巻9号1814頁 …………… 331,333,334,350,352
〔8〕東京地判昭57・9・22行集33巻9号1846頁 ……… 331,333,334,350,352,355
〔9〕最判平6・2・8民集48巻2号123頁 ……………………… 331,333～335,349,351,352,355,370,373,377

農地買収処分等の無効主張

〔10〕大阪地判昭42・5・13税資48号1頁 ……………………………… 337,338,355
〔11〕鳥取地判昭46・4・8行集22巻4号456頁 ………………… 337,339,350～352
〔12〕東京地判昭47・4・13訟月18巻7号1051頁 … 337,339,349,351,353,355,357
〔13〕福岡地決昭49・9・24訟月20巻12号94頁 ………………… 338,339,349～353

公務員の免職処分等の無効主張

〔14〕広島地判昭38・5・7訟月9巻5号641頁 ……… 328,340,343,345,349～354,356～358,366

〔36〕名古屋地判昭55・10・13税資115号31頁 …………………………………… 303
〔37〕大阪高判昭55・10・29税資115号418頁 ………………… 311, 313, 314, 320, 322
〔38〕東京高判昭55・10・30税資115号445頁（〔31〕の控訴審判決）…………… 301
〔39〕名古屋地判昭56・1・30税資116号145頁 ……………………………………… 320
〔40〕名古屋高判昭56・2・27税資116号469頁（〔30〕の控訴審判決）………… 313
〔41〕大阪高判昭56・8・4税資120号295頁 ……………………… 290, 303, 304, 311
〔42〕大阪地判昭56・10・9行集32巻10号1771頁 ……………………………… 315, 322
〔43〕福岡高判昭57・12・13税資128号582頁（〔34〕の控訴審判決）……〔34〕に同じ
〔44〕名古屋高判昭57・12・16税資128号606頁
〔45〕大阪高判昭57・12・23行集33巻12号2671頁（〔42〕の控訴審判決）… 315, 316, 322
〔46〕東京地判昭57・12・27税資128号782頁 …………………………………… 316, 322
〔47〕和歌山地判昭58・4・27行集34巻4号692頁 ……………………… 298, 320, 321
〔48〕横浜地判昭58・4・27行集34巻9号1573頁 ………………… 295, 319, 321, 322
〔49〕大阪高判昭59・1・25行集35巻1号32頁（〔47〕の控訴審判決）…… 298, 299, 320, 321
〔50〕熊本地判昭59・2・27訟月30巻7号1270頁 ……………………… 311, 316, 317
〔51〕大阪高判昭59・3・29税資135号505頁 ……………………………… 311, 314, 320
〔52〕岡山地判昭59・3・30税資135号527頁 ……………………………………… 295, 320
〔53〕最判昭59・10・9税資140号27頁（〔41〕の上告審判決） …………… 303, 304
〔54〕最判昭59・12・4税資140号565頁（〔51〕の上告審判決）…………… 311, 314
〔55〕横浜地判昭60・2・4判タ602号63頁 ………………………………… 304, 321
〔56〕最判昭60・4・5税資145号2頁（〔37〕の上告審判決）…… 311, 313, 314, 320
〔57〕東京地判昭60・7・22行集36巻7＝8号1153頁 ………………… 295, 304, 321
〔58〕最判昭61・3・20税資151号228頁（〔31〕・〔38〕の上訴審判決）
……………………………………………………………………………… 301
〔59〕東京高判昭61・5・28判タ639号148頁（〔48〕の控訴審判決）……… 295, 321
〔60〕東京地判昭62・4・27税資158号237頁 ……………………………… 316, 320, 323
〔61〕大阪高判昭62・9・30行集38巻8＝9号1067頁 ………… 316, 320, 323, 325
〔62〕千葉地判昭63・3・23判時1290号115頁 ……………………………… 309, 311, 319
〔63〕大阪地判昭63・6・24判タ679号240頁 ………………… 310, 316, 319〜322
〔64〕那覇地判昭63・8・10行集39巻7＝8号790頁 ……………………… 302, 320
〔65〕大阪高決昭63・9・1税資165号679頁 …………………………………… 301, 320
〔66〕東京高判昭63・10・17税資166号163頁（〔62〕の控訴審判決）…………… 309, 310, 319
〔67〕東京地判昭63・12・21税資166号977頁 ………………… 290, 297, 320〜322
〔68〕最判平1・9・21税資173号774頁（〔62〕・〔66〕の上訴審判決）… 309, 310, 319
〔69〕東京地判平2・1・23税資175号17頁 ………………………………………… 297
〔70〕東京高判平2・1・30税資175号209頁（〔60〕の控訴審判決）…………… 316
〔71〕東京地判平2・3・26税資175号149頁 ……………………………………… 297
〔72〕東京地判平2・4・13税資176号534頁 ……………………………………… 298, 320

〔22〕東京地判昭56・4・16行集32巻4号544頁 …………………… 261,269～273,275,277～279,281
〔23〕宮崎地判昭61・2・24判タ609号48頁 …… 261,266,269～271,275～279,281

第6章 行政訴訟と信義則

〔1〕東京地判昭24・4・6行月23号275頁 ……… 308,309,319,320,322,324,364
〔2〕宇都宮地判昭26・2・1行集2巻2号148頁 ………………… 308,309,319～321
〔3〕東京地判昭31・12・22行集7巻12号3098頁 ………… 294,295,320～322,324
〔4〕大阪高判昭35・9・30判タ118号79頁 …………………… 308,309,319,322,323
〔5〕東京地判昭43・6・27行集19巻6号1103頁 ……………………………… 312,314
〔6〕大阪地判昭44・6・26行集20巻5＝6号769頁 …………… 314,320,322,323
〔7〕東京地判昭44・10・30税資57号495頁 ………………………………………… 295
〔8〕東京高判昭45・7・16税資60号76頁（〔7〕の控訴審判決）……………… 295
〔9〕大阪地判昭45・10・27行集26巻9号1185頁 ………………………………… 315
〔10〕大阪地判昭46・5・24行集22巻8＝9号1217頁 …………… 296,298,321,324
〔11〕東京地判昭47・7・18判タ285号308頁 ……………………… 297,320,321,324
〔12〕京都地判昭47・10・27判タ288号257頁 …………………………… 295,320,321
〔13〕大阪地判昭47・10・31行集23巻10＝11号783頁 ……… 301,319,320,322,323
〔14〕名古屋高判昭47・12・21訟月19巻1号78頁 …………………………… 295,313
〔15〕大阪地判昭48・3・14行集24巻3号156頁 …………… 301,319,320,322,323
〔16〕東京地判昭48・11・14税資71号802頁
〔17〕富山地判昭49・5・31行集25巻5号655頁 ……… 295,302,303,311,320～322
〔18〕東京地判昭49・11・6訟月20巻13号160頁 ……………………… 301,319,323
〔19〕東京高判昭50・2・27税資80号347頁（〔16〕の控訴審判決）
〔20〕札幌地判昭50・3・26税資80号543頁 ………………………………………… 313
〔21〕大阪高判昭50・9・30行集26巻9号1158頁（〔9〕の控訴審判決）… 315,322,324
〔22〕東京高判昭50・12・20行集26巻12号1446頁 …………………… 308,309,320,324
〔23〕高松高判昭51・1・28行集27巻1号51頁 ……………… 290,304,311,320,322
〔24〕札幌高判昭51・3・25税資87号935頁（〔20〕の控訴審判決）……………… 313
〔25〕大阪地判昭51・3・26税資88号29頁 ………………………… 295,297,321,322
〔26〕横浜地判昭51・5・27税資88号959頁 ………………………………… 297,320
〔27〕横浜地判昭51・10・13行集29巻6号1179頁 ………………………………… 320
〔28〕東京地判昭53・4・11税資101号81頁 ………………………………… 295,320
〔29〕東京高判昭53・6・21行集29巻6号1173頁（〔27〕の控訴審判決）… 295,320
〔30〕名古屋地判昭54・1・29税資104号56頁 ………………………………… 313,320
〔31〕東京地判昭54・2・27税資104号392頁 ……………………………………… 301
〔32〕大阪地判昭54・3・22税資104号682頁 ……………………………… 297,320
〔33〕横浜地判昭54・5・9税資105号299頁 ……………………………………… 301
〔34〕大分地判昭55・3・26税資110号752頁 …………………… 290,297,320～322
〔35〕東京高判昭55・7・31税資114号322頁（〔33〕の控訴審判決）…………… 301

240〜243
〔25〕静岡地判平8・6・25行集47巻6号475頁 ……………………… 226, 239, 240

第5章　公務員の退職願の撤回と信義則

〔1〕最判昭34・6・26民集13巻6号846頁 ………… 249, 251, 253〜255, 257〜259, 261〜265, 267, 269, 271, 273, 274, 276, 279, 280, 365
〔2〕山口地決昭34・9・8判時206号27頁 … 254, 269, 270, 273, 275, 277〜279, 281
〔3〕高松高判昭35・3・31行集11巻3号796頁 ………………… 251, 255, 262, 266, 269〜271, 275, 277, 279, 281
〔4〕青森地判昭36・1・20行集13巻3号395頁 ………………… 255, 262, 269〜271, 275, 277, 278, 281
〔5〕仙台高判昭37・3・22行集13巻3号387頁（〔4〕の控訴審判決）… 256, 262, 266, 269, 270, 275, 277, 278, 281
〔6〕最判昭37・7・13民集16巻8号1523頁（〔3〕の上告審判決）… 251, 261, 262, 264, 267, 269, 271, 272, 275, 277, 279, 281
〔7〕最判昭38・11・26民集17巻11号1429頁（〔4〕・〔5〕の上訴審判決）… 256, 264, 267, 269, 271, 275, 277, 278, 281
〔8〕仙台高判昭39・2・18行集15巻2号197頁 …………… 256, 267, 269, 270, 273, 275〜277, 279
〔9〕奈良地判昭39・6・22行集15巻6号1127頁 ……………………………… 258, 263, 269, 270, 272, 275, 277〜279, 281
〔10〕最判昭39・9・18民集18巻7号1478頁（〔8〕の上告審判決）……… 256, 257, 267, 269〜273, 275〜277, 279
〔11〕水戸地決昭40・12・23教職員人事関係裁判例集4集161頁 ………… 257, 259, 267, 269〜271, 273, 275〜278
〔12〕水戸地判昭42・12・11行集18巻12号1584頁（〔11〕の本案判決）…… 259, 269, 271, 272, 275〜279, 281
〔13〕大阪高判昭43・1・30訟月14巻3号284頁（〔9〕の控訴審判決）…… 258, 264, 269〜271, 273, 275, 277, 281
〔14〕高知地判昭45・12・26訟月17巻3号449頁 ……… 258, 269, 270, 275〜277, 279
〔15〕宮崎地決昭47・9・25判時681号35頁 ……… 260, 269〜273, 275, 278, 279, 281
〔16〕函館地判昭47・12・21判タ295号344頁 ………… 258, 266, 269〜271, 274, 275, 277〜281
〔17〕宮崎地判昭49・12・6行集25巻12号1527頁（〔15〕の本案判決）…〔15〕に同じ
〔18〕長崎地判昭50・5・9行集26巻5号732頁 ………… 258, 269〜273, 275〜277, 279, 281
〔19〕福岡高宮崎支判昭51・3・10行集27巻3号301頁（〔17〕の控訴審判決）
……………………………………………………………………………〔17〕に同じ
〔20〕広島高岡山支判昭53・1・31労判352号（付録）23頁 ……………… 258, 259, 269, 276, 277, 281
〔21〕最判昭55・10・2労判（付録）352号23頁（〔20〕の上告審判決）…〔20〕に同じ

〔335〕大阪高判平9・6・12税資223号1015頁（〔312〕の控訴審判決）…… 105,106,122,171,172,174,177,183,188
〔336〕大阪地判平9・6・27税資223号1183頁 …… 107
〔337〕東京高判平9・6・30税資223号1290頁（〔325〕の控訴審判決）… 173,182,197
〔338〕広島高判平9・7・18税資228号149頁 …… 164,172,174,200
〔339〕横浜地判平9・8・27税資228号327頁 …… 174
〔340〕東京地判平9・8・28行集48巻7＝8号600頁 …… 105,106,188
〔341〕東京地判平9・9・19行集48巻9号643頁 …… 105,106,172
〔342〕東京高判平9・9・30税資228号912頁（〔331-4〕の控訴審判決） …… 220
〔343〕仙台地判平9・10・27税資229号298頁 …… 108,160,221
〔344〕最判平9・11・14税資229号620頁

第4章　公務員法と信義則

〔1〕前橋地判昭31・8・28行集7巻8号2059頁 …… 231,240,242,243
〔2〕東京地判昭43・11・28行集19巻11号1821頁 …… 225,239,240
〔3〕東京地判昭46・8・16判時651号100頁 …… 236,238～241
〔4〕津地判昭49・6・6判時746号19頁 …… 225,239～241
〔5〕東京地判昭50・5・13判時794号114頁 ……227,240
〔6〕東京高判昭51・9・30行集27巻9号1628頁 …… 232,233,240～242
〔7〕名古屋高判昭52・10・25行集28巻10号1141頁（〔4〕の控訴審判決）…… 225,239～241
〔8〕福岡地判昭52・12・27判時877号17頁 …… 227,228,239
〔9〕札幌地判昭54・2・16判時926号123頁 …… 228,239,242～244
〔10〕東京地判昭54・3・22判時938号116頁 …… 229,240
〔11〕大阪地判昭54・3・30判タ384号145頁 …… 233,239,240,242,243
〔12〕最判昭57・5・27判時1046号23頁（〔6〕の上告審判決）…… 232,233,240～242,369
〔13〕神戸地判昭59・2・1行集35巻2号101頁 …… 233,234,240,241
〔14〕東京高判昭59・9・13判時1155号299頁 …… 229,239,240
〔15〕福井地判昭59・12・21判時1151号130頁 …… 234,239～241
〔16〕秋田地判昭61・1・31労判471号51頁 …… 237,239
〔17〕大阪高判昭62・7・8行集38巻6＝7号532頁（〔13〕の控訴審判決） …… 〔13〕に同じ
〔18〕東京高判平1・7・17労判543号37頁 …… 237,240
〔19〕東京地判平2・1・30労判556号7頁 …… 238,240,241
〔20〕東京地判平3・8・7判時1403号113頁 …… 238,240～243
〔21〕大阪地判平3・8・22判タ783号134頁 …… 235,240,241,244
〔22〕大阪高判平4・6・25労判629号133頁（〔21〕の控訴審判決）…〔21〕に同じ
〔23〕東京地判平6・12・14判時1536号69頁 …… 230,240,242
〔24〕東京高判平7・6・28労民46巻3号986頁（〔20〕の控訴審判決）……… 238,